Die Miete

von

Wohnungen und anderen Räumen

nach dem Bürgerlichen Gesetzbuche.

Unter Berücksichtigung der Ausführungsgesetze

für Richter und Rechtsanwälte

bearbeitet von

Hermann Brückner,
Reichsgerichtsrat.

Zweite, umgearbeitete Auflage.

Leipzig,
Verlag von Veit & Comp.
1902

Druck von Metzger & Wittig in Leipzig.

Aus dem Vorwort zur ersten Auflage.

Der Verfasser, der in früheren Jahren bei einem durch Mietstreitigkeiten viel in Anspruch genommenen erstinstanzlichen Gerichte beschäftigt war, hat bereits im Jahre 1877 eine kurze systematische Darstellung der die Wohnungsmiete betreffenden Vorschriften nach gemeinem Recht unter vergleichender Berücksichtigung des preußischen, sächsischen und gothaischen Landesrechts geliefert und auch später diesem Rechtsteile, der bei den heutigen Verkehrsverhältnissen immer mehr an Bedeutung gewinnt, seine Aufmerksamkeit zugewendet.

Die von ihm gegenwärtig verfaßte Bearbeitung der „Miete von Wohnungen und anderen Räumen" enthält zunächst in systematischer Ordnung die hierauf bezüglichen Vorschriften des Bürgerlichen Gesetzbuches, sowie des dazu erlassenen Einführungsgesetzes mit den sich aus den Materialien (Motive, Kommissionsprotokolle, Denkschrift) ergebenden näheren Erläuterungen, außerdem aber auch die das Mietrecht berührenden Vorschriften sonstiger Reichsgesetze, wie namentlich der Civilprozeßordnung, der Konkursordnung (in der neuen Fassung) und des Gesetzes über die Zwangsversteigerung und Zwangsverwaltung. Dabei sind fortlaufend die Abweichungen der neuen Gesetzgebung von den hauptsächlichsten früheren Rechtssystemen: dem gemeinen Recht, dem preußischen allgemeinen Landrecht, dem rheinisch-französischen Recht (Code civil) und dem Bürgerlichen Gesetzbuch für das Königreich Sachsen, hervorgehoben, auch bei den wichtigeren Lehren (z. B. „Kauf bricht nicht Miete", gesetzliches Pfandrecht des Vermieters) die wesentlichen Punkte der Entwickelungsgeschichte aufgeführt.

Neben den Reichsgesetzen sind ferner einschlagende Gesetze der Bundesstaaten, namentlich die Ausführungsgesetze derselben zum Bürgerlichen Gesetzbuch, berücksichtigt.

Da die Ergebnisse der seitherigen Rechtsprechung teilweise auch noch nach dem Inkrafttreten des Bürgerlichen Gesetzbuches verwendbar sind, so sind, insoweit dies der Fall, auch die seitherigen Entscheidungen des Reichsgerichts, sowie des früheren Reichsoberhandelsgerichts und des früheren preußischen Obertribunals, ebenso die Entscheidungen anderer oberer Gerichtshöfe aus Seufferts Archiv, Gruchots Beiträgen und dem Sächsischen Archiv für bürgerliches Recht und Prozeß an den geeigneten Stellen angeführt.

Leipzig, im Dezember 1899.

Vorwort zur zweiten Auflage.

Nach einem Zeitraum von etwas über zwei Jahren war Anlaß zu einer zweiten Auflage des vorliegenden Werkes gegeben. Der Verfasser war dabei namentlich bestrebt, die früher kürzer gefaßten Ausführungen zu erweitern und nunmehr eine gedrängte, aber möglichst vollständige systematische Darstellung der auf die Wohnungsmiete bezüglichen Rechtsnormen und Rechtsfragen zu geben. In dieser Beziehung darf wohl die gegenwärtige Auflage ohne Überhebung als eine „vermehrte und verbesserte" bezeichnet werden. Nicht nur die zum Bürgerlichen Gesetzbuche erschienene Litteratur allgemeineren und spezielleren Inhalts, sondern auch die in Mietstreitigkeiten auf Grund der neuen Vorschriften ergangene Rechtsprechung des Reichsgerichts und der Oberlandesgerichte hat an den geeigneten Stellen Berücksichtigung gefunden. Es sind ferner eine Reihe theoretisch und praktisch wichtiger Fragen, die in der ersten Auflage nicht oder nicht ausgiebig genug berührt waren, gegenwärtig einer näheren Besprechung unterzogen worden, wie insbesondere der Unterschied von Miete und Pacht bei gewerblichen Anstalten, das Wohnungsrecht als persönliche Dienstbarkeit, die Bestärkung des Vertragsverhältnisses durch Vertragsstrafe, Bürgschaft und durch Mitverpflichtung der Ehefrau des Mieters, die Wirksamkeit der schriftlichen Vertragsform und der mündlichen Nebenabreden, die Haftpflicht der Vertragsparteien für das Verschulden ihrer Vertreter, Dienstboten und Gehilfen, die Nichterfüllung des Vertrages von seiten des Vermieters infolge äußerer Umstände (zum Unterschied von der Nichterfüllung wegen Mängeln der Mieträume), die in Bezug auf den § 544 (Gesundheitsgefährliche Beschaffenheit der Mieträume) seither aufgetretenen Streitfragen, der Schutz des Mieters gegen übermäßige Zuführung von Gerüchen, Geräuschen 2c seiten anderer Mieter oder der Grundstücksnachbarn, Voraussetzung und Entstehung des Vermieterpfandrechts an den eingebrachten Sachen des Mieters und Verhältnis dieses Rechts zu anderen an solchen Sachen begründeten Pfandrechten, der Eintritt des Erwerbers eines Rechts am Mietgrundstück in die Rechte und Verpflichtungen des Vermieters, die Anwendbarkeit der Vorschriften des Bürgerlichen Gesetzbuches, namentlich der sog. zwingenden Vorschriften, auf die am 1. Januar 1900 bereits bestehenden Mietverhältnisse, das Rechtsverhältnis bei entgeltlicher Überlassung der Tresorfächer einer Stahlkammer seiten eines Bankier an seinen Kunden, die Haftpflicht der Schlafwagen-Gesellschaften für die eingebrachten Sachen ihrer Passagiere 2c.

Außerdem sind zur leichteren Einsicht und Vergleichung des Gesetzestextes die einschlagenden Paragraphen des Bürgerlichen Gesetzbuches den betreffenden Ausführungen des Werkes vorangestellt worden.

So ist der äußere Umfang desselben nach Format wie nach Seitenzahl gewachsen; möge es auch an innerem Gehalt und an Brauchbarkeit für Studium und Rechtsprechung zugenommen haben.

Leipzig, Ende August 1902.

Hermann Brückner.

Inhalt.

Sechster Abschnitt.

Beendigung des Mietverhältnisses.

Siebenter Abschnitt.

Einfluß der Rechte Dritter, insbesondere der Rechtsnachfolger und Hypothekengläubiger des Vermieters auf das Mietverhältnis.

I. Freiwillige Veräußerung und Belastung des vermieteten Grundstücks.

II. Zwangsversteigerung oder Zwangsverwaltung des vermieteten Grundstücks.

Abkürzungen

bei den Quellen- und Litteraturangaben.

A.L.R. = Allgemeines Landrecht für die Preußischen Staaten.
B.G.B. = Bürgerliches Gesetzbuch vom 18. August 1896 (die eingeklammerten Zahlen bezeichnen die Paragraphen des B.G.B.).
Bolze = Die Praxis des Reichsgerichts in Civilsachen. Bearbeitet von Bolze.
Buchka = Vergleichende Darstellung des Bürgerlichen Gesetzbuchs für das Deutsche Reich und des gemeinen Rechts von v. Buchka. 1898.
C.P.O. = Civilprozeßordnung in der Fassung vom 17. Mai 1898.
C. c. = Code civil.
Cosack = Lehrbuch des deutschen bürgerlichen Rechts auf der Grundlage des Bürgerlichen Gesetzbuchs für das Deutsche Reich von Cosack. 3. Aufl. 1900/1901.
Denkschr. = Denkschrift zum Entwurf eines Bürgerlichen Gesetzbuchs. 1896.
Einf.-Ges. = Einführungsgesetz zum Bürgerlichen Gesetzbuche vom 18. August 1896.
Endemann = Einführung in das Studium des Bürgerlichen Gesetzbuchs. Lehrbuch des Bürgerlichen Rechts. Von Endemann. 3./4. Aufl. 1898.
Fischer und Henle = Bürgerliches Gesetzbuch vom 18. August 1896 nebst dem Einführungsges. vom 18. August 1896, Handausgabe mit Einleitung, erläuternden Anmerkungen und Sachregister, in Verbindung mit Ebert und Schneider, herausgegeben von Fischer und Henle. 3. Aufl. 1899.
Förster-Eccius = Preußisches Privatrecht. Auf der Grundlage des Werkes von Dr. Franz Förster, bearbeitet von Eccius. 7. Aufl. 1896.
Förtsch = Vergleichende Darstellung des Code civil und des Bürgerlichen Gesetzbuchs für das Deutsche Reich von Förtsch. 1897.
Fränkel = Miet- und Pachtrecht nach dem Bürgerlichen Gesetzbuch von Fränkel. 1897.
Fuld = Das Mietrecht nach dem Bürgerlichen Gesetzbuch für das Deutsche Reich von Fuld. 1898.
G.V.G. = Gerichtsverfassungsgesetz in der Fassung vom 17. Mai 1898.
Gruchot = Beiträge zur Erläuterung des deutschen Rechts von Gruchot, herausgegeben von Rassow, Küntzel und Eccius.
Grützmann = Lehrbuch des Königl. Sächsischen Privatrechts von Grützmann. 1887.
H.G.B. = Handelsgesetzbuch vom 10. Mai 1897.
Haidlen = Das Bürgerliche Gesetzbuch nebst Einführungsgesetz und sonstigen gesetzlichen Vorarbeiten von Haidlen. 1897.
Jur. Wochenschr. = Juristische Wochenschrift, herausgegeben von Dr. Kuhlenbeck, Organ des deutschen Anwaltsvereins.
K.O. = Konkursordnung in der Fassung vom 17. Mai 1898.
Kuhlenbeck = Das Bürgerliche Gesetzbuch für das Deutsche Reich nebst dem Einführungsgesetz, im Auftrage des Vorstands des deutschen Anwaltsvereins erläutert von Kuhlenbeck, seit 1898.
Meisner = Das Recht der Schuldverhältnisse von Meisner (Bd. 2 seines Kommentars). 1898.

Mittelstein = Die Miete nach dem Rechte des Deutschen Reiches von Mittelstein. 1900.

Neumann = Handausgabe des Bürgerlichen Gesetzbuchs für das Deutsche Reich, bearbeitet von Neumann. 2. Aufl.

Niendorff = Mietrecht nach dem neuen Bürgerlichen Gesetzbuch von Niendorff. 6. Aufl. 1901.

Örtmann = Das Recht der Schuldverhältnisse (Bd. 2 des Kommentars zum Bürgerlichen Gesetzbuch von Biermann, Frommhold, Gareis, Hubrich und Riedner). 1899.

O.Tr. = Entscheidungen des Preuß. Obertribunals, herausgegeben in amtlichem Auftrag.

Petersen und Kleinfeller = Konkursordnung für das Deutsche Reich nebst den Einführungsgesetzen, den konkursrechtlichen Bestimmungen des Genossenschaftsgesetzes und dem Anfechtungsgesetz von Petersen und Kleinfeller. 4. Aufl. 1900.

Planck = Bürgerliches Gesetzbuch nebst Einführungsgesetz, erläutert von Planck in Verbindung mit Achilles, André, Greiff, Ritgen, Unzner, seit 1898.

Prot. = Protokolle der Kommission für die zweite Lesung des Entwurfs eines Bürgerlichen Gesetzbuchs, metallographiert.

Rechtsprechung der O.L.G. = Rechtsprechung der Oberlandesgerichte, herausgegeben von Mugdan und Falkmann.

Rehbein und Reincke = Allgemeines Landrecht für die Preußischen Staaten mit Erläuterungen von Rehbein und Reincke. 5. Aufl. 1896.

Rehbein, Entsch. = Die Entscheidungen des vormaligen Preußischen Obertribunals auf dem Gebiete des Civilrechts. Für das Studium und die Praxis bearbeitet von Rehbein. 1884/88.

Rehbein = Das Bürgerliche Gesetzbuch mit Erläuterungen für das Studium und die Praxis von Rehbein, seit 1898.

R.G. = Entscheidungen des Reichsgerichts in Civilsachen.

R.G.Straff. = Entscheidungen des Reichsgerichts in Strafsachen.

Schollmeyer = Das Recht der einzelnen Schuldverhältnisse im Bürgerlichen Gesetzbuch von Schollmeyer. 1897.

Seuff. A. = Seufferts Archiv für Enscheidungen der obersten Gerichte, herausgegeben von Schütt.

Str. A. = Archiv für Rechtsfälle, herausgegeben von Striethorst.

Staudinger = Kommentar zum Bürgerlichen Gesetzbuch für das Deutsche Reich nebst Einführungsgesetz, herausgegeben von Staudinger. 1901.

Wengler = Der Mietvertrag nach Königl. Sächsischem Recht, dargestellt von Wengler. 2. Aufl. 1891.

Zachariä-Crome = Handbuch des Französischen Civilrechts, begründet von Zachariä v. Lingenthal, bearbeitet von Crome. 8. Aufl. 1894.

Zw.Verst.Ges. = Gesetz über die Zwangsversteigerung und die Zwangsverwaltung vom 27. März 1897.

Einleitung.

Die Regelung der Miete von Wohnungen und anderen Räumen ist nicht nur in rechtlicher, sondern auch in wirtschaftlicher und sozialer Hinsicht von erheblicher Bedeutung. Wichtige Interessen der Vermieter wie der Mieter kommen dabei in Frage. Die ersteren erstreben die entsprechende Verwertung ihres Eigentums, die letzteren die Beschaffung eines Heims für sich und ihre Familie, eines Platzes für die Ausübung ihrer Berufs- und Erwerbsthätigkeit. Zahllose persönliche und gesellschaftliche, gemütliche, geistige und materielle Interessen sind von der Beschaffenheit der gemieteten Räume und von den Bedingungen abhängig, unter welchen der Gebrauch des Mieters daran besteht. Eine gerechte und billige Ordnung des Mietwesens ist daher eine der Grundlagen der Gesellschaftsordnung überhaupt, namentlich in einer Zeit, wo in den Großstädten der Mangel an geeigneten Wohnungen vielfach in empfindlicher Weise hervortritt.

Die neue Regelung dieses Mietverhältnisses, wie sie jetzt für die Zeit vom 1. Januar 1900 ab durch das Bürgerliche Gesetzbuch für das Deutsche Reich vollzogen ist, hat deshalb Anspruch auf allseitiges Interesse. Von Interesse ist aber daneben auch eine Erörterung darüber, auf welchen Grundlagen und auf welche Weise im Laufe der Zeiten in denjenigen Rechtsgebieten, deren Vorschriften die neue Gesetzgebung teilweise beeinflußt haben, dieses Mietverhältnis im großen und ganzen ausgebildet und entwickelt worden ist.

Deshalb möge der in gegenwärtiger Arbeit unternommenen Darstellung der vom 1. Januar 1900 ab geltenden Gesetzesbestimmungen über die Wohnungsmiete eine kurze Übersicht über die grundlegenden Bestimmungen vorangehen, welche seither bezüglich dieses Teiles des Obligationenrechts in den hauptsächlichsten Rechtsgebieten Deutschlands, dem des gemeinen Rechts, des preußischen Landrechts, des rheinisch-französischen Rechts und des sächsischen bügerlichen Gesetzbuches, in Geltung waren.

Ein derartiger Rückblick auf das alte Recht, wie er im weiteren Verlaufe der Arbeit auch bei den Einzelvorschriften erfolgen wird, dient ebenso zum Verständnis der neuen Vorschriften, wie zur Würdigung und Wertschätzung ihres materiellen Inhalts.

1. Für die rechtliche Regelung des Mietverhältnisses überhaupt ist vor allem das römische Recht von hervorragender Wichtigkeit gewesen, welches die Rechtsentwickelung gerade auf diesem Gebiete bis in die neueste Zeit vielfach beherrscht hat. Das römische Recht aber hat in unverkennbarer Weise die Interessen des Eigentümers und Vermieters vor denen des Mieters ins Auge gefaßt und bevorzugt. Es beruht dies teils auf der eigentümlichen nationalen Entwickelung jenes Rechts selbst, teils auf den sozialen Verhältnissen der Stadt Rom. In ersterer Beziehung tritt uns der Grundzug des römischen Rechts entgegen, vor allem das Eigentum und dessen Schutz in voller Reinheit und Schärfe auszubilden, von Beschränkungen durch Rechte Dritter möglichst frei zu halten. Eine eingehende und umfassende Regelung derartiger Rechte fehlte; die Vermietung von Häusern kam, nachdem anfänglich der römische Bürger regelmäßig im eigenen Hause gewohnt hatte, erst in den späteren Zeiten der Republik, unter voller Anerkennung der bis dahin ausgebildeten Oberherrschaft des Eigentums in Gebrauch.[1] Dazu trat als zweites Moment die Verschiedenheit in der sozialen Stellung der Vermieter und Mieter. Die Ersteren, die Hauseigentümer, waren die Besitzenden und Einflußreichen; zur Miete wohnten nur die Unbemittelten und politisch Einflußlosen, die kleinen Leute, unter ungünstigen Verhältnissen in großen Mietkasernen (insulae) zusammengedrängt.[2] Es fehlte ihnen die Macht, eine Entwickelung des Rechtsverhältnisses zu ihren Gunsten herbeizuführen; der öffentlichen Rechtsordnung aber war der Schutz des wirtschaftlich Schwächeren gegenüber dem Stärkeren unbekannt.

Infolge dieser Umstände war im römischen Recht dem Mieter, obwohl er nach der Natur des Rechtsverhältnisses die Wohnung zum dauernden Gebrauch inne hat, doch Besitz und Besitzesschutz gegen Dritte nicht verliehen; er übte den Besitz nur als Vertreter des Vermieters aus, hatte nur ein persönliches Recht gegen denselben auf Überlassung und Belassung des Gebrauches, konnte aber auf Grund dieses Anspruches nach dem ursprünglichen römischen Recht auf dem

[1] L. Jacobi, Miete und Pacht, 1889, S. 27 flg.

[2] Jacobi a. a. O. S. 30. Mommsen, Röm. Geschichte I S. 828.

Klagwege nicht einmal die Gewährung der Wohnung selbst, sondern nur die Zahlung einer Geldentschädigung wegen Nichtgewährung des Gebrauches durchsetzen;[1] er mußte dem Vermieter weichen, wenn derselbe ihn wegen eigenen Bedürfnisses austrieb und konnte, falls der Vermieter verkaufte und der Käufer kraft seines dinglichen Rechts den Mieter zum Auszug zwang, nur auf Grund seines persönlichen Rechtes einen Entschädigungsanspruch gegen seinen Vermieter geltend machen (l. 25 § 1 D. loc. 19, 2); andererseits aber stand dem letzteren wegen aller seiner Ansprüche aus dem Mietvertrage an allen eingebrachten Sachen des Mieters ein gesetzliches Pfandrecht zu. Recht bezeichnend für die damalige abhängige Stellung des Mieters ist der Satz der l. 25 § 1 D. de acqu. vel amitt. poss. 41, 2: „Nec inter colonum et servum nostrum, per quem possessionem retinemus, quidquam interest."

Die in diesen Vorschriften liegenden Härten und Unzuträglichkeiten wurden allerdings schon in der späteren italienischen Rechtslehre und sodann in der gemeinrechtlichen Rechtsprechung gemildert, namentlich dadurch, daß man dem Mieter Besitzesschutz gegen Dritte (actio spolii), dem Vermieter gegenüber aber den unmittelbaren und vollstreckbaren Anspruch auf Einräumung der Wohnung selbst gewährte, auch gegen dessen petitorische und possessorische Klagen die Berufung auf den Mietvertrag gestattete.[2] Im übrigen aber blieb die römische Auffassung der Miete, als eines rein persönlichen (obligatorischen) Rechts, bestehen und gelangte allmählich auch in Deutschland und, obschon nur in beschränktem Maße, in Frankreich zur Geltung.

2. Das ältere französische Recht hatte die römisch-rechtliche Auffassung durchweg, insbesondere auch den Satz „Kauf bricht Miete" aufgenommen. Das wurde im Code civil (vom Jahre 1804 und 1807) art. 1743 geändert. Danach konnte im Verkaufsfalle der Erwerber den Mieter dann nicht austreiben, wenn derselbe einen authentischen oder mit einem gewissen Datum versehenen Mietvertrag (un bail authentique ou dont la date est certaine) besaß. Diese Vorschrift galt auch dann, wenn der Mieter die Mieträume noch nicht inne hatte und auch im Falle des Zwangsverkaufes.[3]

Es war im französischen Recht bestritten, ob diese Bestimmung ein Ausfluß des Grundsatzes „Kauf bricht nicht Miete" und das Er-

[1] Ziebarth, Realexekution und Obligation mit besonderer Rücksicht auf die Miete, 1866, S. 64, 119.

[2] Fischer in den Verhandlungen des neunzehnten deutschen Juristentages 1888 Bd. I S. 379.

[3] Vgl. hierzu Förtsch S. 266, 267. Zachariä-Crome § 349.

forderniß der Authentizität nur des Beweises halber, um den Käufer gegen fingierte oder vordatierte Mietverträge zu schützen, beigefügt war, oder ob die gedachte Vorschrift eine nur im Falle der Authentizität zugelassene Ausnahme von dem im übrigen bestehen gebliebenen Grundsatz „Kauf bricht Miete" bildete. Die neuere Rechtsprechung der mit dem französischen Recht befaßten deutschen Gerichte (in Rheinpreußen, Rheinpfalz, Rheinhessen, Elsaß-Lothringen) hatte sich für die ersterwähnte Ansicht entschieden und demgemäß die Authentizität als eine Beweisvorschrift durch § 14 Einf.-Ges. z. C.P.O. für beseitigt erachtet, so daß auch ein mündlich abgeschlossener Mietvertrag im Falle des Verkaufes aufrecht erhalten wurde (R.G. Bd. 45 S. 314). Eine Ausnahme bestand nur in § 146 des badischen Einf.-Ges. z. C.P.O.

Im übrigen war im französischen Recht die Miete als dingliches Recht nicht anerkannt, auch dem Mieter keinerlei Besitzesschutz gewährt.

3. In Deutschland hatte anfänglich die Rechtsentwickelung eine vom römischen Recht abweichende Richtung genommen. Sobald es hier in den Städten gebräuchlich wurde, Häuser oder Hausteile an Dritte zum Bewohnen gegen Vergütung zu überlassen, gestaltete sich dieses Gebrauchsrecht als ein dingliches, entsprechend dem Grundzuge des deutschen Rechts, daß in allen Fällen, wo eine Sache der thätigen Einwirkung eines Anderen unterstellt wird, das Recht desselben ein dingliches ist, d. h. sich zu einem unmittelbaren Herrschaftsverhältnis über die Sache, nicht zu einem bloß persönlichen Verhältnis gegenüber dem Überlassenden gestaltet.[1] Anfänglich vollzog sich diese Überlassung in der Form der Leihe, eines der römischen superficies ähnlichen Rechtsverhältnisses; erst seit dem Ausgang des vierzehnten Jahrhunderts kam die Miete auf, welche sich allmählich zu einem mehr persönlichen, dem vermietenden Eigentümer und dessen Rechtsnachfolgern (Käufern) gegenüber „zerbrechlichen Verhältnis"[2] gestaltete. Namentlich geschah dies seit Ende des fünfzehnten Jahrhunderts, als das römische Recht mehr und mehr zur Herrschaft gelangte und gleichzeitig in den deutschen Städten eine Zunahme des Verkehrs, sowie eine größere Beweglichkeit der Bevölkerung bemerkbar wurde. Die alte deutschrechtliche Ordnung des entgeltlichen Gebrauches von Wohnungen trat gegenüber dem ausgebildeten, in Rechtslehre und Rechtsprechung mehr und mehr über-

---

[1] Heusler, Institutionen des deutschen Privatrechts, 1885, Bd. I S. 378. Arnold, Zur Geschichte des Eigentums in den deutschen Städten, 1861, S. 193—197. Fischer a. a. O. S. 355 flg.

[2] v. Brünneck, Zur Geschichte der Miete und Pacht in den deutschen und germanischen Rechten des Mittelalters, in der Zeitschr. der Savigny-Stiftung, Bd. I, Germanistische Abt., S. 138 flg.

wiegenden römischen Recht auch in Bezug auf das Mietverhältnis zurück: es siegte die Auffassung des letztgenannten Rechts, wonach sich das Verhältnis als ein rein obligatorisches Rechtsverhältnis zwischen dem Vermieter und dem Mieter darstellte. Auch in Deutschland suchte man die mit dem nationalen römischen Recht verbundenen Härten zu mildern; man gab dem Mieter die actio spolii, auch wohl die actio injuriarum gegen Dritte; man gab, wenn der Vermieter verkaufte und sich durch Vereinbarung mit dem Käufer dessen Eintritt in das Vertragsverhältnis zum Mieter versprechen ließ, dem letzteren aus diesem Vertrag ein unmittelbares Recht gegen den Erwerber. Immerhin aber wurde der rechtliche Grundzug der Miete dadurch nicht geändert.

4. Im Grunde römisch-rechtlich, im einzelnen aber wesentlich durch die angedeutete spätere Praxis gemildert war die Gestaltung, welche das Mietrecht in dem seit dem Jahre 1865 in Kraft getretenen Bürgerlichen Gesetzbuch für das Königreich Sachsen erfuhr. Dem Mieter wurde zwar nicht Besitz (§ 186), wohl aber aus praktischen Rücksichten in § 208 Besitzesschutz gewährt. Es wurde ferner für den Fall eines freiwilligen Verkaufes des vermieteten Grundstückes in § 1222 zwar der Käufer an das Vertragsverhältnis des Vermieters mit dem Mieter nicht gebunden, vielmehr nur eine Entschädigungspflicht des Vermieters dem Mieter gegenüber anerkannt, dabei aber die mit der unbeschränkten Austreibungsbefugnis des Käufers verbundene Härte dadurch gemildert, daß der Käufer zur Einhaltung der in § 1215 aufgestellten Kündigungsfristen und, wenn er den ersten, nach dem Erwerb zulässigen Kündigungstermin nicht benutzte, zur Aushaltung des Vertrages seines Vorgängers verpflichtet wurde (§ 1225). Auch wurde in dem Falle, wenn der Vermieter sich ihm gegenüber verpflichtet hatte, im Verkaufsfalle dem Erwerber die Einhaltung des Vertrages zur Bedingung zu machen, dem Mieter die Befugnis gegeben, auch ohne Zustimmung des Vermieters die Eintragung dieser Verpflichtung im Hypothekenbuch und dadurch wenigstens im Fall eines freiwilligen Verkaufes deren Übergang auf den Erwerber herbeizuführen (§ 1224).[1]

5. Dagegen nahm das preußische allgemeine Landrecht (vom Jahre 1794) bezüglich der Auffassung des Mietverhältnisses eine von dem römischen Recht grundsätzlich abweichende Stellung ein. Wenn sich im landrechtlichen Gebiete der Eigentümer einer Sache verpflichtete, einem Anderen ein Nutzungs- oder Gebrauchsrecht an derselben einzu-

[1] Bei dieser mehrfachen Beschränkung des Satzes „Kauf bricht Miete" sind wenigstens nach dem S.G.B. erhebliche Unzuträglichkeiten und Härten in der Praxis nicht zu Tage getreten.

räumen, so erwarb der letztere ein Recht zur Sache. Dieses Recht wurde durch Besitzerwerb, also durch Überlassung der vermieteten Sache zu einem dinglichen, welches jeder neue Erwerber anerkennen mußte (I 21 §§ 2, 3). Dazu betonte noch besonders in Bezug auf das Mietverhältnis der § 358 I 21, daß „durch einen freiwilligen Verkauf in den Rechten und Pflichten des Mieters nichts geändert werde“. Dagegen gab § 350 im Fall einer Zwangsversteigerung sowohl den Gläubigern wie dem Ersteher ein Kündigungsrecht. Hiernach stand also dem Mieter ein dingliches Recht mit Rechtsbesitz und unvollständigem Sachbesitz zu (I 7 § 9). Der Käufer aber trat in den von seinem Vorgänger abgeschlossenen Mietvertrag auch persönlich ein.

6. Dem preußischen Landrecht hat sich in der bezeichneten Richtung im wesentlichen auch das Bürgerliche Gesetzbuch für das Deutsche Reich angeschlossen. Noch der erste Entwurf hatte die römisch-rechtliche Auffassung mit dem Grundsatz: „Kauf bricht Miete“ anerkannt, wenn auch in gemilderter Fassung, mit Verpflichtung des Erwerbers zur Einhaltung der gesetzlichen Kündigungsfristen und mit Rücktrittsrecht des Mieters im Fall des Verkaufes. Infolge des von den verschiedensten Seiten: dem neunzehnten deutschen Juristentag, dem deutschen Anwaltstag, hervorragenden Rechtslehrern, teilweise auch den deutschen Hausbesitzervereinen ꝛc. erhobenen Widerspruchs wurde bereits im zweiten Entwurf und infolgedessen in § 571 des Gesetzbuches in dem Falle, wenn die vermietete Sache nach der Überlassung an den Mieter von dem Vermieter an einen Dritten verkauft wird, der Erwerber zum Eintritt in den Mietvertrag an Stelle des Vermieters verpflichtet und auf solche Weise der Grundsatz: „Kauf bricht nicht Miete“ wenigstens zu Gunsten des besitzenden Mieters anerkannt. Damit stellt sich die Miete zwar nicht als ein dingliches Recht[1] dar, wie z. B. Meisner zu § 571 und Cosack I S. 474, II S. 289 flg. annimmt, sondern als eine (zweiseitige) Zustandsobligation, welche mit dem Erwerbe des Grundstücks aktiv und passiv auf den Erwerber übergeht. So Schollmeyer S. 52; Endemann § 167; Z. 2a § 169 Anm. 11; Planck, Erläuter. 1 zu § 571; Neumann, Vorbemerk. vor § 571; Örtmann S. 294; Fischer und Henle § 571 Anm. 3 und namentlich Crome,

[1] Gegen ein solches spricht namentlich die Stellung der Miete im „Recht der Schuldverhältnisse“, während die Einführung des Grundsatzes „Kauf bricht nicht Miete“, auf welchen namentlich die angebliche Dinglichkeit gestützt wird, sich nur als eine ausnahmsweise, durch Rücksichten der Billigkeit und des Verkehrs gebotene darstellt. Auch das charakteristische Merkmal des dinglichen Rechts, die Eintragung im Grundbuch, ist bei der Miete ausgeschlossen. Vgl. auch Art. 188 Abs. 2 des Einf.-Ges. z. B.G.B.

„Die juristische Natur der Miete nach dem B.G.B." in Iherings Jahrb. Bd. 37 S. 1 flg., sowie neuerdings Hesse, die rechtliche Natur der Miete (in den „Studien zur Erläuterung des bürgerlichen Rechts", herausgeg. von Leonhard). Außerdem hat das Bürgerliche Gesetzbuch dem Mieter vollständigen Sachbesitz und Besitzesschutz gegeben, auch das an seinen eingebrachten Sachen dem Vermieter zustehende Pfandrecht nicht unerheblich abgeschwächt. Andererseits hat es zu Gunsten des Vermieters die Gebrauchsüberlassung von seiten des Mieters an einen Dritten (Untermiete) an die Zustimmung des Vermieters geknüpft und dem Mieter das Zurückbehaltungsrecht wegen Verwendungen genommen.

Bei Vergleichung dieser neuen Rechtsgrundsätze mit den vorangestellten älteren erscheint die Anerkennung begründet, daß die gesetzgebenden Organe des Reiches bemüht gewesen sind, eine gerechte und billige Ordnung des Mietverhältnisses herbeizuführen, Licht und Schatten zwischen dem Vermieter und dem Mieter gleichmäßig zu verteilen. Die weitere Ausgestaltung dieser Grundsätze wird Sache der Handhabung derselben durch die Vertragsparteien und die Gerichte sein. Für diese aber hat das neue Gesetzbuch neben den das Mietverhältnis betreffenden besonderen Vorschriften zwei wichtige allgemeine Grundsätze, die im wesentlichen auch schon in dem früheren Recht anerkannt waren, mit besonderem Nachdruck hervorgehoben: denjenigen der §§ 157 und 242, daß Verträge so auszulegen und zu erfüllen sind, wie Treu und Glauben, also ehrliches und anständiges Verhalten, mit Rücksicht auf die Verkehrssitte es erfordern, und sodann denjenigen des § 226, daß die Ausübung eines Rechts unzulässig ist, wenn sie nur den Zweck haben kann, einem Anderen Schaden zuzufügen. Hochhaltung von Treu und Glauben einerseits, Unterdrückung der Chikane andererseits, das sind die beiden Punkte, welche insbesondere auch dem Richter bei Entscheidung von Mietsachen in den oft hoch gehenden Wogen einander widerstreitender Interessen und in den Verwickelungen des ihm vorliegenden Streitmateriales als Leitsterne leuchten sollen.

Erster Abschnitt.

Begriff und Voraussetzungen des Wohnungsmietvertrags.

§ 1. Begriff.

§ 535. Durch den Mietvertrag wird der Vermieter verpflichtet, dem Mieter den Gebrauch der vermieteten Sache während der Mietzeit zu gewähren. Der Mieter ist verpflichtet, dem Vermieter den vereinbarten Mietzins zu entrichten.

§ 581 Abs. 1. Durch den Pachtvertrag wird der Verpächter verpflichtet, dem Pächter den Gebrauch des verpachteten Gegenstandes und den Genuß der Früchte, soweit sie nach den Regeln einer ordnungsmäßigen Wirtschaft als Ertrag anzusehen sind, während der Pachtzeit zu gewähren. Der Pächter ist verpflichtet, dem Verpächter den vereinbarten Pachtzins zu entrichten.

§ 598. Durch den Leihvertrag wird der Verleiher einer Sache verpflichtet, dem Entleiher den Gebrauch der Sache unentgeltlich zu gestatten.

Die Miete überhaupt ist ein gegenseitiger Vertrag, bei welchem die eine Vertragspartei, der Vermieter, der anderen Partei, dem Mieter, den Gebrauch[1] einer beweglichen oder unbeweglichen Sache während der Mietzeit gegen den vereinbarten Mietzins gewährt (535). Eine Art der Sachenmiete ist die nachstehend zu erörternde Miete von Wohnungen und anderen Räumen,[2] für welche die Vorschriften über

---

[1] Ähnlich A.L.R. I 21 §§ 258, 259. Ö.B.G.B. § 1187. Abweichender C. c. art. 1709, 1711. Förtsch S. 259.

[2] Der Kürze halber wird hierfür im folgenden der Ausdruck: „Wohnungsmiete" gebraucht.

Nach §§ 1090 flg. kann das Recht, ein Gebäude oder einen Teil eines Gebäudes als Wohnung zu benutzen, auch als beschränkte persönliche Dienstbarkeit (nicht über die Lebenszeit des Berechtigten hinaus) bestellt werden, und zwar nach den allgemeinen Vorschriften über die Begründung von Rechten an Grundstücken (§ 873) durch Einigung der Parteien und Eintragung im Grundbuch. Der Umfang eines derartigen Rechts bestimmt sich zunächst nach der zu Grunde liegenden Vereinbarung der Beteiligten, beim Mangel einer solchen nach dem persönlichen Bedürfnis des Berechtigten (1091). Die Vererbung und Übertragung eines derartigen Rechts ist unzulässig, und

die Miete von Grundstücken gelten (580). Diese Vorschriften, welche von denen über die Miete beweglicher Sachen vielfach abweichen, kommen also namentlich auch dann zur Anwendung, wenn der Eigentümer (oder Nießbraucher) einzelne Teile seines Hauses vermietet oder wenn der Mieter die von ihm gemieteten Räume ganz oder teilweise anderweit vermietet.

Von der Pacht unterscheidet sich die Miete dadurch, daß erstere neben der Verpflichtung zur Gewährung des Gebrauchs auch diejenige zur Gewährung des Genusses der Früchte,[1] soweit sie nach den Regeln einer ordnungsmäßigen Wirtschaft als Ertrag des Grundstücks anzusehen sind, umfaßt und sich nicht bloß auf körperliche Gegenstände (Sachen), sondern auch auf Rechte erstrecken kann.[2] Wird mit einer Woh-

---

auch die Überlassung der Ausübung nur zulässig, wenn diese Überlassung vom Eigentümer gestattet ist (1092).

Ist das Recht im Grundbuch eingetragen und der als berechtigt Eingetragene in der Ausübung gestört worden, so stehen ihm die Besitzklagen insoweit zu, als er die Dienstbarkeit innerhalb eines Jahres vor der Störung, wenn auch nur einmal, ausgeübt hat (§§ 1090 Abs. 2, 1029).

Die Mitbewohnung des belasteten Grundstücks durch den Eigentümer ist an sich nicht ausgeschlossen, kann aber durch Vereinbarung der Beteiligten ausgeschlossen werden. Das Wohnungsrecht nähert sich alsdann dem Nießbrauch, unterscheidet sich aber von demselben dadurch, daß dem Berechtigten immer nur die eine Art der Benutzung, das Bewohnen, zusteht. Doch finden in diesem Falle die für den Nießbrauch geltenden Vorschriften der §§ 1031, 1034, 1036, des § 1037 Abs. 1 und der §§ 1041, 1042, 1044, 1049, 1050, 1057, 1062 entsprechende Anwendung. In jedem Falle kann der unter Ausschluß des Eigentümers Berechtigte seine Familie sowie die zur standesmäßigen Bedienung und zur Pflege erforderlichen Personen in die Wohnung aufnehmen und, wenn sein (ausschließliches) Recht auf einen Teil des Gebäudes beschränkt ist, die zum gemeinschaftlichen Gebrauche der Bewohner bestimmten Anlagen und Einrichtungen (z. B. Brunnen im Hofe, Waschhaus, Trockenboden, Müllgrube) mit benutzen (1093).

Die landesgesetzlichen Vorschriften, welche die Belastung eines Gebäudegrundstücks mit einer derartigen persönlichen Dienstbarkeit untersagen oder beschränken, oder deren Inhalt oder Maß näher bestimmen, bleiben in Kraft (Art. 115 Einf.-Ges.).

[1] In ähnlicher Weise wird nach dem Zweck der Überlassung — zum Gebrauch oder daneben auch noch zur Fruchtziehung — unterschieden im A.L.R. I 21 § 259 und im S.G.B. § 1187, während der C. c. art. 1711 nach dem Gegenstande — Miete bei Häusern und beweglichen Sachen, Pacht bei ländlichen Grundstücken — unterscheidet und das röm. Recht unter dem Ausdruck locatio conductio sowohl Miete als Pacht begreift.

[2] Nicht zweifellos ist die Frage, ob Miete oder Pacht vorliegt, wenn ein zum Betriebe eines Gewerbes bestimmtes oder eingerichtetes Gebäude oder Lokal, wie eine Mühle, Werkstätte, Schmiede, Fabrik, Restauration, ein Gasthof oder Theater, zur entgeltlichen Benutzung überlassen wird. Nach dem gewöhnlichen Sprachgebrauche werden derartige Verträge regelmäßig als „Pachtverträge" bezeichnet; ebenso wird in den Motiven zum ersten Entwurf des B.G.B. Bd. II S. 439 die Überlassung einer un-

nung zusammen ein fruchttragendes Grundstück gewährt, so ist die Frage, ob das Verhältnis in seiner Gesamtheit als Wohnungsmiete oder Pacht

beweglichen Sache nebst Inventar, z. B. einer Mühle, Fabrik, eines Gasthofs und in den Protokollen der II. Kommission die Überlassung eines Grundstücks mit Inventar, z. B. eines Theaters, Gasthofs nicht „Miete", sondern „Pacht" genannt. In Übereinstimmung hiermit wird auch von Planck zu § 585 Erl. Abs. 1, ferner von Cosack I S. 466, sowie von den Schriftstellern über Wohnungsmiete: Fränkel S. 3, Fuld S. 16, Borcherdt S. 7, Mittelstein S. 17, Niendorff S. 12 die Überlassung derartiger Gewerbelokalitäten wenigstens dann als „Pacht" erklärt, wenn dieselben zum Betriebe des Gewerbes bereits ausgestattet oder eingerichtet sind, während „Miete" angenommen wird, wenn sie bei der Überlassung noch ohne Einrichtung und Inventar sind.

Andererseits ist in derartigen Fällen nach der seitherigen Rechtsprechung O.Tr. Bd. 31 S. 414, Str.Arch. Bd. 17 S. 179, Rehbein, Entsch. III Nr. 292c S. 806, Sächs.Arch. Bd. 1 S. 796, Bd. 6 S. 242, Wengler S. 3 Anm. 7, R.Ger. Bd. 40 S. 26, 28, sowie auch nach dem Rechte des B.G.B. Rehbein, Kommentar zu § 99 I S. 93 Erl. 3, kein Pacht-, sondern ein Mietverhältnis angenommen worden.

Nach der oben gegebenen Begriffsbestimmung der Pacht kommt es für die streitige Frage wesentlich darauf an, ob und inwieweit die Erträge einer vom Eigentümer oder sonst Berechtigten einem Anderen zur Ausübung seines Gewerbes überlassenen Lokalität als „Früchte" der letzteren im Sinne des § 99 B.G.B. anzusehen sind. Von natürlichen Früchten (§ 99 Abs. 1) kann hier nach der Beschaffenheit der gedachten Räume keine Rede sein. Aber auch als „bürgerliche Früchte" des Lokales können die erwähnten Erträge nicht gelten. Denn bürgerliche Früchte einer Sache sind nach § 99 Abs. 3 die Erträge, welche dieselbe vermöge eines (in Bezug darauf eingegangenen) Rechtsverhältnisses gewährt. Die Erträge aber, welche eine Mühle, Fabrik, Schmiede, Restauration und auch ein Theater gewährt, werden nicht durch ein in Bezug auf das Lokal — sei dies eingerichtet oder nicht — eingegangenes Rechtsverhältnis, sondern durch das darin betriebene Gewerbe erzielt. Vgl. namentlich die Entsch. des R.G. Bd. 40 S. 26, 28. So können sich die gedachten Erträge wenigstens als (bürgerliche) Früchte des in dem überlassenen Raume bestehenden Gewerbebetriebes darstellen, eines Rechts im Sinne von § 99 Abs. 3 a. E., welcher ebenso wie ein bestehendes Handelsgeschäft nach § 22 H.G.B. oder eine Realgewerbeberechtigung nach § 48 Gewerbeordn. einem Anderen zur entgeltlichen Ausnutzung überlassen werden kann. Seufferts Arch. Bd. 56 Nr. 174. RG. Bd. 37 S. 176. Insoweit also in und mit dem Lokale auch der damit verbundene Gewerbebetrieb überlassen wird — und dies wird allerdings regelmäßig bei der Überlassung eines zu diesem Betriebe eingerichteten Raumes der Fall sein — wird man von einem Pachtverhältnis reden können, während andernfalls das Rechtsverhältnis nur auf den Gebrauch des Lokales gerichtet sein, sich mithin als Miete darstellen wird. — Pacht wird auch vorliegen bei entgeltlicher Überlassung eines Logierhauses, dessen Erträgnisse nach der Bestimmung eines solchen Grundstückes durch Weitervermietung, also infolge eines unmittelbar über das Grundstück eingegangenen Rechtsverhältnisses, als bürgerliche Früchte gewonnen werden. — Die praktische Bedeutung des Unterschiedes zwischen Pacht und Miete tritt namentlich hervor bei der Erhaltungspflicht (536, 582, 586), bei der Kündigung infolge der Nichtgestattung von Aftermiete oder Afterpacht (549, 596 Abs. 1), den gesetzlichen Zahlungsterminen (551, 584), der Art der Rückgewähr des Miet- oder Pachtgegenstandes (556 Abs. 1, 591—594), der Entschädigung des Vermieters oder Verpachters bei nicht rechtzeitiger Rückgewähr (557, 597) dem gesetzlichen Pfandrecht (559, 563, 585), der gesetzlichen Kündigungsfrist (565, 595),

anzusehen ist, danach zu entscheiden, ob nach dem Inhalte des Vertrags und nach der Absicht der Vertragschließenden das fruchttragende Grundstück oder die Wohnung als die Hauptsache erscheint.[1]

Von der Leihe (598) unterscheidet sich die Miete im wesentlichen dadurch, daß bei ersterer der Gebrauch einer (beweglichen oder unbeweglichen) Sache unentgeltlich überlassen wird.

Anschließend an den oben aufgestellten Begriff der Wohnungsmiete sind in dem gegenwärtigen Abschnitte die allgemeinen Voraussetzungen und Unterlagen dieses Vertrags, also zunächst die Gegenstände der beiderseitigen Leistungen, Mietraum und Mietzins, sodann die Personen der Vertragsparteien, hierauf die Art, wie sie zu einander in Beziehung treten, also der Abschluß, die Form des Vertrags, die Bestärkung desselben durch bestimmte Bestätigungs- und Sicherungsmittel und schließlich die unter Umständen beim Vertragsabschluß vorkommenden Mängel und deren Wirkungen (Nichtigkeit und Anfechtbarkeit) zu behandeln. Die Mietzeit wird unten (§ 33 flg.) zugleich mit der Beendigung des Vertragsverhältnisses zur Erörterung gelangen.

§ 2. Mieträume.

§ 580. Die Vorschriften über die Miete von Grundstücken gelten auch für die Miete von Wohnräumen und anderen Räumen.

I. Der Mietvertrag kann über Wohnhäuser oder als Wohnungen eingerichtete Teile derselben, aber auch über andere Räume der verschiedensten Art, namentlich solche, die zu gewerblichen oder industriellen Zwecken eingerichtet oder bestimmt sind, wie Fabriken, Mühlen, Werkstätten, Magazine, Verkaufsläden, Viehställe, Kellerräume, Lager- oder Trockenplätze, abgeschlossen werden (580).

Auch der neuerdings vielfach vorkommende Vertrag, nach welchem ein Bankhaus Abteilungen (Tresorfächer) in seiner Stahlkammer (Safekeller oder Safeturm) an Andere zur Aufbewahrung von Geld, Wertpapieren, Kostbarkeiten gegen Entgelt überläßt, stellt sich regelmäßig als ein Mietvertrag dar.

Die Ansichten hierüber sind allerdings geteilt. Von Wilutzky in der D. Juristenzeitung, 1900 S. 294 wird das Verhältnis als eine

---

dem Kündigungsrechte beim Tode des Mieters oder Pachters, sowie bei Versetzung von Beamten (569, 570, 596 Abs. 2 u. 3) und bei der Gerichtszuständigkeit nach § 23 G.V.G. Vgl. auch § 709 Z. 1 C.P.O. und § 49 Z. 2 K.O.

[1] So auch A.L.R. I 21 § 260. Wird z. B. ein Wohnhaus mit einem Obst- oder Gemüsegarten zum Gebrauch überlassen, so wird regelmäßig ein Mietvertrag vorliegen. Handelt es sich dagegen um Überlassung einer Handelsgärtnerei oder eines Stadtgutes mit einem Wohngebäude, so wird ein Pachtvertrag anzunehmen sein.

Verbindung von Verwahrungs- und Mietvertrag, von Hancke ebendas. S. 389 als ein reiner Verwahrungsvertrag aufgefaßt.

Wie ich indessen bereits im „Recht" 1902 S. 251 ausgeführt, dürfte nach den bei Beurteilung derrechtlichen Natur des Verhältnisses vor allem in Betracht kommenden thatsächlichen Einrichtungen und üblichen Vertragsbedingungen in der Regel ein reiner Mietvertrag vorliegen. Es sei aus der a. a. O. gegebenen Darlegung folgendes hervorgehoben:

1. Die Einrichtung, wie sie ziemlich gleichförmig wohl in allen größeren Bankgeschäften vorkommen wird, ist im wesentlichen folgende. Im Kellergeschoß des Hauses befindet sich ein gewölbter, auf allen Seiten durch starke Stahlplatten und Stahlbalken verwahrter Raum, die Stahlkammer. Zu derselben gelangt man durch eine Eisenthür von bedeutender Stärke, hinter der sich noch eine eiserne Gitterthür befindet. In der Stahlkammer sind rings an den Wänden eiserne Schränke in den Stahlplatten der Wände und im Fußboden fest verankert. Die Schränke sind in eine große Anzahl von Fächern abgeteilt; jedes Fach ist mit doppeltem Verschluß versehen, kann auch noch von außen durch ein Vorlegeschloß verschlossen werden und enthält im Innern einen zur Aufnahme der Wertpapiere und sonstiger aufzubewahrenden Gegenstände bestimmten Blechkasten.

2. Die für die Überlassung der Tresorfächer geltenden Vertragsbedingungen gehen im wesentlichen dahin:

a) Das Bankhaus vermietet in seiner, nach Ansicht bewährter Techniker feuer- und diebessicher hergestellten Stahlkammer eiserne, verschließbare Tresorfächer von verschiedener Größe.

b) Der Vermieter verspricht, auf die Sicherung und Bewachung, sowie auf den Verschluß der Stahlkammer die größte Sorgfalt zu verwenden und haftet für jeden Schaden, der durch Vernachlässigung dieser Sorgfalt entstehen könnte.

c) In den Fächern oder in den dazu gehörigen Einsatzkästen dürfen nur Wertpapiere, Geld, Edelmetalle, Edelsteine, Schmuckgegenstände, Bücher und Urkunden, aber keine feuergefährlichen oder sonstige, die Einrichtung irgendwie gefährdende Sachen aufbewahrt werden. Es steht dem Bankhaus frei, zum Zweck der Einhaltung dieser Bestimmung von dem Mieter Einsicht in den Inhalt zu verlangen.

d) Die Tresorfächer stehen unter dem eigenen Verschluß des Mieters, der hierzu zwei Schlüssel erhält, und werden vom Bankhaus zur Ausübung einer genauen Kontrolle durch einen besonderen Schlüssel mitverschlossen; nur durch den Mieter (der zuerst aufschließt) und das Bankhaus (das erst nach dem Mieter aufschließen kann) zusammen können die Fächer geöffnet und geschlossen werden.

e) Die Stahlkammer ist zu den gewöhnlichen Geschäftsstunden des Bankhauses für den Gebrauch geöffnet.

f) Jeder Mieter eines Tresorfaches erhält eine auf seinen Namen ausgestellte Einlaßkarte und wird ohne solche nicht zur Stahlkammer zugelassen.

g) Für ein Tresorfach — bei freiem Zutritt zur Stahlkammer — ist in monatlichen oder jährlichen Vorauszahlungen je nach der Größe des Faches ein bestimmter Mietpreis zu entrichten.

Nach dem Wortlaut dieser Bestimmungen ist offenbar ein Mietvertrag ins Auge gefaßt. Wenn nun auch die von den Parteien gewählte Bezeichnung allein nicht entscheidend ist, wird es doch nicht angehen, im Widerspruch mit der Willensmeinung derselben einen Verwahrungsvertrag anzunehmen, sofern auch dessen gesetzliche Voraussetzungen fehlen. Das ist aber hier der Fall.

Nach § 688 B.G.B. erfordert der Verwahrungsvertrag:

a) daß dem Verwahrer von dem Hinterleger eine bewegliche Sache übergeben wird,

b) daß sich der Verwahrer verpflichtet, sie aufzubewahren. Keins von beiden liegt hier vor.

Zu a) Der Inhaber der aufzubewahrenden Wertpapiere übergiebt dieselben nicht dem Bankhause, sondern er legt sie selbst in das ihm zur Verfügung stehende Tresorfach, verschließt dasselbe mit dem ihm zustehenden Schlüssel, unter Umständen auch noch mit einem kleinen Vorlegeschloß und erhält sich auf diese Weise Besitz und Verfügung darüber. Allerdings ist er darin durch den Mitverschluß des Bankhauses (das aber erst nach ihm seinen Schlüssel einführen kann) einigermaßen beschränkt; allein dieser Mitverschluß ist nur zum Zweck der Kontrolle, nicht zum Zweck des Mitbesitzes eingeführt, welcher letztere dem Bankhaus nicht zusteht. Das Verhältnis ist also ein wesentlich anderes als bei den sog. geschlossenen Depots.

Zu b) Im Zusammenhang damit ist dann auch das Bankhaus zu einer Aufbewahrung der Wertpapiere rc. und zu einer Obhut über dieselben nicht verpflichtet, sondern nur zur Sicherung, Bewachung und zum Verschluß der Stahlkammer, also des Raumes, in dem sich die Tresorfächer befinden. Von den in letzteren befindlichen Wertpapieren nimmt das Bankhaus regelmäßig überhaupt keine Kenntnis; der Vertrag besteht auch dann zu Recht, wenn der Kunde gar keine Wertpapiere in seinem Tresorfach aufbewahrt. Wenn Hancke a. a. O., um diesem letzteren Umstand gegenüber seine Annahme eines Verwahrungsvertrags aufrecht zu erhalten, den Vertrag insoweit als ein pactum de deponendo gelten lassen will, so findet dies in der Vertragsabrede der Parteien keine Stütze.

Andererseits liegen die Voraussetzungen des Mietvertrags nach § 535 B.G.B., wonach der Vermieter verpflichtet ist, dem Mieter den Gebrauch der vermieteten Sache zu gewähren und der Mieter den vereinbarten Mietzins zu zahlen hat — unverkennbar vor, worauf auch die Entscheidung des Reichsgerichts v. 10. Juli 1895, Jur. Wochenschr. 1895 S. 399[63] hindeutet. Daß der Mieter — im Interesse der Ordnung und zur Verhütung vertragswidrigen Gebrauchs — die Stahlkammer nur zu bestimmter Zeit betreten und das Tresorfach nur in Gemeinschaft mit dem Bankhaus öffnen kann, hebt den Bestand des Mietvertrags so wenig auf wie die vom Vermieter eingegangene Nebenverpflichtung, für die Sicherheit der Stahlkammer zu sorgen; denn damit ist keine Verpflichtung in Bezug auf die Wertstücke übernommen, die in den innerhalb der Stahlkammer stehenden Eisenschränken von den Inhabern dieser Wertstücke verwahrt werden.

Es ist auch mit Wilutzky und gegen Hancke anzunehmen, daß derartige Tresorfächer sich als „Räume" im Sinne von § 580 B.G.B., d. h. als Teile einer unbeweglichen Sache, nicht als Teile eines transportabeln Schrankes, einer Mobilie, darstellen, denn die Schränke, in denen sie sich befinden, sind mit den Stahlwänden der Kammer untrennbar verbunden und bilden mit der letzteren ein Ganzes, einen für einen bestimmten Zweck hergestellten Raum eines Hauses. Die Tresorfächer aber sind wieder Unterabteilungen der Schränke und damit des Ganzen, zu dem diese gehören. Ihre verhältnismäßige Kleinheit schließt die Anwendung des § 580 nicht aus.[1]

II. Im einzelnen ist über die vermieteten Räume noch zu bemerken:

Daß dieselben im Eigentum des Vermieters stehen, ist zur Gültigkeit des Vertrags nicht erforderlich. Auch fremde Gebäude oder Gebäudeteile können vermietet werden und zwar vor allem von einem Gebrauchsberechtigten wie von dem Nießbraucher (s. unten § 15 Anm. 19 § 49) oder dem Mieter (s. unten § 25),[2] sodann aber auch von einem Unberechtigten. Erteilt in letzterem Falle der Eigentümer oder Gebrauchsberechtigte zum Mietvertrag seine Einwilligung oder nachträgliche Genehmigung, so ist der Vertrag voll wirksam (182, 185). Widerspricht er dagegen, so daß der Vermieter den Gebrauch des vermieteten Raumes nicht gewähren

[1] Hiernach wird in derartigen Verhältnissen auch das gesetzliche Pfandrecht des Vermieters (559) Platz greifen, welches übrigens wegen des demselben zustehenden Mitverschlusses des Tresorfaches keine erhebliche praktische Bedeutung hat.

[2] Vgl. z. B. Bolze Bd. 21 Nr. 421.

kann, so wird der Vermieter nach den über die Gewährleistungspflicht bestehenden Grundsätzen (s. unten § 15) dem Mieter haftbar.

Steht das vermietete Haus im gemeinschaftlichen Eigentum mehrerer Miteigentümer, so ist zur Vermietung desselben an einen Dritten die Zustimmung aller Miteigentümer erforderlich (747 Satz 2). Anders, wenn jedem Miteigentümer durch Vereinbarung mit den übrigen bestimmte Räume des Hauses zur ausschließlichen Benutzung überwiesen sind; alsdann ist er zur Vermietung dieser Räume für sich allein befugt (747 Satz 1). — Erhält ein Miteigentümer durch Vertrag mit den übrigen den Gebrauch des ganzen Hauses gegen Entgelt überwiesen, so bilden den Gegenstand dieses Mietvertrags die den anderen Miteigentümern zustehenden Anteile.

Endlich ist auch die Miete eines dem Mieter selbst gehörigen Hauses oder Hausteils nicht schlechthin ungültig. Gültig ist insbesondere der Mietvertrag, durch welchen der Eigentümer den Gebrauch des ihm gehörigen Gebäudes von einem dazu Berechtigten, dem Nießbraucher oder Mieter, erhält.[1] Dagegen steht dem Mieter, wenn er in Unkenntnis seines Eigentums einen Mietvertrag über ein ihm gehöriges Haus abschließt, den er bei Kenntnis des wahren Sachverhalts nicht abgeschlossen haben würde, das Recht der Anfechtung dieses Vertrags wegen Irrtums zu (119, 121, 142, 143 Abs. 1 und 2).[2]

Erlangt der Mieter das Eigentum an dem vermieteten Raum während der Dauer des Mietsverhältnisses, so erlischt das letztere, wenn die Sachlage sich so gestaltet, daß auf Grund derselben ein rechtswirksamer Mietvertrag nicht würde abgeschlossen werden können, wenn also z. B. der Mieter seinen Vermieter, den Eigentümer, beerbt. Andernfalls, wenn z. B. der Mieter, der Eigentümer wird, nicht vom früheren Eigentümer, sondern von einem am Hause nießbrauchberechtigten Vermieter gemietet hat, bleibt das Mietverhältnis bestehen.

Außer dem vermieteten Gebäude oder Gebäudeteile erstreckt sich der Vertrag — selbst ohne ausdrückliche Anführung — auch auf den Gebrauch oder Mitgebrauch solcher Räume, welche als Zugang zu denselben dienen, wie Treppen, Vorplätze, Hausflur, oder welche zur gemeinschaftlichen Benutzung der Hausbewohner nach allgemeiner Anschauung oder seitheriger Übung bestimmt sind, wie Waschhaus, Trockenboden, Hofraum, ein darin befindlicher Brunnen, auch der in dem betr.

[1] So auch nach röm. Recht l. 29 pr. D. qu. mod. usfr. 7, 4 und nach dem S.B.G.B. § 1189.

[2] Motive II S. 371. Örtmann S. 255. Nach röm. Recht l. 20 Cod. de loc. 4, 65 und nach dem S.B.G.B. §§ 1189, 1227 trat in einem solchen Falle Ungültigkeit des Vertrags ein.

Stockwerk befindliche Abtritt, welcher im Zweifel nicht bloß von sämtlichen Mietern des Stockwerks, sondern auch von deren Untermietern benutzt werden kann.[1]

Neben dem Gebäude oder dessen Teilen können auch bewegliche Sachen mit unter den Mietvertrag (oder Pachtvertrag) fallen. Zunächst auf Grund ausdrücklicher Vereinbarung. So in dem Falle, wenn mit einem Zimmer auch das darin befindliche Mobiliar (möblierte Wohnung), mit einer Restauration das darin befindliche Inventar, mit einer Fabrik auch die zu deren Betrieb erforderliche Dampfkraft[2] oder die Zuführung eines elektrischen Stromes[3] vermietet wird.

Aber auch ohne ausdrückliche Bestimmung erstreckt sich der Vertrag nach der Absicht der Vertragschließenden im Zweifel auch auf das Zubehör der vermieteten Räume, welches sich beim Vertragsabschluß darin befindet:[4] bewegliche Sachen, welche, ohne Bestandteile des betr. Gebäudes zu sein, dem Zwecke desselben, nicht bloß persönlichen Zwecken des Eigentümers oder Mieters, zu dienen bestimmt sind und mit dem Hause in einer dieser Bestimmung entsprechenden räumlichen Verbindung stehen (97).[5] So sind bei einem Gebäude, das für einen Gewerbebetrieb dauernd eingerichtet ist, insbesondere bei einer Mühle, Schmiede, einem Brauhaus, einer Fabrik, die darin aufgestellten (aber nicht in das Gebäude eingefügten), zu dem Betriebe bestimmten Maschinen und Gerätschaften, bei einem Gasthofe das darin befindliche Inventar[6] als Zubehör anzusehen, worauf sich im Zweifel der Vertrag miterstreckt

[1] Niendorff S. 70. Vgl. auch § 1093 Abs. 3.

[2] Die wirtschaftliche Einheitlichkeit des Vertrags, als eines über das Gebäude abgeschlossenen, wird durch Vereinbarung einer solchen Nebenleistung nicht aufgehoben. (R.G. Bd. 33 S. 47. Abweichend Sächs. Arch. Bd. 7 S. 438.)

[3] Jur. Wochenschr. 1897 S. 588[74].

[4] So auch Schollmeyer S. 42. Borcherdt S. 24. Die Auslegungsregel des § 314, wonach sich die Verpflichtung zur Veräußerung oder Belastung einer Sache im Zweifel auch auf deren Zubehör erstreckt (s. auch § 926 Abs. 1 S. 2), findet zwar auf den Mietvertrag keine unmittelbare Anwendung. Indessen wird in der Regel hier wie dort ein Gleiches als Absicht der Vertragsparteien anzunehmen und auf Grund der Auslegung des Vertrags derselbe mit auf das Zubehör, welches mit der Hauptsache eine wirtschaftliche Einheit bildet, zu erstrecken sein. Mot. III S. 65. Vgl. auch §§ 926, 1031, 1062, 1093, 1096, 1120, 2164.

[5] Die Zubehör-Eigenschaft ist ausgeschlossen, wenn die Nebensache im Verkehr nicht als Zubehör angesehen wird oder nur zu vorübergehender Benutzung in das Gebäude eingebracht ist (97 Abs. 1 u. 2). Im übrigen hängt die Frage, ob die Nebensache zu der Hauptsache in einem dem wirtschaftlichen Zweck der Hauptsache entsprechenden räumlichen Verhältnis steht, von den thatsächlichen Verhältnissen des Einzelfalles ab. R.G. Urt. v. 3. Mai 1902 V 59/1902.

[6] R.G. Bd. 39 S. 293. Vgl. R.G. Urt. v. 5. März 1902 V 413/1901.

(98 Z. 1). Außer diesen besonders hervorgehobenen Stücken gelten im Zweifel als Zubehör auch Dampfmaschinen und elektrische Beleuchtungsanlagen, sofern sie nicht in das Haus eingebaut sind,[1] zum Hause gehörige Schirme und Schutzdecken über Verandas und sonstigen Sitzplätzen, die für das Logis bestimmten, dem Vermieter gehörigen Doppelfenster, Gaskronleuchter, Regale, auch Thürschlüssel.[2]

Vom Zubehör begrifflich verschieden sind die wesentlichen Bestandteile des Hauses, d. h. die zur Herstellung des Gebäudes eingefügten Sachen, die von demselben nicht ohne Zerstörung oder wesentliche Veränderung (des Gebäudes oder des Bestandteils) getrennt werden können (93, 94 Abs. 2). Als solche Bestandteile, auf welche sich der Mietvertrag in jedem Falle (nicht bloß im Zweifel) mit erstreckt, kommen z. B. in Betracht: Thüren, Fenster, die in das Gebäude eingebauten Öfen, Gas- und Wasserleitungen, Centralheizungen,[3] Fahrstuhleinrichtungen, Aufzüge u. dergl., unter Umständen auch die in das Gebäude eingefügten Badewannen, Badeöfen, Spültische und Flurampeln in einem herrschaftlichen Miethause.[4]

§ 3. Mietzins.

Der Mietzins kann nicht nur in Geld und anderen vertretbaren Sachen,[5] sondern in Leistungen jeder Art, insbesondere auch in Diensten, bestehen.[6] So in dem Falle, wenn der Mieter als teilweises Entgelt für die Gewährung der Wohnung die Aufsicht und Sorge für die Erhaltung des Hauses, die Reinigung des Hofraumes sowie der Platten-

---

[1] R.G. Bd. 34 S. 167, Bd. 36 S. 261.

[2] Nach § 94 Abs. 2 können die Schlüssel nicht wohl, wie Jakubezky, Bemerkungen zu dem Entwurf des B.G.B. 1892 S. 188 unter Bezugnahme auf l. 17 pr. D. 19, 1 annimmt, den Bestandteilen zugezählt werden. Auch Planck § 94 Anm. 6 sieht sie als Zubehör an.

[3] Kuhlenbeck § 94 Anm. 4. Gruchot, Beitr. Bd. 37 S. 961. Das in den betr. Leitungen zugeführte Material an Wasser, Dampf, Gas oder Elektrizität ist dagegen, wenn darüber nichts ausdrücklich oder stillschweigend vereinbart ist, als in dem Vertrag nicht inbegriffen besonders zu vergüten. Bolze Bd. 15 Nr. 320.

[4] Rechtspr. der O.L.G. II S. 340.

[5] Nach röm. Recht mußte der Mietzins in Geld bestehen. l. 5 § 2 D. de praescr. verb. 19, 5. § 2 J. de loc. 3, 24. Nach A.L.R. I 21 § 263, I 11 § 46 mußte derselbe in Geld bestimmt sein, wodurch aber eine anderweite Tilgung und die Verpflichtung zu Nebenleistungen nicht ausgeschlossen wurde. Rehbein u. Reincke, A.L.R. I 11 § 46 Anm. — Das S.G.B. § 1190 erforderte Geld oder andere vertretbare Sachen. — Der C. c. art. 1709 verlangte „un certain prix“, aber nicht unbedingt Bestimmung in Geld. Förtsch S. 260.

[6] Mot. II S. 372. Planck § 535 Anm. 1. Meisner S. 148.

gänge vor dem Hause übernimmt und seine Vergütung für diese Mühewaltung auf den bedungenen Mietzins verrechnet wird. Doch kann ein derartiger Vertrag auch in einen Dienst- oder Werkvertrag übergehen, sofern die Dienstleistung als die Hauptleistung erscheint, für welche die Gewährung der Wohnung die (volle oder teilweise) Gegenleistung bildet, so z. B. bei dem Vertrag mit dem Hausmeister, wonach derselbe als Vergütung für seine Dienste freie Wohnung vom Hauseigentümer erhält.[1] Auf einen Vertrag der letzteren Art finden die Vorschriften der Wohnungsmiete nur teilweise Anwendung, namentlich insoweit sie die beiderseitigen Verpflichtungen in Bezug auf Gewährung und Ausübung des Gebrauchs, die Tragung der Lasten, den Ersatz von Verwendungen und die ordnungsmäßige Rückgabe der Wohnung betreffen. Im übrigen, namentlich in Bezug auf die Beendigung die Vertragsverhältnisses, kommen die für jene anderen Vertragsverhältnisse bestehenden Vorschriften (621, 649 flg.) zur Geltung und auch das Vermieter-Pfandrecht greift nicht Platz.

Der Mietzins braucht nicht ausdrücklich vereinbart zu sein, sondern kann auch dem Ermessen eines Teiles, namentlich des Vermieters, oder auch eines Dritten überlassen werden. Doch muß nach den Umständen des einzelnen Falles der Wille der Vertragschließenden ersichtlich darauf gerichtet sein, daß der Vermieter oder, was seltener der Fall, ein Dritter den Mietzins bestimme.[2] Im Zweifel soll diese Bestimmung nach billigem Ermessen erfolgen und ist für den anderen Teil nur verbindlich, wenn sie der Billigkeit entspricht. Ist dies nicht der Fall oder wird sie verzögert, so wird die Bestimmung vom Gericht, erforderlichen Falles nach Anhörung von Sachverständigen, durch Urteil getroffen. (315, 317 Abs. 1, 319 Abs. 1).

§ 4. Personen beim Mietvertrag.

Beim Mietvertrag können, sei es als Vermieter, sei es als Mieter,

1. natürliche Personen (Menschen), und zwar geschäftsfähige oder geschäftsunfähige oder in der Geschäftsfähigkeit beschränkte, und

---

[1] Niendorff S. 16.

[2] Auf das Ermessen des Vermieters wird der Mietzins insbesondere dann gestellt sein, wenn ein Gast in einem Logirhause oder Gasthofe ohne weitere Vereinbarung des Mietzinses Wohnung nimmt oder wenn ein Kaufmann für kurze Zeit, z. B. für die Dauer eines Marktes, ein Geschäftslokal mietet und bezieht. Anders, wenn die Parteien eine künftige Einigung über den Mietzins in Aussicht genommen haben und der Mieter in Erwartung einer solchen die Wohnung bezogen hat. Alsdann ist ein Vertrag überhaupt noch nicht zu stande gekommen (s. unten § 9 Anm. 10) und der Vermieter nur zum Anspruch auf eine angemessene Entschädigung befugt.

2. juristische Personen (Vereine, Stiftungen) sowie Gesellschaften und Vermögensmassen vorkommen.

1. Natürliche Personen und zwar:

a) Geschäftsfähige. Vertretung durch Bevollmächtigte.

§ 164 Abs. 1. Eine Willenserklärung, die jemand innerhalb der ihm zustehenden Vertretungsmacht im Namen des Vertretenen abgiebt, wirkt unmittelbar für und gegen den Vertretenen. Es macht keinen Unterschied, ob die Erklärung ausdrücklich im Namen des Vertretenen erfolgt oder ob die Umstände ergeben, daß sie in dessen Namen erfolgen soll.

§ 166 Abs. 1. Soweit die rechtlichen Folgen einer Willenserklärung durch Willensmängel oder durch die Kenntnis oder das Kennenmüssen gewisser Umstände beeinflußt werden, kommt nicht die Person des Vertretenen, sondern des Vertreters in Betracht.

§ 167 Abs. 1. Die Erteilung der Vollmacht erfolgt durch Erklärung gegenüber dem zu Bevollmächtigenden oder dem Dritten, dem gegenüber die Bevollmächtigung stattfinden soll.

§ 168. Das Erlöschen der Vollmacht bestimmt sich nach dem ihrer Erteilung zu Grunde liegenden Rechtsverhältnisse. Die Vollmacht ist auch bei dem Fortbestehen des Rechtsverhältnisses widerruflich, sofern sich nicht aus diesem ein anderes ergiebt....

§ 170. Wird die Vollmacht durch Erklärung gegenüber einem Dritten erteilt, so bleibt sie diesem gegenüber in Kraft, bis ihm das Erlöschen von dem Vollmachtgeber angezeigt wird.

§ 171. Hat jemand durch besondere Mitteilung an einen Dritten oder durch öffentliche Bekanntmachung kundgegeben, daß er einen Anderen bevollmächtigt habe, so ist dieser auf Grund der Kundgebung im ersteren Falle dem Dritten gegenüber, im letzteren Falle jedem Dritten gegenüber zur Vertretung befugt.

Die Vertretungsmacht bleibt bestehen, bis die Kundgebung in derselben Weise, wie sie erfolgt ist, widerrufen wird.

§ 172. Der besonderen Mitteilung einer Bevollmächtigung durch den Vollmachtgeber steht es gleich, wenn dieser dem Vertreter eine Vollmachtsurkunde ausgehändigt hat und dieser sie dem Dritten vorlegt.

Die Vertretungsmacht bleibt bestehen, bis die Vollmachtsurkunde dem Vollmachtgeber zurückgegeben oder für kraftlos erklärt wird.

Geschäftsfähige Personen können als Vermieter oder Mieter in Person oder durch Vertreter (Bevollmächtigte) den Vertrag abschließen oder darauf bezügliche Erklärungen abgeben.[1] Damit in letzterem Falle die Erklärung für oder gegen den vertretenen Vermieter oder Mieter wirke, ist erforderlich, daß sie vom Vertreter:

a) innerhalb der ihm erteilten Vertretungsmacht (Vollmacht),[2]

---

[1] Selbstverständlich können auch die gesetzlichen Vertreter von geschäftsunfähigen oder in der Geschäftsfähigkeit beschränkten Personen, oder von juristischen Personen sich eines bevollmächtigten Stellvertreters bedienen.

[2] So wird namentlich für die Frage, ob die vom Hauseigentümer bestellten Hausverwalter oder Hausmeister zum Abschluß eines Mietvertrags befugt seien, der Umfang der ihnen vom Eigentümer erteilten Vollmacht oder Ermächtigung maßgebend sein, über

b) im Namen des Vertretenen — ausdrücklich oder aus den Umständen erkennbar[1] — abgegeben worden ist (164). Die rechtlichen Erfordernisse der Willenserklärung sind aus der Person des Vertreters zu beurteilen (166), da solcher eben Vertreter im Willen ist. Ob also die Erklärung einer Vertragspartei nichtig ist, weil der Erklärende den der anderen Partei erkennbaren Vorbehalt, das Erklärte nicht zu wollen, gemacht oder die Erklärung mit dem Einverständnis der anderen Partei nur zum Schein abgegeben oder ob er seine Erklärung in der Erwartung, der Mangel der Ernstlichkeit werde nicht verkannt werden, nicht ernstlich gemeint hat (116—118), ob sie wegen Irrtums des Erklärenden (119) oder wegen einer von ihm oder gegen ihn begangenen arglistigen Täuschung oder widerrechtlichen Drohung (123) anfechtbar ist, bestimmt sich nach der Person des Vertreters.[2]

Ebenso kommt es in den Fällen, wo die Kenntnis oder Unkenntnis einer Vertragspartei von gewissen Umständen erheblich ist und bestimmte Wirkungen erzeugt, auf die Kenntnis oder Nichtkenntnis des Vertreters an.[3] Nur wenn ein Bevollmächtigter nach bestimmten Weisungen des Vollmachtgebers zu handeln hat, kann sich dieser in Ansehung solcher Umstände, die er selbst kannte oder kennen mußte, nicht auf die Unkenntnis des Vertreters berufen (166).[4] Im übrigen kommt für die Frage nach dem Vorhandensein von Willensmängeln auch hier die Person des Vertreters in Betracht.

---

deren Inhalt daher der Mietlustige sich vor Abschluß eines Vertrags mit ihnen zu vergewissern haben wird.

[1] Die Abgabe der Erklärung im Namen des Vertretenen wird sich z. B. schon dann ergeben, wenn der Vertreter sich in dem Vertrage als Hausverwalter, Vormund oder Prokurist des Vermieters bezeichnet.

[2] Wenn z. B. der Vermieter (Verpachter) einer Restauration dem Bevollmächtigten des Mieters wahrheitswidrig einen viel zu hohen Bierumsatz vorspiegelt und der Bevollmächtigte daraufhin den Vertrag abschließt, so kann der Mieter auf Grund dieser gegen seinen Vertreter verübten Täuschung den Vertrag nach § 123 anfechten; ebenso aber auch in dem Falle, wenn er den Vertrag selbst abgeschlossen und ein Bevollmächtigter des Vermieters ihn dabei über den Bierumsatz getäuscht hat.

[3] So wird die nach § 538 begründete Schadensersatzpflicht des Vermieters, der dem Vertreter des Mieters, eines Spezialarztes für Nervenkrankheiten, zur Errichtung einer Klinik für derartige Kranke ein zeitweise durch einen benachbarten geräuschvollen Gewerbebetrieb (Kreissäge) in hohem Grade beunruhigtes Logis vermietet, dann ausgeschlossen, wenn der Vertreter des Mieters den erwähnten Mangel kennt.

[4] In dem soeben (Anm. 5) erwähnten Falle kann also der Mieter, der seinen Vertreter beauftragt hat, ein bestimmtes Logis zu mieten, in dem Falle, wenn er vor Abschluß des Vertrags selbst den Mangel gekannt hat, keinen Schadensanspruch erheben und sich nicht darauf berufen, daß seinem Vertreter der Mangel unbekannt geblieben sei.

Die Vertretungsmacht kann:

a) durch eine (Bevollmächtigungs=) Erklärung gegenüber dem zu Bevollmächtigenden oder gegenüber der anderen Vertragspartei, der gegenüber die Vertretung stattfinden soll, und zwar formlos, also auch mündlich, erteilt (167) oder

b) durch besondere Mitteilung von der erfolgten Bevollmächtigung an die andere Partei oder (mittels öffentlicher Bekanntmachung) an dritte überhaupt, namentlich auch durch Ausstellung einer Vollmachtsurkunde, welche der Bevollmächtigte der anderen Partei vorlegt, begründet werden (171, 172).

Wird die Bevollmächtigung durch Erklärung oder Mitteilung gegenüber der anderen Partei oder einer dritten Person oder durch eine derselben vorgelegte Vollmachtsurkunde kundgegeben, so bleibt sie der anderen Partei gegenüber in Wirksamkeit, bis der letzteren im Falle vorausgegangener mündlicher Erklärung oder Mitteilung das Erlöschen der Vollmacht in gleicher Weise angezeigt (170, 171) oder bis, bei Ausstellung einer Vollmachtsurkunde, letztere dem Vollmachtgeber zurückgegeben oder von ihm durch eine öffentliche Bekanntmachung für kraftlos erklärt worden ist (172, 176).[1] Doch muß die andere Partei das Erlöschen der Vollmacht gegen sich gelten lassen, wenn sie das Erlöschen der Vertretungsmacht bei Abschluß des Vertrages kannte oder kennen mußte (173).

Ist dagegen die Vollmacht durch Erklärung gegenüber dem zu Bevollmächtigenden erteilt, so erlischt sie auch schon mit dem zu Grunde liegenden Rechtsverhältnis (Auftrag, Gesellschaft 2c.)[2] oder durch Widerruf dem Bevollmächtigten gegenüber (168) und die andere Partei muß dies gegen sich gelten lassen, auch wenn sie davon keine Kenntnis hat.[3] Sie hat also jedenfalls, wenn sie sich mit einem Vertreter einläßt, der ihr von dem Vertretenen nicht durch besondere Erklärung oder Vollmacht als Vertreter bezeichnet ist, den Grund und die Rechtsbeständigkeit seiner Vollmacht zu prüfen.

Eine besondere Art der Vollmacht ist die von dem Inhaber eines Handelsgeschäfts oder dessen gesetzlichem Vertreter einem Anderen erteilte Prokura, wodurch der Prokurist zu allen Arten von gerichtlichen und außergerichtlichen Geschäften, die der Betrieb eines Handels=

[1] Vgl. H.G.B. § 1327 a. E.

[2] Z. B wenn ein Mitglied einer offenen Handelsgesellschaft, das in dieser Eigenschaft die übrigen Gesellschafter vertrat, aus der Gesellschaft ausscheidet.

[3] Mot. I S. 136. Denkschr. S. 28. Abweichend zu Gunsten gutgläubiger Dritter A.L.R. I 13 §§ 147, 167, 168 u. C. c. art. 2008, 2009.

gewerbes mit sich bringt, also unter Umständen auch zum Abschluß von Mietverträgen[1] ermächtigt wird (§§ 48, 49 H.G.B.).

Hat der Vertreter den Mietvertrag ohne (mündliche oder schriftliche) Vollmacht abgeschlossen, so ist der Vertrag an sich noch nicht unwirksam. Die Wirksamkeit gegenüber der Partei, in deren Namen der Vertreter aufgetreten ist, hängt aber zunächst von deren Genehmigung ab, welche auf Aufforderung des anderen Teiles binnen zwei Wochen dem Auffordernden zu erklären ist, widrigenfalls sie als verweigert gilt (177). Bis zur Genehmigung ist der andere Teil zum Widerruf berechtigt, es sei denn, daß er den Mangel der Vertretungsmacht bei dem Abschlusse des Vertrags gekannt hat (178).

Verweigert der Vertretene die Genehmigung, so ist der Vertreter, der ohne Vertretungsmacht in fremdem Namen den Vertrag abgeschlossen hat, dem anderen Teile nach dessen Wahl zur Erfüllung oder zum Schadensersatz verpflichtet, es sei denn, daß der andere Teil den Mangel der Vertretungsmacht kannte oder kennen mußte (179).

Wesentlich verschieden von dem Fall der Vertretung ist der Fall, wenn sich eine Vertragspartei eines Dritten nur als Boten oder Werkzeuges zur Übermittelung ihrer Erklärung an die andere Partei bedient.[2] Hier schließt der Auftraggeber unmittelbar das Geschäft ab und lediglich auf seinen Willen und sein Wissen oder Wissenmüssen kommt es an.

§ 5. Ehefrauen.

§ 1363 Abs. 1. Das Vermögen der Frau wird durch die Eheschließung der Verwaltung und Nutznießung des Mannes unterworfen (eingebrachtes Gut).

§ 1365. Die Verwaltung und Nutznießung des Mannes erstreckt sich nicht auf das Vorbehaltsgut der Frau.

§ 1399. Zu Rechtsgeschäften, durch die sich die Frau zu einer Leistung verpflichtet, ist die Zustimmung des Mannes nicht erforderlich. Stimmt der Mann einem solchen Rechtsgeschäft zu, so ist es in Ansehung des eingebrachten Gutes ihm gegenüber wirksam. . . .

§ 1443. Das Gesamtgut unterliegt der Verwaltung des Mannes. . . .

§ 1460 Abs. 1. Das Gesamtgut haftet für eine Verbindlichkeit der Frau, die aus einem nach Eintritt der Gütergemeinschaft vorgenommenen Rechtsgeschäft entsteht, nur dann, wenn der Mann seine Zustimmung zu dem Rechtsgeschäft erteilt oder wenn das Rechtsgeschäft ohne seine Zustimmung für das Gesamtgut wirksam ist.

Verheiratete Frauen sind an sich geschäftsfähig. Infolge der auf dem ehelichen Güterrecht beruhenden Befugnisse des Ehemannes ist

[1] Nur die Veräußerung und Belastung ist dem Prokuristen entzogen, wenn ihm diese Befugnis nicht besonders erteilt ist (§ 49 Abs. 2 H.G.B). Als „Belastung" ist aber nach dem B.G.B. die Vermietung eines Grundstücks nicht anzusehen.

[2] Hierher gehört auch die Vermittelung der Erklärung auf telegraphischem Wege.

aber ihre Verfügungsfähigkeit und demgemäß die Wirksamkeit der von ihnen als Vermieterinnen oder Mieterinnen während der Ehe (denn die vor Eingehung der Ehe von ihnen eingegangenen Verträge werden dadurch nicht berührt) abgeschlossenen Verträge mehrfach beschränkt.

1. Wo zunächst

das gesetzliche Güterrecht

— mit Verwaltung und Nutznießung des Mannes — besteht, kann die Frau:

a) Als Vermieterin mit voller rechtlicher Wirksamkeit für sich allein Verträge über die zu ihrem Vorbehaltsgut gehörigen Häuser 2c. abschließen (1365, 1371). Zum Vorbehaltsgut gehören derartige Grundstücke dann, wenn sie entweder von ihr durch ihre Arbeit[1] oder durch den selbständigen Betrieb eines Erwerbsgeschäftes[2] erworben oder durch Ehevertrag für Vorbehaltsgut erklärt oder ihr von Dritten durch letztwillige Verfügung oder durch Schenkung unter Lebenden mit der Bestimmung als Vorbehaltsgut zugewendet worden sind (1367—1369).[3]

Die zu ihrem sonstigen Vermögen, ihrem eingebrachten Gut, gehörigen Grundstücke unterliegen der Verwaltung und Nutznießung des Mannes (1363),[4] der demgemäß zum Abschluß von Mietverträgen darüber, sogar über die Dauer seiner Verwaltung und Nutznießung hinaus, kraft eigenen Rechts befugt ist (1423, 1056).[5] Auch die Frau kann zwar an sich diese Grundstücke vermieten; der Mieter vermag aber die Einräumung des ihm von ihr vermieteten Grundstücks nicht mit rechtlicher Wirkung dem Manne gegenüber durchzusetzen, wenn dieser nicht seine Zustimmung zum Vertrage erteilt hat (1399).[6] Nur

---

[1] Ausgenommen im Geschäft des Mannes vgl. § 1356 Abs. 2.

[2] Nach gem. Recht gehörte dieser Erwerb dem Manne, nach A.L.R. II 1 § 211, sowie nach dem S.G.B. § 1668 war er wenigstens seinem Verwaltungs- und Nießbrauchsrecht unterworfen.

[3] So auch A.L.R. II 1 §§ 208, 209, 214. S.G.B. § 1693, 1694.

[4] Übereinstimmend A.L.R. II 1 §§ 205, 231; vgl. jedoch I 21 § 388.

[5] Denkschrift S. 194. Planck, Erl. zu § 1423. Abweichend C. c. art. 1718, 1429, wo bezüglich des Vermietungsrechts des Mannes zwischen Mietverträgen, welche die Dauer von neun Jahren überschreiten und solchen, bei denen dies nicht der Fall ist, unterschieden wird. Über den Fall, wenn die Verwaltung und Nutznießung des Mannes vor Ablauf der Mietzeit zu Ende geht (1423, 1056, 571), s. unten § 49.

[6] Der § 1395, wonach die Verfügung der Frau über ihr eingebrachtes Gut ohne Einwilligung des Mannes schlechthin rechtsunwirksam ist, findet bei Vermietung von Grundstücken keine Anwendung, da die „Verfügung" nach dem Sprachgebrauch des B.G.B. nur die Veräußerung und Belastung, nicht aber ein in Bezug auf das Grundstück eingegangenes obligatorisches Rechtsgeschäft, wie die Miete, umfaßt, auf diesen Fall vielmehr § 1399 anzuwenden ist. Demgemäß ist die nicht völlig zutreffende Fassung der letzten drei Zeilen auf S. 18 der ersten Auflage dieses Werkes zu berichtigen.

dann ist die Zustimmung des Mannes nicht erforderlich, wenn er durch Krankheit oder durch Abwesenheit an der Abgabe einer Erklärung verhindert und mit dem Aufschub Gefahr verbunden ist (1401).[1] Steht der Mann unter Vormundschaft, so wird er vom Vormund auch in den Rechten und Pflichten, die sich aus der Verwaltung und Nutznießung des eingebrachten Vermögens ergeben, vertreten, so daß alsdann zu den Mietverträgen der Frau dessen Zustimmung nötig ist (1409).

b) Als Mieterin kann die Ehefrau mit voller Wirksamkeit Verträge abschließen,

aa) wenn sie dieselben mit Rücksicht auf ihr Vorbehaltsgut eingeht, insbesondere

bb) Räume für den Betrieb eines Erwerbsgeschäfts mietet, welches sie mit Einwilligung oder auch mit Wissen und ohne Einspruch des Mannes betreibt (1405),[2] oder

cc) wenn der Mann, wie bereits erwähnt, durch Abwesenheit oder Krankheit verhindert und Gefahr im Verzuge ist (1401).

Für die Mietgeldschuld haftet alsdann in dem Falle unter aa) ihr Vorbehaltsgut (1371), in den Fällen unter bb) und cc) aber ohne Rücksicht auf die dem Manne kraft des Güterrechts zustehenden Befugnisse ihr eingebrachtes Gut (1405). Die Zwangsvollstreckung in dasselbe ist aber nur zulässig, wenn die Ehefrau zu der Leistung und der Ehemann zur Duldung der Zwangsvollstreckung in das eingebrachte Gut verurteilt ist (§ 739 C.P.O.). S. jedoch §§ 741, 774 C.P.O.

Im übrigen sind die von ihr als Mieterin in eigenem Namen ab-

---

A. M. — infolge seiner Ansicht von der Dinglichkeit der Miete — Cosack II § 295 Anm. 11 S. 476 und ferner — infolge Verkennung des oben angegebenen Begriffs der „Verfügung" — Fuld S. 42.

Noch weniger, als ihren eigenen Grundbesitz (abgesehen vom vorbehaltenen Gut) kann natürlich die Ehefrau denjenigen ihres Ehemannes auf eigene Hand mit voller rechtlicher Wirksamkeit vermieten. Doch wird in beiderlei Beziehung dann eine Ausnahme zuzulassen und eine stillschweigende Zustimmung oder Ermächtigung des Mannes anzunehmen sein, wenn die Frau mit Vorwissen des Mannes, um einen Zuschuß zur Bestreitung der Kosten der Hauswirtschaft zu beschaffen, einzelne Räume (Garçonlogis u. dgl.) in Miete oder Aftermiete giebt. — Von anderer Seite wird ihre Befugnis zum selbständigen Abschluß derartiger Geschäfte auf ihre Schlüsselgewalt zurückgeführt. S. dagegen Mittelstein S. 46.

[1] So auch A.L.R. II 1 § 202, 326, 327. Ebenso im wesentlichen die frühere gemeinrechtliche Praxis, s. z. B. die Entscheid. des R.G. III. Civ.-Sen. v. 3. Januar 1896, III 272/95.

[2] Durch den angef. § 1405 werden die Bestimmungen des früheren Handelsgesetzb. Art. 6 und der Gewerbeordnung (v. 1883) § 11 Abs. 2 ersetzt. S. auch den jetzigen § 11a Abs. 3 der Gewerbeordnung in der Fassung v. 26. Juli 1900 R.G.Bl. S. 874.

geschlossenen Verträge an sich nicht ungültig.[1] Der Vermieter kann sich aber, wenn der Mann nicht zustimmt oder nicht aus dem unter cc) erwähnten Grunde seine Zustimmung entbehrlich ist, wegen der ihm aus einem solchen Vertrage erwachsenden Ansprüche (den Fall der Bereicherung ausgenommen) nicht mit rechtlicher Wirkung dem Manne gegenüber an das eingebrachte Gut der Frau halten (1399).[2]

Die Beschränkungen, denen die Ehefrau als Vermieterin und Mieterin nach vorstehendem unterliegt, muß ein Dritter auch gegen sich gelten lassen, wenn er beim Vertragsabschluß nicht gewußt hat, daß er mit einer Ehefrau verhandle (1404).[3]

2. Im Fall

der allgemeinen Gütergemeinschaft oder der Errungenschaftsgemeinschaft

kann zunächst der Mann die zum Gesamtgut gehörenden Gebäude, auch insoweit sie von der Frau herrühren, mit Wirksamkeit für das Gesamtgut vermieten (1443).[4] Geht die Frau über derartige Grundstücke einen Mietvertrag ein, so ist derselbe zwar nicht ungültig, aber für das Gesamtgut nur dann wirksam, wenn entweder der Ehemann seine Zustimmung erteilt hat, oder durch Abwesenheit oder Krankheit an dem eigenen Abschluß des Mietvertrags verhindert und dabei Gefahr im Verzuge war (1450, 1460).

Mieten kann an sich neben dem Manne auch die Frau; doch hat ein von ihr abgeschlossener Mietvertrag für das Gesamtgut nur dann Wirkung, wenn der Mietvertrag für die Zwecke eines selbständig von ihr unter Zustimmung ihres Mannes betriebenen Erwerbsgeschäfts[5] abgeschlossen oder wenn die Zustimmung des Mannes, der alsdann persönlich mit haftet, dazu erteilt oder aus dem bereits erwähnten Grunde entbehrlich ist (1452, 1459, 1460, 1532).

Über die zu ihrem Vorbehaltsgut gehörigen Grundstücke kann die Ehefrau ohne Zustimmung des Mannes rechtswirksam Mietverträge

---

[1] Mot. IV S. 219 flg., S. 222 flg. So auch das gemeine Recht. Abweichend A.L.R. II 1 § 320. C. c. art. 215—225. S.G.B. § 1638, 1641.

[2] Mot. IV S. 229, 251. Die Ehefrau kann auch nicht kraft ihrer sog. Schlüsselgewalt für befugt angesehen werden, als Vertreterin des Ehemannes eine Wohnung zu mieten, da dies über ihren häuslichen Wirkungskreis, kraft dessen ihr nach § 1357 diese Vertretung zusteht, regelmäßig hinausgeht.

[3] Dies gilt selbst dann, wenn die Frau ihm wahrheitswidrig vorspiegelt, sie sei nicht verheiratet.

[4] Mot. IV S. 349.

[5] Zur Zwangsvollstreckung in das Gesamtgut ist alsdann regelmäßig das gegen die Ehefrau ergangene Urteil genügend (741 C.P.O.).

abschließen (1440 Abs. 2, 1441, 1526 Abs. 3). Zur Zwangsvollstreckung in dasselbe ist alsdann regelmäßig das gegen die Ehefrau ergangene Urteil genügend (§ 741 C.P.O.).

3. Leben Mann und Frau nach dem — im Güterrechtsregister eingetragenen — Recht

der Gütertrennung,

so fällt die Beschränkung der Verfügungsgewalt der Frau durch Unterwerfung derselben unter die Verwaltung und Nutznießung des Mannes hinweg. Sie kann daher ebenso wie eine unverheiratete Frau die ihr gehörigen Grundstücke auf eigene Hand vermieten, auch in gleicher Weise eine Wohnung mit rechtlicher Wirkung für sie mieten, sofern nicht etwa infolge ihrer Minderjährigkeit die Mitwirkung oder Einwilligung eines gesetzlichen Vertreters erforderlich ist.

§ 6. Hauskinder.

§ 1626. Das Kind steht, so lange es minderjährig ist, unter elterlicher Gewalt.

§ 1627. Der Vater hat kraft der elterlichen Gewalt das Recht und die Pflicht, für die Person und das Vermögen des Kindes zu sorgen.

§ 1630 Abs. 1. Die Sorge für die Person und das Vermögen umfaßt die Vertretung des Kindes.

§ 1649. Dem Vater steht kraft der väterlichen Gewalt die Nutznießung am Vermögen des Kindes zu.

§ 1684 Abs. 1. Der Mutter steht die elterliche Gewalt zu:

1. wenn der Vater gestorben oder für tot erklärt ist;
2. wenn der Vater die elterliche Gewalt verwirkt hat und die Ehe aufgelöst ist.

§ 1685 Abs. 1. Ist der Vater an der Ausübung der elterlichen Gewalt thatsächlich verhindert oder ruht seine elterliche Gewalt, so übt während der Dauer der Ehe die Mutter die elterliche Gewalt mit Ausnahme der Nutznießung aus.

Hauskinder sind, wenn sie volljährig sind, zum Abschluß von Mietverträgen ebenso wie andere volljährige Personen befugt, da sich in diesem Falle die elterliche Gewalt nicht auf sie erstreckt (1626).[1]

Sind die Hauskinder minderjährig, so steht die Vermietung der ihnen gehörigen Grundstücke, ähnlich wie bei den eheweiblichen Grundstücken dem Ehemann, hier dem **Vater** kraft seines Verwaltungs- (und Nutznießungs)rechts zu (1627, 1630, 1638, 1649, 1663). Ausgenommen sind solche Grundstücke, welche das Kind durch seine Arbeit oder durch den ihm vom Vater gestatteten selbständigen Betrieb eines

---

[1] Mot. IV S. 727. Ähnlich C. c. art. 372, 382, 384, 389, 390. Abw. das gemeine Recht (Beendig. der elterlichen Gewalt erst durch separata oeconomia oder Verheiratung), das A.L.R. II 2 § 125, 165, 166, 168, 210, 228, das S.G.B. § 1811, 1821, 1822, 1829—1833.

Erwerbsgeschäfts erwirbt oder, welche dem Kinde von Todes wegen oder durch Schenkung unter Lebenden mit der Bestimmung als freies, der väterlichen Verwaltung (und Nutznießung) nicht unterworfenes Vermögen zugewendet sind (1638, 1651); für diese tritt ein Pfleger ein (1909).

Will der Vater für das Kind auf länger als ein Jahr nach Vollendung des einundzwanzigsten Lebensjahres desselben einen Mietvertrag, sei es als Vermieter, sei es als Mieter, abschließen, so bedarf er dazu der Genehmigung des Vormundschaftsgerichts (1643, 1822 Z. 5), bei deren Erteilung das Kind auch für die längere Vertragsdauer gebunden wird.

An Stelle des Vaters steht die erwähnte Verwaltungsbefugnis der Mutter zu, wenn der Vater gestorben oder für tot erklärt ist oder wenn er die elterliche Gewalt verwirkt hat und die Ehe aufgelöst ist. Ebenso übt die Mutter während der Dauer der Ehe die elterliche Gewalt mit Ausnahme der Nutznießung aus, wenn der Vater an der Ausübung dieser Gewalt thatsächlich verhindert ist oder wenn dieselbe ruht (1684, 1685). Der Mutter kann in diesem Falle auf ihren Antrag oder aus besonderen Gründen ein Beistand bestellt werden.

Im übrigen, namentlich insoweit ein minderjähriges Hauskind einen Mietvertrag als Mieter abschließt, kommen die nachstehend (§ 7) aufgestellten Grundsätze über den Vertragsabschluß Minderjähriger mit der Maßgabe zur Anwendung, daß an die Stelle des Vormundes der Vater (oder die Mutter) als Inhaber der elterlichen Gewalt und demzufolge als gesetzlicher Vertreter des Kindes eintritt.

§ 7. b) Geschäftsunfähige und in der Geschäftsfähigkeit beschränkte Personen.

§ 105. Die Willenserklärung eines Geschäftsunfähigen ist nichtig.

Nichtig ist auch eine Willenserklärung, die im Zustande der Bewußtlosigkeit oder vorübergehender Störung der Geistesthätigkeit abgegeben wird.

§ 106. Ein Minderjähriger, der das siebente Lebensjahr vollendet hat, ist nach Maßgabe der §§ 107—113 in der Geschäftsfähigkeit beschränkt.

§ 107. Der Minderjährige bedarf zu einer Willenserklärung, durch die er nicht lediglich einen rechtlichen Vorteil erlangt, der Einwilligung seines gesetzlichen Vertreters.

§ 110. Ein von dem Minderjährigen ohne Zustimmung des gesetzlichen Vertreters geschlossener Vertrag gilt als von Anfang an wirksam, wenn der Minderjährige die vertragsmäßige Leistung mit Mitteln bewirkt, die ihm zu diesem Zwecke oder zu freier Verfügung von dem Vertreter oder mit dessen Zustimmung von einem Dritten überlassen worden sind.

§ 112 Abs. 1. Ermächtigt der gesetzliche Vertreter mit Genehmigung des Vormundschaftsgerichts den Minderjährigen zum selbständigen Betrieb eines Erwerbsgeschäfts, so ist der Minderjährige für solche Rechtsgeschäfte unbeschränkt geschäftsfähig, welche der Geschäftsbetrieb mit sich bringt. Ausgenommen sind Rechtsgeschäfte, zu denen der Vertreter der Genehmigung des Vormundschaftsgerichts bedarf.

§ 114. Wer wegen Geistesschwäche, wegen Verschwendung oder wegen Trunksucht entmündigt oder wer nach § 1906 unter vorläufige Vormundschaft gestellt ist, steht in Ansehung der Geschäftsfähigkeit einem Minderjährigen gleich, der das siebente Lebensjahr vollendet hat.

1. Geschäftsunfähig ist:

a) wer noch nicht das siebente Lebensjahr vollendet hat,

b) wer sich in einem die freie Willensbestimmung ausschließenden Zustande krankhafter Störung der Geistesthätigkeit befindet, sofern nicht der Zustand seiner Natur nach ein vorübergehender ist,[1]

c) wer wegen Geisteskrankheit entmündigt ist (104).

Der von einem Geschäftsunfähigen abgeschlossene Vertrag ist nichtig, ebenso der von einem an sich Geschäftsfähigen im Zustande der Bewußtlosigkeit oder vorübergehenden Störung der Geistesthätigkeit abgeschlossene (105).[2]

2. In der Geschäftsfähigkeit beschränkt sind:

a) Minderjährige vom vollendeten siebenten bis zum vollendeten einundzwanzigsten Lebensjahre (106). Ihnen stehen gleich

b) wegen Geistesschwäche, wegen Verschwendung oder wegen Trunksucht entmündigte oder die unter vorläufige Vormundschaft gestellten Personen (114, 1906).

Für alle diese, unter Z. 1 und 2 aufgeführten Personen schließt — für die Minderjährigen, insoweit sie nicht unter elterlicher Gewalt stehen oder ihre Eltern weder in den die Person noch in den das Vermögen betreffenden Angelegenheiten zu deren Vertretung berechtigt sind — rechtsgültig ihr Vormund, als ihr gesetzlicher Vertreter, den Vertrag ab (1773, 1793, 1896, 1897). Dabei bedarf der Vormund eines Minderjährigen zu einem Mitvertrage, der länger, als ein Jahr nach dem vollendeten einundzwanzigsten Lebensjahre des Mündels fortdauern soll (1822 Z. 5), der Vormund eines Volljährigen (Entmündigten) zu einem Mietvertrage, der länger als vier Jahre dauern soll (1902), auch wenn sich die Dauer nicht über das Ende der Vormundschaft hinaus erstreckt, der Genehmigung des Vormundschaftsgerichts.

---

[1] Dies gilt auch dann, wenn eine Entmündigung noch nicht erfolgt ist. Im übrigen begründet nur ein dauernder Zustand dieser Art die Geschäftsunfähigkeit. Wohl aber hat auch ein vorübergehender derartiger Zustand die gleiche Wirkung, nämlich Nichtigkeit des Geschäfts (s. unten).

[2] Als Fälle von Bewußtlosigkeit oder vorübergehender Störung der Geistesthätigkeit kommen namentlich Schlaftrunkenheit, Fieber, Hypnose, hochgradige Trunkenheit in Betracht.

Dem Vormunde steht der **Pfleger** gleich, der einem unter elterlicher Gewalt oder Vormundschaft Stehenden für Angelegenheiten, an deren Besorgung der Gewalthaber oder der Vormund verhindert ist (1909) oder einem Volljährigen wegen körperlicher oder geistiger Gebrechen (1910) oder einem abwesenden Volljährigen wegen Unbekanntheit seines Aufenthalts oder wegen Behinderung desselben an der Rückkehr und an der Besorgung seiner Vermögensangelegenheiten (1911) vom Vormundschaftsgericht bestellt ist.

Die unter Z. 2 aufgeführten, beschränkt Geschäftsfähigen können (soweit dies thatsächlich möglich), auch selbst den Vertrag abschließen, bedürfen aber dazu der (gleichzeitigen) **Einwilligung** ihres gesetzlichen Vertreters (Vormundes oder Vaters).[1] Schließen sie den Vertrag ohne dessen Einwilligung ab, so hängt die Wirksamkeit des Vertrags von der (nachfolgenden) Genehmigung des Vertreters ab (107—109). Einwilligung wie Genehmigung kann formlos, auch stillschweigend erteilt werden.

Die Einwilligung oder Genehmigung des Vormundes (oder Vaters) eines **Minderjährigen** ist indessen dann nicht erforderlich, wenn

a) der Minderjährige die vertragsmäßige Leistung mit Mitteln bewirkt, die ihm zu diesem Zwecke oder zur freien Verfügung von dem Vertreter oder mit dessen Zustimmung von einem Dritten überlassen worden sind (110),[2]

---

[1] Auch die einseitige **Kündigung** eines Mietvertrags können sie regelmäßig nur mit Einwilligung (nicht nachträglicher Genehmigung) des gesetzlichen Vertreters rechtswirksam vornehmen (107, 111).

[2] Die Erfüllung von seiten des Minderjährigen mit den ihm überlassenen Mitteln macht den Vertrag ebenso von Anfang an wirksam, wie die Genehmigung des Vaters oder Vormundes. Dies ist z. B. der Fall, wenn ein minderjähriger Student oder einjährig Freiwilliger sich eine Wohnung mietet und den Mietzins mit dem ihm von seinem Vater oder Vormunde zu seinem Lebensbedarf ausgesetzten Gelde oder von dem ihm unter dessen Zustimmung zufließenden Stipendium bezahlt. Wie aber dann, wenn der Student rc. das Mietgeld **nicht** bezahlt und der Vater oder Vormund die Genehmigung des ohne seine Zustimmung abgeschlossenen Vertrags verweigert? Hier wird zwar der Mietvertrag als solcher unwirksam sein, gleichwohl aber der Vermieter unter Umständen entweder einen Anspruch gegen den Minderjährigen auf Grund ungerechtfertigter Bereicherung (812 flg.) oder, sofern der Vater zum Unterhalte desselben verpflichtet ist, gegen diesen einen Anspruch aus dem Gesichtspunkt der Geschäftsführung ohne Auftrag erheben können. Mot. I S. 126, 148. Protok. II S. 66.

Ähnlich steht die Sache bei Minderjährigen, welche sich unter Zustimmung ihres gesetzlichen Vertreters in einer Stellung befinden, in der sie ihren Unterhalt selbst verdienen und die von ihnen gemietete Wohnung selbst bezahlen, wie z. B. Arbeiter, Techniker, Handlungsgehilfen. Hier wird **a)** in dem Falle, wenn der minderjährige Arbeiter **diese Bezahlung bewirkt**, eine stillschweigende Überweisung der betreffenden

b) wenn der Vormund (Vater) den Minderjährigen mit Genehmigung des Vormundschaftsgerichts zum selbständigen Betrieb eines Erwerbsgeschäfts ermächtigt und der Minderjährige, der insoweit als volljährig gilt, für diesen Geschäftsbetrieb einen Mietvertrag abschließt (112.)[1] Ausgenommen sind Mietverträge, zu denen der Vertreter der Genehmigung des Vormundschaftsgerichts bedarf (vgl. § 1822 Z. 5).

In allen Fällen wird ein von einem Minderjährigen abgeschlossener Vertrag wirksam, wenn der Minderjährige unbeschränkt geschäftsfähig geworden ist und alsdann den Vertrag genehmigt (108 Abs. 3).

Beträge seiten des Vertreters an den Minderjährigen und damit der Mietvertrag nach § 110 auch ohne spezielle Zustimmung des Vertreters als wirksam angesehen werden können (Planck § 110 Erl. 4). Wenn dagegen b) der minderjährige Arbeiter die Bezahlung des Mietgeldes und sein gesetzlicher Vertreter die Genehmigung des Mietvertrags die, wie erwähnt, auch stillschweigend erfolgen kann, verweigert, wird der Vermieter (beim Vorhandensein der gesetzlichen Vorbedingungen) immerhin noch einen Bereicherungsanspruch gegen den Minderjährigen oder möglicherweise auch einen Anspruch aus der Geschäftsführung ohne Auftrag gegen den etwaigen Unterhaltspflichtigen erheben können (Planck § 110 Erl. 5). Dagegen wird man schwerlich nach § 113 solche Minderjährige, welche der gesetzliche Vertreter zum Eintritt in ein Dienst- oder Arbeitsverhältnis ermächtigt hat, deshalb auch zum Abschluß von Wohnungsmietverträgen für unbeschränkt geschäftsfähig erachten können. Denn die ihnen beigelegte Geschäftsfähigkeit gilt nur für solche Rechtsgeschäfte, „welche die Eingehung oder Aufhebung eines Dienst- oder Arbeitsverhältnisses der gestatteten Art oder die Erfüllung der sich aus einem solchen Verhältnis ergebenden Verpflichtungen betreffen" und dahin gehören Verträge nicht, mittels welcher solche Minderjährige eine Wohnung für sich mieten. Ein Antrag, die von derartigen Minderjährigen zur Anschaffung von Wohnung, Nahrung, Kleidung 2c. vorgenommenen Rechtsgeschäfte für wirksam zu erklären, ist von der zweiten Kommission abgelehnt worden. Die gedachten Rechtsgeschäfte unterliegen also, soweit sie von dem Minderjährigen nicht mit den ihm zu solchem Zwecke überlassenen Mitteln erfüllt sind, den oben im Text S. 29 Abs. 2 erwähnten Vorschriften der §§ 107—109 (Planck § 110 Erl. 5). Jedenfalls empfiehlt es sich in allen derartigen Fällen, die Zustimmung des Vaters oder sonstigen gesetzlichen Vertreters zu dem Vertragsabschluß zu erwirken.

[1] Ähnlich d. Pr. Ges. betr. die Geschäftsfähigkeit Minderjähriger v. 12. Juli 1875, § 5 Abs. 1. — Derartige Fälle kommen z. B. vor, wenn ein Minderjähriger mit Ermächtigung seines gesetzlichen Vertreters und unter Genehmigung des Vormundschaftsgerichts selbständig ein Handwerk, ein kaufmännisches Geschäft oder einen künstlerischen Beruf ausübt und hierfür eine Werkstätte, einen Laden oder ein Atelier mietet. Hier wird auch die Miete von Wohnungen für den persönlichen Bedarf durch die Ermächtigung zum Betriebe des Erwerbsgeschäfts mit gedeckt werden, also eine besondere Genehmigung des gesetzlichen Vertreters nicht erfordern. Zweifellos wird dies dann gelten, wenn mit dem Laden 2c. eine Wohnung alsbald verbunden ist. Dasselbe wird aber auch anzunehmen sein, wenn der Minderjährige an dem Orte, wo er das Erwerbsgeschäft betreibt, zur Ermöglichung seines Aufenthalts und Gewerbebetriebes eine Wohnung mietet.

2. Juristische Personen. Gesellschaften. Vermögensmassen.

§ 8. Einzelne Arten. Vertretung.

B.G.B. § 26 Abs. 2. Der Vorstand vertritt den Verein gerichtlich und außergerichtlich; er hat die Stellung eines gesetzlichen Vertreters. Der Umfang seiner Vertretungsmacht kann durch die Satzung mit Wirkung gegen Dritte beschränkt werden.

H.G.B. § 125 Abs. 1. Zur Vertretung der (offenen Handels-)Gesellschaft ist jeder Gesellschafter ermächtigt, wenn er nicht durch den Gesellschaftsvertrag von der Vertretung ausgeschlossen ist.

§ 126 Abs. 2. Eine Beschränkung des Umfanges der Vertretungsmacht ist Dritten gegenüber unwirksam; dies gilt insbesondere von der Beschränkung, daß sich die Vertretung nur auf gewisse Geschäfte oder Arten von Geschäften erstrecken oder daß sie nur unter gewissen Umständen oder für eine gewisse Zeit oder an gewissen Orten stattfinden soll.

§ 231 Abs. 1. Die Aktiengesellschaft wird durch den Vorstand gerichtlich und außergerichtlich vertreten.

§ 235. Der Vorstand ist der Gesellschaft gegenüber verpflichtet, die Beschränkungen einzuhalten, welche im Gesellschaftsvertrag oder durch Beschlüsse der Generalversammlung für den Umfang seiner Befugnis, die Gesellschaft zu vertreten, festgesetzt sind.

Dritten gegenüber ist eine Beschränkung der Vertretungsmacht des Vorstandes unwirksam. Dies gilt insbesondere für den Fall, daß die Vertretung sich nur auf gewisse Geschäfte oder Arten von Geschäften erstrecken oder nur unter gewissen Umständen oder für eine gewisse Zeit oder an einzelnen Ortschaften stattfinden soll oder daß für einzelne Geschäfte die Zustimmung der Generalversammlung, des Aufsichtsrats oder eines anderen Organes der Gesellschaft erfordert wird.

Genossenschaftsgesetz § 24 Abs. 1. Die Genossenschaft wird durch den Vorstand gerichtlich und außergerichtlich vertreten.

§ 27 wie § 235 H.G.B. (s. oben).

Gesetz betr. die Gesellschaften mit beschränkter Haftung § 35 Abs. 1. Die Gesellschaft wird durch die Geschäftsführer gerichtlich und außergerichtlich vertreten.

§ 37 Abs. 1 Satz 1. Die Geschäftsführer sind der Gesellschaft gegenüber verpflichtet rc (wie H.G.B. § 235).

Für juristische Personen (Vereine und Stiftungen) werden Mietverträge durch ihre verfassungsmäßigen Vorstände abgeschlossen, welche die Stellung von gesetzlichen Vertretern haben, in ihrer Vertretungsmacht aber durch die Satzung mit Wirkung gegen Dritte beschränkt werden können (26, 86).[1]

---

[1] Mot. I S. 98. Die Beschränkung, welche bei eingetragenen Vereinen ebenfalls einzutragen und bekannt zu machen ist, kann sowohl darin bestehen, daß der Vorstand gewisse Rechtsgeschäfte überhaupt nicht vornehmen kann, als auch darin, daß er dazu nur unter bestimmten Voraussetzungen, z. B. unter Zustimmung der Mitgliederversammlung, berechtigt ist. Eine Handlung, welche unter Überschreitung der dem Vorstand gesteckten Grenze einem Dritten gegenüber vorgenommen wird, gilt nicht als Handlung des Vereins, einerlei, ob der Dritte die Beschränkung gekannt hat oder nicht. Würde also z. B. die Satzung vorschreiben, daß der Vorstand eines rechtsfähigen Vereins

Ferner werden beim Abschluß solcher Verträge

a) offene Handelsgesellschaften durch ihre sämtlichen Gesellschafter, soweit sie nicht durch den Gesellschaftsvertrag von der Vertretung ausgeschlossen sind (H.G.B. §§ 124—126),[1]

b) Aktiengesellschaften sowie Erwerbs- und Wirtschaftsgenossenschaften durch ihre Vorstände (H.G.B. §§ 210, 231, 235; Ges. betr. die Erwerbs- und Wirtschaftsgenossenschaften vom 1. Mai 1889 in der Fassung der Bekanntmachung vom 20. Mai 1898 §§ 24, 27),

c) die Kommanditgesellschaften und die Kommanditgesellschaften auf Aktien durch ihre persönlich haftenden Gesellschafter (H.G.B. §§ 161, 170, 320 Abs. 2),

d) die Gesellschaften mit beschränkter Haftpflicht durch ihre Geschäftsführer (Ges. betr. die Gesellschaften mit beschr. Haft vom 20. April 1892 §§ 13, 35—37)

gerichtlich und außergerichtlich, also insbesondere auch beim Abschluß von Mietverträgen, vertreten.

Abweichend von der für juristische Personen getroffenen Vorschrift hat eine satzungsmäßige Beschränkung der unter a) bis d) aufgeführten Personen in der Befugnis, die vorerwähnten Gesellschaften und Genossenschaften zu vertreten, Dritten gegenüber keine rechtliche Wirkung.[2]

Bei Gesellschaften (des bürgerlichen Gesetzbuches) steht entweder sämtlichen Gesellschaftern oder denjenigen Gesellschaftern, denen nach dem Gesellschaftsvertrage die Befugnis zur Geschäftsführung übertragen ist, in der durch den Gesellschaftsvertrag bezeichneten und durch das B.G.B. zugelassenen Weise die Vertretung zu (709—711, 714).

Ein Gleiches gilt bei Vereinen, die nicht rechtsfähig sind. Aus einem Rechtsgeschäft, das im Namen eines solchen Vereins einem

---

das dem letzteren gehörige Hausgrundstück nur unter Zustimmung der Mitgliederversammlung solle vermieten dürfen, so würde eine vom Vorstand ohne solche Zustimmung bewirkte Vermietung für den Verein nicht wirksam sein.

[1] Der Gesellschaftsvertrag kann auch bestimmen, daß alle oder mehrere Gesellschafter nur in Gemeinschaft zur Vertretung der Gesellschaft (Gesamtvertretung) ermächtigt sein oder daß die Gesellschafter, wenn nicht mehrere zusammen handeln, nur in Gemeinschaft mit einem Prokuristen zur Vertretung der Gesellschaft befugt sein sollen. Derartige Bestimmungen sind ebenso wie der Ausschluß eines Gesellschafters von der Vertretung im Handelsregister einzutragen (H.G.B. § 125 Abs. 2—4).

[2] Würde also der Vorstand einer eingetragenen Genossenschaft, der nach deren Satzung bei der Vermietung eines ihr zugehörigen Hauses an die Zustimmung des Aufsichtsrates gebunden ist, diese Vermietung gleichwohl ohne solche Zustimmung bewirken, so ist die Genossenschaft dem Mieter gegenüber zur Einhaltung des Vertrags verpflichtet und hat nur einen Schadensanspruch gegen den Vorstand.

Dritten gegenüber vorgenommen wird, haftet der Handelnde persönlich, handeln mehrere, so haften sie als Gesamtschuldner (54).[1]

Endlich können auch die Verwalter gewisser Vermögensmassen, nämlich

a) Nachlaßverwalter (1984, 1985) und, insoweit der Erblasser nicht anders bestimmt hat, Testamentsvollstrecker (2205—2209) für den von ihnen verwalteten Nachlaß,

b) Konkursverwalter für die Konkursmasse (K.O. § 6),[2]

c) Verwalter im Fall der Zwangsverwaltung (eines Hauses oder sonstigen Raumes) für die von ihnen verwaltete Masse (Ges. über die Zwangsverw. u. Zwangsverst. §§ 150, 152)[3]

Mietverträge rechtsgültig abschließen.

§ 9. Abschluß des Vertrags.

§ 145. Wer einem Anderen die Schließung eines Vertrags anträgt, ist an den Antrag gebunden, es sei denn, daß er die Gebundenheit ausgeschlossen hat.

§ 146. Der Antrag erlischt, wenn er dem Antragenden gegenüber abgelehnt oder wenn er nicht diesem gegenüber nach den §§ 147 bis 149 rechtzeitig angenommen wird.

§ 147. Der einem Anwesenden gemachte Antrag kann nur sofort angenommen werden. Dies gilt auch von einem mittels Fernsprechers von Person zu Person gemachten Antrage.

Der einem Abwesenden gemachte Antrag kann nur bis zu dem Zeitpunkt angenommen werden, in welchem der Antragende den Eingang der Antwort unter regelmäßigen Umständen erwarten darf.

Der Abschluß des Vertrags erfolgt regelmäßig in der Weise, daß ein hierauf gerichteter Antrag, der die wesentlichen Punkte des Vertrags, also namentlich die Angabe der Mieträume und des Mietzinses[4]

---

[1] Der Vorstand solcher Vereine hat die Stellung von geschäftsführenden Mitgliedern gewöhnlicher Gesellschaften. Wenn also die satzungsmäßigen beiden Vorstandsmitglieder eines Kegel- oder Musikvereins, der keine Rechtsfähigkeit besitzt, in Gemäßheit der ihnen durch die Satzung erteilten Befugnis für die Zwecke des Vereins ein Lokal mieten, so sind aus diesem Vertrage beide als Gesamtschuldner für den ganzen Mietzins, daneben aber auch die einzelnen Mitglieder des Vereins, ein jedes zu seinem Anteil, verhaftet. Sind sie zum Vertragsabschluß nicht befugt und verweigern die übrigen Mitglieder die Genehmigung, so fällt deren Mithaftung hinweg und allein die Gesamthaft der beiden Vorstandsmitglieder bleibt bestehen.

[2] Die aus diesen Verträgen erwachsenden Verpflichtungen sind Masseschulden, K.O. § 59 Z. 1. Mit der Aufhebung des Konkursverfahrens geht der vom Konkursverwalter abgeschlossene Mietvertrag nicht ohne weiteres zu Ende, vielmehr wird alsdann der seitherige Gemeinschuldner daraus berechtigt und verpflichtet. Petersen und Kleinfeller zu § 6 K.O. Erl. II Z. 2.

[3] Reinhard, Ges. über die Zwangsversteigerung und die Zwangsverwaltung 2. Aufl. 1900 S. 194 Anm. 2^b.

[4] S. hierüber unten bei Z. 3 des § 9.

enthält, von einem Teile — dem Vermieter oder dem Mieter — dem anderen gemacht und von diesem die Annahme, das Einverständnis mit dem Antrag, erklärt wird (145 flg.).

1. Der Antragende ist, wenn nichts anderes bestimmt wird, an seinen Antrag zunächst gebunden;[1] der Antrag erlischt jedoch, wenn er dem Antragenden gegenüber abgelehnt oder nicht rechtzeitig angenommen wird. In letzterer Beziehung gilt folgendes:

a) Bei einem Antrage unter Anwesenden, wozu auch der mittels Fernsprechers gemachte Antrag gehört, muß die Annahmeerklärung alsbald erfolgen, widrigenfalls der Antragende nicht mehr gebunden ist (147 Abs. 1).[2]

b) Der einem Abwesenden gemachte Antrag gilt als abgegeben zu der Zeit, wo er dem anderen Teile zugeht, so daß derselbe davon Kenntnis nehmen kann (130).[3] Darauf muß der andere Teil dem Antragenden die Annahme bis zu dem Zeitpunkt zugehen lassen, wo derselbe den Eingang der Antwort unter regelmäßigen Umständen erwarten darf (147 Abs. 2).[4] Hat der Antragende für die Annahme eine Frist bestimmt, so kann die Annahme nur innerhalb der Frist erfolgen (148).

2. Die Annahme kann sowohl ausdrücklich, als auch stillschweigend durch Handlungen, aus welchen die Absicht der Annahme erkennbar ist, erklärt werden.[5] In letzterem Falle ist nach dem Inhalt des Vertrags

---

[1] So auch nach A.L.R. I 5 § 90 flg., 103. Anders nach röm. Recht, Windscheid II § 307 Anm. 1, nach französ. Recht und nach dem Sächs. B.G.B. § 816. — Zu unterscheiden von dem bindenden Antrag ist eine — zunächst nicht verbindliche — allgemeine Offerte oder Einladung in der Zeitung, auch der Aushang eines Mietzettels am Hause mit Angabe des Mietpreises.

[2] Vorausgesetzt wird dabei aber, daß der andere Teil die Erklärung des Antragenden vernommen hat, also nicht hieran durch Taubheit, Bewußtlosigkeit, Schlaf, Unkundigkeit der Sprache des Antragenden 2c. verhindert war.

[3] Also z. B. zu der Zeit, wo der den Antrag (die Offerte) enthaltende Brief auf dem Schreibtisch oder in dem Geschäftszimmer des anderen Teiles niedergelegt ist, wenn auch letzterer augenblicklich verreist oder sonst abwesend ist und deshalb vom Inhalt des Briefes nicht sogleich Kenntnis nehmen kann. Dieser Grundsatz (Empfangstheorie) war im wesentlichen in den Art. 319—321 des alten H.G.B., in der Praxis des gemeinen Rechts R.G. Bd. 28 S. 164 und des A.L.R., sowie in § 815 des S. B.G.B. anerkannt, während im französ. Recht Streit herrschte, Zachariä-Crome Bd. 1 § 323.

[4] Es macht z. B. A. von Leipzig aus am Montag dem Hauseigentümer B. in Berlin ein Mietangebot auf ein Logis in dessen Haus. Der Brief des A. trifft am Dienstag in Berlin ein. Da dem B. ein Zeitraum von höchstens zwei Tagen zur Überlegung und Beantwortung zu belassen und ein weiterer Tag auf die Beförderung der Antwort zu rechnen sein wird, so wird A., sofern nicht besondere Beschleunigungs- oder Verzögerungsgründe vorliegen, als bis einschließlich Freitag gebunden zu erachten sein.

[5] Es bietet z. B. der Hauseigentümer A. ein leer stehendes Logis in seinem Hause

und den sonstigen Umständen zu ermessen, ob die stillschweigende Annahme noch rechtzeitig ist (151).[1]

Eine Erklärung der Annahme dem Antragenden gegenüber ist dann nicht erforderlich, wenn eine solche Erklärung nach der Verkehrssitte nicht zu erwarten ist oder der Antragende auf sie verzichtet hat. Die Annahme erfolgt alsdann schon durch die Bethätigung des entsprechenden Willens seitens des Annehmenden (151).[2]

Die verspätete Annahme gilt als ein neuer Antrag. Eine Annahme unter Erweiterungen, Einschränkungen oder sonstigen Änderungen gilt als Ablehnung, verbunden mit einem neuen Antrage (150).

Das Zustandekommen des Vertrags wird im Zweifel nicht dadurch gehindert, daß der Antragende vor der Annahme stirbt oder geschäftsunfähig wird. Sein Antrag ist also insbesondere für seine Erben bindend. Ob dagegen der Antrag durch den vor der Annahme erfolgenden Tod des anderen Teiles wirkungslos wird oder dessen Erben gegenüber fortwirkt, hängt von den Umständen ab (152).[3]

3. Der Vertrag ist zustande gekommen, sobald beide Teile, durch Antrag und Annahme, über alle wesentlichen Punkte einverstanden sind. Dahin werden bei der Wohnungsmiete unter allen Umständen der vermietete Raum und der Mietzins gehören, da über die sonstigen Vertragspunkte: die Zahlungstermine, die Dauer der Mietzeit und die Kündigungsfristen, die Art des Gebrauches ꝛc. das Gesetz ergänzende Vorschriften giebt. Im Zweifel ist aber der Vertrag nicht geschlossen, solange nicht die Parteien sich über alle Punkte eines Vertrags geeinigt haben, über die nach der Erklärung auch nur Einer Partei eine Vereinbarung getroffen werden soll.[4] In diesem Falle ist eine Erklärung

am 29. Juni dem mietlustigen B. unter bestimmten Bedingungen brieflich zum Mieten an. B. zieht darauf am 1. Juli mit seiner gesamten Habe in dieses Logis ein.

[1] So würde in dem soeben erwähnten Falle die Annahme verspätet und A. nicht mehr an seinen Antrag gebunden sein, wenn B. erst längere Zeit nach dem Umzugstermin, etwa am 20. August, das Logis beziehen wollte.

[2] Z. B. ein Reisender bestellt brieflich bei einem Gastwirt ein Zimmer; der Gastwirt hält dasselbe für den Besteller in Bereitschaft.

[3] Der briefliche Mietantrag des A. kommt im Hause des B. an, der schwer krank darniederliegt und Tags darauf stirbt. Es fragt sich, ob die Erben des B an dessen Stelle die Annahme erklären können. Nach dem Entw. I § 89 sollte in solchem Fall der Antrag im Zweifel — entsprechend dem für den Fall des Todes des Antragenden geltenden Grundsatze — als an die Erben (oder bei eintretender Geschäftsunfähigkeit an den gesetzlichen Vertreter) des anderen Teiles gestellt angesehen werden. Mot. I S. 176. Die II. Komm. hielt eine solche Auslegungsregel für bedenklich und hat sie gestrichen, wie ich glaube, mit Recht.

[4] So auch nach den seitherigen Gesetzen l. 9 pr. D. de contrah. emt. 18, 1 A.L.R. I 5 § 125. S.G.B. § 783; z. B. Vermieter und Mieter sind über Logis, Preis, Zahlungs-

über einzelne Punkte auch dann nicht bindend, wenn eine Aufzeichnung (Punktation) stattgefunden hat. Ist eine Beurkundung des Vertrags verabredet, so kommt erst mit deren Vornahme der Vertrag zustande (154).

Ergiebt sich dagegen, daß die Parteien den Vertrag als geschlossen ansehen, so wird der Abschluß nicht dadurch gehindert, daß über den einen oder den anderen ins Auge gefaßten Punkt eine Einigung noch nicht zustande gekommen ist, sofern anzunehmen ist, daß der Vertrag auch ohne eine Bestimmung über diesen Punkt abgeschlossen sein würde (155).[1]

§ 10. Form des Vertrags.[2]

§ 125. Ein Rechtsgeschäft, welches der durch Gesetz vorgeschriebenen Form ermangelt, ist nichtig. Der Mangel der durch Rechtsgeschäft bestimmten Form hat im Zweifel gleichfalls Nichtigkeit zur Folge.

§ 126. Ist durch Gesetz schriftliche Form vorgeschrieben, so muß die Urkunde von dem Aussteller eigenhändig durch Namensunterschrift oder mittels gerichtlich oder notariell beglaubigten Handzeichens unterzeichnet werden.

Bei einem Vertrage muß die Unterzeichnung der Parteien auf derselben Urkunde erfolgen. Werden über den Vertrag mehrere gleichlautende Urkunden aufgenommen, so genügt es, wenn jede Partei die für die andere Partei bestimmte Urkunde unterzeichnet.

Die schriftliche Form wird durch die gerichtliche oder notarielle Beurkundung ersetzt.

§ 127. Die Vorschriften des § 126 gelten im Zweifel auch für die durch Rechtsgeschäft bestimmte schriftliche Form. Zur Wahrung der Form genügt jedoch, soweit

---

und Kündigungstermine einig; der Mieter verlangt aber vom Vermieter noch die Neuherrichtung eines Zimmers, worüber der Vermieter sich nicht alsbald erklären will oder kann. Der Vertrag ist im Zweifel noch nicht geschlossen. Vgl. Bolze Bd. 7 Nr. 332 u. Rechtspr. der O.L.G. II S. 479.

[1] Der Vermieter A. hat bei der Besprechung des Vertrags vom Mieter B. verlangt, daß derselbe die kurz vorher durch Hagelschlag zerstörten Fenster in dem von ihm zu mietenden Logis auf seine Kosten wiederherstellen lasse. Beide Teile kommen in der Folge auf diesen Punkt nicht zurück und geben sich schließlich zum Zeichen des Vertragsabschlusses die Hände. Der Vertrag ist im Zweifel als zustande gekommen anzusehen und es gilt nun die gesetzliche Vorschrift (§ 536), wonach der Vermieter die Mieträume in einem bewohnbaren Zustande dem Mieter zu überlassen und daher für die Wiederherstellung der vor Beginn des Vertragsverhältnisses durch Zufall zerbrochenen Fenster zu sorgen hat.

[2] Auch nach gemeinem Recht, Windscheid, Bd. II § 312, französischem Recht, C. c. art. 1714 (vgl. jedoch Art. 1341, 1715 bezüglich der Beweisbarkeit von Mietsgeschäften im Werte von über 150 Fr.), dem sächs. B.G.B. § 821 und nach Handelsrecht (dem früheren H.G.B. Art. 317) wurde zur Gültigkeit eines Vertrags der Regel nach eine besondere Form nicht erfordert, was namentlich auch für Mietverträge galt. Dagegen war nach preußischem Recht zur Klagbarkeit eines Vertrags, dessen Gegenstand über 150 Mk. betrug, insbesondere eines Mietvertrags, bei dem der verabredete Mietzins und zwar bei längerer als einjähriger Dauer der Betrag einer einjährigen Miete die erwähnte Summe überstieg, schriftliche Errichtung notwendig, s. A.L.R. I 5 § 131 flg., I 21 §§ 267, 268.

nicht ein anderer Wille anzunehmen ist, telegraphische Übermittelung und bei einem Vertrage Briefwechsel; wird eine solche Form gewählt, so kann nachträglich eine dem § 126 entsprechende Beurkundung verlangt werden.

§ 566. Ein Mietvertrag über ein Grundstück, der für längere Zeit als ein Jahr geschlossen wird, bedarf der schriftlichen Form. Wird die Form nicht beobachtet, so gilt der Vertrag als für unbestimmte Zeit geschlossen; die Kündigung ist jedoch nicht für eine frühere Zeit als für den Schluß des ersten Jahres zulässig.

1. **Gesetzlich** ist der Regel nach für die Wohnungsmiete, wie für Rechtsgeschäfte überhaupt, eine besondere Form nicht vorgeschrieben, so daß insbesondere mündlicher Abschluß genügt.[1] Nur ein Mietvertrag, der für längere Zeit, als ein Jahr geschlossen wird, bedarf der schriftlichen Form (566).[2]

Zur Wahrung dieser Form muß die Vertragsurkunde von beiden Parteien[3] eigenhändig durch Namensunterschrift oder mittels gerichtlich oder notariell beglaubigten Handzeichens unterzeichnet werden.[4] Werden

---

[1] Dieser Grundsatz findet sich, abweichend vom Entw. I § 91 II § 104 im B.G.B. nicht ausdrücklich ausgesprochen, ergiebt sich aber aus § 125, wonach eine bestimmte Form zur Gültigkeit des Rechtsgeschäfts nur da erforderlich ist, wo sie durch Gesetz oder Rechtsgeschäft bestimmt ist. Selbstverständlich wird übrigens auch unter der Herrschaft des B.G.B. ein schriftlicher Mietvertrag bei größeren Mieten nicht zu umgehen und selbst bei kleineren Mieten mindestens eine von beiden Teilen zu unterschreibende Aufzeichnung der Hauptpunkte des Vertrags (Mieträume, Mietzins, Zahlungs- und Kündigungsfristen) zur Vermeidung von Zweifeln und Mißverständnissen, sowie zur Sicherung des Beweises zu empfehlen sein.

[2] In § 566 ist die Schriftlichkeit, weil man für den Fall des Verkaufes des Grundstücks den Erwerber nicht unbeschränkt an die von dem Vorbesitzer vor längerer Zeit abgeschlossenen mündlichen Mietverträge binden wollte (571), zunächst nur für einen Mietvertrag über ein Grundstück von mehr als einjähriger Dauer vorgeschrieben. Diese Vorschrift findet aber auch bei der Aftermiete Anwendung, da nach § 580 die Vorschriften über die Miete von Grundstücken auch für die Miete von Wohnräumen und anderen Räumen gelten. Die gedachte Vorschrift hat, nachdem Art. 317 des früheren H.G.B. aufgehoben ist, auch dann Geltung, wenn der Mietvertrag sich als Handelsgeschäft darstellt.

[3] Unterzeichnet für eine Partei deren Vertreter, so hat derselbe regelmäßig seinen Namen, nicht denjenigen der vertretenen Partei zu zeichnen. Doch ist nicht ausgeschlossen, daß er auf Grund seiner Vertretungsmacht auch bloß den Namen der von ihm vertretenen Partei wirksam zeichnet. Urt des R.G. v. 21 Dezember 1901 Rep. I 385/01. in der D. Jur. Ztg. 1902 S. 151. Die rechtliche Wirkung seiner Unterschrift für die Partei hängt natürlich davon ab, daß er zu deren Vertretung beim Abschluß oder der Unterzeichnung des Vertrags überhaupt ermächtigt ist.

[4] Es genügt also nicht, dem Vertrag eine Namens-Stempelung oder faksimilierte Unterschrift beizufügen. Dagegen kann die Unterschrift auch vor der Niederschrift des Vertragstextes (in blanco) erfolgen, letzterer mithin (unter Zustimmung des Unterzeichners) nachträglich darüber geschrieben werden. R.G. Bd. 27 S. 272. Jedenfalls muß aber

über den Vertrag mehrere gleichlautende Urkunden aufgenommen, so genügt es, wenn jede Partei die für die andere Partei bestimmte Urkunde unterzeichnet. Die schriftliche Form wird durch die gerichtliche oder notarielle Beurkundung ersetzt.[1]

Wird die Form nicht beobachtet, so gilt der Vertrag als auf unbestimmte Zeit abgeschlossen; es kann mithin jeder Teil mit der gesetzlichen Frist (564 Abs. 2, 565 Abs. 1) kündigen; die Kündigung ist jedoch nicht für eine frühere Zeit, als den Schluß des ersten Jahres, zulässig.[2]

2. Auch durch Vereinbarung der Parteien kann eine bestimmte, insbesondere schriftliche Form des Vertrags festgesetzt sein. Zur Wahrung der Schriftlichkeit sind, wenn nicht etwas anderes vereinbart ist, die gleichen Vorschriften, welche für die durch Gesetz gebotene schriftliche Form soeben angegeben sind, zu beobachten. Nur genügt hier in der Regel telegraphische Übermittelung und Briefwechsel.[3] Wird eine solche Form gewählt, so kann nachträglich schriftliche Form oder gerichtliche oder notarielle Beurkundung verlangt werden (127).

Erst mit der Erfüllung der vereinbarten (schriftlichen) Form kommt,

---

die Unterschrift unter dem Vertragstexte stehen. R.G. Bd. 36 S. 242. Wegen der Beglaubigung des Handzeichens s. § 183 des Ges. über die Angel. der freiw. Gerichtsbarkeit v. 17. Mai 1898.

[1] In diesem Falle wird die Erklärung der Vertragschließenden — entweder gleichzeitig oder zunächst der Antrag und dann dessen Annahme — vor Gericht oder Notar abgegeben, oder, wenn sie vorher niedergeschrieben war, anerkannt. S. hierüber auch §§ 167—182 des Ges. über die freiw. Gerichtsbark.

[2] Der Mangel der gesetzlich vorgeschriebenen Form, der regelmäßig Nichtigkeit des Geschäfts nach sich zieht (125), äußert hier ausnahmsweise nur eine beschränktere Wirkung. — Die zugelassene Kündigung kann nach obiger Vorschrift gültig bis zum dritten Werktage des Vierteljahres, in welchem das erste Mietjahr endigt, für den Schluß dieses Vierteljahres oder, wenn der Mietzins nach Monaten bestimmt ist, am 15. des letzten Monats des ersten Jahres bewirkt werden (565 Abs. 1). Örtmann § 566 Nr. 2 Mittelstein S. 68. Es kann aber auch von den Parteien das Mietverhältnis über das erste Jahr hinaus stillschweigend fortgesetzt und unter Einhaltung der in § 565 Abs. 1 bestimmten Fristen später gekündigt werden. Obige Bestimmung deckt sich also nicht völlig mit der ihr zu Grunde liegenden Bestimmung in § 269 A.L.R. I 21, wonach bei Nichtbeobachtung der erforderlichen schriftlichen Form, aber bereits bewirkter Übergabe des Mietobjektes der Vertrag nur auf Ein Jahr giltig, also weder eine frühere Kündigung notwendig, noch eine spätere zulässig sein soll. Rehbein und Reincke, A.L.R I 21 § 269 Anm. 77. Dies verkennt Fränkel S. 6 IV, wenn er sagt: „Der Vertrag erreicht mit Ablauf des ersten Vertragsjahres sein Ende, ohne daß es vorheriger Kündigung bedarf." S. auch Protok. S. 1949. Denkschrift S. 76. Fuld S. 33 Anm. 1.

[3] Eigenhändige Unterschrift des aufgegebenen Telegramms oder der gewechselten Briefe wird regelmäßig nicht erfordert.

wenn nichts anderes bestimmt ist,[1] der Vertrag zustande (154 Abs. 2). Ihre Nichtbeachtung hat im Zweifel Nichtigkeit zur Folge und § 566 findet in dem Falle der vereinbarten Vertragsform keine Anwendung.

3. Mündliche Nebenberedungen (Zusätze, Ergänzungen, Abweichungen, Abänderungen) sind neben der gesetzlich vorgeschriebenen oder der vereinbarten Schriftform des Mietvertrags im Zweifel nichtig und nur dann rechtswirksam, wenn die Partei, welche sich darauf beruft, den Nachweis führt, daß sie nach der Willensmeinung beider Vertragschließenden neben dem schriftlichen Vertrage Geltung haben sollen.[2] Zur Aufhebung des schriftlichen Vertrags genügt das mündliche Übereinkommen der Vertragsparteien.[3]

4. Wenn die Parteien — was aber besonders nachzuweisen ist — erst nach Abschluß des Vertrags, namentlich um sich den Beweis desselben zu sichern, dessen schriftliche Aufzeichnung vereinbaren, so greift die Vermutung des § 125 S. 2 — im Zweifel Nichtigkeit des mündlichen Vertrags — nicht Platz. Es hängt vielmehr alsdann von der aus den Umständen zu entnehmenden Willensmeinung der Beteiligten ab, ob die schriftliche Fixierung nur als Beweismittel für den mündlichen Vertrag oder als ein neuer, den endlichen Abschluß darstellender Vertrag gelten, bei etwaiger Abweichung also den Vorzug vor jenem haben soll. (Mot. zum I. Entw. I S. 181. Rehbein I S. 160, Erl. V 2.) Auch mündliche Nebenabreden sind in diesem Falle neben dem schriftlichen Vertrage insoweit gültig, als eine dahin gehende Willensmeinung der Beteiligten nachgewiesen wird.

---

[1] Abweichend S.B.G.B. § 823.

[2] a. Neben einem in vereinbarter Schriftform abgeschlossenen Mietvertrag sind mündliche Nebenabreden nach § 125 S. 2 nur „im Zweifel" nichtig. Es ist also hier der oben erwähnte Gegenbeweis zulässig.

b. Dasselbe muß aber auch gelten, wenn ein für mehr als ein Jahr geschlossener Mietvertrag auf Grund der für diesen Fall in § 566 getroffenen Gesetzesvorschrift schriftlich errichtet ist. Zwar ist nach § 125 S. 1 eine neben der gesetzlichen Vertragsform mündlich getroffene Abrede unbedingt nichtig. Allein diese Regel greift hier deshalb nicht Platz, weil nach § 566 bei einem auf mehr als ein Jahr in Aussicht genommenen Mietvertrag, als Ausnahme von der Vorschrift des § 125 S. 1, die Nichtbeobachtung der vorgeschriebenen Schriftform Nichtigkeit überhaupt nicht zur Folge hat, sondern nur in Bezug auf die Vertragsdauer eine Wirkung ausübt. S. auch Niendorff S. 55. Es sind daher auch mündliche Nebenabreden zu beachten, wenn sie nach der Willensmeinung der Parteien, der in diesem Falle keine gesetzliche Schranke gezogen ist, neben der Vertragsurkunde Geltung haben sollen. — Vgl. über diese Fragen Brückner in der Zeitschrift „Das Recht" 1900 S. 342 flg.

[3] Denn die Schriftform ist nach Gesetz oder Vertrag nur für die Eingehung des Mietvertrags vorgeschrieben. Für die Aufhebung dagegen gilt die gesetzliche Regel, wonach auch formlose Willenserklärungen rechtswirksam sind.

Werden im Auslande Mietverträge über inländische Grundstücke abgeschlossen, so sind die oben erwähnten Formvorschriften ebenfalls maßgebend. Es genügt jedoch die Beobachtung der die Vertragsform betreffenden Gesetze des (ausländischen) Ortes, an dem der Vertrag abgeschlossen ist (E.G. Art. 11 Abs. 1).[1]

Über die Stempelpflichtigkeit schriftlicher Mietverträge s. unten Anhang II.

§ 11. Bestärkung des Vertrags durch Vertragsstrafe, durch Bürgschaftsleistung eines Dritten oder durch Mitverpflichtung der Ehefrau des Mieters.

§ 339. Verspricht der Schuldner dem Gläubiger für den Fall, daß er seine Verbindlichkeit nicht oder nicht in gehöriger Weise erfüllt, die Zahlung einer Geldsumme als Strafe, so ist die Strafe verwirkt, wenn er in Verzug kommt. Besteht die geschuldete Leistung in einem Unterlassen, so tritt die Verwirkung mit der Zuwiderhandlung ein.

§ 343. Ist eine verwirkte Strafe unverhältnismäßig hoch, so kann sie auf Antrag des Schuldners durch Urteil auf den angemessenen Betrag herabgesetzt werden. Bei der Beurteilung der Angemessenheit ist jedes berechtigte Interesse des Gläubigers, nicht bloß das Vermögensinteresse, in Betracht zu ziehen. Nach der Entrichtung der Strafe ist die Herabsetzung ausgeschlossen. . . .

§ 765. Durch den Bürgschaftsvertrag verpflichtet sich der Bürge gegenüber dem Gläubiger eines Dritten, für die Erfüllung der Verbindlichkeit des Dritten einzustehen.

Die Bürgschaft kann auch für eine künftige oder eine bedingte Verbindlichkeit übernommen werden.

§ 766. Zur Gültigkeit des Bürgschaftsvertrags ist schriftliche Erteilung der Bürgschaftserklärung erforderlich. Soweit der Bürge die Hauptverbindlichkeit erfüllt, wird der Mangel der Form geheilt.

§ 767. Für die Verpflichtung des Bürgen ist der jeweilige Bestand der Hauptverbindlichkeit maßgebend. Dies gilt insbesondere auch, wenn die Hauptverbindlichkeit durch Verschulden oder Verzug des Hauptschuldners geändert wird. Durch ein Rechtsgeschäft, das der Hauptschuldner nach der Übernahme der Bürgschaft vornimmt, wird die Verpflichtung des Bürgen nicht erweitert.

Der Bürge haftet für die dem Gläubiger von dem Hauptschuldner zu ersetzenden Kosten der Kündigung und der Rechtsverfolgung.

§ 427. Verpflichten sich Mehrere durch Vertrag gemeinschaftlich zu einer teilbaren Leistung, so haften sie im Zweifel als Gesamtschuldner.

§ 431. Schulden Mehrere eine unteilbare Leistung, so haften sie als Gesamtschuldner.

Die vertragsmäßige Verpflichtung einer Vertragspartei, namentlich des Mieters, kann durch weitere Vereinbarungen verstärkt werden[2] insbesondere

---

[1] So im wesentlichen auch nach gemeinem Recht (**locus regit actum**) Windscheid I § 35 Z. 6.

[2] Die Verstärkung durch Vereinbarung einer Draufgabe (§§ 336 flg.) kann hier

I. dadurch, daß die eine Partei für den Fall, daß sie ihre Verbindlichkeit nicht oder nicht in gehöriger Weise erfüllt, der anderen die Zahlung einer Geldsumme als Strafe (Konventionalstrafe) verspricht. Diese Vertragsstrafe hat eine doppelte Eigenschaft und Bestimmung, einmal die eines Zwangsmittels zur Herbeiführung der geschuldeten Leistung und sodann die einer Vorausbestimmung des dem Gläubiger aus der Nichterfüllung oder der nicht gehörigen Erfüllung entstehenden Schadens, wodurch der Gläubiger des Beweises überhoben wird, daß die Leistung infolge eines vom Schuldner zu vertretenden Umstandes unmöglich geworden sei oder daß er infolge des Verzugs des Schuldners kein Interesse an der Leistung mehr habe.

1. Voraussetzung der Wirksamkeit einer derartigen Nebenberedung ist die Rechtsgültigkeit der Hauptverpflichtung, für deren Nichterfüllung oder nicht gehörige Erfüllung sie vereinbart ist.

Sofern nichts anderes festgesetzt ist, wird die Strafe verwirkt, sobald der Verpflichtete in Verzug gerät, also infolge eines von ihm zu vertretenden Umstands die Leistung zur bestimmten Zeit nicht oder nicht gehörig bewirkt (339).

2. In Bezug auf die Folgen der Verwirkung besteht ein Unterschied zwischen der für den Fall der Nichterfüllung und der für den Fall nicht gehöriger Erfüllung festgesetzten Strafe.

a) Im ersteren Fall kann der Berechtigte, wenn nichts anderes vereinbart ist, nur die Strafe oder die Erfüllung fordern (Planck § 340 Erl. 1). Erklärt er dem Schuldner, daß er die Strafe verlange, so ist der Anspruch auf Erfüllung ausgeschlossen (340 Abs. 1); dagegen ist nicht umgekehrt der Anspruch auf die Strafe schon dann ausgeschlossen, wenn der Berechtigte die Erfüllung wählt, auch noch nicht durch die teilweise Annahme der Erfüllung, sondern erst durch die Annahme der vollständigen Erfüllung (Planck a. a. O.)

b) Wenn die Strafe für den Fall nicht gehöriger, namentlich nicht rechtzeitiger Erfüllung vereinbart ist, so kann der Berechtigte Erfüllung und Strafe nebeneinander verlangen; doch ist — abweichend von dem Falle unter a) — nach Annahme der Erfüllung der Anspruch auf Strafe nur statthaft, wenn er bei der Annahme vorbehalten worden ist (341 Abs. 1).

3. In beiden vorgenannten Fällen kann der Gläubiger, wenn ihm ein Anspruch auf Schadensersatz wegen Nichterfüllung oder nicht gehöriger Erfüllung zusteht, die verwirkte Strafe als Mindestbetrag des Schadens

---

unerörtert bleiben, da sie mehr bei der Gesindemiete und beim Viehhandel, dagegen weit weniger bei der Wohnungsmiete vorkommt.

verlangen, wodurch jedoch die Geltendmachung eines weiteren Schadens nicht ausgeschlossen wird (340 Abs. 2, 341 Abs. 2) Eine derartige vorläufige Schadensfeststellung enthält die in manchen Mietverträgen sich findende Strafbestimmung, daß, wenn der Vermieter infolge vertragswidrigen Verhaltens des Mieters (nicht rechtzeitiger Entrichtung des Mietzinses, erheblicher Gefährdung der Mieträume 2c.) das Vertragsverhältnis vorzeitig löst, der Mieter den Mietzins auf das laufende Vierteljahr oder die noch übrige Mietzeit oder bis zur anderweiten Vermietung weiterzuzahlen habe.

4. Bei unverhältnismäßiger Höhe der verwirkten Strafe kann sie bis zur Zahlung auf Antrag des Schuldners durch Urteil auf den angemessenen Betrag herabgesetzt werden, wobei jedes berechtigte Interesse des Gläubigers in Betracht zu ziehen ist (343). So wird in dem oben erwähnten Falle, wenn dem Mieter die Fortzahlung des Mietzinses für die ganze noch übrige Vertragsdauer auferlegt ist, der Antrag auf Herabsetzung berechtigt sein, wenn der Vermieter im Laufe der Vertragsdauer einen anderen Mieter erlangt, der die gleiche oder eine höhere Miete zahlt.

5. Die Beweislast anlangend, hat der Gläubiger nur den Verzug des Schuldners (also z. B. den Ablauf des Zahlungs- oder Leistungstermins), der Schuldner aber die Erfüllung, also z. B. der Mieter die rechtzeitige Zahlung des Mietzinses, zu beweisen, oder darzuthun, daß die Erfüllung aus Gründen unterblieben sei, welche er nicht zu vertreten habe (Mot. II S. 279; S. Archiv Bd. 57 Nr. 59). Ebenso hat er in dem Falle unter Z. 2b a. E. die Annahme der Erfüllung seitens des Gläubigers darzuthun, wogegen dieser den bei der Annahme erklärten Vorbehalt zu beweisen hat (341 Abs. 3).

Zur Bestärkung der vertragsmäßigen Verpflichtung des einen oder anderen Teiles,[1] namentlich zur Sicherstellung der Mietgeldschuld des Mieters, dient

II. die Bürgschaft, indem sich ein Dritter gegenüber dem Gläubiger verpflichtet, für die Erfüllung der Verbindlichkeit des Schuldners einzustehen (765).

Im einzelnen gilt hierbei folgendes:

1. Zur Gültigkeit des Bürgschaftsvertrags ist erforderlich, daß die Bürgschaftserklärung des Bürgen schriftlich abgegeben wird, während

[1] Die Bürgschaft kann nicht bloß für Geldforderungen, sondern auch für andere Forderungen, namentlich auch für den Anspruch des Mieters gegen den Vermieter auf Gewährung des Gebrauchs der vermieteten Räumlichkeit, eingegangen werden, doch wird sie beim Mietvertrag in dieser Richtung nur selten vorkommen, vielmehr eher für die Mietgeldschuld des Mieters bestellt werden.

die Annahmeerklärung des Gläubigers auch mündlich erfolgen kann. Doch wird der Mangel der Form geheilt, wenn und soweit der Bürge die Hauptverbindlichkeit erfüllt (766).

2. Die Verbindlichkeit des Bürgen erstreckt sich auch auf diejenigen Erweiterungen der Hauptschuld, welche auf Grund gesetzlicher Vorschrift, namentlich infolge von Verschulden oder Verzug des Hauptschuldners, eintreten, sowie außerdem auf die dem Gläubiger vom Hauptschuldner zu ersetzenden Kosten der Kündigung und Rechtsverfolgung. Für eine nach Übernahme der Bürgschaft durch Rechtsgeschäft herbeigeführte Erweiterung der Hauptschuld hat der Bürge nicht einzustehen (767).

Mehrere Bürgen für dieselbe Verbindlichkeit haften als Gesamtschuldner, auch wenn sie die Bürgschaft nicht gemeinschaftlich übernehmen (769; Abweichung von § 427).

3. Der Bürge kann

a) die dem Hauptschuldner zustehenden Einreden, unberührt von einem Verzichte desselben auf diese Einreden, geltend machen,

b) kraft eigenen Rechts namentlich die Einrede der Vorausklage vorschützen, d. h. die Befriedigung des Gläubigers verweigern, solange nicht derselbe eine Zwangsvollstreckung wegen der Hauptschuld ohne Erfolg versucht hat (771). Die Einrede wird ausgeschlossen durch Verzicht des Bürgen, durch eine solche Änderung des Wohnsitzes oder des Niederlassungsorts oder des Aufenthaltsorts des Hauptschuldners, welche die Rechtsverfolgung gegen ihn wesentlich erschwert, durch Konkurseröffnung über denselben und bei voraussichtlicher Erfolglosigkeit der Zwangsvollstreckung in sein Vermögen (773).

4. Soweit der Bürge den Gläubiger befriedigt, geht die Forderung des Gläubigers gegen den Hauptschuldner auf ihn über (774). Vereitelt der Gläubiger die Befriedigung dieses Rückanspruchs des Bürgen an dem Hauptschuldner dadurch, daß er ein mit der Forderung verbundenes Vorzugsrecht, eine für sie bestehende Hypothek, ein für sie bestehendes Pfandrecht (wie z. B. der Vermieter das Pfandrecht an den eingebrachten Sachen des Mieters) oder das Recht gegen einen Mitbürgen aufgiebt, so wird der Bürge insoweit frei, als er aus dem aufgegebenen Recht hätte Ersatz erlangen können (776).

5. Im übrigen kann der Bürge nicht verlangen, daß in dessen Interesse der Gläubiger eine besondere Sorgfalt in Beitreibung seiner Forderung bethätige, namentlich bei eintretendem Vermögensverfall des Hauptschuldners unverzüglich gegen letzteren vorgehe, ihm keinerlei Stundung gewähre und, wenn dies doch geschehen, Schadensersatz leiste,

sobald der Schuldner während der gewährten Zahlungsfrist zahlungsunfähig wird.

Eine Ausnahme hiervon tritt dann ein, wenn sich der Bürge für eine bestehende Verbindlichkeit auf bestimmte Zeit verbürgt. Hier muß der Gläubiger,

a) wenn dem Bürgen die Einrede der Vorausklage zusteht, nach dem Ablauf der erwähnten Zeit unverzüglich die Einziehung der Forderung (durch Zwangsvollstreckung in die beweglichen Sachen des Hauptschuldners an seinem Wohnsitz und wenn der Hauptschuldner an einem anderen Orte eine gewerbliche Niederlassung hat, auch an diesem Orte, beim Mangel eines Wohnsitzes und einer gewerblichen Niederlassung an seinem Aufenthaltsorte) betreiben und unverzüglich nach Beendigung des Verfahrens dem Bürgen anzeigen, daß er ihn in Anspruch nehme.

Der Gläubiger muß ferner,

b) wenn dem Bürgen die erwähnte Einrede nicht zusteht, unverzüglich nach Ablauf der Zeit, für welche sich der Bürge verbürgt hat, dem Bürgen anzeigen, daß er ihn in Anspruch nehme.

Versäumt der Gläubiger, die ihm hiernach obliegenden Handlungen rechtzeitig vorzunehmen, so wird der Bürge frei. Auch wenn der Gläubiger rechtzeitig vorgeht, ist in diesen Fällen wenigstens der Umfang der Haftung des Bürgen eingeschränkt. Im ersten Falle a) haftet er nur in dem Umfang, welchen die Hauptforderung zur Zeit der Beendigung des Verfahrens hat, in dem zweiten Falle (b) in dem Umfange, den sie beim Ablauf der bestimmten Zeit hat (777).

III. Als ein weiteres Verstärkungsmittel für die auf der Mieterseite bestehenden Verpflichtungen wird nicht selten vom Vermieter[1] die Mitverpflichtung der Ehefrau des Mieters erfordert.

Der Eintritt derselben als Mieterin zugleich mit dem Ehemanne hat namentlich die Wirkung, daß

a) beide Ehegatten in Ermangelung abweichender Bestimmung auch ohne ausdrückliche Erwähnung der Gesamthaft nicht nur bezüglich der ihnen obliegenden unteilbaren Vertragsleistungen (wie z. B. pflegliche Behandlung der Wohnung), sondern auch bezüglich der teilbaren Leistungen (Mietzins, Schadensersatz) als Gesamtschuldner haften, der Vermieter also die Leistungen nach seinem Belieben von jedem von ihnen ganz oder teilweise fordern kann und bis zur vollständigen Leistung beide ihm verpflichtet bleiben (427, 431, 422);

b) auch die eingebrachten Sachen der Ehefrau dem gesetzlichen

[1] So namentlich in dem Eingang des einheitlichen Mietvertrags der Hausbesitzer-Vereine Deutschlands, s. unten Anh. III.

Pfandrecht des Vermieters (559) unterworfen werden, das außerdem auf sie keine Anwendung erleiden würde (s. unten § 27 S. 104).

c) Die Kündigung des Mietverhältnisses, wenn beide Ehegatten als Mieter haften und der Vertrag nichts anderes bestimmt, nach gesetzlicher Vorschrift (§ 356) in gültiger Weise nur von beiden Ehegatten oder an beide erfolgen kann (s. unten § 34 S. 125 Anm. 1).

§ 12. Nichtigkeit und Anfechtbarkeit.

§ 105. Die Willenserklärung eines Geschäftsunfähigen ist nichtig.

Nichtig ist auch eine Willenserklärung, die im Zustande der Bewußtlosigkeit oder vorübergehender Störung der Geistesthätigkeit abgegeben wird.

§ 134. Ein Rechtsgeschäft, das gegen ein gesetzliches Verbot verstößt, ist nichtig, wenn sich nicht aus dem Gesetze ein anderes ergiebt.

§ 138. Ein Rechtsgeschäft, das gegen die guten Sitten verstößt, ist nichtig.

Nichtig ist insbesondere ein Rechtsgeschäft, durch das jemand unter Ausbeutung der Notlage, des Leichtsinns oder der Unerfahrenheit eines anderen sich oder einem Dritten für eine Leistung Vermögensvorteile versprechen oder gewähren läßt, welche den Wert der Leistung dergestalt übersteigen, daß den Umständen nach die Vermögensvorteile in auffälligem Mißverhältnisse zu der Leistung stehen.

§ 142. Wird ein anfechtbares Rechtsgeschäft angefochten, so ist es als von Anfang an nichtig anzusehen. . . .

§ 119. Wer bei der Abgabe einer Willenserklärung über deren Inhalt im Irrtum war oder eine Erklärung dieses Inhalts überhaupt nicht abgeben wollte, kann die Erklärung anfechten, wenn anzunehmen ist, daß er sie bei Kenntnis der Sachlage und bei verständiger Würdigung des Falles nicht abgegeben haben würde.

Als Irrtum über den Inhalt der Erklärung gilt auch der Irrtum über solche Eigenschaften der Person oder der Sache, die im Verkehr als wesentlich angesehen werden.

§ 120. Eine Willenserklärung, welche durch die zur Übermittelung verwendete Person oder Anstalt unrichtig übermittelt worden ist, kann unter der gleichen Voraussetzung angefochten werden, wie nach § 119 eine irrtümlich abgegebene Willenserklärung.

§ 123 Abs. 1. Wer zur Abgabe einer Willenserklärung durch arglistige Täuschung oder widerrechtlich durch Drohung bestimmt worden ist, kann die Erklärung anfechten.

Ein seiner äußeren Erscheinung nach zustande gekommener Mietvertrag entbehrt der rechtlichen Wirksamkeit, wenn er nichtig oder anfechtbar ist.

1. Nichtig ist ein Vertrag, der in Ansehung der gewollten rechtlichen Wirkung so angesehen wird, als wenn er nicht zustande gekommen wäre.[1] Er kann daher niemals wirksam werden, auch nicht durch nachträgliche Bestätigung. Diese ist vielmehr nur als erneute Vornahme anzusehen und hat dieselben Voraussetzungen.[2] Erfolgt sie aber in

---

[1] S. E. I § 108.

[2] Z. B. A. vermietet in einem Zustande von Trunkenheit, der seine freie Willensbestimmung ausschließt, am 31. März für sofort ein Quartier in seinem Hause an B.

wirksamer Weise, so sind die Parteien im Zweifel verpflichtet, einander zu gewähren, was sie haben würden, wenn der Vertrag von Anfang an gültig gewesen wäre (141).[1]

Nichtig sind:

a) Verträge, welche von oder mit einer geschäftsunfähigen[2] oder im Zustande der Bewußtlosigkeit oder der vorübergehenden Störung der Geistesthätigkeit[3] befindlichen Person abgeschlossen sind (104, 105),

b) Verträge, bei denen es einer der Parteien oder beiden an dem zu deren Abschluß erforderlichen Willen fehlt, wobei insbesondere:

aa) eine Vertragserklärung mit dem Vorbehalt, sie nicht zu wollen, dem Anderen gegenüber abgegeben wird und dieser den Vorbehalt kennt (116),[4] oder:

bb) der Vertrag im Einverständnis beider Teile nur zum Schein abgeschlossen wird (117),[5] oder:

cc) von einem Teile seine Vertragserklärung nicht ernstlich gemeint und in der Erwartung abgegeben wird, der Mangel der Ernstlichkeit werde von dem anderen Teile nicht verkannt werden (118).[6]

c) Verträge, die wegen ihres Inhalts gemißbilligt und deshalb des rechtlichen Schutzes nicht für würdig erachtet werden, die insbesondere gegen ein gesetzliches Verbot oder gegen die guten Sitten verstoßen

---

Der Vertrag ist an sich nichtig. Wenn A. und B. am 7. April, wo A. verfügungsfähig ist, vereinbaren, daß der Vertrag, wie am 31. März verabredet, gelten solle, so ist dies ein neuer Vertrag mit dem früher festgestellten Inhalt. Die Bestätigung kann auch stillschweigend geschehen, so, wenn der Mieter zur früher vereinbarten Zeit in das Logis einzieht und den früher verabredeten Mietzins bezahlt, der Vermieter aber diesen annimmt.

[1] Sie können den Vertrag nicht rückwärts gültig machen, wohl aber sich so behandeln, als ob er von Anfang an gültig gewesen wäre. So wird im vorher erwähnten Falle der Mieter, der nach ausdrücklicher Bestätigung des Vertrags am 7. April einzieht, im Zweifel als verpflichtet anzusehen sein, den Mietzins für die Zeit vom 1. April ab zu bezahlen.

[2] S. oben § 7.

[3] Infolge von hochgradigem Fieber, Trunkenheit, Schlaftrunkenheit ꝛc.

[4] A. vermietet an B. ein Haus zum Betrieb einer Restauration in dem Bewußtsein, daß dieser Vertrag nicht zur Ausführung gelangen werde, weil die zuständige Verwaltungsbehörde den Betrieb der Restauration im fraglichen Hause nicht gestatten werde. B. kennt diese Auffassung des A.

[5] A. will sein Haus an B. verkaufen; um jedoch den zahlreichen Gläubigern des B. kein Objekt der Zwangsvollstreckung zu gewähren, verabreden beide zum Schein einen Mietvertrag mit so hohen Mietgeldzahlungen, daß dadurch binnen 3 Jahren der Kaufpreis gedeckt ist.

[6] Z. B. der unverheiratete und unvermögende A. mietet von B. im Scherz eine große und kostspielige Familienwohnung.

(134, 138),[1] darunter auch solche, durch welche unter Ausbeutung der Notlage, des Leichtsinns oder der Unerfahrenheit eines Anderen diesem eine unverhältnismäßig hohe Vertragsleistung auferlegt wird (138 Abs. 2),

d) Verträge über eine objektiv unmögliche Leistung (306),[2] endlich:

e) sofern nicht anderes bestimmt ist, auch Mietverträge, bei welchen die vorher vereinbarte Form nicht beobachtet ist (125 S. 2).[3]

Den nichtigen Verträgen sind die mit einer in der Geschäftsfähigkeit beschränkten Person abgeschlossenen und deshalb unwirksamen Verträge gleichgestellt, sobald feststeht, daß die Genehmigung des gesetzlichen Vertreters nicht erteilt wird (108 Abs. 1).

2. Anfechtbar sind Verträge, die mit einem der nachgenannten Mängel behaftet sind. Diese Mängel werden jedoch nur dann berücksichtigt, wenn sie von einem der Beteiligten geltend gemacht werden. Geschieht dies, so wird der Vertrag als von Anfang an nichtig angesehen (142). Bis zu diesem Zeitpunkte ist er rechtlich wirksam. Bestätigt der Anfechtungsberechtigte den Vertrag, wozu es einer besonderen Form nicht bedarf, so ist die Anfechtung ausgeschlossen und der Vertrag voll wirksam (144).

Anfechtbar, und zwar von seiten der erklärenden, in ihrem Willen beeinflußten Partei, sind Verträge, wenn

a) eine Partei bei der Abgabe ihrer Vertragserklärung über deren Inhalt, wozu auch wesentliche Eigenschaften des Vertragsgegenstandes oder der anderen Vertragspartei gehören, im Irrtum[4] war oder eine

---

[1] So wird die Vermietung eines Hauses an einen Bordellwirt zu dem auch dem Vermieter bekannten Betriebe seines Gewerbes als gegen die guten Sitten verstoßend zu erachten sein, da hier durch die vertragsmäßige fortdauernde Gebrauchsgewährung von seiten des Vermieters dem unsittlichen Gewerbe des Mieters Vorschub geleistet wird. R.G. Bd. 38 S. 199. Rechtspr. der O.L.G. II S. 219.

[2] Z. B. die Vermietung eines Restaurationslokals, dessen Verwendung zu Restaurationszwecken bereits bei Abschluß des Vertrags von der Polizei verboten war.

[3] Die Vorschrift des § 125, daß auch die Nichtbeachtung der durch Gesetz vorgeschriebenen Form Nichtigkeit zur Folge hat, findet hier keine Anwendung, da für den Mietvertrag gesetzlich eine besondere Form in der Regel nicht vorgeschrieben und in dem einzigen Falle, wo dies geschehen ist (Mietvertrag auf länger als ein Jahr), die Außerachtlassung der Form keine Nichtigkeit zur Folge hat (s. § 134 „wenn sich nicht aus dem Gesetze ein anderes ergiebt").

[4] In den seitherigen Rechten weichen die Vorschriften über die rechtlichen Folgen des Irrtums teilweise voneinander ab.

a) Nach gemeinem Recht hat der sog. wesentliche oder unechte Irrtum über die Natur des Rechtsgeschäfts, die Person der Vertragschließenden, den Gegenstand, und wesentliche Eigenschaften — einerlei, ob entschuldbar oder nicht — Nichtigkeit zur Folge, während der Irrtum im Beweggrunde wirkungslos ist. Windscheid I § 76.

b) Ebenso nach dem S.G.B. § 95, 96.

Erklärung dieses Inhalts nicht abgeben wollte, sofern anzunehmen ist, daß sie diese Erklärung bei Kenntnis der Sachlage und bei verständiger Würdigung des Falles nicht abgegeben haben würde (119);[1]

---

c) Nach dem C. c. art. 1110 hat der Irrtum über die jur. Natur des Geschäfts und über den Vertragsgegenstand Nichtigkeit zur Folge (wie nach gemeinem Recht); während der Irrtum über wesentliche Eigenschaften des Gegenstandes oder über die für den Vertrag wesentlich in Betracht kommende Person des anderen Kontrahenten den Vertrag anfechtbar macht, im übrigen aber der Irrtum einflußlos ist.

d) Nach A.L.R. I 4 § 75, 77, 81 hat der Irrtum, wenn er wesentliche Punkte (den Hauptgegenstand der Willenserklärung, die Personen und ausdrücklich vorausgesetzte Eigenschaften der Person oder Sache) betrifft und thatsächlicher Natur, in Ansehung gewöhnlich vorausgesetzter Eigenschaften auch entschuldbar ist, die Anfechtung zur Folge. Im übrigen ist der Irrtum, namentlich Irrtum in den Motiven unbeachtlich. Verschuldeter Irrtum begründet die Pflicht zum Schadensersatz.

[1] Berücksichtigt wird hiernach:

a) Der Irrtum über den Inhalt (rechtliche Natur, Gegenstand, Personen) des Rechtsgeschäfts, wobei also (wie beim seitherigen sog. unechten oder wesentlichen Irrtum) infolge des Irrtums etwas gewollt und erklärt ist, was bei richtiger Kenntnis der Sachlage nicht gewollt und erklärt sein würde. Z. B. A. will sein Haus in der Bismarckstraße an B., sein Haus in der Wilhelmstraße an C. vermieten; er vermietet aber, indem er diese Abmachungen verwechselt, das Haus in der Bismarckstraße an C. und das Haus in der Wilhelmstraße an B.

b) In Erweiterung dieses Grundsatzes wird ferner auch der Irrtum über solche Eigenschaften der Person oder Sache, welche im Verkehr als wesentliche angesehen werden, als Anfechtungsgrund zugelassen. Z. B. A. will ein Haus zum Betrieb einer Restauration mieten, für die ein Keller unentbehrlich ist. Er mietet ein Haus, welches er für unterkellert hält, während es in Wirklichkeit keinen Keller besitzt. Oder: A., dem von B. ein Haus vermacht ist, mietet in Unkenntnis dieses Umstandes dasselbe Haus von C., dem Erben des B.

c) Die Anfechtbarkeit liegt ferner vor, wenn eine Erklärung dieses Inhalts überhaupt nicht abgegeben werden sollte, die Erklärung infolge des Irrtums fehlgegangen ist und deshalb dem Willen des Erklärenden nicht entspricht. Z. B. der Vermieter verspricht oder verschreibt sich bei der Angabe des Mietpreises (Verlautbarungsirrtum).

d) In allen vorstehenden Fällen wird der Irrtum nur beachtet, wenn anzunehmen ist, daß der Erklärende die Erklärung bei Kenntnis der Sachlage und bei verständiger Würdigung des Falles nicht abgegeben haben würde. Wenn also A. anstatt der links gelegenen die rechts gelegene Hälfte des ersten Stockes vermietet und beide Hälften völlig gleichartig und gleichwertig sind, so wird der Irrtum als bedeutungslos angesehen werden können.

e) Irrtum im Beweggrunde bleibt regelmäßig unbeachtet. Z. B. A. mietet sich ein größeres Quartier in der irrtümlichen Erwartung, sein Einkommen werde sich verbessern. Nur ausnahmsweise, wenn das Motiv zum Inhalt des Geschäfts gemacht ist oder den Inhalt bestimmt hat, wird der Irrtum im Beweggrunde beachtet. Z. B. ein Nervenarzt mietet ein in einem an sich ruhigen Stadtteil gelegenes Haus eben wegen dieser — von ihm beim Vertragsschluß hervorgehobenen — ruhigen Lage zum Betrieb eines Sanatoriums, ohne zu wissen, daß eine unmittelbar nach dem Vertragsschluß eröffnete benachbarte Fabrik einen

b) bei einem Vertragsabschluß unter Abwesenden die Erklärung einer Partei der anderen durch die zur Übermittelung verwendete Person oder Anstalt unrichtig zugestellt worden ist (120);[1]

c) eine Vertragspartei von der anderen Partei oder mit deren Kenntnis von einem Dritten zum Vertragsabschluß durch arglistige Täuschung bestimmt oder wenn sie von dem Anderen oder dem Dritten widerrechtlich durch Drohung dazu gebracht worden ist (123).[2]

Die Anfechtung erfolgt durch Erklärung gegenüber der anderen Vertragspartei (143).[3] Sie muß in den Fällen unter a) und b) unverzüglich erfolgen, nachdem der Anfechtungsberechtigte von dem Anfechtungsgrunde Kenntnis erlangt hat (121), in dem Falle unter c) binnen Jahresfrist, die im Falle der Täuschung von deren Entdeckung ab, im Falle der Drohung von der Beendigung der Zwangslage ab läuft (124).

Ist ein Vertrag wegen Mangels der Ernstlichkeit der Erklärung einer Partei nichtig oder wegen Irrtums oder wegen unrichtiger Übermittelung der Erklärung [2. a und b] angefochten, so hat der Erklärende der anderen Partei den Schaden zu ersetzen, den sie dadurch erleidet, daß sie auf die Gültigkeit der Erklärung vertraut, jedoch nicht über den Betrag des Interesses hinaus, welches die andere Partei an der Gültigkeit der Erklärung hat (122).[4]

Im Falle der Täuschung oder Drohung haftet die Vertragspartei oder auch die dritte Person, die sich derselben schuldig macht, der anderen Partei für den dadurch erwachsenen Schaden (823).

---

für Nervenkranke unerträglichen Lärm erzeugt. (Planck, § 119 Anm. 2a. Rehbein, §§ 116—124 Z. 1b und c.)

f) Im übrigen unterscheidet das B.G.B. nicht zwischen entschuldbarem und unentschuldbarem, thatsächlichem und Rechts-Irrtum. Rehbein, a. a. O. S. 137.

[1] Der Vermieter telegraphiert dem Mieter als Mietpreis 3000 Mk.; durch Versehen der Telegraphenanstalt enthält das dem Mieter zugehende Telegramm nur 1000 Mk. — Auch hier gilt übrigens die Voraussetzung, daß der Absender des Telegramms bei Kenntnis der Sachlage oder bei verständiger Würdigung des Falles die Erklärung nicht so, wie sie dem Adressaten zugegangen ist, abgegeben haben würde.

[2] Bei der durch einen Dritten bewirkten Drohung ist zur Begründung der Anfechtung gegen die andere Vertragspartei deren Kenntnis von der in ihrem Interesse bewirkten Drohung nicht erforderlich.

[3] Gerichtliche Anfechtung ist also nicht nötig.

[4] Diese Verpflichtung zum Schadensersatze ist von einem Verschulden nicht abhängig; andererseits ist nur das sog. negative Vertragsinterresse zu ersetzen, also der Nachteil, der dem Anderen dadurch erwächst, daß er auf die Gültigkeit der Erklärung vertraut; demnach z. B. in dem oben S. 48 Anm. 1[b] erwähnten Falle der Schade, der dem Vermieter dadurch erwächst, daß er wegen der mit dem Mieter eingeleiteten, zuletzt infolge des Irrtums des Letzteren rückgängig gemachten Verhandlungen ein ihm gleichzeitig gemachtes Mietangebot ablehnt und nun das Restaurationslokal ein Vierteljahr lang nicht vermieten kann.

Zweiter Abschnitt.

Rechtsverhältnis zwischen dem Vermieter und dem Mieter.

I. Im allgemeinen.

§ 13. Auslegung und Erfüllung des Vertrags. Haftung der Vertragsparteien für eigenes Verschulden und für Verschulden Dritter.

§ 276. Der Schuldner hat, sofern nicht ein Anderes bestimmt ist, Vorsatz und Fahrlässigkeit zu vertreten. Fahrlässig handelt, wer die im Verkehr erforderliche Sorgfalt außer acht läßt. Die Vorschriften der §§ 827, 828 (Schadenszufügung durch Bewußtlose oder durch Kinder unter sieben Jahren) finden Anwendung.

Die Haftung wegen Vorsatzes kann dem Schuldner nicht im voraus erlassen werden.

§ 254. Hat bei der Entstehung des Schadens ein Verschulden des Beschädigten mitgewirkt, so hängt die Verpflichtung zum Ersatze sowie der Umfang des zu leistenden Ersatzes von den Umständen, insbesondere davon ab, inwieweit der Schaden vorwiegend von dem einen oder dem anderen Teile verursacht worden ist.

Dies gilt auch dann, wenn sich das Verschulden des Beschädigten darauf beschränkt, daß er unterlassen hat, den Schuldner auf die Gefahr eines ungewöhnlichen Schadens aufmerksam zu machen, die der Schuldner weder kannte noch kennen mußte, oder daß er unterlassen hat, den Schaden abzuwenden oder zu mindern. Die Vorschrift des § 278 findet entsprechende Anwendung.

§ 31. Der Verein ist für den Schaden verantwortlich, den der Vorstand, ein Mitglied des Vorstandes oder ein anderer verfassungsmäßig berufener Vertreter durch eine in Ausführung der ihm zustehenden Verrichtungen begangene, zum Schadensersatze verpflichtende Handlung einem Dritten zufügt.

§ 278. Der Schuldner hat ein Verschulden seines gesetzlichen Vertreters und der Personen, deren er sich zur Erfüllung seiner Verbindlichkeit bedient, in gleichem Umfange zu vertreten, wie eigenes Verschulden. . . .

§ 831. Wer einen Anderen zu einer Verrichtung bestellt, ist zum Ersatz des Schadens verpflichtet, den der Andere in Ausführung der Verrichtung einem Dritten widerrechtlich zufügt. Die Ersatzpflicht tritt nicht ein, wenn der Geschäftsherr bei der Auswahl der bestellten Person und, sofern er Vorrichtungen oder Gerätschaften zu beschaffen oder die Ausführung der Verrichtung zu leiten hat, bei der Beschaffung oder der Leitung die im Verkehr erforderliche Sorgfalt beobachtet oder wenn der Schaden auch bei Anwendung dieser Sorgfalt entstanden sein würde.

Die gleiche Verantwortlichkeit trifft denjenigen, welcher für den Geschäftsherrn die Besorgung eines der im Abs. 1 Satz 2 bezeichneten Geschäfte durch Vertrag übernimmt.

§ 832. Wer kraft Gesetzes zur Führung der Aufsicht über eine Person verpflichtet ist, die wegen Minderjährigkeit oder wegen ihres geistigen oder körperlichen Zustandes der Beaufsichtigung bedarf, ist zum Ersatz des Schadens verpflichtet, den diese Person einem Dritten widerrechtlich zufügt. Die Ersatzpflicht tritt nicht ein, wenn er seiner Aufsichtspflicht genügt oder wenn der Schaden auch bei gehöriger Aufsichtsführung entstanden sein würde.

Die gleiche Verantwortlichkeit trifft denjenigen, welcher die Führung der Aufsicht durch Vertrag übernimmt.

1. Für die Rechte und Pflichten beider Vertragsparteien ist vor allem der Inhalt ihres Mietvertrags und erst beim Mangel vertragsmäßiger Festsetzung die gesetzliche Vorschrift maßgebend. Bei Abschluß des Vertrags steht es beiden Teilen frei, alles zu vereinbaren, was ihnen zur Regelung ihres Verhältnisses angemessen erscheint, soweit es nicht gegen gesetzliches Verbot[1] oder gegen die guten Sitten[2] verstößt (134, 138).

2. Der Mietvertrag ist, wie auch andere Verträge, so auszulegen und auch von jedem Teile so zu erfüllen, wie Treu und Glauben mit Rücksicht auf die Verkehrssitte es erfordern (157, 242).[3]

3. Aus dem Mietvertrage, einem gegenseitigen Vertrage, erwachsen nach gesetzlicher Vorschrift für jede Partei bestimmte Verpflichtungen, welche in den nachstehenden Paragraphen (§§ 14 flg.) einzeln aufgeführt sind. Jede Partei haftet bei der Erfüllung dieser Verpflichtungen für Vorsatz und Fahrlässigkeit (276) und hat in Gemäßheit der allgemeinen Grundsätze für den von ihr schuldhaft angerichteten Schaden dem anderen Teile Ersatz zu leisten (249 flg.). Hat bei der Entstehung des Schadens ein

---

[1] Gesetzliche Verbote, welche die der Regel nach platzgreifende Vertragsfreiheit der Parteien beschränken, sind für das Mietverhältnis namentlich enthalten in:

§ 138: Nichtigkeit von Rechtsgeschäften, welche gegen die guten Sitten verstoßen, insbesondere einen wucherlichen Inhalt haben.

§§ 540, 541: Nichtigkeit der Vereinbarung, durch welche die Verpflichtung des Vermieters zur Vertretung von Mängeln der vermieteten Sache erlassen oder beschränkt wird, sofern der Vermieter den Mangel arglistig verschweigt.

§ 544: Unwirksamkeit eines Verzichts des Mieters auf das ihm wegen gesundheitsgefährlicher Beschaffenheit der gemieteten Wohnung zustehende Kündigungsrecht.

§ 559 Satz 3 u. § 561 Abs. 1: Nichterstreckung des Pfandrechts, sowie des Zurückhaltungs-(Sperr-)rechts des Vermieters auf die der Pfändung nicht unterworfenen Sachen.

§ 560. Erlöschen des Pfandrechts des Vermieters an den eingebrachten Sachen des Mieters mit deren Entfernung von dem Grundstück. Unzulässigkeit eines Widerspruchs des Vermieters gegen die Entfernung, wenn sie im regelmäßigen Betriebe des Geschäfts des Mieters oder den gewöhnlichen Lebensverhältnissen entsprechend erfolgt oder wenn die zurückbleibenden Sachen zur Sicherung des Vermieters offenbar ausreichen.

[2] S. oben § 12 Z. 1 c.

[3] Der Grundsatz von Treu und Glauben ist beim Mietverhältnis auch in mehrfachen Einzelvorschriften zum Ausdruck gekommen, so z. B. in den Fällen, wo ein auf die Nichterfüllung einer Verpflichtung gesetzter Rechtsnachteil der säumigen oder vertragswidrig handelnden Partei gegenüber erst nach vorgängiger Aufforderung, Anzeige oder Abmahnung eintreten soll (542, 545, 550, 553).

Verschulden des Beschädigten mitgewirkt, so hängt die Verpflichtung zum Ersatze sowie der Umfang des zu leistenden Ersatzes von den Umständen, insbesondere davon ab, inwieweit der Schaden vorwiegend von dem einen oder dem anderen Teile verursacht worden ist (254).[1]

4. In Bezug auf die Haftpflicht des Vermieters oder Mieters für den dem anderen Teil durch Dritte verursachten Schaden gelten nachstehende Vorschriften:

a) In Vertragsverhältnissen haftet jeder Teil für den Schaden, der von seinem gesetzlichen Vertreter (Inhaber der elterlichen Gewalt, Vormund, Pfleger, Vorstand einer juristischen Person 2c.) schuldhaft verursacht ist, wie für den durch eigenes Verschulden herbeigeführten Schaden.[2]

Das gleiche gilt von dem Schaden, welcher von denjenigen Personen (Angestellten, Dienstleuten, Angehörigen) verursacht wird, deren sich die eine oder andere Partei zur Erfüllung ihrer vertragsmäßigen Obliegenheiten bedient (278). Der Vermieter oder Mieter haftet aber hier nur für denjenigen Schaden, der bei einer solchen Erfüllungshandlung von einem damit betrauten Angestellten oder Bediensteten verursacht wird. Mot. II S. 29 Planck, § 276. So haftet der Vermieter, wenn sein mit der Beaufsichtigung des Hauses betrauter Hausmeister das schadhafte Treppengeländer nicht reparieren läßt und infolge davon ein Mieter beim Passieren der Treppe herabstürzt. Ferner haftet der Mieter, wenn er für die Dauer einer Reise einem Dienstboten die Beaufsichtigung der Mieträume überträgt und dieser durch seine Nachlässigkeit (z. B. Nichtverschluß der Fenster bei

[1] Während nach der herrschenden Lehre des gemeinen Rechts der Schadensersatzanspruch fortfiel, wenn der eingetretene Schaden von dem Beschädigten durch gehörige Sorgfalt hätte vermieden werden können (den Fall der arglistigen Beschädigung ausgenommen), s. Windscheid II § 258 Anm. 17, 18; R.O.H.G. Bd. 25 S. 339; R.G. Bd. I S. 83; Seufferts Arch. Bd. 44 Nr. 86, soll nach dem B.G.B. im Fall konkurrierenden Verschuldens das richterliche Ermessen unter Berücksichtigung der Sachlage entscheiden und dabei namentlich Gewicht darauf legen, durch wessen Verschulden der Schaden vorzugsweise herbeigeführt ist. Z. B. ein durch eine Dachkammer des Mieters gehender Schlot ist defekt, aber vom Vermieter ungeachtet der ihm von diesem Mangel gemachten Anzeige nicht repariert. Der Mieter lehnt unvorsichtigerweise eine Strohmatratze an diesen Schlot, welche Feuer fängt, so daß ein Teil der in der Kammer stehenden Mobilien des Mieters beschädigt und verdorben wird. In diesem Fall wird letzterer, dessen Verschulden nach Lage der Sache das überwiegende und die unmittelbare Ursache des eingetretenen Schadens ist, keinen Entschädigungsanspruch gegen den Vermieter erheben können, vielmehr für den angerichteten Schaden einzustehen haben.

[2] So haftet eine juristische Person, welche ein Wohnhaus vermietet hat, für das Verschulden ihres Vorstandes, wenn derselbe die nötige Reparatur des Hauses unterläßt und hierdurch den Mieter schädigt. Vgl. auch § 31 B.G.B.

einem Gewitter) eine Beschädigung des Hauses herbeiführt. Zu den vertragsmäßigen Obliegenheiten des Mieters, zu deren Erfüllung der Mieter sich der Hilfe Dritter bedienen kann, gehört aber auch die neben seinen ausdrücklich festgesetzten Verpflichtungen hergehende Verpflichtung zur pfleglichen und sorgsamen Behandlung der Mieträume. Von diesem Gesichtspunkt haftet der Mieter z. B., wenn sein mit der Reinigung der Fenster beauftragte Dienstbote aus Unachtsamkeit eine Scheibe zerstößt.[1] Der Mieter, der die Mieträume nach Beendigung des Mietverhältnisses in ordnungsmäßigem Zustand zurückzugeben hat, kann sich mithin alsdann zur Beseitigung seiner Haftpflicht wegen eines während seines Gebrauches eingetretenen Mangels nicht darauf berufen, daß solcher auf ein Verschulden seines Dienstboten zurückzuführen sei. Vgl. auch Neumann § 278 Anm. 6.

Nahe verwandt hiermit, aber weitergehend, ist die fernere Vorschrift, daß der Mieter, der den Gebrauch der gemieteten Sache einem Dritten (Untermieter 2c.) überläßt, ein dem Dritten beim Gebrauch zur Last fallendes Verschulden zu vertreten hat und zwar auch dann, wenn der Vermieter die Erlaubnis zur Überlassung erteilt hat (549). Der Dritte (Untermieter) gilt insoweit dem Vermieter gegenüber als Vertreter des Mieters.[2]

b) Anders stellt sich die Haftpflicht für Dritte aus deren unerlaubten Handlungen (also außerhalb der Verpflichtungen aus dem Vertragsverhältnis).

aa) Am weitesten geht hier die Haftpflicht der als Mietparteien auftretenden rechtsfähigen Vereine und anderer juristischer Personen. Dieselben sind für den Schaden verantwortlich, den der Vorstand, ein

---

[1] Vgl. Staudinger § 549 Anm. VII 2. Abweichend die Meinung Nußbaums, Haftung für Hilfspersonen S. 52 flg., welcher bei mangelhafter Erfüllung derartiger Nebenverpflichtungen keine Haftung des Geschäftsherrn für das Verschulden seiner Angestellten gelten läßt. In gleicher Weise hatte sich auch der Verfasser in seiner früheren Abhandlung „die (gemeinrechtliche) Haftung für das rechtswidrige Verhalten anderer", Separatabdruck aus dem „Recht" Jahrg 1901 S. 16 u. 17 ausgesprochen, welche Ansicht insoweit gegenwärtig berichtigt wird. Vgl. hierzu auch Örtmann, Recht der Schuldverhältnisse § 278 Anm. 3 a. E.

[2] Diese Haftung des Mieters für den Untermieter geht über die Grenzen des § 278 noch hinaus, denn der Mieter haftet dem Vermieter aus dem Mietvertrage a) nicht nur für ein vom Untermieter bei Erfüllung der vertragsmäßigen Verpflichtungen, sondern überhaupt bei dem Gebrauche begangenes Verschulden, insbesondere also auch b) für eine bei diesem Gebrauche begangene unerlaubte Handlung (Delikt), ohne daß dem Mieter hierbei der in § 831 B.G.B. nachgelassene Entlastungsbeweis zu Seite steht Z. B. der Untermieter läßt aus Unachtsamkeit einen Gashahn unverschlossen, so daß eine Explosion und dadurch eine Beschädigung sowohl der von ihm als auch der vom Vermieter (Hauseigentümer) bewohnten angrenzenden Räume entsteht.

Mitglied des Vorstands oder ein anderer, verfassungsmäßig berufener Vertreter durch eine in Ausführung der ihm zustehenden Verrichtungen begangene, zum Schadensersatze verpflichtende Handlung (oder Unterlassung) einem Dritten zufügt (31, 86, 89).[1] Es liegt dabei der Gedanke zu Grunde, daß sich die Handlung des Organs nach außen hin als eine Handlung der juristischen Person selbst darstellt.

bb) Beschränkter ist die Haftpflicht der Vertragsparteien, namentlich des Mieters, für Handlungen

1. seiner **Dienstboten und Angestellten**, welche, ohne mit der Vertretung der Partei bei Erfüllung ihrer vertragsmäßigen Verpflichtungen betraut zu sein, in Ausführung einer Dienstverrichtung,[2] nicht bloß bei Gelegenheit der Ausführung,[3] die andere Vertragspartei oder einen anderen Bewohner des Hauses widerrechtlich schädigen (831);

2. der wegen Minderjährigkeit oder wegen ihres geistigen oder körperlichen Zustandes kraft Gesetzes oder auch infolge eines Vertragsverhältnisses **unter der Aufsicht einer Vertragspartei** (insbesondere des Mieters) stehenden Angehörigen ihrer Familie oder ihres Hausstandes,[4] welche während dieses Verhältnisses der anderen Partei oder einem Dritten widerrechtlich Schaden zufügen (832).

In diesen Fällen ist zunächst auch der Dienstherr oder das Familienhaupt, dessen Verschulden vermutet wird, zum Ersatze des Schadens verpflichtet;[5] er kann sich aber durch den Nachweis befreien, daß er in

---

[1] Jedenfalls muß die schadenstiftende Handlung vom Vorstand **in Ausführung** der demselben zustehenden Vorrichtung, nicht bloß **bei Gelegenheit** dieser Ausübung begangen sein. So haftet der Verein, wenn sein Vorstand in dem gemieteten Hausteile (Werkstätte) bei dem von ihm zu beaufsichtigenden Betriebe einer Dampfmaschine fahrlässig eine Kesselexplosion und hierdurch eine Beschädigung der von anderen Mietern bewohnten Hausteile sowie des diesen Mietern gehörigen Mobiliars herbeiführt; der Verein haftet aber nicht, wenn der Vorstand aus Neugierde einen, einem anderen Mieter zustehenden, mit feuergefährlichen Stoffen gefüllten Raum mit brennender Cigarre betritt und durch Wegwerfen derselben einen Brandschaden herbeiführt.

[2] Z. B. ein Dienstbote oder Gehilfe (Lehrling) des Mieters wird beauftragt, in einem mit feuergefährlichen Stoffen angefüllten Lagerraume einen Ballon Petroleum abzufüllen. Er bedient sich bei der Vornahme dieses Geschäfts eines offenen Lichtes und richtet dadurch einen Brandschaden an.

[3] Z. B. der Dienstbote eines Mieters hängt auf dem gemeinschaftlichen Trockenboden Wäsche auf und entwendet bei dieser Gelegenheit ein Stück von der daneben hängenden Wäsche eines anderen Mieters. Hier ist der Dienstherr nur haftpflichtig, wenn ihm bei der Auswahl oder Beaufsichtigung des Dienstboten ein Verschulden zur Last fällt. Mot. II S. 736. Vgl. auch R.G. Bd. 24 S. 125.

[4] Z. B. Kinder unter der Aufsicht des Inhabers der elterlichen Gewalt, des Vormundes oder Pflegers, aber auch Pensionäre, Kranke unter der Aufsicht des Leiters des Pensionats oder der Heilanstalt.

[5] Da diese Haftpflicht infolge der oben erwähnten Vermutung auf das eigene

ersterem Falle bei der Auswahl der betr. Dienstperson ꝛc. die im Verkehr erforderliche Sorgfalt beobachtet, im zweiten Falle seiner Aufsichtspflicht genügt habe oder daß in dem einen wie in dem anderen Falle der Schaden auch bei Anwendung der erforderlichen Sorgfalt in der Auswahl oder Beaufsichtigung entstanden sein würde (831, 832).[1]

cc) Für dritte Personen, die nicht in einem der oben unter aa) und bb) bezeichneten Verhältnisse stehen (also z. B. für volljährige Hauskinder, Gäste), haftet eine Mietpartei nur, wenn ihr von dem Verletzten ein den Schaden mit verursachendes Verschulden — insbesondere in der Auswahl oder Beaufsichtigung — nachgewiesen wird.

II. Verpflichtungen des Vermieters.

§ 14. 1. Gewährung des Gebrauchs. Erhaltungspflicht.

§ 535. Durch den Mietvertrag wird der Vermieter verpflichtet, dem Mieter den Gebrauch der vermieteten Sache während der Mietzeit zu gewähren. . . .

§ 536. Der Vermieter hat die vermietete Sache dem Mieter in einem zu dem vertragsmäßigen Gebrauche geeigneten Zustande zu überlassen und sie während der Mietzeit in diesem Zustande zu erhalten.

Durch den Mietvertrag wird der Vermieter verpflichtet, dem Mieter den Gebrauch der vermieteten Sache während der Mietzeit zu gewähren (535).[2] Hiernach hat insbesondere der Vermieter einer Wohnung

---

Verschulden des Dienstherrn oder Haushaltungsvorstandes zurückgeführt wird, so ist für seine Haftpflicht ein subjektives Verschulden der Dienstboten oder der von ihm zu beaufsichtigenden Personen seines Hausstandes nicht unbedingt erforderlich; es genügt vielmehr eine objektiv widerrechtliche Handlung oder Unterlassung. S. Planck § 831 Erl. 2a, § 832 Erl. 1, Urt. des R.G. VI Civ.-Sen. v. 30. Dezember 1901 Rep. VI 285/01. Vergl. über diese Haftpflicht überhaupt auch Nöldeke „Die außerkontraktliche Haftung für fremdes Verschulden nach den §§ 831, 832 B.G.B. bei Gruchot, Beitr. zur Erl. des Deutschen Rechts Bd. 41 S 766 flg.

[1] Abweichend war im gemeinen Recht die Haftung desjenigen, welcher einen Andern zu einer auch durch einen Gehilfen oder Vertreter ausführbaren Verrichtung bestellt, sowie die Haftung desjenigen, welcher einen Andern zu beaufsichtigen hat, geordnet. Hier war die Haftung des Geschäftsherrn für den von dem Andern angestifteten Schaden davon abhängig, daß ersterem von dem Beschädigten nachgewiesen wurde, daß er bei der Auswahl des Gehilfen oder bei der Beaufsichtigung des der Aufsicht Unterstellten schuldhaft zu Werke gegangen sei, Windscheid II § 455 Anm. 12, 27a, Buchka S. 157 III. Ähnlich A.L.R. I 6 §§ 53, 57, 62, 64, 65, 67, 68. Vgl. auch S. G.B. § 779. Das B.G.B. erklärt umgekehrt, sich dem C. c. art. 1384 nähernd, den Geschäftsherrn an sich für haftbar und legt ihm den erwähnten Entlastungsbeweis auf. — In noch weiterem Umfang, als in obigen §§ 278, 831, 832 wird übrigens der Mieter für das Verschulden Dritter haftpflichtig gemacht in § 9 des einheitlichen Mietvertrags der deutschen Hausbesitzervereine s. unten Anh. III.

[2] Nicht bloß zu „überlassen", wie nach dem S.G.B. § 1187 und nach dem C. c. art. 1709.

a) dieselbe bei Beginn der Mietzeit dem Mieter zu übergeben oder zu überlassen[1] und zwar liegt ihm dies, sofern nichts anderes im Vertrage bestimmt ist, als Vorleistung ob, vor deren Erfüllung er auch dann keinen Mietzins beanspruchen kann, wenn Vorauszahlung desselben bedungen ist.[2]

Hat der Mieter dasselbe Logis an verschiedene Personen für die gleiche Zeit vermietet, so sind ihm gegenüber beide Verträge an sich gültig. Im Verhältnis der beiden Mieter untereinander aber hat derjenige den Vorrang, der zuerst in den Besitz der Mieträume gelangt; dem anderen Mieter steht gegen ihn keinerlei Anspruch auf Herausgabe oder Räumung, sondern nur gegen den Vermieter ein Anspruch auf Schadensersatz zu (Mittelstein S. 45).

Der Vermieter hat ferner,

b) da seine Verpflichtung eine dauernde, sich fortwährend erneuernde ist, dem Mieter den vertragsmäßigen Gebrauch bis zum Ende der Mietzeit zu belassen und darf den Mieter nicht darin stören,[3] namentlich auch nicht durch Veränderungen an den vermieteten Räumen,[4] muß ihn

---

[1] Also z. B. die Schlüssel zur Wohnung auszuantworten oder im Logis bereit zu halten oder den vermieteten Lagerplatz dem Mieter zur Verfügung zu stellen, so daß derselbe Gebrauch davon machen kann.

[2] Ist also vierteljährliche Vorauszahlung des Mietzinses bedungen und der Beginn des Mietverhältnisses auf den 1. April festgesetzt, so hat an diesem Tage zuerst der Vermieter, dessen Mietgeldanspruch auch in diesem Falle durch die Vertragserfüllung von seiner Seite bedingt ist, die Mieträume zur Verfügung zu stellen und unmittelbar darauf der Mieter zu bezahlen. Vgl. R.G. Bd. 20 S. 287. Niendorff S. 72. Wengler S. 68. Eine abweichende Vereinbarung ist zulässig. Vgl. § 2 des Mietvertrags-Formulars des Leipziger Hausbesitzer-Vereins unten im Anhang III. — Nur dann, wenn in der Zeit vom Abschlusse des Vertrags bis zum Beginne der Mietzeit in den Vermögensverhältnissen des Mieters eine wesentliche Verschlechterung eintritt, kann der Vermieter die ihm obliegende Übergabe beanstanden, bis die erste Mietgeldrate bezahlt oder Sicherheit dafür geleistet ist (321, 232).

[3] Er darf daher auch nicht ohne rechtfertigenden Grund (wie z. B. Prüfung des baulichen Zustandes der Mieträume) und zu angemessener Zeit die Wohnung betreten oder durch Andere betreten lassen. Doch wird ihm nach dem das Mietverhältnis beherrschenden Grundsatz von Treu und Glauben zu gestatten sein, nach erfolgter Kündigung die Mieträume durch Mietlustige zu einer zu vereinbarenden oder sonst für den Mieter geeigneten Zeit (nicht an Sonn- und Feiertagen) in Augenschein nehmen zu lassen, da ihm außerdem die rechtzeitige anderweite Vermietung nicht wohl möglich sein wird. Protok. S. 2025. Vgl. auch Cosack I S. 475 Bem. c. Fränkel S. 29. Örtmann S. 256 Anm. 2^b zu § 534. Wengler S. 115. S. Arch. Bd. 47 Nr. 105.

[4] Z. B. nicht durch Neubauten oder umfassende Reparaturen, durch welche der Mieter erheblich belästigt wird, es sei denn, daß diese baulichen Herstellungen notwendig und unaufschieblich sind, auch beim Vertragsabschluß noch nicht vorauszusehen waren. Immerhin verbleiben dem Mieter auch in diesem Fall seine Rechte aus § 537 (gänz-

auch gegen Angriffe dritter Personen schützen. Der Mieter wird von der Übergabe ab Besitzer dieser Räume und erlangt Besitzesschutz gegen den Vermieter und gegen Dritte (s. unten § 25).

Der vertragsmäßige Gebrauch umfaßt zugleich die zu dessen Ausübung erforderliche Mitbenutzung anderweiter, nicht ausdrücklich mit vermieteter Hausteile z. B. Zugänge, Fluren, Treppen, Hauswände (Fassaden),[1] sowie die Geltendmachung der dem Vermieter, als Hauseigentümer, in Bezug auf den Gebrauch des Hauses zustehenden und dem Mieter zur wirksamen Ausübung des Mietrechts notwendigen Befugnisse.[2]

Im Zusammenhang mit der im Eingang erwähnten Hauptverpflichtung hat der Vermieter

c) die vermieteten Räume in einem zu dem vertragsmäßigen Gebrauche geeigneten Zustande[3] zu überlassen und während der Mietzeit darin zu erhalten. Er hat also, vorbehaltlich abweichender Festsetzung im Mietvertrag[4] oder durch Bezugnahme auf Orts-

---

liche oder teilweise Befreiung von Zahlung des Mietzinses) und aus § 542 (Kündigung ohne Einhaltung einer Kündigungsfrist).

[1] Es wird also hiernach dem Mieter einer herrschaftlichen Wohnung nicht zu versagen sein, die unmittelbar zu seinem Logis führende Treppe mit Teppichen zu belegen. Ferner wird der Arzt, der mit Kenntnis des Vermieters in der Wohnung seine Praxis betreibt, an der Außenseite des Hauses sein Namensschild oder auch eine Nachtglocke, der Kaufmann, der in dem Hause einen Laden oder ein sonstiges Lokal zu seinem Geschäftsbetriebe mietet, ein Firmenschild anbringen und zugleich verlangen können, daß auf der ihm hierzu zustehenden Fläche der Außenwand nicht Firmenschilder Dritter angebracht werden. Rechtspr. der O.L.G. II S. 32. Endlich wird dem Mieter, der Räume zum Betriebe eines Geschäfts mietet, für welches nach Ortsgebrauch oder Verkehrssitte eine Fernsprech-Verbindung erforderlich ist, in der Regel von dem Vermieter, sofern diesem kein wesentlicher Nachteil dadurch erwächst, die Herrichtung einer derartigen Anlage (auf Kosten des Mieters) zu gestatten sein. RG. Bd. 37 S. 212 (Bolze Bd. 22 S. 388). Vgl. auch Seuff. Arch. Bd. 53 Nr. 147. Weitergehende Belästigungen (Duldung von Stützen und Gestängen für die Erweiterung des Fernsprechnetzes 2c.) können dem Vermieter nicht angesonnen werden (RG. Bd. 49 S. 306), sofern nicht derselbe nach den Umständen des Falles nicht nur von dem eine Fernsprecheinrichtung mit sich bringenden Geschäftsbetriebe des Mieters, sondern auch von den erwähnten — Seiten der Post- und Telegraphenverwaltung regelmäßig gestellten — Anforderungen Kenntnis hat und bei vorbehaltlosem Abschluß des Mietvertrags zugleich mit der Anlage der Fernsprecheinrichtung auch diese weitergehenden Vorrichtungen stillschweigend im voraus genehmigt. Mittelstein in der d. Juristenzeit. 1902 S. 289.

[2] Vgl. R.G Bd. 36 S. 272.

[3] Maßgebend ist also nicht der gewöhnliche, sondern der vertragsmäßige Gebrauch. Auf Überlassung und fortdauernde Gewährung der Mietsache in einem zu diesem Gebrauch geeigneten Zustande hat der Mieter ein Klagerecht.

[4] Vgl. § 4 des einheitlichen Vertragsformulares der deutschen Hausbesitzer-Vereine in Anhang III.

gebrauch,[1] die notwendigen **Ausbesserungen** (auch die infolge von Polizeiverordnungen nötig werdenden) vorzunehmen[2] und haftet der mietenden Partei, wenn ihm in dieser Beziehung ein Verschulden zur Last fällt.[3]

---

[1] Wo solche Ortsgebräuche bestehen, ist im Zweifel anzunehmen, daß sich die Parteien beim Vertragsabschluß denselben unterwerfen. Vgl. auch S. G.B. § 1200. C. c. art. 1754. **Wengler** S. 73. **Mittelstein** S. 4.

[2] So auch im wesentlichen schon nach dem bisherigen Recht l. 15 § 1, l. 25 § 2 D. loc. 19, 2. A L.R. I 21 § 291. S.G.B. § 1200. C. c. art. 1720, welcher nur in art. 1754 die kleineren, sog. réparations locatives, dem Mieter auferlegt, vgl. **Förtsch** S. 261. Dem Vermieter liegt hiernach, wenn nichts anderes verabredet ist, auch die **Ausbesserung** der durch zufällige Ereignisse herbeigeführten Schäden, so z. B. der vom Hagel zerschlagenen Fenster, ob. Zur **Wiederherstellung** der durch Zufall **zerstörten** Mieträume (z. B. beim Abbrennen des Hauses) ist er dagegen nicht verpflichtet. Bei nur **teilweiser** Zerstörung (z. B. Abbrennen eines dem Mieter einer Wohnung mitvermieteten Stallgebäudes) wird der Vermieter zur Wiederherstellung des zerstörten Gebäuteils dann für verpflichtet zu erachten sein, wenn dieselbe während der Mietzeit möglich und wirtschaftlich der zerstörte Gebäudeteil den unverletzten Teilen gegenüber von untergeordneter Bedeutung ist, so daß durch dessen Wiederherstellung keine neue Mietsache geschaffen wird. Protok. S. 1860. **Planck** § 536 Anm. Abs. 2. **Meisner** S. 149. — Zur Instandhaltung wird regelmäßig, wenn Vertrag oder Ortsgebrauch nichts anderes bestimmt, insbesondere nicht infolge der Vermietung des ganzen Hauses an einen Mieter eine Änderung eintritt, auch die Reinigung der vor dem Hause hinführenden Straßenteile, die Entleerung der Abort- und Müllgrube, das Kehren der Essen gehören. Dagegen liegt die **Reinigung** der Mieträume und der dazu gehörigen Hausteile (Fußböden, Treppen, Öfen), welche infolge des Gebrauches durch den Mieter nötig wird, dem letzteren ob, erforderlichen Falles (bei Flur, Treppen) in Gemeinschaft mit den anderen, auf die Benutzung des betr. Hausteiles mitangewiesenen Mietern.

[3] Solche Haftpflicht wird z. B. eintreten, wenn der Vermieter das zerbrochene Geländer einer Treppe ungeachtet der vom Mieter an ihn ergangenen Aufforderung nicht wieder herstellen läßt und infolgedessen der Mieter von der Treppe herabstürzt. Dagegen gehört die **Beleuchtung** der vermieteten Räume nicht ohne weiteres zu der dem Vermieter obliegenden Gebrauchsgewährung und Erhaltung. **Seufferts** Arch. Bd. 48 Nr. 179. Vgl. auch **Seufferts** Arch. Bd. 55 Nr. 202. **Niendorff** S. 83. **Mittelstein** S. 98. **Staudinger** § 536 Anm. II 4. Doch wird man den Vermieter, als Hauseigentümer, wenigstens zur Erleuchtung der Fluren und Treppenaufgänge nach der Lage des einzelnen Falles für verpflichtet ansehen können, so z. B. wenn dies durch Polizeiverordnung (für Berlin durch die Bekanntmachung des Polizeipräsidiums v. 21. April 1865), durch Ortsgebrauch oder durch seitherige stillschweigende Vereinbarung und Übung der beteiligten Vertragsparteien bestimmt oder wenn und soweit vom Vermieter in seinem Hause (durch dessen Verwendung zu einer großen Anzahl von Mieträumen oder als Hôtel garni) ein Verkehr eröffnet ist. R.G. Bd. 33 S. 227. **Bolze** Bd. 12 Nr. 224. **Gruchot** Bd. 36 S. 447. **Seufferts** Arch. Bd. 46. Nr. 96. R.G. in Straff. Bd. 14 S. 362. — Eine weitergehende Beleuchtungspflicht des Vermieters, als Hauseigentümers, nimmt — m. E. ohne genügenden Grund — **Fränkel** S. 32 an und im Anschluß an ihn auch **Fuld** S. 84, ebenso **Örtmann** S. 258 Anm. 1c zu § 536.

§ 15. Rechte des Mieters bei Nichtgewährung des vertragsmäßigen Gebrauchs, insbesondere bei Mängeln der Mieträume und bei Mängeln im Rechte des Vermieters.[1]

§ 537. Ist die vermietete Sache zur Zeit der Überlassung an den Mieter mit einem Fehler behaftet, der ihre Tauglichkeit zu dem vertragsmäßigen Gebrauch aufhebt oder mindert, oder entsteht im Laufe der Miete ein solcher Fehler, so ist der Mieter für die Zeit, während deren die Tauglichkeit aufgehoben ist, von der Entrichtung des Mietzinses befreit, für die Zeit, während deren die Tauglichkeit gemindert ist, zur Entrichtung eines nach den §§ 472, 473 zu bemessenden Teiles des Mietzinses verpflichtet.

Das gleiche gilt, wenn eine zugesicherte Eigenschaft fehlt oder später wegfällt. Bei der Vermietung eines Grundstücks steht die Zusicherung einer bestimmten Größe der Zusicherung einer Eigenschaft gleich.

§ 538. Ist ein Mangel der im § 537 bezeichneten Art bei dem Abschluß des Vertrags vorhanden oder entsteht ein solcher Mangel später infolge eines Umstandes, den der Vermieter zu vertreten hat, oder kommt der Vermieter mit der Beseitigung eines Mangels in Verzug, so kann der Mieter, statt die im § 537 bestimmten Rechte geltend zu machen, Schadensersatz wegen Nichterfüllung verlangen.

Im Falle des Verzugs des Vermieters kann der Mieter den Mangel selbst beseitigen und Ersatz der erforderlichen Aufwendungen verlangen.

§ 539. Kennt der Mieter bei dem Abschluß des Vertrags den Mangel der gemieteten Sache, so stehen ihm die in den §§ 537, 538 bestimmten Rechte nicht zu. Ist dem Mieter ein Mangel der im § 537 Abs. 1 bezeichneten Art infolge grober Fahrlässigkeit unbekannt geblieben oder nimmt er eine mangelhafte Sache an, obschon er den Mangel kennt, so kann er diese Rechte nur unter den Voraussetzungen geltend machen, unter welchen dem Käufer einer mangelhaften Sache nach den §§ 460, 464 Gewähr zu leisten ist.

§ 540. Eine Vereinbarung, durch welche die Verpflichtung des Vermieters zur Vertretung von Mängeln der vermieteten Sache erlassen oder beschränkt wird, ist nichtig, wenn der Vermieter den Mangel arglistig verschweigt.

§ 541. Wird durch das Recht eines Dritten dem Mieter der vertragsmäßige Gebrauch der gemieteten Sache ganz oder zum Teil entzogen, so finden die Vorschriften der §§ 537, 538, des § 539 Satz 1 und des § 540 entsprechende Anwendung.

---

[1] Der C. c. art. 1721 weicht hier nicht wesentlich ab. Hervorzuheben sind dagegen als abweichende Bestimmungen:

a) des gemeinen Rechts (**Windscheid** II § 400. **Buchka** S. 101 II):

aa) **Erheblichkeit** der Mängel zur Begründung eines Gewährleistungsanspruchs des Mieters erforderlich.

bb) Notwendigkeit eines **Verschuldens** des Vermieters für den Schadensanspruch auch bei bereits zur Zeit des Vertragsabschlusses vorhandenen Mängeln l. 19 § 1 D. Coc. 19, 2.

cc) Ausschließung der Geltendmachung der Mängel nur durch wirkliche **Kenntnis**, nicht durch grob fahrlässige Unkenntnis.

b) des A.L.R.:

aa) Vertretung auch der gewöhnlich **vorausgesetzten** Eigenschaften von seiten des Vermieters. I 5 § 319.

bb) Notwendigkeit eines **Verschuldens** des Vermieters, für den Schadens-

Aus der vorstehenden Verpflichtung des Vermieters ergeben sich bei gänzlicher oder teilweiser Nichterfüllung derselben die nachstehenden Rechte des Mieters.

I. Wenn die Nichterfüllung auf äußeren Umständen, abgesehen von Fehlern der Mietsache und von Mängeln im Recht des Vermieters, beruht, bestimmen sich die Rechte des Mieters nach den allgemeinen Vorschriften des § 536 und den über die Unmöglichkeit der Leistung bei gegenseitigen Verträgen geltenden §§ 323—327. Der Mieter hat hiernach vor allem

den Anspruch auf Gewährung des vertragsmäßigen Gebrauchs.

1. Wird diese Gewährung infolge eines Umstandes unmöglich, den weder der Vermieter, noch der Mieter zu vertreten hat,[1] so kann der Vermieter auf die Zeit, während welcher dem Mieter infolge dieses Umstandes der Gebrauch ganz oder teilweise entzogen ist, keinen oder nur entsprechend geringeren Mietzins beanspruchen (323).

2. Beruht der gebrauchhindernde Umstand auf einem Verschulden des Vermieters,[2] so steht dem Mieter entweder ein Anspruch auf Schadensersatz wegen Nichterfüllung oder das Recht auf Rücktritt vom Vertrage gegen ihn zu. Doch wird dieses letztere Recht gegen das dem Mieter in solchen Fällen zustehende, weit ausgedehntere Recht, das Mietverhältnis ohne Einhaltung einer Kündigungsfrist nach § 542 zu kündigen (s. unten § 16), regelmäßig zurückstehen.

Anstatt des Schadensanspruchs oder des Rücktrittsrechts kann der Mieter auch nach § 323 gänzliche Befreiung vom Mietzins oder — bei teilweiser Unmöglichkeit — entsprechende Minderung des Mietzinses für die Dauer der Gebrauchshinderung verlangen.

---

anspruch auch bei den zur Zeit des Vertragsabschlusses vorhandenen Mängeln. I 21 § 273.

cc) Der Schadensanspruch des Mieters ist ausgeschlossen, wenn der Fehler in die Augen fallend war und der Mieter die Sache, ohne denselben zu rügen, angenommen hat. I 5 § 330

c) des B.G.B.:

Zur Begründung des Schadensanspruchs ist auch bei bereits zur Zeit des Vertragsabschlusses vorhandenen Mängeln Verschulden des Vermieters erforderlich. § 1198. Wengler S. 80.

[1] Z. B. es wird dem neuen Mieter das vermietete Haus trotz rechtzeitiger Kündigung seitens des Vermieters an den alten Mieter von diesem infolge eines schweren Krankheitsfalles in seiner Familie statt am 1. April erst am 1. Mai eingeräumt.

[2] Hierher gehört auch der Fall, wenn der Vermieter bei Abschluß des Vertrags die Mitwohnung bereits auf längere Zeit an einen Andern vermietet und übergeben hatte und deshalb bei Beginn des (zweiten) Mietverhältnisses die Wohnung dem zweiten Mieter nicht übergeben kann. Rechtspr. der O.L.Ger. III. 8.

3. Hat dagegen der Mieter die Unmöglichkeit verschuldet,[1] so gelten vorstehende Bestimmungen nicht; vielmehr muß er alsdann, obwohl er von der Wohnung keinen Gebrauch machen kann, den Mietzins insoweit bezahlen, als nicht der Vermieter sich durch anderweite Vermietung schadlos halten kann (324).[2]

II. Teilweise etwas abweichend von vorstehenden Bestimmungen sind die Ansprüche des Mieters für den Fall geregelt, wenn die vermieteten Räume zur Zeit der Überlassung an den Mieter mit einem Fehler behaftet sind, der ihre Tauglichkeit zu dem vertragsmäßigen Gebrauch aufhebt[3] oder mindert[4] oder wenn im Laufe der Miete ein solcher Fehler entsteht oder auch wenn eine zugesicherte Eigenschaft[5] fehlt oder später wegfällt. Hier hat der Mieter gegen den Vermieter, der die Gefahr der Mietsache während der Mietzeit trägt,

1. den Anspruch auf Beseitigung des Mangels oder auf Beschaffung der zugesicherten Eigenschaft.[6]

2. Außerdem ist er aber für die Zeit, während welcher die Tauglichkeit aufgehoben ist[7] vom Mietzinse befreit und für die Zeit, während deren die Tauglichkeit gemindert ist, nur zur Zahlung eines geminderten Mietzinses verpflichtet, welcher nach dem Verhältnis des Gebrauchswertes der Räume in mangelfreiem Zustand zu dem Gebrauchswert in dem vorliegenden mangelhaften Zustande zu berechnen ist (537, 473).[8] Im übrigen kommt es hier auf die Erheblichkeit des Fehlers oder auf ein Verschulden des Vermieters nicht an.

[1] Z. B. der Mieter einer Fabrik hat durch Verletzung bestehender Polizeivorschriften deren polizeiliche Schließung herbeigeführt.

[2] Selbstverständlich bleiben dem Vermieter auch weitergehende Schadensansprüche vorbehalten.

[3] Z. B. Gesundheitsgefährliche Lage oder Beschaffenheit der Wohnung oder Verrufenheit derselben, als Absteigequartier von Prostituierten. Massenhaftes Ungeziefer: Ratten, Wanzen.

[4] Belästigung des Mieters durch übermäßigen Rauch, Ruß, Lärm, Eindringen von Feuchtigkeit in einzelne Zimmer.

[5] So z. B. Zusicherung einer bestimmten Größe einer Wohnung oder bei Vermietung einer Restauration auch Zusicherung eines bestimmten Bierkonsums, Bolze Bd. 19 Nr. 467, Bd. 20 Nr. 433.

[6] Im B.G.B. ist dies nicht ausdrücklich bestimmt; es ist aber selbstverständlich und ergiebt sich auch aus § 536. Mot. II S. 373. Planck, Anm. zu § 536. Schollmeyer S. 42.

[7] Beim Mangel einer zugesicherten Eigenschaft hängt der Anspruch des Mieters, ob Befreiung oder Minderung, davon ab, ob infolge des Mangels die Tauglichkeit aufgehoben oder gemindert wird.

[8] Z. B. eine Wohnung ist für jährlich 1200 Mk. vermietet. Infolge ihres feuchten Zustandes beträgt ihr (ortsüblicher und angemessener) Mietwert, der bei tadel-

3. In dem Falle, wenn ein Mangel der vorstehend unter Z. 2 bemerkten Art bereits beim Abschluß des Vertrags vorhanden ist[1] oder später infolge eines Umstandes entsteht, den der Vermieter zu vertreten hat oder wenn der Vermieter mit der Beseitigung eines solchen Mangels in Verzug kommt, kann der Mieter (nach seiner Wahl) anstatt des unter Z. 2 bemerkten Anspruchs Schadensersatz wegen Nichterfüllung[2] verlangen (539) oder auch

4. im Falle des Verzugs des Vermieters den Mangel selbst beseitigen und — unbeschadet eines weitergehenden Entschädigungsanspruchs — Ersatz der erforderlichen Aufwendungen verlangen (538).

Die unter Z. 1—4 erwähnten Rechte stehen dem Mieter nicht zu, wenn er

a) den Mangel durch eigenes Verschulden verursacht hat[3] oder wenn er

b) beim Abschluß des Vertrags den Mangel der gemieteten Räume kennt (539 S. 1).[4] Ist dem Mieter ein zur Zeit der Überlassung der

---

freier Beschaffenheit sich auf 1000 Mk. belaufen würde, nur 800 Mk. Hier mindert sich nach der Verhältnisrechnung 1000 : 800 = 1200 : x oder $x = \frac{800 \cdot 1200}{1000}$ der vom Mieter zu zahlende Mietzins von 1200 auf 960 Mk. S. Planck § 472 Anm. 2 § 538 Anm. 3.

[1] Abweichend von den seitherigen Rechten (s. o. S. 59 Anm. 1) läßt das B.G.B., davon ausgehend, daß schon durch den Vertrag die Tauglichkeit der Sache zu dem vertragsmäßigen Gebrauche zugesichert sei, die Entschädigungspflicht des Mieters auch ohne Verschulden des Vermieters schon dann eintreten, wenn der Mangel, dem erwähnten Inhalte des Vertrags zuwider, bereits bei dessen Abschluß bestand. Mot. II 376. In diesem Punkte unterscheidet sich namentlich die Behandlung von Mängeln der Mieträume von derjenigen sonstiger den Gebrauch unmöglich machender Umstände, wie sie oben unter Z. I aufgeführt sind.

[2] Es gehört hierzu sowohl der positive Vermögensverlust als der entgangene Gewinn. In ersterer Beziehung kann also der Mieter, wenn er infolge des Mangels vor der Zeit ausziehen muß, Ersatz des notwendigen und angemessenen Mehraufwands, der ihm durch den vorübergehenden Aufenthalt in einem Gasthof, durch Unterbringung seiner Möbel in einem Lagerhause, durch den höheren Mietzins eines anderweit zu mietenden Logis erwächst, verlangen. In der Eigenschaft entgangenen Gewinnes aber kann er Ersatz der Mindereinnahme verlangen, die er infolge vorzeitiger Räumung eines gemieteten Geschäftslokals erleidet. — Stillschweigender Verzicht auf Schadensersatz durch Fortbenutzung der Wohnung ohne Geltendmachung der dem Mieter bekannten Mängel.

[3] So, wenn der Mieter die in seiner Obhut befindlichen Räume nicht gehörig beaufsichtigt. Rechtspr. der O.L.G. III S. 27. Hierher gehört auch z. B. der Fall, wenn der Mieter sich dergestalt mißliebig gemacht hat, daß von einer erregten Volksmenge ihm die Fenster eingeworfen oder sonstige Beschädigungen an seiner Wohnung verursacht worden sind.

[4] Der Anspruch des Mieters bleibt aber ungeachtet seiner Kenntnis vom Mangel

vermieteten Räume vorhandener Mangel infolge grober Fahrlässigkeit[1] unbekannt geblieben, so kann er jene Rechte nur geltend machen, wenn der Vermieter entweder die Abwesenheit des Mangels zugesichert oder den Mangel arglistig verschwiegen hat (539 S. 2).[2] Wenn der Mieter die gemieteten Räume in Kenntnis ihrer Mangelhaftigkeit übernimmt, so verliert er die erwähnten Rechte, wenn er sie sich nicht bei der Übernahme vorbehält (539 S. 2). Die Beweislast anlangend hat in diesen Fällen der Vermieter die Kenntnis oder das Kennenmüssen auf seiten des Mieters, der letztere die Zusicherung oder die Arglist des Vermieters oder den gestellten Vorbehalt darzuthun.

Über den Verlust des Rechts des Mieters auf Befreiung vom Mietzins oder auf Minderung desselben infolge der Nichtanzeige eines Mangels der gemieteten Räume (545 Abs. 2) s. unten § 19.

Eine Vereinbarung, durch welche die Verpflichtung des Vermieters zur Vertretung von Mängeln der vermieteten Sache erlassen oder beschränkt wird, ist an sich zulässig; sie ist aber nichtig, wenn der Vermieter dabei den Mangel kennt und arglistig verschweigt (540).

Die vorerwähnten, im Falle eines Mangels der gemieteten Räume geltenden Vorschriften finden entsprechende Anwendung bei einem Mangel im Rechte des Vermieters, wenn also durch Ausübung des Rechts eines Dritten[3] dem Mieter der vertragsmäßige Gebrauch der gemieteten Räume ganz oder teilweise entzogen wird (541).[4] Nur gehen hier

---

bestehen, wenn der Vermieter dem Mieter dessen Beseitigung zugesichert hatte. Planck, Erl. zu § 539. Örtmann, Anm. 2 zu § 539.

[1] Abweichend das gem. Recht und das A.L.R. sowie das sächs. Recht. Grützmann Bd. 2 S. 81 Note 1.

[2] Die Sache liegt mithin nach dem B.G.B. so, daß der Mieter den Mangel bei Kenntnis desselben gar nicht, bei grob fahrlässiger Unkenntnis nur beschränkt, nämlich nur im Falle der Arglist oder Zusicherung von seiten des Vermieters, geltend machen kann.

[3] In diesem Falle ist Streitverkündigung von dem Mieter an den Vermieter nach § 72 C.P.O. zulässig, nicht aber Beiladung, wie nach C. c. art. 1721.

[4] Die „entsprechende Anwendung" der für die Gewährleistung wegen Mängel der Sache geltenden Vorschriften ergiebt, daß, wenn das Recht des Dritten schon beim Abschluß des Vertrags bestand, der Vermieter auch ohne sein Verschulden schadensersatzpflichtig wird, daß er dagegen, wenn das Recht des Dritten erst nach Abschluß des Vertrags in Kraft tritt und ihn kein Verschulden trifft, nur des Rechts auf den Mietzins verlustig geht. Mot. II S. 378. Z. B. A. vermietet ein Haus, welches ihm nicht gehört, an B. Der Eigentümer C. zwingt den B. zum Auszug. Hier kann B. von A. nicht nur Befreiung vom Mietgeld für die Zeit vom Auszug ab, sondern auch, da der Mangel im Rechte des Vermieters bereits beim Vertragsabschlusse bestand, statt dessen Schadensersatz wegen Nichterfüllung, also z. B. die Mehrkosten infolge der beim Mangel einer gleich billigen Wohnung notwendig gewordenen Miete einer kostspieligeren Wohnung, verlangen, vorausgesetzt, daß er nicht den Mangel im Rechte des Vermieters beim Vertragsabschlusse kannte.

dem Mieter seine Ansprüche (s. oben Z. 1—4) bloß dann verloren, wenn er das Recht des Dritten beim Vertragsabschluß kennt, nicht auch dann, wenn er dasselbe infolge grober Fährlässigkeit nicht kennt (541, 539 S. 1).

Die für den Fall des Mangels im Rechte des Mieters bestehenden, soeben erwähnten Vorschriften gelten auch dann, wenn das zeitlich beschränkte Recht des Vermieters (Nießbrauch, Mietrecht) während der Mietzeit erlischt und der nunmehr Berechtigte dem Mieter den Gebrauch der Sache entzieht.[1]

§ 16. Kündigungsrecht des Mieters bei Nichtgewährung des vertragsmäßigen Gebrauchs.[2]

§ 542. Wird dem Mieter der vertragsmäßige Gebrauch der gemieteten Sache ganz oder zum Teil nicht rechtzeitig gewährt oder wieder entzogen, so kann der Mieter ohne Einhaltung einer Kündigungsfrist das Mietverhältnis kündigen. Die Kündigung ist erst zulässig, wenn der Vermieter eine ihm vom Mieter gesetzte angemessene Frist hat verstreichen lassen, ohne Abhilfe zu schaffen. Der Bestimmung einer Frist bedarf es nicht, wenn die Erfüllung des Vertrags infolge des die Kündigung rechtfertigenden Umstandes für den Mieter kein Interesse hat.

Wegen einer unerheblichen Hinderung oder Vorenthaltung des Gebrauchs ist die Kündigung nur zulässig, wenn sie durch ein besonderes Interesse des Mieters gerechtfertigt wird.

Bestreitet der Vermieter die Zulässigkeit der erfolgten Kündigung, weil er den Gebrauch der Sache rechtzeitig gewährt oder vor dem Ablauf der Frist die Abhilfe bewirkt habe, so trifft ihn die Beweislast.

---

[1] Hat also z. B. der Ehemann kraft seines ehemännlichen Verwaltungs- und Nutznießungsrechts eine Wohnung im Hause seiner Ehefrau an einen Dritten auf zwei Jahre vermietet, das genannte Recht des Ehemannes geht aber aus irgend einem Grunde schon nach einem Jahre zu Ende, so wird der Vermieter dem Mieter, der von dem beschränkten Recht des ersteren nichts wußte, entschädigungspflichtig. Hat dagegen der Nießbraucher nur als solcher und unter Bezugnahme auf sein beschränktes Recht vermietet, so kann sein Mieter nur von der Zeit ab, wo ihm der Gebrauch durch den Dritten (Eigentümer) entzogen wird, Befreiung von der Zahlung des Mietgeldes verlangen. Vgl. R.G. Bd. 41 S. 147. Nur wird in dem Falle, wenn der Nießbraucher über die Dauer seines Rechts hinaus vermietet und noch während des Mietverhältnisses der Eigentümer an seine Stelle tritt, die Benachteiligung des Mieters und damit der Umfang des ihm an den Vermieter zustehenden Anspruchs dadurch gemindert, daß der Eigentümer zunächst in die Rechte und Pflichten des Vermieters eintritt und nur das Mietverhältnis unter Einhaltung der gesetzlichen Frist kündigen kann (1056, 1423).

[2] Mit nachstehenden Vorschriften stimmen im wesentlichen auch die seitherigen Rechte überein; nur stellen dieselben keine allgemeine grundsätzliche Vorschrift auf, sondern geben das Kündigungsrecht nur in einzelnen bestimmten Fällen (Mängel oder Untergang der Sache, Unterlassung notwendiger Ausbesserungen, Hinderung des Gebrauchs durch den Vermieter oder auch durch Dritte, lang andauernde Reparatur) l. 24 54 l. 60 pr. D. loc. 19, 2 A.L.R. I 21 § 273, 383. S. G.B. § 1213, 1221 C. c. art. 1722, 1724, 1741.

§ 543. Auf das dem Mieter nach § 542 zustehende Kündigungsrecht finden die Vorschriften der §§ 539—541 sowie die für die Wandelung beim Kaufe geltenden Vorschriften der §§ 469—471 entsprechende Anwendung.

Ist der Mietzins für eine spätere Zeit im voraus entrichtet, so hat ihn der Vermieter nach Maßgabe des § 347 oder, wenn die Kündigung wegen eines Umstandes erfolgt, den er nicht zu vertreten hat, nach den Vorschriften über die Herausgabe einer ungerechtfertigten Bereicherung zurückzuerstatten.

§ 544. Ist eine Wohnung oder ein anderer zum Aufenthalt von Menschen bestimmter Raum so beschaffen, daß die Benutzung mit einer erheblichen Gefährdung der Gesundheit verbunden ist, so kann der Mieter das Mietverhältnis ohne Einhaltung einer Kündigungsfrist kündigen, auch wenn er die gefahrbringende Beschaffenheit bei dem Abschluß des Vertrags gekannt oder auf die Geltendmachung der ihm wegen dieser Beschaffenheit zustehenden Rechte verzichtet hat.

Bei Nichtgewährung des vertragsmäßigen Gebrauchs hat der Mieter ferner das Recht, ohne Einhaltung einer Kündigungsfrist das Mietverhältnis zu kündigen (542).[1]

Im einzelnen unterliegt dieses Recht folgenden Voraussetzungen:

a) daß dem Mieter der vertragsmäßige Gebrauch der gemieteten Räume ganz oder zum Teil nicht rechtzeitig gewährt oder wieder entzogen wird (542 Abs. 1 S. 1), mag nun die Nichtgewährung oder Entziehung auf Mängeln der Räume (Feuchtigkeit, Ungeziefer), insbesondere auf dem Mangel zugesicherter Eigenschaften oder auf Rechten Dritter oder auf Störungen von seiten Dritter, insbesondere auch anderer Mieter, oder auf rein zufälligen Umständen (Veränderungen im Zustande der Mieträume) beruhen.[2]

b) daß der Mieter dem Vermieter eine angemessene Frist zur Abhilfe gesetzt hat und der Vermieter die Frist hat verstreichen lassen (542 Abs. 1 S. 2). Dieser Fristbestimmung bedarf es jedoch dann nicht, wenn der Mieter infolge des die Kündigung rechtfertigenden Umstandes an der Erfüllung des Mietvertrags kein Interesse hat (542 Abs. 1 S. 3),[3]

---

[1] Die allgemeinen Grundsätze über den Rücktritt von einem gegenseitigen Vertrage wegen der von dem anderen Teile verschuldeten Unmöglichkeit der Leistung oder wegen Erfüllungsverzugs des anderen Teils (325, 326) sind hier insofern erweitert, als die Kündigung auch dann zulässig ist, wenn die dem Vermieter obliegende Gewährung des Gebrauches infolge eines von ihm nicht zu vertretenden Umstandes unmöglich wird und als der Mieter bei teilweiser Nichtgewährung des Gebrauchs nicht nachzuweisen braucht, daß die teilweise Erfüllung kein Interesse für ihn habe. — — Über die Ausübung der Kündigung und über den Zeitpunkt, mit welchem sie wirksam wird, (130—132) s. unten § 34.

[2] Planck § 542 Anm. 1. Verschulden des Vermieters ist, wie bereits erwähnt, nicht erforderlich. Vgl. auch Bolze Bd. 21 Nr. 428, Bd. 16 Nr. 369.

[3] Vgl. § 326 Abs. 2. Dieser Fall wird namentlich bei einem sog. Fixgeschäfte (361) eintreten, bei welchem die rechtzeitige Erfüllung seiten des Vermieters wesentliche

c) auch findet regelmäßig die Kündigung nicht statt, wenn die Hinderung oder Vorenthaltung des Gebrauchs nach Zeit oder Beschaffenheit eine unerhebliche ist. In diesem Falle ist die Kündigung nur zulässig, wenn sie durch ein besonderes Interesse des Mieters gerechtfertigt wird (542 Abs. 2).[1] Im übrigen verbleiben auch bei Unerheblichkeit der Vorenthaltung oder Störung dem Mieter, dem der vertragsmäßige Gebrauch nicht vollständig gewährt wird, seine Ansprüche auf Befreiung vom Mietzins oder auf Minderung desselben, sowie auf Schadensersatz (s. oben § 15 Z. 2 u. 3 S. 45, 46).

Die Beweislast anlangend hat in diesen Fällen der Mieter (außer der Kündigung) die den Gebrauch hindernde Thatsache, die erfolgte Fristbestimmung, oder an Stelle der letzteren, das Nichtvorhandensein seines Interesses an der Erfüllung zu beweisen. Bestreitet der Vermieter die Zulässigkeit der erfolgten Kündigung, weil er den Gebrauch der Mieträume rechtzeitig gewährt oder vor dem Ablauf der Frist Abhilfe bewirkt habe, oder weil die Vorenthaltung des Gebrauchs eine unerhebliche sei, so trifft ihn in dieser Beziehung die Beweislast (542 Abs. 3).

Ausgeschlossen wird das Kündigungsrecht:

a) in allen Fällen dann, wenn durch eigenes Verschulden des Mieters oder durch einen an ihm liegenden Umstand der Gebrauch nicht gewährt wird (325),

b) in den Fällen, wo die Nichtgewährung auf einem Mangel der Sache oder auf einem Mangel im Rechte beruht,

aa) durch Kenntnis des Mieters von dem Mangel[2] — mit der im

---

Voraussetzung und Bedingung des Vertrags ist. Z. B. ein Kaufmann mietet von einem Hauseigentümer einen Laden, für welchen er nach seiner beim Vertragsabschluß zum Ausdruck gebrachten Absicht einen Weihnachtsverkauf veranstalten will, für die Zeit vom 10. bis 31. Dezember. Am 20. Dezember ist ihm der Laden, dessen Instandsetzung sich ohne Verschulden des Vermieters verzögerte, noch nicht übergeben. Der Mieter wird hier sofort und ohne Fristbestimmung kündigen können, da er infolge der Nichtgewährung des Gebrauchs ein erfolgreiches Weihnachtsgeschäft nicht mehr machen kann.

[1] Ein Arzt mietet in einem Hause eine Wohnung zur Unterbringung von Nervenkranken, indem er möglichst ruhige Lage ausdrücklich betont. Nachträglich stellt sich heraus, daß eine benachbarte Fabrik einen Lärm erzeugt, der für gesunde Bewohner des Hauses noch erträglich, für nervenkranke aber schädlich ist. Das besondere Interesse des Arztes an Erlangung einer ruhigen Wohnung berechtigt ihn zur Kündigung, obwohl unter gewöhnlichen Verhältnissen die Störung als eine erhebliche nicht angesehen werden würde. —

[2] Nur muß die Kenntnis sich auf den Mangel in dem Umfang beziehen, in welchem er den Gebrauch unmöglich macht. Es schadet also dem Mieter nicht, wenn er bei Abschluß des Mietvertrags den schlechten baulichen Zustand seiner Mieträume

§ 544 erwähnten Ausnahme (Gesundheitsgefährlichkeit der Wohnung) — und (bei einem Mangel der Sache) auch durch grob fahrlässige Unkenntnis mit der oben § 15 bemerkten Ausnahme (Arglist des Vermieters oder besondere Zusicherung von seiten desselben) (543, 539),

bb) durch Übernahme der Mieträume mit Kenntnis von deren Mangel, sofern sich nicht der Mieter bei der Übernahme die Geltendmachung des Mangels vorbehalten hat (543, 539, 464),

cc) durch vertragsmäßige Ausschließung oder Beschränkung der Verpflichtung des Vermieters zur Vertretung von Mängeln, sofern nicht derselbe den Mangel arglistig verschweigt (543, 540),

dd) endlich verliert der Vermieter durch Verletzung der ihm obliegenden Anzeigepflicht das Recht, in dem Falle, wenn er an der Erfüllung kein Interesse mehr hat, ohne Bestimmung einer Frist zu kündigen (545 Abs. 2).[1]

Ist von mehreren gleichzeitig vermieteten Räumen, von denen jeder selbständig für sich gebraucht werden kann,[2] nur Einer mangelhaft, so findet nur in Bezug auf diesen die Kündigung statt, auch wenn für die mehreren Räume ein Gesamtmietzins festgesetzt ist. Findet die Kündigung nur bezüglich Einer von mehreren für Einen ungetrennten Preis vermieteten Lokalitäten statt, so ist der Gesamtmietpreis in dem Verhältnis herabzusetzen, in welchem zur Zeit des Vertragsabschlusses der Gesamtmietwert aller Räume in mangelfreiem Zustande zu dem Mietwert der von der Kündigung nicht betroffenen Räume gestanden haben würde (543, 471).[3]

Sind jedoch die Räume als zusammengehörend vermietet worden, so kann die Kündigung auf alle erstreckt werden, sobald auch nur Ein Teil (Mieter oder Vermieter) dies verlangt und der mangelhafte Raum nicht ohne Nachteil für ihn von den übrigen getrennt werden kann (543, 569).[4]

kannte, diese Baufälligkeit aber erst nachträglich so zugenommen hat, das danach das weitere Bewohnen der Räume unmöglich geworden ist.

[1] S. oben unter a) und nachstehend § 19.

[2] Also z. B. eine Familienwohnung und ein Laden oder ein Laden in der Stadt und ein Güterschuppen außerhalb derselben.

[3] Es wird z. B. eine Wohnung und ein Laden für den vereinbarten Preis von zusammen 1000 Mk. vermietet und das Vertragsverhältnis wegen Unbrauchbarkeit des Ladens, in Bezug auf diesen allein, gekündigt. Der (nötigenfalls durch Sachverständige zu ermittelnde) angemessene Mietpreis von Wohnung und Laden beträgt jährlich 800 Mk., der angemessene Mietpreis der Wohnung allein 400 Mk. Hier ist nach der Verhältnisrechnung $800:400 = 1000:x$ der Mietpreis für die Wohnung, welche dem Mieter verbleibt, auf 500 Mk. herabzusetzen. Im ganzen werden derartige Fälle wenig vorkommen.

[4] Es wird z. B. ein Laden oder Geschäftslokal und zugleich eine in demselben

Ist der Mietzins für eine spätere Zeit im voraus entrichtet, so hat ihn der Vermieter im Falle der Kündigung von dem Zeitpunkt ab, wo dieselbe wirksam geworden ist, zurückzuerstatten; ist die Kündigung wegen eines Umstandes erfolgt, den er nicht zu vertreten hat, so beschränkt sich die Rückerstattung auf den Betrag, um den er zur Zeit der Rückforderung noch bereichert ist (543 Abs. 2, 818, 819).[1]

Die Ausübung des Kündigungsrechts hindert den Mieter nicht, für die Zeit bis zur Beendigung des Mietverhältnisses die Befreiung von der Zahlung des Mietzinses in Anspruch zu nehmen (537) oder Schadensersatz wegen Nichterfüllung zu verlangen (538), insoweit die gesetzlichen Voraussetzungen für diese Ansprüche vorliegen.[2]

Auch eine mit dem Gebrauch der gemieteten Räume verbundene Gefahr kann einen Kündigungsgrund für den Mieter abgeben.[3] In dieser Beziehung ist aber zu Gunsten des Mieters noch die weitergehende Bestimmung getroffen, daß er, wenn eine Wohnung oder ein anderer zum Aufenthalt von Menschen bestimmter Raum (Werkstätte, Fabriklokal, Laden, Comptoir) so beschaffen ist, daß die Benutzung mit einer erheblichen Gefährdung der Gesundheit verbunden ist, ohne Einhaltung einer Kündigungsfrist für sofort kündigen kann, auch wenn er die gefahrbringende Beschaffenheit bei dem Abschluß des Vertrages gekannt oder auf die Geltendmachung der ihm wegen dieser Beschaffenheit zustehenden Rechte verzichtet hat (544).[4]

Die sonstigen Rechte des Mieters (auf Befreiung vom Mietzins, Schadensersatz rc.) bestimmen sich auch in diesem Falle nach den oben § 15 Z. 2 aufgestellten allgemeinen Vorschriften, werden also durch einen etwaigen Verzicht berührt. Immerhin muß, um die sofortige Kündigung zu rechtfertigen, der Mangel nachhaltig auf die Beschaffenheit der Wohnung einwirken, mithin von einer gewissen Dauer sein, darf also z. B. nicht bloß auf dem unfertigen, in verhältnismäßig kurzer Zeit zu hebenden Zustand einer bei Beginn des Mietverhältnisses noch nicht vollständig hergestellten Wohnung beruhen; in diesem Falle greift nur § 542 Platz. Urt. des R.G. v. 10. Dezember 1901, III. 395/1901.

Stockwerk befindliche, von jeher für den Inhaber des Ladens bestimmte und nur für ihn passende Wohnung vermietet. Hier kann die wegen Unbrauchbarkeit des Ladens vom Mieter ausgesprochene Kündigung vom Mieter sowohl als vom Vermieter auch auf die Wohnung erstreckt werden.

[1] Mit Zinsen § 347 S. 3. — Vgl. über die Rückerstattung gezahlten Mietzinses wegen Unbrauchbarkeit der gemieteten Sache auch R.G. Bd. 20 S. 285.

[2] S. Planck § 543 Anm. 3.

[3] Vgl. S.G.B. § 1221 a. E.

[4] Von der II. Kommission eingeschaltet. Protok. S. 2052.

Auch ist die Anwendung des § 544 dann ausgeschlossen, wenn die gesundheitsschädliche Eigenschaft nur einzelnen Räumen anhaftet und diese im Verhältnis zur ganzen Wohnung von so geringer Bedeutung sind, daß ihre Unbenutzbarkeit sich nur als eine unerhebliche Beschränkung in dem vertragsmäßigen Gebrauche darstellt. Rechtspr. der O.L.G. II. S. 380, Niendorff S. 90.

Nicht minder ist § 544 unanwendbar, wenn die Räume durch das eigene Verschulden des Mieters (Unterlassen gehöriger Lüftung, Nichtverschluß der Fenster, Unreinlichkeit) in einen gesundheitsgefährlichen Zustand geraten sind. Denn der erwähnte Paragraph, der in die von der Gewährleistungspflicht des Vermieters handelnden Vorschriften eingereiht ist, trifft nur den Fall, wenn die Mieträume von diesem nicht in ordnungsmäßigem Zustande eingeräumt oder erhalten und infolgedessen so beschaffen sind, daß ihre Benutzung mit einer erheblichen Gefährdung der Gesundheit verbunden ist; dagegen trifft der Paragraph nicht den Fall, wenn der Mieter durch schuldhaftes Verhalten die gesundheitsgefährliche Beschaffenheit herbeigeführt hat. Die Vorschrift weicht nur insofern zu seinen Gunsten von der Regel des § 542 ab, als sie ihm auch bei Verzicht und Kenntnis des Mangels das Recht zur alsbaldigen Aufhebung des Vertragsverhältnisses giebt; keinenfalls aber verleiht sie ihm im Widerspruch mit allen Rechtsgrundsätzen ein gleiches Recht als Privileg für schuldhafte Behandlung der Mieträume. Urt. des R.G. v. 18. April 1902. Rep. III 3/02. A. M.: Siber, in der Bespr. v. Mittelstein, Mietr. Sächs. Arch. Bd. 12 S. 251.

§ 17. 2. Tragung der auf dem vermieteten Grundstück ruhenden Lasten.

§ 546. Die auf der vermieteten Sache ruhenden Lasten hat der Vermieter zu tragen.

Der Vermieter hat ferner die auf dem Grundbesitz als solchem ruhenden öffentlichen und privatrechtlichen Abgaben und Lasten zu tragen (546),[1] sofern dieselben nicht vom Mieter infolge besonderer Vereinbarung im Mietvertrag übernommen sind.[2] — Die Ein-

[1] Diese aus der Natur der Sache sich ergebende Verpflichtung des Vermieters lag ihm schon seither nach gem. Recht, vgl. l. un. § 3 D. de via publ. 43, 10 l. 32 § 6 D. de adm. tut. 26, 7, nach A.L.R. I 21, § 288 und nach dem S.B.G.B. § 1202, ob, trifft ihn aber selbstverständlich nur insoweit, als er Hauseigentümer ist, also z. B. nicht einen Mieter, der einen Teil der gemieteten Räume weiter an einen Aftermieter vermietet. Zu derartigen Abgaben und Lasten gehören Grund- und Gebäudesteuern, Wasserzins, Kanalisationsabgaben; dagegen nicht rein persönliche Abgaben, die auf Grund des öffentlichen Rechts von den einzelnen Gemeindeangehörigen (z. B. infolge Gewerbebetriebes) an Staat oder Gemeinde zu entrichten sind.

[2] Eine derartige Vereinbarung ist nicht ausgeschlossen; in Ermangelung einer

quartierungslast (Gewährung von Quartier und der erforderten Naturalverpflegung) im **Frieden** trifft den Vermieter allein nur, soweit dieselbe bei der örtlichen Unterverteilung innerhalb der betreffenden Gemeinde auf die Häuser gelegt oder dem Hauseigentümer als solchem auferlegt ist.[1] Durch den Mietvertrag kann auch in diesem Falle der

---

solchen wird der Vermieter den Mieter zu derartigen Grundabgaben oder Lasten nicht mit heranziehen können.

[1] Es ist zu unterscheiden zwischen Einquartierung im **Frieden** und Einquartierung im **Krieg**.

a) Die erstere ist durch die Gesetzgebung des Norddeutschen Bundes und des Deutschen Reiches in folgender Weise geregelt worden. Das Bundes-Gesetz v. 25. Juni 1868, betreffend die Quartierleistung für die bewaffnete Macht während des Friedenszustandes, welches jetzt im ganzen Deutschen Reiche gilt und noch gegenwärtig die Grundlage für diese Art der Einquartierung bildet, bezeichnet in § 1 „die Fürsorge für die räumliche Unterbringung der bewaffneten Macht während des Friedenszustandes als eine Last des Bundes (jetzt des Reiches), deren Naturalleistung nur gegen Entschädigung gefordert werden kann.“ Nach § 4 ist der Bund berechtigt, „gegen Gewährung entsprechender Entschädigung die Beschaffung der Quartierleistungen zu verlangen und dazu alle benutzbaren Baulichkeiten in Anspruch zu nehmen, soweit dadurch der Quartiergeber in der Benutzung der für seine Wohnungs-, Wirtschafts- und Gewerbebedürfnisse unentbehrlichen Räumlichkeiten nicht behindert wird.“ Allein das Reich tritt zu den einzelnen Quartierträgern in keine unmittelbare Beziehung. Denn in § 5 heißt es weiter: „Die örtliche Verteilung der Quartierleistung erfolgt auf die Gemeinde- resp. selbständigen Gutsbezirke im ganzen. Die weitere Unterverteilung geschieht durch die Gemeindevorstände resp. die Besitzer der selbständigen Gutsbezirke, welche für die gehörige Erfüllung der Quartierleistungen zu sorgen haben.“ Über die Art dieser Unterverteilung sagt dann § 7 Abs. 3: „Die Grundsätze, nach welchen die Verteilung der Quartierleistungen in jedem Gemeindebezirke erfolgen soll, werden durch Gemeindebeschluß oder durch ein Ortsstatut bestimmt, für deren Erlaß die für die Einführung von Gemeindesteuern vorgeschriebenen Formen maßgebend sind und bis zu deren Zustandekommen die bisher für die betreffende Gemeinde geltenden Vorschriften über die Verteilnng der Gemeindeleistungen in Kraft bleiben. Nach § 9 der zu dem erwähnten Gesetz erlassenen Instruktion vom 31. Dezember 1868 (Bundesgesetzblatt von 1869 S. 5) soll die Aufstellung derartiger Ortsstatute oder Gemeindebeschlüsse in jedem Gemeindebezirke erfolgen. — Dies die maßgebenden Vorschriften der Bundes- und Reichsgesetzgebung über die Verteilung der **Quartierleistung**. In gleicher Weise ist die eng damit zusammenhängende **Naturalverpflegung** (Beköstigung) durch das Gesetz vom 13. Februar 1875 über die Naturalleistungen für die bewaffnete Macht im Frieden R.G.Bl. 1875 S. 52 flg. §§ 4 und 7 geregelt. An den vorstehend aufgeführten Grundsätzen ist auch durch die in Bezug auf die Quartier- und Naturalleistung für die bewaffnete Macht im Frieden neuerdings ergangenen Gesetze (insbesondere vom 21. Juni 1887, R.G Bl. S. 245 flg., und vom 24. Mai 1898, R.G.Bl. S. 357 flg.) nichts geändert worden

Durch die hiernach für die Unterverteilung maßgebenden Ortsstatute und Gemeindebeschlüsse kann die erwähnte Last — sofern sie nicht von den Gemeinden auf eigene Rechnuug übernommen und der dadurch erwachsende Geldaufwand auf die Pflichtigen umlegt wird — auf **sämtliche Inhaber bequartierungsfähiger Räume** verteilt werden. Alsdann liegt sie, als eine öffentlich rechtliche Last, den

Mieter (wenigstens im Verhältnis zum Vermieter) zur Mittragung der erwähnten Last herangezogen werden. Die Einquartierung im Kriege

---

Mietern solcher Räume so gut wie den Hausbesitzern rücksichtlich der von diesen letzteren bewohnten Räumen ob.

Es können aber auch die Gemeinden die Eigentümer oder alle sonstigen Inhaber (Nießbraucher 2c.) von Gebäuden oder Gebäudeteilen als die verpflichteten Subjekte hinstellen. Verhandl. des Reichst. von 1868 Bd. I S. 275, 276, 280. Verfügung des K. Pr. Ministers des Innern vom 4. Februar 1876 (Min.-Bl. für die innere Verwalt. 1876 S. 55). Alsdann sind die Mieter zur Mittragung dieser Last nur im Falle besonderer vertragsmäßiger Vereinbarung verpflichtet und zwar zunächst nur dem Vermieter, nicht der Gemeinde gegenüber. (So auch Wengler S. 75, Fuld S. 83.) In der letzterwähnten Weise war die fragliche Last z. B. im Königreich Sachsen durch die Verordnung vom 30. November 1867 (Gesetzsamml. 1867 S. 519 flg.) § 13 verteilt: „Wenn Leistungen der Kommunen für das Militär in Anspruch genommen werden, so ruht, insofern dieselben unmittelbar in natura geschehen, die Verpflichtung zur Mitleidenheit auf dem Grundbesitze." Und in Übereinstimmung hiermit bestimmt das Einquartierungs-Regulativ für die Stadt Leipzig vom 10. Juni 1895 in § 3: „Was Einquartierungen anbelangt, welche bei Gelegenheit der Remontekäufe, der Rekrutierung, der Beziehung von Kantonnements, der mit Rücksicht auf Manöver angeordneten Zusammenziehung von Truppen sowie der Einziehung von Reservisten und Wehrleuten zu Übungen stattfinden, so verbleibt es, insofern nicht die Unterbringung der Truppen und Pferde in öffentlichen Gebäuden bewerkstelligt werden kann, bei der den Grundbesitzern obliegenden Verpflichtung, Quartier zu gewähren" (für deren Erfüllung aus Gemeindemitteln ein Zuschlag zu der vom Staat gewährten Entschädigung gegeben wird).

b) Für die Einquartierung im Kriege ist gegenwärtig, insoweit es sich um die Gewährung von Naturalquartier und Naturalverpflegung an die Truppen des deutschen Reiches und seiner etwaigen Verbündeten handelt, das Reichsgesetz über die Kriegsleistungen vom 13. Juni 1873 maßgebend, welches in § 3 zu den Leistungen für Kriegszwecke, insbesondere zu Gewährung von Naturalquartier und Naturalverpflegung zunächst die Gemeinden verpflichtet und in § 6 (R.G.Bl. 1873 S. 130) weiter bestimmt: „Die Gemeinden sind berechtigt, behufs Erfüllung der geforderten Leistungen die zur Teilnahme an den Gemeindelasten Verpflichteten, sowie die sonst in der Gemeinde sich aufhaltenden oder Eigentum in derselben besitzenden Angehörigen des Reichs zu Naturalleistungen und Diensten aller Art heranzuziehen, insbesondere auch die in den Gemeindebezirken gelegenen Grundstücke und Gebäude, mit Ausnahme der landesherrlichen Schlösser und der unmittelbar zu Staatszwecken dienenden Gebäude oder Gebäudeteile, zu benutzen und sich nötigenfalls zwangsweise in deren Besitz zu setzen." — Hiernach stellt sich die erwähnte Last als eine öffentliche Last dar, die regelmäßig nicht bloß die Hauseigentümer, sondern alle reichsangehörigen Bewohner eines Ortes trifft, für deren Mittragung also ein Mieter eine Entschädigung nur von der Gemeinde, nicht aber vom Vermieter verlangen kann.

Dagegen wird dann, wenn feindliches Militär sich in willkürlicher Weise einquartiert (auf welchen Fall sich das Reichsgesetz über die Kriegsleistungen nicht bezieht), das Rechtsverhältnis zwischen Vermieter und Mieter nach den oben §§ 15 und 16 aufgestellten Grundsätzen über die Nichtgewährung des Gebrauchs zu beurteilen sein.

Vgl. zu obigem auch Brückner, Die Wohnungsmiete, 1877. S. 27 flg. Fuld,

ist regelmäßig eine die Gemeinde- und Reichsangehörigen betreffende persönliche, öffentlich rechtliche Last, welche daher regelmäßig auch vom Mieter mitzutragen ist.

§ 18. 3. Ersatz von Verwendungen des Mieters und Wegnahmerecht desselben.[1]

§ 547. Der Vermieter ist verpflichtet, dem Mieter die auf die Sache gemachten notwendigen Verwendungen zu ersetzen. . . .

Die Verpflichtung des Vermieters zum Ersatze sonstiger Verwendungen bestimmt sich nach den Vorschriften über die Geschäftsführung ohne Auftrag. Der Mieter ist berechtigt, eine Einrichtung, mit der er die Sache versehen hat, wegzunehmen.

Der Vermieter hat dem Mieter

1. die von demselben auf die Mieträume gemachten notwendigen, d. h. die zu deren Erhaltung erforderlichen Verwendungen zu ersetzen (547 Abs. 1).[2] Diesen stehen diejenigen Aufwendungen gleich, welche der Mieter zur Beseitigung der vom Vermieter zu vertretenden Mängel oder zur Herstellung zugesicherter Eigenschaften der Mieträume im Falle des Verzugs des Vermieters gemacht hat (538 Abs. 2).

2. Die sonstigen, namentlich die nützlichen Verwendungen des Mieters sind vom Vermieter nach den Vorschriften über die Geschäftsführung ohne Auftrag zu ersetzen (547 Abs. 2), also insbesondere[3]

a) wenn die Verwendung seinem Interesse entsprach[4] und zur

S. 83. Riendorff S. 108. Örtmann, Erl. 1 zu § 546. Abweichend Mittelstein S. 128 Anm. 2, welcher — m. E. ohne genügenden Grund — die oben unter a) und b) erwähnten Fälle dem Fall der Einquartierung feindlichen Militärs prinzipiell gleichstellt.

[1] Abweichend:

a) Die Vorschrift des A.L.R. I 21 § 287, wonach die Vergütung auch von notwendigen Verwendungen nur nach den Grundsätzen über die Geschäftsführung ohne Auftrag stattfand und des § 280, wonach, wie beim Nießbrauch, die Vergütung von bloßen Verbesserungen regelmäßig nur dann eintrat, wenn dieselben mit ausdrücklicher schriftlicher Genehmigung des Eigentümers gemacht worden waren. Mot. II S. 393.

b) Die Vorschriften des S. G.B. § 1201, wonach auch die notwendigen Verwendungen nur nach den Grundsätzen über die Geschäftsführung ohne Auftrag, die nützlichen aber nur insoweit zu erstatten waren, als die Sache sich bei Beendigung des Mietvertrags als dauernd verbessert herausstellte und wonach ferner der Vermieter die Wegnahme der bei Beendigung des Vertrags noch vorhandenen Verwendungen dadurch abwenden konnte, daß er dem Mieter den Wert ersetzte, welchen sie im Fall der Wegnahme gehabt haben würden. Mot. a. a. O.

[2] Z. B. für Wiederherstellung der vom Hagel zerschlagenen Fenster, der vom Wind abgerissenen Dachbedeckung oder des vom Schnee eingedrückten Gartenspaliers.

[3] Vgl. hierzu Planck § 450 Anm. 2.

[4] So, wenn die betreffende Ausgabe nach dem Mietvertrag oder nach gesetzlicher Vorschrift vom Vermieter zu übernehmen war. Vgl. §§ 538, 547.

rechtzeitigen Erfüllung einer im öffentlichen Interesse ihm obliegenden Pflicht erforderlich war (683, 679),[1] oder

b) wenn sie seinem Interesse und seinem wirklichen oder mutmaßlichen Willen entsprach (683), oder

c) wenn sie von ihm genehmigt ist (684 S. 2).

Beim Vorhandensein dieser Voraussetzungen steht ihm der Ersatzanspruch alsbald nach Vornahme der Aufwendung, nicht erst bei Beendigung des Vertragsverhältnisses zu.

Abgesehen von diesen Fällen haftet der Vermieter dem Mieter aus Verwendungen des letzteren nur dann und insoweit, als er dadurch ungerechtfertigt bereichert ist (684 S. 1).[2]

Kein Ersatz ist zu leisten, wenn der Mieter bei der Verwendung nicht die Absicht hatte, Ersatz zu verlangen (685 Abs. 1).

Ebensowenig dann, wenn der Mieter nach dem Vertrage verpflichtet ist, die notwendige oder nützliche Verwendung aus eigenen Mitteln vorzunehmen.[3]

3. Außerdem hat der Mieter das Recht, eine Einrichtung, mit der er die Sache versehen hat, wieder wegzunehmen (547 Abs. 2 S. 2), wobei er jedoch den Mietraum auf seine Kosten in den vorigen Stand zu setzen und, wenn der Vermieter bereits die Verfügung darüber wieder erlangte, demselben für den durch die Wegnahme entstehenden Schaden Sicherheit zu leisten hat (258).[4] Dieses Recht kann der Mieter

---

[1] Z. B. Bezahlung der an Staat oder Gemeinde zu entrichtenden Grundabgaben.

[2] Der Mieter hat z. B. zu seinem Vergnügen in dem ermieteten Hausgarten einen Pavillon im Kostenaufwande von 500 Mk. errichtet, durch welchen der Wert des Gartens um 300 Mk. erhöht ist. Der Vermieter, welcher an sich mit der von dem Mieter beabsichtigten Zurücklassung dieser Einrichtung einverstanden ist, hat alsdann den Betrag der Werterhöhung zu ersetzen.

[3] Z. B. wenn der Mieter für die Wiederherstellung der vom Hagel eingeschlagenen Fenster, die er bewirkt hat, nach seinem Vertrage selbst sorgen muß. Vgl. auch den einheitlichen Mietvertrag der deutschen Hausbesitzervereine § 4.

[4] Hiernach kann der Mieter nicht bloß die in oder an dem Gebäude zu seiner Benutzung während der Mietzeit angebrachten Einrichtungen, welche mit Rücksicht auf diesen vorübergehenden Zweck in seinem Eigentum verbleiben und nach § 95 nicht Bestandteil des Gebäudes werden (wie z. B. einen Kronleuchter, einen transportabeln eisernen Ofen), sondern auch diejenigen Vorrichtungen, welche an sich (objektiv) als wesentliche Bestandteile des Gebäudes in das Eigentum des Vermieters übergehen würden (z. B. einen eingemauerten Kochherd), vom Grundstück wegnehmen. Mot. II S. 394 Protok. S. 1946. Dieses Wegnahmerecht, welches nach den ursprünglichen Entwürfen allein für den Mieter geordnet war, ist jetzt in gleicher Weise auch dem Entleiher, dem Nießbraucher, dem Pfandgläubiger und dem Vorerben beigelegt (601, 1049, 1216, 2125), während es bei dem, der außerhalb eines obligatorischen Rechtsverhältnisses, lediglich als Besitzer mit der Eigentumsklage in Anspruch genommen wird, in der aus § 997 Abs. 2 ersichtlichen Weise beschränkt ist. Auch in den mit-

auch dann zur Durchführung bringen, wenn der Vermieter die betreffende Einrichtung unter Ersatz der Kosten behalten will.[1]

III. Verpflichtungen des Mieters.

§ 19. 1. Einhaltung des vertragsmäßigen Gebrauchs und Beobachtung der gebotenen Sorgfalt. Folgen der Nichterfüllung dieser Verpflichtung.

§ 548. Veränderungen oder Verschlechterungen der gemieteten Sache, die durch den vertragsmäßigen Gebrauch herbeigeführt werden, hat der Mieter nicht zu vertreten.

§ 550. Macht der Mieter von der gemieteten Sache einen vertragswidrigen Gebrauch und setzt er den Gebrauch ungeachtet einer Abmahnung des Vermieters fort, so kann der Vermieter auf Unterlassung klagen.

§ 553. Der Vermieter kann ohne Einhaltung einer Kündigungsfrist das Mietverhältnis kündigen, wenn der Mieter oder derjenige, welchem der Mieter den Gebrauch der gemieteten Sache überlassen hat, ungeachtet einer Abmahnung des Vermieters einen vertragswidrigen Gebrauch der Sache fortsetzt, der die Rechte des Vermieters in erheblichem Maße verletzt, insbesondere einem Dritten den ihm unbefugt überlassenen Gebrauch beläßt oder die Sache durch Vernachlässigung der dem Mieter obliegenden Sorgfalt erheblich gefährdet.

Der Mieter hat

1. die gemieteten Räume vertragsgemäß und mit der durch deren Beschaffenheit und Zweckbestimmung[2] gebotenen Sorgfalt zu gebrauchen.[3]

---

gemieteten Hausgarten eingesetzte Blumen und Sträucher kann der Mieter, unter Wiederherstellung des früheren Zustandes, wegnehmen. Vgl. hierzu Wengler S. 91 Anm. 1. Abweichende Vertragsbestimmungen sind statthaft; doch ist die mehrfach vorkommende Bestimmung: „Einrichtungen des Mieters im Hause müssen bleiben" wenigstens nicht so zu verstehen, daß der Mieter derartige Einrichtungen dem Vermieter unentgeltlich zu überlassen hat.

[1] Denn der Vermieter kann ein Mehreres nicht verlangen, als daß er die Sache in dem Zustande zurück erhält, in welchem sich dieselbe bei der Einräumung an den Mieter befunden hat. Mot. II S. 385 Protok. S. 1946. Anders im S. B.G.B. § 1201. A. M. Mittelstein unter Bezugnahme auf § 997, der jedoch (wie erwähnt) einen anderen Fall, das Abtrennungsrecht des vom Eigentümer auf Herausgabe in Anspruch genommenen Besitzers einer Sache, betrifft.

[2] So darf eine herrschaftlich eingerichtete und als Wohnung gemietete Hausabteilung nicht als Bierlokal oder Werkstätte, ein zum Betriebe eines Posamentiergeschäfts gemieteter Laden nicht als Fleischer- oder Käseladen, eine Wohnung überhaupt nicht zu gewerbsmäßiger Ausübung der Unzucht verwendet werden. Auch darf der Mieter keine baulichen Änderungen an der Wohnung vornehmen, wodurch deren Substanz erheblich verändert wird (z. B. Einziehen einer Wand in einem großen Zimmer, um aus demselben zwei kleinere zu gewinnen), während ihm weniger eingreifende Vorrichtungen an Wänden und Fußböden (Einschlagen von Bildern und Spiegeln, Neutapezierung, Anbringen von elektrischen Klingelzügen, Linoleum-Belag 2c.), gestattet sind. Örtmann, Anm. 1 zu § 550. Mittelstein S. 134. Staudinger § 550 Anm. II 2a. Niendorff S. 146.

[3] Diese Verpflichtung ist im B.G.B. nicht, wie im gemeinen Recht l. 25 § 3

Innerhalb der hierdurch gezogenen Grenzen haftet er für Vorsatz und Fahrlässigkeit seiner eigenen Person (276) sowie seiner Untermieter (549 Abs. 2), gesetzlichen Vertreter und zur Erfüllung des Vertrags zugezogenen Dienst- oder Hilfspersonen (278, 31).[1] Dagegen hat er Veränderungen und Verschlechterungen nicht zu vertreten, die ohne ein Verschulden von seiner Seite durch den vertragsmäßigen Gebrauch herbeigeführt werden (548).[2]

Macht der Mieter von den gemieteten Räumen einen vertragswidrigen Gebrauch und setzt solchen ungeachtet einer Abmahnung des Vermieters fort, so kann der letztere

a) auf **Unterlassung** klagen (550),[3]

D loc., im A.L.R. I 21 §§ 270, 278, 279, im S.G.B. §§ 1191, 1193, 1205 und im C. c. art. 1728 Z. 1 ausdrücklich bestimmt, wohl aber als selbstverständlich vorausgesetzt, wie sich aus §§ 548, 549, 550, 553 ergiebt. Mot. II S. 401. Auf Grund dieser Verpflichtung hat der Mieter namentlich für die **Reinigung** der ihm zur alleinigen oder Mitbenutzung überlassenen Räume (Fußböden, Treppenaufgänge zu seiner Wohnung, Waschhaus nach jedesmaligem Gebrauch) sowie für die Vornahme der nach dem Vertrage ihm obliegenden **Reparaturen** zu sorgen. Unter Umständen kann sich aus dieser Verpflichtung auch die weitere ergeben, die gemieteten Räume (z. B. einen Gasthof, eine Restauration, einen Laden) nicht unbenutzt und leer stehen zu lassen, insofern dadurch das Interesse des Vermieters beeinträchtigt wird. Vgl. S. G.B. § 1205.

[1] S. oben § 12. Danach haftet der Mieter für Verschulden seiner Dienstpersonen und Gehilfen nur insoweit, als sie zur Erfüllung **der ihm obliegenden Verpflichtungen** zugezogen sind und **hierbei** die Wohnung beschädigt haben.

[2] Er hat also nicht Tapeten oder Öfen, die durch den Gebrauch abgenutzt sind, auf seine Kosten wieder herzustellen; denn für diese Abnutzung zahlt er ja den Mietzins. Obiger Satz ist insbesondere auch bei der Auslegung der in Wohnungsmietverträgen vielfach vorkommenden Bestimmung zu beachten, daß der Mieter das Quartier **in demselben Zustande**, in welchem er es überkommen, zurückzugeben habe. Wenn also ein Mieter auf Grund einer derartigen Bestimmung eine Wohnung mit durchweg neuen Tapeten übernommen hat und das Vertragsverhältnis nach einem Jahre sein Ende erreicht, so hat er im Zweifel beim Auszug die durch den gewöhnlichen Gebrauch abgenutzten Tapeten nicht erneuern, sondern nur insoweit neu tapezieren zu lassen, als die Tapeten durch seine oder der Seinigen Schuld beschmutzt oder beschädigt sind. Allerdings aber hat er, um seine Haftung für einen bei der Rückgabe vorhandenen Mangel oder Schaden auszuschließen, seinerseits den Nachweis zu führen, daß derselbe schon bei der Übergabe der Mieträume vorhanden gewesen oder durch einen nicht von ihm zu vertretenden Umstand, insbesondere auch ordnungsmäßige Abnutzung, herbeigeführt worden sei. **Cosack** I S. 478, Bemerk. zu 7 a; **Niendorff** S. 176; **Fuld** S. 101. Doch kann auch hier durch ausdrückliche Vertragsbestimmung noch eine weitergehende Verpflichtung des Mieters begründet werden.

[3] Protok. S. 1970. Voraussetzung dieses Anspruchs ist mithin:

a) Der vertragswidrige Gebrauch während der Dauer des Mietverhältnisses (vgl. § 1053), also nicht erst die Gefährdung der ordnungsmäßigen Rückgabe der Mieträume oder eine bereits eingetretene Beschädigung derselben (anders beim Anspruch auf Kündigung).

b) ohne Einhaltung einer Kündigungsfrist das Mietverhältnis kündigen, sofern der Mieter oder derjenige, welchem der Mieter den Gebrauch überlassen hat (also namentlich der Untermieter), ungeachtet einer Abmahnung des Vermieters durch seinen vertragswidrigen Gebrauch die Rechte des Vermieters in erheblichem Maße verletzt,[1] insbesondere einem Dritten den ihm überlassenen Gebrauch beläßt[2] oder die Mieträume durch Vernachlässigung pflichtmäßiger Sorgfalt erheblich gefährdet (553).[3] Endlich hat

c) der Vermieter, wenn durch ein Verschulden des Mieters, seines gesetzlichen Vertreters oder der Personen, deren er sich zur Erfüllung seiner Verbindlichkeiten bedient, die Wohnung beschädigt worden ist, einen Schadensanspruch gegen den Mieter, und zwar sowohl während der Dauer des Vertragsverhältnisses, als auch namentlich bei dessen Beendigung, sofern der Mieter die Mieträume infolge des vertrags- oder rechtswidrigen Gebrauchs nicht in ordnungsmäßigem Zustande zurückgeben kann (280, 556, s. u. § 23 Z. 1).

Zu den, mit dem Gebrauche der Mieträume verbundenen Obliegenheiten des Mieters gehört auch die bereits oben § 16 bei Anm. 7 erwähnte, daß er, wenn sich im Laufe der Miete ein Mangel der gemieteten Räume zeigt, oder eine Vorkehrung zum Schutze derselben gegen eine nicht vorhergesehene Gefahr erforderlich wird oder auch, wenn sich ein Dritter ein Recht an den Mieträumen anmaßt, dem

---

b) Vorgängige Abmahnung des Vermieters an den Mieter. Der Vermieter kann also nicht wegen jeder geringfügigen Vertragswidrigkeit des Mieters sofort zur Klagerhebung schreiten. — Wenn der Vermieter einen unpfleglichen Gebrauch der vermieteten Räume, insbesondere durch Erregung übermäßigen Lärms, wodurch Dritte (Nachbarn) belästigt werden, nicht hindert, so wird er auch diesen Dritten haftbar. Rechtspr. der O.L.G. II S. 315, III S. 181, R.G. Bd. 45 S. 295, Bd. 47 S. 163, Sächs. Arch. Bd. 11 S. 218.

[1] Eine solche Verletzung wird auch dann anzunehmen sein, wenn der Mieter die ihm zum Bewohnen vermieteten Räume zum Betrieb eines unsittlichen Gewerbes (Glücksspiel, Bordell) benutzt und dadurch den Ruf des Miethauses herunterbringt O.Tr. Bd. 56 S. 180. Anders, wenn der Vermieter von der erwähnten Benutzungsart Kenntnis hat und keinen Einspruch dagegen erhebt. Niendorff S. 154.

[2] Abweichend die seitherige preuß. Praxis. Str. Arch. Bd. 47 S. 238. — Der Mitgebrauch der Wohnung durch Familienangehörige, Dienstboten und Gäste fällt nicht unter die obige Vorschrift des § 553.

[3] Vgl. § 387 A.L.R. I 21. Es ist nur erhebliche Gefährdung, noch nicht der Eintritt eines wirklichen Schadens erforderlich. Immerhin muß aber die Gefährdung durch den vertragswidrigen Gebrauch herbeigeführt sein. Mit der in solchem Falle zulässigen Räumungsklage kann unter Umständen auch der Antrag auf Erlaß einer einstweiligen Verfügung nach § 940 C.P.O. verbunden werden.

Vermieter unverzüglich Anzeige zu erstatten hat. Unterläßt er dies, so ist er zum Ersatze des daraus entstehenden Schadens verpflichtet; er ist, soweit der Vermieter infolge der Unterlassung Mängel der Mieträume oder sonstige Beeinträchtigungen in deren Gebrauch nicht beseitigen kann, nicht berechtigt, gänzliche oder teilweise Befreiung vom Mietzins zu verlangen oder ohne Bestimmung einer Frist wegen mangelnden Interesses an weiterer Erfüllung des Vertrags zu kündigen[1] oder Schadensersatz wegen Nichterfüllung zu verlangen (545).[2]

Die Beweislast verteilt sich in diesem Falle in der Weise, daß der Vermieter die Kenntnis oder das Kennenmüssen des Mieters von dem betr. Mangel, der Mieter dagegen die durch ihn bewirkte Anzeige oder die dem Vermieter auf andere Weise zugegangene Kenntnis vom Mangel darzuthun hat.

§ 20. Kündigungsrecht des Vermieters wegen Verletzung besonderer Vertragsbestimmungen, namentlich der Hausordnung.

In den in größeren Städten üblichen Mietvertragsformularen und namentlich in den denselben angefügten Hausordnungen sind im Interesse des Vermieters dem Mieter eine Reihe von Beschränkungen und Verpflichtungen auferlegt, welche über die ihm nach gesetzlicher Vorschrift obliegenden weit hinaus gehen.[3] Zugleich ist für den Fall, daß die Hausordnung nicht in allen Punkten eingehalten werden sollte, das Recht des Vermieters zur alsbaldigen Aufhebung des Vertrags festgesetzt.

Es ist anzuerkennen, daß bei Vermietung großer Miethäuser an eine erhebliche Anzahl von einzelnen Mietparteien die Aufstellung derartiger Hausordnungen zur Vermeidung von Störungen der Ruhe und Sicherheit im Hause sowie von Beschädigungen der Mieträume nicht zu

---

[1] Nur das Kündigungsrecht des § 542 Abs. 1 S. 3, nicht das sonstige, durch § 542 gegebene Kündigungsrecht ist hier ausgeschlossen.

[2] Diese Anzeigepflicht, welche im wesentlichen auch im S.G.B. § 1206, nicht aber im A.L.R. und im C. c. geregelt war, ist ein Ausfluß der dem Mieter im Interesse des Vermieters obliegenden Obhut in Ansehung der gemieteten Räume. Aus der Haftung des Mieters für den durch die Unterlassung der Anzeige entstandenen Schaden folgt namentlich, daß der Mieter im Falle der Versäumung der Anzeige einer nötigen Ausbesserung Minderung des Mietzinses für diejenige Zeit nicht beanspruchen kann, während welcher er, wenn durch rechtzeitige Anzeige dem Vermieter die frühere Ausbesserung ermöglicht worden wäre, in seinem Gebrauchsrechte nicht würde beeinträchtigt worden sein. Mot. II S. 401. Selbstverständlich fällt die Anzeigepflicht weg, wenn der Vermieter auf andere Weise von den betr. Thatsachen Kenntnis erhalten hat.

[3] Vgl. hierzu das einheitliche Mietvertragsformular der deutschen Hausbesitzer-Vereine unten im Anhang III.

entbehren sein, vielfach auch zur Sicherung des dem einzelnen Mieter zustehenden vertragsmäßigen Gebrauchsrechts dienen wird. Andererseits ist aber beim Hinblick auf die Zahl und Fassung der häufig in solchen Hausordnungen sich findenden Vertragsklauseln nicht zu verkennen, daß bei wörtlicher und strenger Auslegung derselben der Mieter fast rechtlos werden, der Willkür des Vermieters geradezu preisgegeben und jederzeit der Räumungsklage ausgesetzt sein würde.

Inwieweit stehen hier die Vorschriften des B.G.B. dem Mieter schützend zur Seite?

Zunächst sind derartige Bestimmungen des Vertrags oder der Hausordnung ungültig, insoweit sie

a) gegen die guten Sitten verstoßen, insbesondere auf eine wucherliche Ausbeutung des Mieters hinaus laufen (138),

b) gegen die im öffentlichen Interesse aufgestellten, die Vertragsfreiheit überhaupt beschränkenden Verbotsvorschriften (§§ 540, 541, 544, 559, 560, 566, s. oben § 13, Anm. 1) verstoßen.

Insoweit aber derartige Vertragsklauseln an sich gültig sind, kann gegen übermäßige, aus ihrer Anwendung entstehende Unzuträglichkeiten die Durchführung der in §§ 157, 242 und 553 B.G.B. aufgestellten Grundsätze schützen.

Demgemäß sind

1. derartige Bestimmungen der Mietverträge und Hausordnungen so auszulegen und zu erfüllen, „wie Treu und Glauben mit Rücksicht auf die Verkehrssitte es erfordern". Im Zusammenhang damit wird

2. für die Zulässigkeit der Kündigung zu erfordern sein, daß die Nichteinhaltung einer derartigen Klausel die Rechte des Vermieters in erheblichem Maße verletzt. Dieser Grundsatz, der auf Anregung des Reichstags als weitere Voraussetzung für das gesetzliche Kündigungsrecht des Vermieters in § 553 eingefügt ist (Planck Anm. 1 zu § 553), wird beim Mangel besonderer Festsetzungen auch für das vertragsmäßig eingeräumte zu gelten haben. So wird z. B. auf Grund des vertragsmäßigen Verbots ruhestörenden Lärms noch keine Kündigung ausgesprochen werden können, wenn die Kinder des Mieters beim Hinaufsteigen auf der Treppe ein oder zweimal gesungen haben.

Ferner wird das in der Hausordnung enthaltene Verbot der Abhaltung von Wäschen in der Küche nur auf sogen. „große" Wäsche, nicht aber auf das Waschen einzelner oder kleinerer Stücke zu beziehen sein. Vgl. Endemann I, § 168 Anm. 2, Niendorff S. 165.

Endlich wird

3. der Zuwiderhandlung gegen die in der Hausordnung enthaltenen Vorschriften nur dann Bedeutung beizumessen sein, wenn sie sich als

eine schuldhafte, bewußt widerrechtliche darstellt, nicht aber dann, wenn sich der Mieter zu entschuldigen vermag, so z. B. wenn der Vermieter selbst das Aufstellen eines Wagens im Hofe, das dem Mieter nach dem Vertrage nicht gestattet ist, in einer Mehrzahl früherer Fälle gestattet oder nachgesehen hat oder wenn der Mieter die ihm abwechselnd mit anderen Mietern obliegende Reinigung der Treppe in dem nachgewiesenen Irrtum, die Verpflichtung dazu liege an dem betr. Tage einem anderen Mieter ob, unterlassen hat. (Vgl. auch Planck Anm. 1 zu § 553, Niendorff, S. 159.)

Auch beim Vorhandensein unentschuldbarer Zuwiderhandlungen kann aber ein Verzicht des Vermieters auf deren Geltendmachung vorliegen, wenn er mit Kenntnis derselben Handlungen vornimmt, aus welchen sich mit Sicherheit sein Wille, das Mietverhältnis fortzusetzen, ergiebt, wenn er also z. B. Vorauszahlungen des Mietzinses für die Folgezeit annimmt.

§ 21. 2. Zahlung des Mietzinses.

§ 551. Der Mietzins ist am Ende der Mietzeit zu entrichten. Ist der Mietzins nach Zeitabschnitten bemessen, so ist er nach dem Ablauf der einzelnen Zeitabschnitte zu entrichten.

Der Mietzins für ein Grundstück ist, sofern er nicht nach kürzeren Zeitabschnitten bemessen ist, nach dem Ablauf je eines Kalendervierteljahrs am ersten Werktage des folgenden Monats zu entrichten.

§ 552. Der Mieter wird von der Entrichtung des Mietzinses nicht dadurch befreit, daß er durch einen in seiner Person liegenden Grund an der Ausübung des ihm zustehenden Gebrauchsrechts verhindert wird. Der Vermieter muß sich jedoch den Wert der ersparten Aufwendungen, sowie derjenigen Vorteile anrechnen lassen, welche er aus einer anderweitigen Verwertung des Gebrauchs erlangt. So lange der Vermieter infolge der Überlassung des Gebrauchs an einen Dritten außer stande ist, dem Mieter den Gebrauch zu gewähren, ist der Mieter zur Entrichtung des Mietzinses nicht verpflichtet.

Die hauptsächlichste Verpflichtung des Mieters besteht in der Zahlung des Mietzinses.[1] Mehrere Mieter, die gemeinschaftlich eine Wohnung gemietet haben, wie namentlich zwei Ehegatten, haften für den Mietzins als Gesamtschuldner (427).

1. In Bezug auf die Zeit der Zahlung ist vor allem der Inhalt des Vertrags maßgebend, der in dieser Beziehung auch — ausdrücklich oder stillschweigend — auf Ortsgebrauch Bezug nehmen kann. Sind

---

[1] Über dessen Beschaffenheit s. oben § 3. Voraussetzung dieser Verpflichtung ist natürlich, daß der Vermieter auch seinerseits seiner Verpflichtung zur Gebrauchsgewährung nachkommt und dies im Streitfalle darthut.

im Mietvertrage keine Zahlungstermine festgesetzt, so gelten die nachstehenden gesetzlichen Vorschriften (551).

Zunächst ist der **Vermieter** zur Gewährung des Gebrauchs (Vorleistung) verpflichtet,[1] der Mietzins also (postnumerando) am Ende der Mietzeit zu entrichten. Dieser Grundsatz erleidet indessen die doppelte Einschränkung, daß

a) der nach Zeitabschnitten (Tagen, Wochen, Monaten) bemessene Mietzins[2] schon nach dem Ablauf der einzelnen Zeitabschnitte,

b) **der Mietzins für Grundstücke, also auch für Wohnungen und andere Räume** (580), **sofern er nicht nach kürzeren Zeitabschnitten bemessen ist, nach dem Ablauf je eines Kalendervierteljahrs am ersten Werktage des folgenden Monats zu entrichten ist.**[3]

Hiernach lassen sich die gesetzlichen Vorschriften auch dahin fassen, daß der Mietzins,

a) wenn er **nach kürzeren Zeitabschnitten als Vierteljahren** bemessen ist, nach dem Ablauf der einzelnen Zeitabschnitte, und zwar an dem auf den Ablauf folgenden Werktage (193),[4]

b) wenn er nach **Vierteljahren oder längeren Zeitabschnitten** bemessen, oder wenn er für die **ganze**, ein Vierteljahr übersteigende Mietzeit bestimmt ist, nach dem Ablauf je eines Kalendervierteljahres **am ersten Werktage des folgenden Monats**,

---

[1] Auch bei bedungener **Vorauszahlung** des Mietzinses muß der Vermieter wenigstens zunächst übergeben, worauf dann sofort der Mieter zu zahlen hat. (Mot. II S. 399. Str. Arch. Bd. 80 S. 159, Bd. 89 S. 354, Bd. 91 S. 71. Vgl. auch oben § 14 Anm. 3 S. 56.)

[2] Z. B. 2 Mk. für den Tag, 10 Mk. für die Woche, 40 Mk. für den Monat.

[3] Vgl. die im Prinzip übereinstimmenden, im einzelnen aber mehr oder weniger abweichenden Vorschriften des A.L.R. I 21 § 297 und des S. G.B. § 1204. — Die vierteljährlichen Termine sind teils mit Rücksicht auf den schon vielfach bestehenden Brauch, teils mit Rücksicht auf die Räumungstermine, s. unten § 23 und die Termine für die Entrichtung der Hypothekenzinsen gewählt worden. Daß, wenn die Miete im Laufe eines Kalendervierteljahrs, z. B. am 15. Januar 1900, begonnen hat, der Mietzins für die in dieses Quartal fallende Zeit zum Beginn des nächsten Kalendervierteljahrs (1. April 1900), also das erste Mal nicht für ein volles Vierteljahr, entrichtet werden muß (vgl. S. G.B. § 1204), ist als selbstverständlich vorausgesetzt. Mot. II S. 399.

[4] Die Zeitabschnitte (Wochen, Monate) decken sich nicht unbedingt mit den Kalenderzeiträumen, sondern bestimmen sich regelmäßig nach dem vertragsmäßig vereinbarten Beginn der Miete. Ist z. B. von Dienstag, dem 15. April (einschließlich) ab für wöchentlich 10 Mark gemietet, so ist der Mietzins Dienstag, den 22. April und wenn dies ein Sonntag oder Feiertag ist, am darauf folgenden Werktage zu zahlen. Ist vom 10. Januar ab für monatlich 30 Mk. gemietet, so ist dieser Betrag zum ersten Mal an dem auf den 10. Februar folgenden Werktag (187 Abs. 2 188 Abs. 2) zu entrichten 2c. Mittelstein S. 152., A. M. Niendorff S. 114.

c) wenn er für die ganze, ein **Vierteljahr nicht erreichende** Mietzeit bestimmt ist,

am **Ende** der Mietzeit entrichtet werden muß.[1]

Fällt der Zahlungstag auf einen Sonntag oder auf einen **allgemeinen**, staatlich anerkannten Feiertag,[2] so ist die Zahlung am

---

[1] Planck § 551 Erl. 1. Die Regel des § 551 Abs. 1 S. 1 (Zahlung am Ende der ganzen Mietzeit) wird hiernach bei der Wohnungsmiete nicht häufig zur Anwendung gelangen.

[2] Diese allgemeinen Feiertage, an denen infolge staatlicher Anordnung die bürgerlichen Geschäfte für jedermann, ohne Unterschied der Konfession, ruhen, bestimmen sich nach den am Zahlungsorte bestehenden landesgesetzlichen Vorschriften, wie sie in den einzelnen Bundesstaaten teils früher, insbesondere in den Ausführungsgesetzen zur Civilprozeßordnung, teils neuerdings in den Ausführungsgesetzen zum Bürgerlichen Gesetzbuch erlassen worden sind.

Danach sind als Feiertage außer den Sonntagen anerkannt:

a) Der Neujahrstag, Karfreitag, Ostermontag, Himmelfahrtstag, Pfingstmontag, erster und zweiter Weihnachtsfeiertag, Bußtag (Bettag) oder die Bußtage im:
 Königreich **Preußen** (Kabinetsordre vom 22. Juli 1839, Ges. vom 2. September 1899, Ges.-Samml. S. 161. In Rheinpreußen tritt noch der Allerheiligen-Tag (1. November) hinzu (R.G. in Straff. Bd. 31 S. 221),
 Großherzogtum **Mecklenburg-Schwerin** und Großherzogtum **Mecklenburg-Strelitz** (§ 3 der Ausf.-Verordn. z. B.G.B. vom 9. April 1899),
 Großherzogtum **Sachsen-Weimar** (§ 3 des Ausf.-Ges. zum B.G.B. vom 5. April 1899),
 Herzogtum **Braunschweig** (§ 15 des Ausf.-Ges. z. B.G.B. vom 12. Juni 1899),
 Herzogtum **Sachsen-Coburg-Gotha** (Art. 4 des Ausf.-Ges. zum B.G.B. vom 20. November 1899),
 Herzogtum **Sachsen-Meiningen** (Art. 3 des Ausf.-Ges. zum B.G.B. vom 9. August 1899),
 Herzogtum **Anhalt** (Ges. Nr. 1091 betr. die äußere Heilighaltung der Sonn- und Festtage vom 2. April 1900),
 Fürstentum **Schwarzburg-Sondershausen** (Art. 9 des Ausf.-Ges. zum B.G.B. vom 19. Juli 1899),
 Fürstentum **Lippe** (§ 15 des Ausf.-Ges. zum B.G.B. vom 17. November 1899),
 Fürstentum **Schaumburg-Lippe** (§ 14 des Ausf.-Ges. zum B.G.B. vom 23. August 1899),
 in der Freien und Hansestadt **Hamburg** (§ 22 des Ausf.-Ges. zum B.G.B. vom 14. Juli 1899),
 in der Freien und Hansestadt **Bremen** (§ 8 des Ausf.-Ges. zum B.G.B. vom 18. Juli 1899),
 in der Freien und Hansestadt **Lübeck** (§ 20 des Ausf.-Ges. zum B.G.B. vom 30. Oktober 1899).

b) Dieselben Tage wie unter a) und dazu das Reformationsfest (31. Oktober) im
 Herzogtum **Sachsen-Altenburg** (Ges. vom 25. November 1897, die äußere Heilighaltung der Sonn- und Feiertage betr.),
 Fürstentum **Schwarzburg-Rudolstadt** (Art. 3 des Ausf.-Ges. zum B.G.B. vom 11. Juli 1899),
 Fürstentum **Reuß** j. L. (§ 16 des Ausf.-Ges. zum B.G.B. vom 10. August 1899).

nächsten darauf folgenden Werktage zu bewirken, also z. B. nicht am 1., sondern am 2. Januar, und, wenn dies ein Sonntag ist, erst am 3. Januar (193).

Wird der Mietvertrag in Ausübung der gesetzlichen Befugnis vom Vermieter oder vom Mieter für sofort, ohne Einhaltung einer Kündigungsfrist, gekündigt, so wird der Mietzins nach § 551 Abs. 1 S. 1 alsbald mit der Wirksamkeit der Kündigung auf die bis dahin vergangene Zeit fällig, nicht erst an dem nächsten gesetzlichen oder vereinbarten Zahlungstermin. A. M. Cosack I, S. 475.

Vorauszahlung des Mietzinses für die einzelnen Mietperioden kann vertragsmäßig bestimmt werden. Zahlt aber ein Mieter den Miet-

---

c) Dieselben Tage wie unter a und dazu das Reformationsfest, sowie das Hohe Neujahr (oder Heilige drei Könige, 6. Januar) im:
Königreich Sachsen (§ 8 der Ausf.-Verordnung zum B.G.B. vom 6. Juli 1899).

d) Dieselben Tage wie unter a und dazu Reformationsfest, Hohes Neujahr, sowie die dritten Feiertage von Ostern, Pfingsten und Weihnachten im:
Fürstentum Reuß ä. L (§ 1 der Landesherrl. Verordnung vom 20. Dezember 1899 zur Ausf. des B.G.B. und seiner Nebengesetze).

e) Ostermontag, Pfingstmontag, Weihnachten, Neujahr, Christi Himmelfahrt. St. Stephan:
in den rechtsrheinischen Gebieten des Königreichs Bayern, und
Neujahr, Karfreitag, Ostermontag, Pfingstmontag, Frohnleichnam, Christi Himmelfahrt, Mariä Himmelfahrt, Allerheiligen, Weihnachten, St. Stephan:
in der Rheinpfalz.
(Vgl. Riedels Kommentar zum Bayerischen Polizeistrafgesetzbuch vom 26. Dezember 1871 5. Aufl. S. 162, 163, sowie die Verordnung, die Feier der Sonn- und Festtage betr. vom 30. Juli 1862 Regbl. S. 2070 flg.) und vom 21. Mai 1897 (Ges. u. Verordn.-Bl. S. 198 § 2).

f) Das Neujahrsfest, Fest der Erscheinung Christi, Karfreitag, Oster- und Pfingstmontag, Himmelfahrt, Frohnleichnamstag, Peter und Paul, Mariä Himmelfahrt, Christfest und erster Festtag nach demselben:
im Königreich Württemberg (s. Art. 31 des Ausf.-Ges. zum G.V.Ges. vom Jahre 1879. § 16 der Dienstanw. für Ger.Vollz. vom 10. Oktober 1899).

g) Neujahr, Karfreitag, Ostermontag, Himmelfahrtstag, erster und zweiter Weihnachtsfeiertag:
im Großherzogtum Hessen und außerdem
der Frohnleichnamstag, Mariä Himmelfahrt, Allerheiligen:
in der Provinz Rheinhessen (Art. 18 des Ausf.-Ges. zum B.G.B. vom 17. Juli 1899).

h) Neujahr, Karfreitag, Ostermontag, Christi-Himmelfahrtstag, Pfingstmontag, Frohnleichnamstag, Allerheiligen, Christtag und Stephanstag:
im Großherzogtum Baden § 2 des landesherrl. Verordn. v. 11. Novbr. 1899 die Ausführung des Bürgerl. Gesetzbuches und damit zusammenhängender Gesetze betr.

i) Weihnachten, Neujahr, Christi Himmelfahrt, Allerheiligen, Karfreitag, Ostermontag und Pfingstmontag:
im Reichsland Elsaß-Lothringen (Ges. vom 19. Oktober 1887).

zins für eine längere Zeit als für zwei Vierteljahre voraus, so setzt er sich im Falle eines Verkaufs des Hauses, der Eröffnung des Konkurses über den Vermieter und der Beschlagnahme der Mietzinsen durch einen Hypothekengläubiger der Gefahr aus, den mehr bezahlten Betrag nochmals bezahlen zu müssen. S. unten § 39 Z. 2a, § 43 Z. 1, § 50.

2. Als Zahlungsort gilt, wenn derselbe nicht im Vertrage bestimmt ist, nach allgemeinen Grundsätzen an sich der Ort, an welchem der Schuldner zur Zeit der Entstehung des Mietverhältnisses, also des Vertragsabschlusses, seinen Wohnsitz oder, wenn die Mietschuld im Gewerbebetriebe entstand, seine gewerbliche Niederlassung hatte (269).[1] Da es sich jedoch hier um eine Geldschuld (Bringschuld) handelt, so hat der Mieter im Zweifel auf seine Gefahr und Kosten den Mietzins dem Vermieter zuzustellen (270), insbesondere in der Regel, sofern nicht eine andere Absicht der Vertragschließenden aus den Umständen erhellt, auch dem am gleichen Ort (in einem anderen Hause) wohnenden Vermieter zu überbringen oder zu übersenden.[2] — Daneben bleibt aber im übrigen, namentlich für die Begründung des Gerichtsstandes (§ 29 C.P.O.) der ersterwähnte Erfüllungsort maßgebend.

3. Die Zahlungsweise anlangend, hat der Mieter den Mietzins regelmäßig in Geld zu berichtigen.[3] Er kann aber auch, wenn der Mietvertrag nichts anderes bestimmt, auf den Mietzins eine ihm an den Vermieter zustehende Geldforderung aufrechnen, sobald die beiderseitigen Forderungen fällig sind (387).

---

[1] Dies gilt auch dann, wenn der Mietvertrag ein Handelsgeschäft ist.

[2] Die abweichende Meinung von Meisner S. 154: „Wohnen Mieter und Vermieter an demselben Orte, aber in verschiedenen Häusern, so hat der Mieter den Zins nicht zu bringen, sondern im Miethause zu entrichten" entspricht wohl dem A.L.R. I 5 § 247, berücksichtigt aber nicht ausreichend die speziell für Geldzahlungen gegebene Vorschrift in § 270 B.G.B. (vgl. auch Staub § 2 zu Art. 325 H.G.B. und Wengler S. 104 Anm. 1) und ist wenigstens nicht als allgemein gültige gesetzliche Regel anzuerkennen. So auch Örtmann S. 237. Mittelstein S. 157. Doch kann, da die Übermittelungspflicht des Schuldners nach § 270 nur im Zweifel besteht, nach örtlicher Übung und daraus sich ergebender, stillschweigender Meinung der Vertragsparteien (so namentlich wenn der an demselben Orte, aber in einem anderen Hause wohnende Vermieter die Miete regelmäßig durch einen Vertreter [Vizewirt] im Miethause einkassieren läßt) das Miethaus als Zahlungsort thatsächlich festgestellt werden. Ein derartiger Ortsgebrauch, wie ihn z. B. Niendorff S. 112 im Anschluß an die Entsch. des O.Tr. Bd. 41 S. 31, Bd. 70 S. 339, 343 (Str.-Arch. Bd. 33 S. 311) für die Städte Berlin und Stettin bezeugt und wie er auch in anderen großen Städten bestehen mag, wird daher auch gegenüber der erwähnten Vorschrift des B.G.B. Geltung beanspruchen können.

[3] In welcher Weise beim Rückstand mehrerer Mietzinsraten eine Zahlung des Schuldners, die zur Deckung aller nicht ausreicht, anzurechnen ist, bestimmt § 366.

Diese Aufrechnung erfolgt durch eine (nicht an eine Bedingung oder Zeitbestimmung zu knüpfende) Erklärung dem Vermieter gegenüber und bewirkt, daß die Forderungen, soweit sie sich decken, als in dem Zeitpunkt erloschen gelten, in welchem sie zur Aufrechnung geeignet einander gegenüber getreten sind (388, 389).

4. Zur Annahme der Zahlung berechtigt ist in erster Linie natürlich der Vermieter, hiernächst der von ihm durch Vollmacht oder durch Anweisung an den Mieter zur Empfangnahme der Zahlung Ermächtigte,[1] der legitimierte Erbe[2] oder der durch Übertragung Ermächtigte (Cessionar) (410),[3] in dem Fall, wenn das vermietete Grundstück einer Ehefrau gehört, während der Dauer des ehemännlichen Verwaltungsrechts[4] der Ehemann, der die Mietgelder mit deren Fälligkeit wie ein Nießbraucher erwirbt, Rechtspr. der O.L.G. II, S. 478, bei geschäftsunfähigen oder in der Geschäftsfähigkeit beschränkten Personen, Vereinen, Genossenschaften deren gesetzliche Vertreter.[5] Sind mehrere Personen als Vermieter beteiligt, so ist in Ermangelung abweichender Bestimmung der Mietzins an jeden Vermieter zu seinem Anteil zu entrichten.[6]

---

[1] Als solcher gilt auch der Überbringer einer Quittung, sofern nicht die dem Mieter bekannten Umstände der Annahme einer Ermächtigung des Überbringers entgegenstehen (370).

[2] Beim Vorhandensein mehrerer Erben kann bis zur Erbauseinandersetzung der Mieter nur an Alle gemeinschaftlich oder an deren gemeinsamen Vertreter leisten (2039).

[3] Inwieweit die dem Mieter gegen den Vermieter zustehenden Einreden und Gegenforderungen auch dem Cessionar der Mietzinsforderung gegenüber Platz greifen, bestimmt sich nach §§ 405, 406 flg.

[4] Also nicht, wenn das vermietete Grundstück zum vorbehaltenen Vermögen der Frau gehört oder bei Verhinderung des Mannes oder im Fall der Gütertrennung, s. o. § 5. Auch die dem Ehemann zukommenden Mietzinsen von einem zum eingebrachten Vermögen der Frau gehörigen Wohnhaus sind aber beim Güterstande der Verwaltung und Nutznießung der Pfändung durch einen Gläubiger des Ehemannes nicht unterworfen, soweit sie zur Erfüllung der in den §§ 1384—1387 bestimmten Verpflichtungen des Ehemannes, zur Erfüllung der ihm seiner Ehefrau, seiner früheren Ehefrau oder seinen Verwandten gegenüber obliegenden Unterhaltspflicht und zur Bestreitung seines standesmäßigen Unterhalts erforderlich sind (§ 1389 Abs. 2 B.G.B. § 861 C.P.O.)

[5] Vgl. oben §§ 6—8. Über die Rechte der Hypothekengläubiger am Mietzins s. unten § 50.

[6] Denn die Zahlung einer Geldsumme ist eine teilbare Leistung, Planck § 420 Erl. 2, so daß der § 432, wonach bei mehreren, zu einer unteilbaren Leistung Forderungsberechtigten der Schuldner nur an Alle gemeinschaftlich leisten und jeder Gläubiger nur die Leistung an Alle fordern kann, keine Anwendung findet. S. auch Örtmann § 432 Anm. 2 S. 151; Cosack I § 118 S. 383. Anderer Meinung Mittelstein § 42 Z. 1 S. 160.

Wird die Mietzinsforderung nach § 829 (730) C.P.O. für einen Gläubiger des Vermieters gepfändet, so darf der Mieter von der Zustellung des Pfändungsbeschlusses ab nicht mehr an den Vermieter zahlen. Dieselbe Wirkung hat nach § 845 (744) schon die durch einen Gläubiger des Vermieters auf Grund vollstreckbarer Ausfertigung an den Mieter erfolgende Ankündigung der bevorstehenden Pfändung und das damit verbundene Zahlungsverbot, vorausgesetzt, daß die gerichtliche Pfändung binnen drei Wochen von der Zustellung der Benachrichtigung ab nachfolgt.

Ist der Empfangsberechtigte im Verzuge der Annahme oder kann der Mieter aus einem anderen, in der Person des Empfangsberechtigten liegenden Grunde oder infolge einer nicht auf Fahrlässigkeit beruhenden Ungewißheit über dessen Person nicht oder nicht mit Sicherheit zahlen, so ist er zur Hinterlegung des geschuldeten Mietgeldbetrags befugt (372).[1] Dies gilt namentlich dann, wenn mehrere Personen zugleich auf diesen Betrag Anspruch erheben (z. B. der Vermieter und ein Cessionar desselben, ein Pfändungsgläubiger und ein früherer Cessionar) und der Mieter bei der ihm obliegenden Prüfung ihrer Berechtigung ohne sein Verschulden in Ungewißheit über die Person des Berechtigten bleibt. Unter allen Umständen ist der Mieter zur Hinterlegung dann befugt und auf Verlangen eines Gläubigers, welchem die Forderung überwiesen wurde, verpflichtet, wenn die Mietzinsforderung für mehrere Gläubiger gepfändet ist § 853 [750] C.P.O.)

5. Der Mieter muß das Mietgeld auch dann zahlen, wenn er durch einen in seiner Person liegenden Grund an der Ausübung des ihm zustehenden Gebrauchsrechts[2] verhindert wird. Der Vermieter muß sich jedoch den Wert der ersparten Aufwendungen, sowie derjenigen Vorteile anrechnen lassen, welche er aus einer anderweiten Verwertung des Gebrauchs erlangt (552).[3] Solange der Vermieter infolge der

[1] Die erfolgte Hinterlegung hat der Mieter dem Vermieter oder den sonstigen den Mietzins beanspruchenden Person sofort anzuzeigen, widrigenfalls er zum Schadensersatz verpflichtet ist. Doch darf die Anzeige unterbleiben, wenn sie unthunlich ist. (374 Abs. 2.)

[2] Z. B. Krankheit, Versetzung. Ebenso, wenn er einseitig vor Ablauf der Mietzeit die Mieträume ohne gesetzlichen Grund verläßt.

[3] Z. B. A. hat von B. eine Wohnung für 1000 Mk. auf ein Jahr gemietet und sich in dem Vertrage freie Gasbeleuchtung ausbedungen, deren Wert auf jährlich 100 Mk. zu veranschlagen ist. Infolge notwendigen Umzuges nach einem anderen Orte kann er die Wohnung nicht benutzen und B. vermietet sie ohne freie Gasbeleuchtung auf das erwähnte Jahr anderweit für 700 Mk. an C. A. hat hiernach 1000 Mk. abzüglich 700 Mk. + 100 Mk. = 200 Mk. an B. herauszuzahlen.

Eine Pflicht des Vermieters, die Wohnung anderweit zu vermieten oder auch

Überlassung des Gebrauchs an einen Dritten außer stande ist, dem Mieter den Gebrauch zu gewähren, ist der Mieter zur Entrichtung des Mietzinses nicht verpflichtet (552).[1]

Über die Verjährung des Anspruchs auf Mietgeld s. u. § 24.

§ 22. Kündigungsrecht des Vermieters bei Verzug des Mieters in der Zahlung des Mietzinses.

§ 554. Der Vermieter kann ohne Einhaltung einer Kündigungsfrist das Mietverhältnis kündigen, wenn der Mieter für zwei aufeinander folgende Termine mit der Entrichtung des Mietzinses oder eines Teiles des Mietzinses im Verzug ist. Die Kündigung ist ausgeschlossen, wenn der Mieter den Vermieter befriedigt, bevor sie erfolgt.

Die Kündigung ist unwirksam, wenn sich der Mieter von seiner Schuld durch Aufrechnung befreien konnte und unverzüglich nach der Kündigung die Aufrechnung erklärt.

§ 555. Macht der Vermieter von dem ihm nach den §§ 553, 554 zustehenden Kündigungsrecht Gebrauch, so hat er den für eine spätere Zeit im voraus entrichteten Mietzins nach Maßgabe des § 347 zurückzuerstatten.

1. Wenn der Mieter für zwei aufeinander folgende Termine mit der Entrichtung des Mietzinses oder eines Teiles desselben im Verzug ist, so kann der Vermieter ohne Einhaltung einer Kündigungsfrist das Mietverhältnis kündigen (554).[2]

Im Verzug befindet sich der Mieter dann, wenn er entweder auf eine Mahnung nach eingetretener Fälligkeit oder bis zu dem gesetzlich oder vertragsmäßig als Zahlungstag bestimmten Kalendertag den Miet-

---

einen vom Mieter gestellten Ersatzmieter anzunehmen, besteht nicht, sofern nicht seine desfallsige Weigerung auf ein chikanöses Verhalten hinausläuft.

[1] Dieser Fall tritt nicht schon dann ein, wenn der Vermieter (was ihm unter den angegebenen Umständen an sich zusteht), die Mieträume vorübergehend selbst gebraucht oder einem Dritten zum Gebrauche überläßt, wohl aber dann, wenn er mit einem Dritten ein nicht ohne weiteres auflösbares Mietverhältnis über die fraglichen Räume eingeht. Mot. II S. 400.

[2] Durch diese Vorschrift ist für das Mietverhältnis eine Abweichung von der allgemeinen Vorschrift des § 326 eingeführt, wonach bei einem Verzug des Leistungspflichtigen demselben von dem Berechtigten noch eine angemessene Frist zu setzen ist, ehe der Rücktritt vom Vertrag erklärt werden kann. In anderer Weise, als der obige § 554, regelte das Kündigungsrecht des Vermieters das röm. Recht, welches einen Rückstand von zwei Jahren erforderte, l. 54 § 1, l. 56 D. locati., das A L.R. I 21 § 298, welches nur bei einem Rückstand von zwei vollen Terminen die Kündigung mit der gesetzlichen Frist zuließ, Str.-Arch. Bd. 44 S. 287. O.Tr. Bd. 31 S. 420, Bd. 34 S. 161, ferner das S. G.B. § 1220, welches bei einem Rückstand von zwei vollen Terminen den Vermieter zum Abgehen vom Mietvertrag berechtigte und endlich der C. c. art. 1741, welcher den Mietvertrag allgemein bei Nichterfüllung der dem Mieter obliegenden Verpflichtungen für aufgelöst erklärte.

zins nicht berichtigt; einer Mahnung bedarf es in letzterem Falle nicht (284). Er kommt aber nicht in Verzug, wenn die Zahlung infolge eines Umstandes, den er nicht zu vertreten hat, also ohne sein Verschulden, unterbleibt (285), wie z. B. in dem Falle, wenn der Vermieter die Annahme des Mietzinses ohne Rechtsgrund verweigert, oder wenn er vorher dem Mieter erklärt hat, es komme bei der Mietgeldzahlung auf ein paar Tage mehr oder weniger nicht an, und der Mieter, darauf vertrauend, einen oder zwei Tage nach dem Fälligkeitstage zahlt, oder wenn der Vermieter ständig die einige Tage nach dem Fälligkeitstage berichtigte Miete ohne Anstand angenommen hat und der Mieter nun auch in einem neuen Fall den Mietzins zwei oder drei Tage nach dem Fälligkeitstage entrichtet.[1]

Der Mieter kommt auch dann nicht in Verzug, wenn der Vermieter eine der beiden fälligen Raten oder beide vor der Fälligkeit an einen Dritten abgetreten hat und dieser, dem nunmehr die Verfügung über den Zinsanspruch zusteht, bei eintretender Fälligkeit dem Schuldner Stundung erteilt. Der Vermieter kann also in solchem Fall das Vertragsverhältnis nicht kündigen. Seuff. Arch. Bd. 43 Nr. 13. Rehbein, Entsch. III S. 863. Niendorff S. 139. Bolze V Nr. 585. Anders, wenn der Verzug des Mieters und das Kündigungsrecht des Vermieters bereits vor der Abtretung entstanden war.

2. Die an sich begründete Kündigung ist ausgeschlossen, wenn der Mieter den Vermieter (vollständig) befriedigt, bevor sie erfolgt (554 Abs. 1 S. 2). Die Kündigung ist unwirksam, wenn sich der Mieter von seiner Schuld durch Aufrechnung mit einer fälligen Gegenforderung befreien konnte und unmittelbar nach der Kündigung die Aufrechnung erklärt (554 Abs. 2, 387).[2]

3. Macht der Vermieter von dem erwähnten Kündigungsrechte Gebrauch, so hat er den für eine spätere Zeit im voraus entrichteten

---

[1] Den Entschuldigungsgrund hat der Mieter darzuthun; dem Vermieter dagegen liegt der Beweis ob, daß nach dem Eintritt der Fälligkeit die Mahnung erfolgt oder daß für die Leistung eine Zeit nach dem Kalender bestimmt und abgelaufen sei. Planck § 284 Anm. 8.

[2] Mit dieser Erklärung gilt die Mietforderung durch die Gegenforderung des Mieters, soweit sich beide decken, als mit dem Zeitpunkt aufgehoben, in welchem beide Forderungen als zur Aufrechnung geeignet einander gegenüber getreten sind (389). Damit ist auch der Zahlungsverzug nachträglich beseitigt. Doch ist die Aufrechnung dann nicht mehr zu beachten, wenn sie erst während des Räumungsprozesses dem Vermieter gegenüber erklärt wird. Rechtspr. der O.L.G. II S. 217. — Auch kann von einer solchen dann keine Rede sein, wenn (wie dies oft geschieht) im Vertrage ausdrücklich Barzahlung des Mietzinses ausbedungen und die Aufrechnung ausgeschlossen ist. So in § 6 des einheitlichen Mietformulars unten im Anhang III.

Mietzins mit vierprozentigen Zinsen von der Zeit des Empfangs ab dem Mieter zurückzuerstatten (555, 347). Es kann jedoch der Vertrag auch die Strafbestimmung enthalten, daß im Fall einer solchen Kündigung der vorausbezahlte Mietzins dem Vermieter verbleiben oder daß der Mieter den (postnumerando zahlbaren) Mietzins noch eine Zeitlang fortentrichten solle. Bei unverhältnismäßiger Höhe dieser Strafe ist der Mieter zum Antrag auf Herabsetzung derselben nach § 343 befugt s. o. § 11 Z. 1. Örtmann § 555, Bem. 3.

4. Die Ausübung des Kündigungsrechts hängt unter allen Umständen von dem Willen des Vermieters ab und ist daher ausgeschlossen, wenn derselbe nachträglich auf die Ausübung verzichtet und ausdrücklich oder stillschweigend sich mit der Fortsetzung des Mietverhältnisses einverstanden erklärt. Dies wird zwar nicht schon bei nachträglicher Annahme der bereits verfallenen oder während des Räumungsprozesses fällig werdenden Mietzinsraten, wohl aber in der Regel dann anzunehmen sein, wenn er nach Entstehung seines Kündigungsrechts und selbst nach erklärter Kündigung[1] noch eine Vorauszahlung für die Folgezeit ohne Vorbehalt annimmt oder den Mieter, ohne die Kündigung zu erklären, nach Eintritt des Verzugs noch mehrere Wochen im Mietquartier wohnen läßt.[2]

5. Ist durch Vereinbarung der Parteien bestimmt, daß schon bei unterbliebener oder nicht vollständiger Zahlung Einer Mietzinsrate[3] dem Vermieter das Kündigungsrecht zustehen solle, so kommen, sofern nicht auch hier anderweite Vereinbarung vorliegt, die oben angegebenen Grundsätze über die Voraussetzungen des Zahlungsverzugs, die Ausschließung, Unwirksamkeit und spätere Rückgängigmachung der Kündigung ebenfalls zur Anwendung.[4]

---

[1] Anders, wenn wegen des Zahlungsverzugs außer der Kündigung bereits die Räumungsklage erhoben ist, s. S. 87 Anm. 3.

[2] Um auf diesen Grund hin einen Verzicht auf die Kündigung annehmen zu können, wird man immerhin den Ablauf eines nach den Umständen zu bemessenden Zeitraums erfordern müssen, da der Vermieter beim Zahlungsverzug des Mieters eine angemessene Frist zur Überlegung wegen Ausübung seines Wahlrechts (Kündigung oder Fortsetzung des Vertrags) behalten muß. J.W.S. 1897, S. 272 Nr. 16, — 1898, S. 111 Nr. 10.

[3] Vgl. das einheitliche Mietvertragsformular der deutschen Hausbesitzervereine.

[4] Insbesondere kann auch hier der Mieter die für den Fall der nicht rechtzeitigen Entrichtung einer Mietzinsrate vereinbarte Exmissionsklausel durch Aufrechnung mit einer bei Fälligkeit dieser Rate bereits entstandenen Gegenforderung unwirksam machen; nur muß er die Aufrechnung nach §§ 357, 554 Abs. 2 alsbald nach der Kündigung und nicht etwa erst im Exmissionsprozeß erklären, s. Kiehl in Gruchots Beitr. Jahrg. 45 S. 753.

§ 23. 3. Rückgabe der Räume nach Beendigung des Mietverhältnisses. Räumungsfristen.

§ 556. Der Mieter ist verpflichtet, die gemietete Sache nach der Beendigung des Mietverhältnisses zurückzugeben.

Dem Mieter eines Grundstücks steht wegen seiner Ansprüche gegen den Vermieter ein Zurückbehaltungsrecht nicht zu.

Hat der Mieter den Gebrauch der Sache einem Dritten überlassen, so kann der Vermieter die Sache nach der Beendigung des Mietverhältnisses auch von dem Dritten zurückfordern.

§ 557. Giebt der Mieter die gemietete Sache nach der Beendigung des Mietverhältnisses nicht zurück, so kann der Vermieter für die Dauer der Vorenthaltung als Entschädigung den vereinbarten Mietzins verlangen. Die Geltendmachung eines weiteren Schadens ist nicht ausgeschlossen.

1. Nach Beendigung des Mietverhältnisses hat der Mieter die gemieteten Räume dem Vermieter zurückzugeben (556 Abs. 1) (zu räumen), ihm insbesondere auch die Schlüssel dazu auszuhändigen.[1] Für Veränderungen oder Verschlechterungen der Mieträume hat der Mieter nach den oben § 19 aufgeführten Grundsätzen einzustehen.[2] Beruft er sich darauf, daß die Veränderung oder Verschlechterung infolge eines von ihm nicht zu vertretenden Umstandes eingetreten sei, so hat er dies nachzuweisen.

Der Regel nach ist die Räumung und Rückgabe der Wohnung alsbald mit der Beendigung des Mietverhältnisses zu bewirken, doch ist, wenn der letzte Tag der Mietzeit auf einen Sonntag oder staatlich anerkannten allgemeinen Feiertag (s. o. S. 81 Anm. 2) fällt, dem Mieter auch noch der folgende Werktag zur Räumung gegeben (193). Auch bestehen an manchen Orten landesgesetzlich[3] noch besondere **Räumungsfristen**, die nach Art. 93 des Einf.-Ges. neben dem B.G.B. Gültigkeit haben.[4]

---

[1] Im beiderseitigen Interesse wird sich alsdann eine förmliche Rückgabe unter Durchgehung sämtlicher Mieträume behufs Feststellung ihres Zustandes empfehlen.

[2] Er haftet also für die durch den vertragswidrigen Gebrauch oder sonstiges Verschulden seiner eigenen Person, seines gesetzlichen Vertreters und seiner Dienst- oder Hilfspersonen, insoweit er sie nach §§ 278 und 831 zu vertreten hat, nicht aber durch sonstige Umstände — Zufall, vertragsmäßigen Gebrauch — herbeigeführten Schaden. Über die Auslegung der in Mietverträgen vorkommenden Bestimmung, daß die Wohnung in demselben Zustande zurückzugeben sei, in welchem sie der Mieter übernommen habe, s. oben § 19 Anm. 4.

[3] Von diesen **gesetzlichen** Räumungsfristen zu unterscheiden sind die Räumungsfristen, welche nach § 721 C.P.O. auf Antrag des Mieters vom **Richter** im Räumungsurteil — zur Vermeidung von Härten bei sofortiger Vollstreckung desselben — gewährt werden **können**.

[4] Hervorzuheben sind folgende Bestimmungen:

a) Im Königreich **Preußen** kann nach § 2 der Gesetze über die Termine in Wohnungs-

Der Vermieter ist zur eigenmächtigen Heraussetzung des Mieters

---

mietverträgen vom 30. Juni 1834 und vom 4. Juni 1890 die Ortspolizeibehörde für die Räumung von Wohnungen mehrtägige Räumungsfristen durch eine nach Maßgabe der darüber geltenden Vorschriften zu erlassende Verordnung bestimmen. Hiernach ist insbesondere in Berlin durch Polizeiverordnung vom 26. März 1870 über die Umzugstermine beim Wohnungswechsel bestimmt, daß die Räumung der Wohnung

aa) bei kleinen, d. h. höchstens aus zwei Wohnzimmern mit Zubehör (Küche, Kammer, Bodenraum, Keller) bestehenden Wohnungen, am ersten Quartalstage,

bb) bei mittleren, d. h. aus drei bis vier Wohnzimmern und Zubehör bestehenden Wohnungen, am zweiten Quartalstage um 12 Uhr mittags,

cc) bei großen, d. h. mehr wie vier Wohnzimmer nebst Zubehör umfassenden Wohnungen, am dritten Quartalstage um 12 Uhr mittags

beendet sein muß, jedoch bei Wohnungen von drei Wohnzimmern und Zubehör ein Wohnzimmer, bei Wohnungen von mehr als drei Wohnzimmern und Zubehör aber zwei Wohnzimmer schon am ersten Quartalstage vollständig geräumt und dem anziehenden Mieter für die Unterbringung seiner Möbel und Effekten zur Verfügung gestellt werden müssen.

Es gilt indessen diese Vorschrift nur für die Quartalsumzüge und nur für Wohnungen nebst Zubehör, nicht für Läden, Verkaufs- und Arbeitsräume, welche stets am ersten Quartalstage zu räumen sind, s. Niendorff S. 213.

b) Für die Großherzogtümer Mecklenburg-Schwerin und Mecklenburg-Strelitz bestimmt § 40 bezw. § 39 der Ausf.-Verordnung zum B.G.B., daß die Räumung von Wohnungen innerhalb der Städte und Flecken, wenn das Mietverhältnis mit dem Schlusse eines Kalendervierteljahres endigt und der Mietzins nicht nach Monaten oder kürzeren Zeiträumen bemessen ist, spätestens am vierten Tage des folgenden Kalendervierteljahres bis mittags 12 Uhr zu geschehen hat und, wenn dies ein Sonntag oder allgemeiner Feiertag ist, der nächstfolgende Werktag an seine Stelle tritt.

Für andere Ortschaften kann durch Ortsstatut eine Räumungsfrist eingeführt, durch solches auch für einzelne Städte und Flecken die oben festgesetzte Frist anders geordnet werden.

Die frühere Verordn. vom 25. Mai. 1881 betr. die Aufkündigungs- und Räumungszeiten für Mietwohnungen in den Städten ist aufgehoben.

c) Für das Herzogtum Anhalt ordnet Art. 27 des Ausf.-Ges. zum B.G.B. vom 18. April 1899 die Räumungsfrist so, wie für Mecklenburg in Abs. 1 erwähnt ist, nur mit der Abweichung, daß die Räumung bis zum dritten Tage mittags 12 Uhr beendigt sein muß und die Räumungsfrist um so viele Tage verlängert wird, als Sonn- und Feiertage in dieselbe fallen.

d) Für das Fürstentum Lippe enthält der § 21 des Ausf.-Ges. zum B.G.B. vom 17. November 1899 die gleiche Vorschrift, wie die Mecklenburgische Ausführungsverordnung (s. o. unter b) nur mit der Abweichung, daß die Räumung spätestens bis mittags 12 Uhr am zweiten Tage des folgenden Kalenderjahres geschehen muß.

e) Für die Freie Hansestadt Bremen bestimmt das Ausf.-Ges. zum B.G.B. vom 18. Juli 1899 § 13: „Bei Wohnungsmieten, welche mit dem Schlusse eines Kalendervierteljahres endigen, beginnt die Räumungsfrist am letzten Tage des

nach Ablauf der Mietzeit, auch durch indirekte Zwangsmittel,[1] regelmäßig[2] nicht befugt, muß vielmehr gegen ihn die Räumungsklage erheben. (Über die Klage auf künftige Räumung s. unten § 54 Z. 3.)

Der Vermieter darf auch sein Recht auf Räumung nicht in chikanöser Weise ausüben, also den Mieter nicht austreiben, wenn derselbe am Räumungstage schwer krank darniederliegt oder wenn zu dieser Zeit ein Todesfall in dessen Familie eingetreten ist — vorbehaltlich seines Anspruchs auf Mietentschädigung für die betr. Zeit (s. unten bei Z. 3).

2. Was die Einreden des Mieters gegen die Räumungsklage betrifft, so steht ihm

a) wegen seiner Ansprüche gegen den Vermieter, insbesondere wegen der auf die gemieteten Räume gemachten Verwendungen, ein Zurückbehaltungsrecht nicht zu (556 Abs. 2),[3]

Mietverhältnisses mittags 12 Uhr und endigt mit dem Beginn der Mittagsstunde des folgenden Tages. Ist der folgende Tag ein Sonntag oder allgemeiner Feiertag, so beginnt die Räumungsfrist am letzten Tage des Mietverhältnisses 8 Uhr morgens und endigt an demselben Tage 8 Uhr abends. Der Vermieter oder derjenige, welcher die Wohnung bezieht, ist vom Beginn der Räumungsfrist an zur Mitbenutzung der Wohnung berechtigt.

Fällt das Ende des Mietjahres auf einen Sonntag oder einen allgemeinen Feiertag, so tritt als letzter Tag des Mietverhältnisses der nächstfolgende Werktag an seine Stelle. Diese Vorschrift findet auf Mietverträge, welche zu einer Ziehzeit des bisherigen Rechts endigen, mit der Maßgabe entsprechende Anwendung, daß an die Stelle der gesetzlichen Ziehzeit des bisherigen Rechts (§ 1 des Ges. vom 26. Januar 1895) der 31. März und der 30. September treten."

f) Für die Freie Hansestadt Hamburg schreibt § 25 des dortigen Ausf.-Ges. zum B.G.B. vor: Gemietete Räume, für welche vierteljährliche oder längere Kündigungsfristen bestehen, sind, soweit das B.G.B. für das Mietverhältnis maßgebend ist, bei Beendigung desselben bis mittags 12 Uhr des auf die Beendigung nächstfolgenden Werktages zu räumen.

g) In Lübeck sind nach § 26 des Ausf.-Ges. zum B.G.B. vom 30. Oktober 1899 (ohne Rücksicht auf die Länge der Kündigungsfrist) Mietsräume bis 12 Uhr mittags des ersten Werktages zu räumen, der auf das Ende der Mietzeit folgt.

h) Für das Großherzogtum S.-Weimar können nach § 34 und für das Herzogtum S.-Altenburg nach § 32 des Ausf.-Ges. zum B.G.B. durch Ortsstatute die Fristen bestimmt werden, bis zu deren Ablauf gemietete Räume bei Beendigung des Mietverhältnisses zu räumen sind.

[1] Z. B. Ausheben der Fenster und Thüren.

[2] Sofern nicht etwa die Voraussetzungen der Selbsthilfe nach § 229 vorliegen, z. B. wenn der alte Mieter nicht abziehen, der neue Mieter einziehen will und gerichtliche Hilfe nicht rasch genug zu erlangen ist. Jur. Wochenschr. 1900 S. 23 Nr. 43. Vgl. auch Sächs. Arch. für Bürgerl. Recht 1900 S. 242.

[3] Abweichend vom gemeinen Recht l. 27 § 5, l. 48 D. de R. V. 6. 1, sowie auch vom S.G.B. § 767 (vgl. Wengler S. 101 Anm. 18), dagegen im Anschluß an das

In betreff seines Wegnahmerechts s. oben § 18 Z. 3.

b) Auf Grund seines Eigentums kann der Mieter die Rückgabe der gemieteten Räume wenigstens dann verweigern,[1] wenn

a) der Mieter nach Abschluß des Mietvertrags das Eigentum vom Vermieter oder auch von einem Dritten rechtsgültig erworben[2] oder wenn

b) er in Unkenntnis seines Eigentums die eigene Sache gemietet und wegen dieses Irrtums den Vertrag alsbald nach erlangter Kenntnis des wahren Sachverhalts angefochten hat (119, 121).[3]

3. Giebt der Mieter (abgesehen von dem Fall einer stillschweigenden Verlängerung s. u. § 36) die Räume nach Beendigung des Mietverhältnisses nicht zurück, so kann der Vermieter für die Dauer der Vorenthaltung (ohne weiteren Nachweis der Angemessenheit des Betrags) mindestens eine Entschädigung in der Höhe des vereinbarten Mietzinses verlangen. Die Geltendmachung eines weiteren Entschädigungsanspruchs (bei schuldhafter Verzögerung der Rückgabe seiten des Mieters) ist nicht ausgeschlossen (557).[4]

4. Über den dem Vermieter bei Beendigung des Mietverhältnisses zustehenden Räumungsanspruch gegen den Untermieter s. § 26 Z. 4 und über die prozessuale Behandlung der Räumungsklage s. u. § 54.

A.L.R. I 21 § 397 ist dem Mieter das Zurückbehaltungsrecht wegen Verwendungen, welches ihm nach allgemeinen Grundsätzen (§ 273 Abs. 2) zustehen würde und auch im I. Entw. zugestanden war, bereits im II. Entw. versagt worden, „weil dasselbe dem Mieter eine Sicherung geben würde, die in keinem Verhältnis zu dem Betrage der zu sichernden Gegenansprüche desselben stehen und als Mittel, den Vermieter zur Befriedigung ungerechtfertigter Ansprüche des Mieters zu zwingen, benutzt werden würde". Dagegen kann der Mieter seine Gegenansprüche im Wege der Aufrechnung gegen etwaige Mietrückstände geltend machen, s. A.L.R. I 21 § 397.

[1] S. Mot. II S. 402. Ähnlich die Praxis des gemeinen Rechts (l. 25 Cod. de loc. et cond. 4, 65) sowie das S.G.B. §§ 1227 u. 1184.

[2] Es würde in diesem Falle für den Mieter gegenüber der Räumungsklage die Einrede der Arglist (dolo facit, qui petit, quod redditurus est) begründet sein. So auch Örtmann § 556 Erl. 2c.

[3] Denn alsdann ist der ganze Mietvertrag nichtig und deshalb auch keine Räumungsklage daraus begründet, s. Örtmann a. a. O. Erl. 2b.

[4] Übereinstimmend A.L.R. I 21 §§ 333 335. S.G.B. § 1219. Übrigens kann von einem über den Betrag des anteiligen Mietzinses hinausgehenden Entschädigungsanspruch dann keine Rede sein, wenn die verzögerte Rückgabe nicht auf einem Verschulden des Mieters beruht, z. B. wegen der schweren Erkrankung oder des Todes eines Familiengliedes nicht früher ausführbar war. Niendorff S. 178, s. o. bei Z. 1.

IV. Verjährung.

§. 24. Verjährungsfristen für die verschiedenen Ansprüche des Vermieters und des Mieters.

§ 195. Die regelmäßige Verjährungsfrist beträgt dreißig Jahre.

§ 197. In vier Jahren verjähren ... die Ansprüche auf Rückstände von Miet- und Pachtzinsen....

§ 558. Die Ersatzansprüche des Vermieters wegen Veränderungen oder Verschlechterungen der vermieteten Sache sowie die Ansprüche des Mieters auf Ersatz von Verwendungen oder auf Gestattung der Wegnahme einer Einrichtung verjähren in sechs Monaten.

Die Verjährung der Ersatzansprüche des Vermieters beginnt mit dem Zeitpunkt, in welchem er die Sache zurückerhält; die Verjährung der Ansprüche des Mieters beginnt mit der Beendigung des Mietsverhältnisses.

Mit der Verjährung des Anspruchs des Vermieters auf Rückgabe der Sache verjähren auch die Ersatzansprüche des Vermieters.

1. Der Anspruch des Vermieters auf Rückstände von Mietzins verjährt in vier Jahren von dem Schlusse des Jahres ab, in welchem der Fälligkeitstermin eingetreten ist (197, 198, 202).[1]

2. Die Ersatzansprüche des Vermieters wegen Veränderungen oder Verschlechterungen der vermieteten Räume verjähren in sechs Monaten von dem Zeitpunkt ab, in welchem er die Räume zurückerhält (558 Abs. 1 u. 2).[2]

3. Die Ansprüche des Mieters auf Ersatz von Verwendungen oder auf Gestattung der Wegnahme einer Einrichtung verjähren in sechs Monaten von der Beendigung des Mietverhältnisses ab.

4. Im übrigen gilt für die beiderseitigen Ansprüche, also insbesondere des Mieters wegen Mängeln der Räume und wegen nicht rechtzeitiger Überlassung, ingleichen wegen Entziehung des Gebrauchs derselben, sowie des Vermieters auf Unterlassung vertragswidrigen Gebrauchs und auf Rückgabe der Räume die regelmäßige Verjährungsfrist von dreißig Jahren, von der Entstehung des betr. Anspruchs ab (195, 198). Mit der Verjährung des Anspruchs des Vermieters auf Rückgabe der Sache verjähren auch seine Ersatzansprüche (558 Abs. 3).[3]

---

[1] Hiernach ist der Mietzins für die Zeit vom 1. Oktober bis 31. Dezember 1900, welcher beim Mangel anderweiter Vertragsberedung am 2. Januar 1901 (postnumerando) fällig ist, nach vier Jahren, vom Schluß des Jahres 1901 ab, mithin mit dem Ablauf des Jahres 1905, verjährt. Vgl. Planck § 198 Anm. 1 Abs. 2, § 201 Anm. 1.

[2] Denn erst zu dieser Zeit vermag er mit Bestimmtheit zu beurteilen, ob ihm Ersatzansprüche zustehen.

[3] Es gilt hier der Grundsatz des § 224, daß mit dem Hauptanspruch auch der Anspruch auf die von ihm abhängenden Nebenleistungen verjährt. Dagegen bleibt das

5. Der Lauf der Verjährung kann durch bestimmte Thatsachen gehemmt oder unterbrochen werden.

Die Hemmung hat die Wirkung, daß die Zeit, während deren der hemmende Umstand besteht, in die Verjährungsfrist nicht eingerechnet wird (205). Sie tritt namentlich ein

a) solange die Leistung gestundet oder der Verpflichtete aus einem anderen Grunde zur Verweigerung der Leistung berechtigt ist (202),

b) solange der Berechtigte durch Stillstand der Rechtspflege oder in anderer Weise durch höhere Gewalt innerhalb der letzten sechs Monate der Verjährungsfrist an der Rechtsverfolgung verhindert ist (203).

Die Unterbrechung hat die Wirkung, daß die bis zu derselben verstrichene Zeit nicht in Betracht kommt, sondern erst nach Beendigung der Unterbrechung eine neue Verjährung beginnen kann (208, 209, 217). Eine derartige Unterbrechung tritt namentlich ein, wenn

a) der Verpflichtete dem Berechtigten gegenüber dessen Anspruch (also z. B. der Mieter dem Vermieter gegenüber den Anspruch auf Mietgeld, der Vermieter dem Mieter gegenüber dessen Anspruch auf Ersatz für notwendige Verwendungen oder auf Schadloshaltung wegen nicht rechtzeitiger Überlassung der Mieträume) ausdrücklich oder stillschweigend, z. B. durch Abschlagszahlung oder Sicherheitsleistung, anerkennt (208),

b) wenn der Berechtigte den Anspruch durch Zustellung der Klage oder des Zahlungsbefehls oder durch Anmeldung im Konkurse des Verpflichteten gerichtlich geltend macht (209). Dagegen wird durch bloße Mahnung die Verjährung nicht unterbrochen.

Über die beim Inkrafttreten des B.G.B. bereits begonnene Verjährung s. unten § 50 Z. 3.

Pfandrecht des Vermieters an den eingebrachten Sachen des Mieters, sofern dessen Voraussetzungen gegeben sind, auch nach der Verjährung der Ansprüche des Vermieters bestehen. So auch Mittelstein S. 319. Anderer Meinung Niendorff S. 120.

Dritter Abschnitt.

Besitzverhältnis der Vertragsparteien.

§ 25. Unmittelbarer Besitz auf seiten des Mieters, mittelbarer Besitz auf seiten des Vermieters.

§ 859. Der Besitzer darf sich verbotener Eigenmacht mit Gewalt erwehren. . . .

Wird dem Besitzer eines Grundstücks der Besitz durch verbotene Eigenmacht entzogen, so darf er sofort nach der Entziehung sich des Besitzes durch Entsetzung des Thäters wieder bemächtigen. . . .

§ 861. Wird der Besitz durch verbotene Eigenmacht dem Besitzer entzogen, so kann dieser die Wiedereinräumung des Besitzes von demjenigen verlangen, welcher ihm gegenüber fehlerhaft besitzt.

Der Anspruch ist ausgeschlossen, wenn der entzogene Besitz dem gegenwärtigen Besitzer oder dessen Rechtsvorgänger gegenüber fehlerhaft war und in dem letzten Jahre vor der Entziehung erlangt worden ist.

§ 862. Wird der Besitzer durch verbotene Eigenmacht im Besitze gestört, so kann er von dem Störer die Beseitigung der Störung verlangen. Sind weitere Störungen zu besorgen, so kann der Besitzer auf Unterlassung klagen.

Der Anspruch ist ausgeschlossen, wenn der Besitzer dem Störer oder dessen Rechtsvorgänger gegenüber fehlerhaft besitzt und der Besitz in dem letzten Jahre vor der Störung erlangt worden ist.

§ 868. Besitzt jemand eine Sache als Nießbraucher, Pfandgläubiger, Pächter, Mieter, Verwahrer oder in einem ähnlichen Verhältnisse, vermöge dessen er einem Anderen gegenüber auf Zeit zum Besitz berechtigt oder verpflichtet ist, so ist auch der Andere Besitzer (mittelbarer Besitz).

§ 855. Übt jemand die thatsächliche Gewalt für einen Anderen in dessen Haushalt oder Erwerbsgeschäft oder in einem ähnlichen Verhältnis aus, vermöge dessen er den sich auf die Sache beziehenden Weisungen des Anderen Folge zu leisten hat, so ist nur der Andere Besitzer.

§ 860. Zur Ausübung der dem Besitzer nach § 859 zustehenden Rechte ist auch derjenige befugt, welcher die thatsächliche Gewalt nach § 855 für den Besitzer ausübt.

Neben den auf dem Vertragsverhältnis beruhenden Rechten des Mieters und des Vermieters kommen auch die auf ihrem Besitzverhältnis beruhenden Rechte in Betracht.

Der Mieter, welcher das Mietgrundstück oder Teile eines solchen, namentlich *abgesonderte*[1] Wohn- oder andere Räume thatsächlich inne

[1] Dem Mietbesitzer des ganzen Grundstücks ist hiernach der Mietbesitzer eines Teils desselben (Teilbesitzer) in Bezug auf den Besitzesschutz gleichgestellt. Bewohnen Vermieter und Mieter denselben abgesonderten Raum, so üben sie beide unmittelbar den Besitz aus (866).

hat, ist unmittelbarer, der Vermieter mittelbarer Besitzer derselben (865, 868).[1]

Hiernach kann

1. der Mieter gegen denjenigen, welcher ihm, ohne seinen Willen und ohne daß das Gesetz dies gestattet, den Besitz entzieht[2] oder ihn im Besitze stört,[3] also verbotene Eigenmacht ausübt, zur Abwendung der Störung oder zur Wiedererlangung des Besitzes

a) Selbsthilfe anwenden;[4] er muß aber im Fall der Entziehung sich unmittelbar nach derselben des Besitzes der Mieträume wieder bemächtigen; außerdem würde er selbst verbotene Selbsthilfe begehen (859). Die nach vorstehendem erlaubte Selbsthilfe kann der Mieter beim Vorhandensein der gesetzlichen Voraussetzungen sowohl gegen den Vermieter,[5] als gegen Dritte, insbesondere auch gegen die Inhaber anderer Mieträume, die in seinen Besitz störend eingreifen, zur Anwendung bringen. Er kann dies insbesondere auch dann, wenn die Eigenmacht nicht gegen ihn, sondern gegen seine Familienangehörigen, oder Dienstleute, welche die thatsächliche Gewalt für ihn ausüben, verübt worden ist (855). Andererseits können auch die letzteren (sog. Besitzdiener) namens des von ihnen vertretenen Mieters (als Besitzherrn) zur Abwendung verbotener Eigenmacht Selbsthilfe ausüben (855, 860).

b) Der Mieter hat aber auch, wenn ihm der Besitz der Mieträume durch verbotene Eigenmacht entzogen wird, gegen den Entziehenden die Klage auf Wiedereinräumung des Besitzes und, wenn er durch verbotene Eigenmacht im Besitze gestört wird, gegen den Störer die Klage auf Beseitigung der Störung und, sofern weitere Störungen zu besorgen sind, auf Unterlassung derselben (861, 862).[6] Gegenüber diesen

---

[1] Nach gem. und französischem Recht hat der Mieter keinen Besitz und, abgesehen von der Spolienklage (réintegrande) keine Besitzklage. Nach dem B.G.B. hat er keinen juristischen Besitz, aber aus praktischen Rücksichten die Besitzklage (§ 208), dagegen nach A.L.R. I 21 § 2 nicht nur Rechtsbesitz, sondern ein dingliches Recht am gemieteten Grundstück, nach 7 § 6, 9 auch unvollständigen Besitz desselben.

[2] Wer z. B. einen dem Mieter mitvermieteten Raum in Benutzung nimmt und ihn verschließt, so daß der Mieter denselben nicht mehr benutzen kann.

[3] Z. B. wiederholt Abraum und Kehricht in eine dem Mieter gehörige Kammer wirft.

[4] Es ist dies ein besonderes, von der Voraussetzung des § 229 (Nichterlangbarkeit obrigkeitlicher Hilfe) nicht abhängiges Selbsthilferecht des Besitzers als solchen.

[5] Mot. III S. 112. Cosack, Lehrb. II S. 82 und 96. Planck § 869 Erl. 2 Abs. 2.

[6] Der Mieter hat die Besitzstörungsklage namentlich auch gegen die anderen Mieter in demselben Hause, wenn dieselben z. B. unbefugt einen von ihm gemieteten Raum benutzen oder den Zugang zu dem gemeinschaftlichen Trockenboden durch einen davor gesetzten Schrank versperren.

Klagen kann ein Recht zum Besitz oder zur Vornahme der störenden Handlung nur zur Begründung der Behauptung geltend gemacht werden, daß die Entziehung oder die Störung des Besitzes nicht verbotene Eigenmacht sei. Auch diese Klagen sind ihm nicht bloß gegen Dritte, sondern auch gegen den Vermieter gegeben, doch diesem gegenüber wegen der nebenher gehenden Vertragsklage nicht von erheblicher praktischer Bedeutung. Beide Klagen muß der Mieter bei Verlust derselben binnen einem Jahre nach Verübung der verbotenen Eigenmacht erheben (864). Im übrigen ist der Mieter zur Erhebung der Besitzklage gegen Dritte nicht verpflichtet, kann dies vielmehr dem Vermieter überlassen, der verpflichtet ist, dem Mieter den vertragsmäßigen Gebrauch der Mieträume zu gewähren. Nur die Anzeige von Eingriffen Dritter liegt dem Mieter gegenüber dem Vermieter ob. Haidlen zu § 535 S. 601.

Zur Geltendmachung von Schadensersatzansprüchen ist die Besitzklage nicht gegeben, doch kann beim Vorhandensein der gesetzlichen Voraussetzungen [§ 823] mit der Besitzklage die Klage auf Schadensersatz verbunden werden.[1]

2. Dem Vermieter stehen dem Mieter gegenüber weder das Selbsthilferecht des § 879 (Mot. III S. 114, Planck, Erl. 2 Abs. 2 zu § 869 Bd. III S. 60. Cosack II S. 96) noch die Besitzklagen (Mot. III S. 127) zu, sondern nur die Klage aus dem Mietvertrage[2] und die Eigentumsklage (1004).

Dagegen kann er, wenn ein Dritter dem Mieter den Besitz entzieht oder ihn darin stört, die dem Mieter zustehenden Besitzklagen ebenfalls — und zwar selbständig — erheben, im Fall der Entziehung des Besitzes aber nur auf Wiedereinräumung desselben an den bisherigen unmittelbaren Besitzer (den Mieter) und erst, wenn dieser den Besitz nicht wieder übernehmen kann oder will, auf Einräumung an sich selbst (869).

3. Einer besonderen Erörterung bedarf noch die Frage, in welcher Weise der Mieter gegen die sog. „excessive Immission von Imponderabilien", d. h. gegen die übermäßige Zuführung von Gasen, Dämpfen, Gerüchen, Rauch, Ruß, Wärme, Geräusch, Erschütterungen und gegen ähnliche Störungen vorzugehen hat, mögen dieselben nun von Mit-

---

[1] Planck, Vorbem. zu §§ 861—864 Abs. 2 Bd. III S. 45. Das gemeine Recht gab bei einem Verschulden des Beklagten die Besitzstörungsklage auch zur Einforderung von Schadensersatz. R.G. Bd. 31 S. 183.

[2] Denn nach dem B.G.B. hat der Vermieter als mittelbarer Besitzer keine selbständige Klage, sondern nur die dem Mieter zustehende Besitzklage, kann also mit dieser nur gegen Dritte vorgehen. Haidlen, Anm. zu § 868.

bewohnern des Miethauses, insbesondere anderen Mietern oder von den Bewohnern der Nachbargrundstücke ausgehen. In dieser Beziehung unterliegt es zunächst keinem Zweifel, daß der Vermieter

a) als solcher gegen andere Mieter seines Hauses mit der Vertragsklage und

b) in seiner Eigenschaft als Eigentümer mit der Eigentumsklage gegen die Nachbarn die Beseitigung oder Unterlassung derartiger Störungen beantragen kann (906, 1004, Mot. III S. 264 flg., vgl. auch R.G. Bd. 11 S. 183, Bd. 12 S. 174, sowie die Urt. des V. Civ.-Sen. des R.G. vom 21. Februar 1900, des VI. Civ.-Sen. vom 10. Mai 1900, bei Gruchot, Beitr. Bd. 44 Beilageheft S. 1094 flg., ingleichen des II. Civ.-Sen. vom 10. Juli 1900 in der deutsch. Juristenzeit. 1900 S. 503, Ihering in den Jahrb. f. Dogm. Bd. 23 S. 280 flg.); die Eigentumsklage ist jedoch insoweit ausgeschlossen, als die Zuführung derartiger Imponderabilien die Benutzung des Grundstücks nicht oder nur unwesentlich beeinträchtigt oder durch eine Benutzuug des Nachbargrundstücks herbeigeführt ist, die nach den örtlichen Verhältnissen bei Grundstücken dieser Lage gewöhnlich ist; nur die Zuführung durch eine besondere Leitung unterliegt in jedem Fall dem Verbot.[1]

Auch wird die erwähnte Klage durch § 26 Gew.Ordn. dahin beschränkt, daß diese Klage einer mit obrigkeitlicher Genehmigung errichteten gewerblichen Anlage gegenüber niemals auf Einstellung des Gewerbebetriebes, sondern nur auf Herstellung von Einrichtungen, welche die benachteiligende Einwirkung ausschließen, oder wo solche Einrichtungen unthunlich oder mit einem gehörigen Betriebe des Gewerbes unvereinbar sind, auf Schadloshaltung gerichtet werden kann.

Der Mieter kann sich nun zunächst dadurch helfen, daß er seinen Vermieter, der ihm den ungestörten Gebrauch der Mieträume zu gewähren hat, darauf in Anspruch nimmt, daß dieser mit der Vertragsklage gegen seine anderen Mieter, mit der Eigentumsklage gegen die Nachbarn auf Beseitigung oder Unterlassung der Störung vorgehe.

Die weitere Frage, ob der Mieter auch unmittelbar mit der Besitzstörungsklage gegen die Urheber derartiger Immissionen, welche das gesetzlich gestattete Maß (§ 906) übersteigen, vorgehen könne, dürfte zu verneinen sein, da sich die fraglichen Immissionen nicht als Eingriffe in die dem Mieter allein zustehende thatsächliche Gewalt oder als Beeinträchtigung der Ausübung seines Besitzes (verbotene Eigenmacht), sondern

[1] Hiernach hat der klagende Eigentümer die störende Einwirkung, der Beklagte aber nachzuweisen, daß sie sich als eine dem Verbot nicht unterliegende darstelle, während der Kläger wieder die etwaige Zuleitung darzuthun hat.

nur als Eingriffe in die am Grundstück bestehende rechtliche Herrschaft eines Eigentums- oder Nutzungsberechtigten darstellen und demgemäß auch in § 900 Dritten gegenüber zu deren Beseitigung nur die Eigentumsklage (negatoria) gegeben ist. Niendorff S. 170. A. M. Volkmar, in der deutsch. Juristenzeit. 1901 S. 382.

Vierter Abschnitt.

Überlassung des Gebrauchs der gemieteten Räume von seiten des Mieters an Dritte, insbesondere Weitervermietung (Untermiete).

---

§ 26. Rechtsverhältnis zwischen Vermieter und Mieter, sowie zwischen Beiden und dem Dritten (Untermieter).

§ 549. Der Mieter ist ohne die Erlaubnis des Vermieters nicht berechtigt, den Gebrauch der gemieteten Sache einem Dritten zu überlassen, insbesondere die Sache weiter zu vermieten. Verweigert der Vermieter die Erlaubnis, so kann der Mieter das Mietverhältnis unter Einhaltung der gesetzlichen Frist kündigen, sofern nicht in der Person des Dritten ein wichtiger Grund vorliegt.

Überläßt der Mieter den Gebrauch einem Dritten, so hat er ein dem Dritten bei dem Gebrauch zur Last fallendes Verschulden zu vertreten, auch wenn der Vermieter die Erlaubnis zur Überlassung erteilt hat.

Ob und unter welchen Bedingungen der Mieter den Gebrauch der gemieteten Räume an einen Anderen überlassen kann, ist zunächst nach dem Mietvertrag zu beurteilen.

Insoweit dieser hierüber keine Bestimmung enthält, kommen die nachstehenden gesetzlichen Bestimmungen zur Anwendung.

1. **Rechtsverhältnis zwischen dem Vermieter und dem Mieter.** Der Mieter ist ohne die Erlaubnis des Vermieters nicht berechtigt, den Gebrauch der gemieteten Räume einem Dritten zu überlassen, dieselben insbesondere weiter zu vermieten (549 Abs. 1 S. 1).[1]

---

[1] Im wesentlichen übereinstimmend A.L.R. I 21 §§ 309—312, dagegen abweichend (mit Gestattung der Gebrauchsüberlassung) das gemeine Recht l. 6 Cod. de loc. 4, 65. das S.G.B. § 1194, der C. c. art. 1717 und auch der I. Entw. des B.G.B. s. Mot. II S. 395. Die Abweichung des B.G.B. vom I. Entwurf ist (mit Recht) darauf gestützt worden, daß der Vermieter ein erhebliches Interesse an der Person

Verweigert der Vermieter die Erlaubnis, so kann der Mieter das Mietverhältnis unter Einhaltung der gesetzlichen Frist kündigen,[1] sofern nicht in der Person des Dritten ein wichtiger Grund vorliegt (549 Abs. 1 S. 2).[2] Tritt ein solcher Grund nach Erteilung der Erlaubnis ein, so berechtigt dies den Vermieter zur nachträglichen Zurücknahme derselben (Örtmann § 549 Anm. 4^b S. 271).

Überläßt der Mieter den Gebrauch — mit oder ohne Einwilligung des Vermieters — einem Dritten, so hat er in jedem Falle ein dem letzteren beim Gebrauche zur Last fallendes Verschulden zu vertreten (549 Abs. 2).[3]

Wenn ferner ungeachtet einer Abmahnung des Vermieters der Mieter dem Dritten den ihm unbefugt überlassenen Gebrauch beläßt

---

und den Vermögensverhältnissen des Mieters habe und sich nicht jede beliebige Person als solchen aufdrängen zu lassen brauche. Protok. S. 1955.

Die Erlaubnis des Vermieters, welche auch mündlich oder stillschweigend — namentlich durch wissentliche Duldung der Überlassung des Gebrauchs von seiten des Mieters an Dritte — erfolgen kann, ist nicht bloß bei entgeltlicher Gebrauchsüberlassung (Unter- oder Aftermiete), einzelner oder aller Mieträume, oder bei Abtretung des dem Mieter zustehenden Mietrechts, sondern auch bei unentgeltlicher Gebrauchsüberlassung oder Aufnahme Dritter erforderlich. Anders nach A.L.R. I 21 § 310. Immerhin aber wird vorausgesetzt, daß derjenige, dem der Gebrauch überlassen ist, ein Dritter ist, also nicht dem Hausstand des Mieters als Familienmitglied, Besuch oder Gesinde angehört. Dagegen würde z. B. zur Aufnahme von Pensionären oder Schlafburschen in der Regel die Erlaubnis des Vermieters erforderlich sein. Vgl. Niendorff S. 180.

Soweit der Mieter den Gebrauch nicht einem Dritten überlassen kann, ist eine Abtretung und folgeweise eine Pfändung seiner Rechte aus dem Mietvertrag nicht zulässig. Mot. II S. 396. Planck § 549 Anm. 5, § 851 C.P.O. Insoweit er (nach besonderer Bestimmung des Mietvertrags) sein Gebrauchsrecht abtreten kann, ist eine Pfändung seines Wohnungsrechts zulässig, ohne daß dadurch sein Vertragsverhältnis zum Vermieter aufgelöst wird. Vgl. R.G. Bd. 6 S. 377, Bd. 37 S. 421. Bolze, Bd. 8 Nr. 208 und 1012.

[1] In der Regel wird die Verweigerung des Vermieters den Mieter nur dann zur Kündigung berechtigen, wenn letzterer die Erlaubnis des Vermieters mit Rücksicht auf einen bestimmten Untermieter erbeten hat. Hat aber der Vermieter allgemein erklärt, überhaupt keinen Untermieter oder nur Untermieter einer gewissen Art aufnehmen zu wollen, dann berechtigt dies den Mieter ohne weiteres zur Kündigung. R.G. Bd. 35 S. 317, Bd 41 S. 247. Wegen der Kündigungsfrist siehe § 565 und unten § 37.

[2] Als ein wichtiger Grund für die Versagung der Erlaubnis, dessen Vorhandensein der Vermieter nachzuweisen hat — ist es namentlich anzusehen, wenn der vom Mieter anzunehmende Dritte ein unehrbares oder dem Hause schädliches Gewerbe betreibt, oder überhaupt die Mietwohnung in stärkerem Maße, als der Mieter, in Anspruch nimmt und abnutzt. Vgl. A.L.R. I 21 § 311.

[3] Übereinstimmend C. c. art. 1735. Abweichend gemeines Recht und S.G.B. § 1193. — Im Falle unerlaubter Gebrauchsüberlassung hat der Mieter auch den infolge derselben erwachsenden zufälligen Schaden zu ersetzen, sofern derselbe nicht auch ohnedies eingetreten wäre. Mot. II S. 397.

oder der Dritte einen vertragswidrigen Gebrauch fortsetzt, der die Rechte des Vermieters in erheblichem Maße verletzt, so kann dieser dem Mieter gegenüber nicht nur auf Unterlassung und Schadensersatz klagen, sondern auch das Mietverhältnis ohne Einhaltung einer Kündigungsfrist kündigen (553).

2. **Verhältnis zwischen dem Vermieter und dem Dritten (Untermieter).** Auch wenn der Vermieter die Erlaubnis zur Gebrauchsüberlassung erteilt, entsteht zwischen ihm und dem Dritten (Untermieter) an sich kein Vertragsverhältnis. Der Vermieter hat daher auf den vom Untermieter an den Mieter zu zahlenden Mietzins keinen Anspruch, sondern kann denselben nur im Wege des Arrestschlags oder der Zwangsvollstreckung zur Sicherung oder Befriedigung wegen Forderungen an den Mieter für sich heranziehen. Ebensowenig hat der Vermieter ein gesetzliches Pfandrecht an den eingebrachten Sachen des Untermieters.

Auch ist ein gegen den Mieter ergangenes Räumungsurteil gegen den Dritten nur dann vollstreckbar, wenn derselbe nach Erhebung der Räumungsklage gegen den Mieter den Besitz der Mieträume vom Mieter überkommen hat (§§ 325, 727 C.P.O.). Andernfalls muß der Vermieter den Dritten auf Räumung besonders verklagen.[1] Hierzu aber ist der Vermieter befugt. Denn nicht bloß auf Grund seines etwaigen Eigentums oder Besitzes, sondern auch nach Beendigung des Mietverhältnisses mit dem Mieter kann er auf Grund des Mietvertrags den Dritten unmittelbar auf Rückgabe der Mieträume in Anspruch nehmen (556 Abs. 3).[2]

Durch besondere Abreden zwischen dem Vermieter, dem Mieter und dem Untermieter kann ein unmittelbares Rechtsverhältnis zwischen dem

---

[1] Vgl. Mot. II S. 397. So auch im früheren Pr. Recht. Koch, A.L.R. I 21 § 315 Anm. 47.

[2] Nach gemeinem Recht und dem S. G.B. § 1194 hat der Vermieter gegen den Untermieter keine Vertrags-, sondern nur die Eigentums- oder Besitzklage. Nach A.L.R. I 21 § 315 kann der Vermieter dann, wenn der Mieter unbefugter- oder eigenmächtigerweise einen Untermieter angenommen hat, auf dessen Entsetzung zu allen Zeiten antragen Str.-Arch. Bd. 48 S. 144. Durch die obige, abweichend vom Entwurfe I aus praktischen Gründen eingeführte Vorschrift des B.G.B. wird die auf dem Mietvertrage beruhende Räumungspflicht an die Innehaltung der Mieträume geknüpft, also der entsprechende Anspruch zu einer actio in rem scripta gestempelt. Planck § 566 Anm. 3. Vgl. auch Mot. II S. 398.

Immerhin wird zur Geltendmachung dieses Räumungsanspruchs gegen den Dritten die Beendigung des Mitverhältnisses mit dem Hauptmieter (wegen unbefugter Annahme des Untermieters) vorausgesetzt, dem Hauptvermieter also nicht, wie in § 315 A.L.R., das Recht gegeben, jederzeit auf Entsetzung des unbefugt angenommenen Aftermieters anzutragen. Protok. S. 1978.

Vermieter und dem Untermieter (mit oder ohne gleichzeitige Haftung des Mieters) begründet werden. Niendorff S. 190.

3. Das Rechtsverhältnis zwischen dem Mieter und dem Untermieter wird an sich dadurch, daß der Mieter sein Gebrauchsrecht selbst erst vom Vermieter ableitet, nicht berührt und in seinem Bestande auch dadurch nicht erschüttert, daß der Vermieter die Erlaubnis zur Gebrauchsüberlassung an den Dritten versagt. Muß der Dritte vor Ablauf seiner Mietzeit infolge der früheren Beendigung des Mietverhältnisses zwischen dem Vermieter und dem Mieter das Mietquartier räumen, so kann er den Mieter nach den oben, § 15, ausgeführten Grundsätzen wegen Nichtgewährung des vertragsmäßigen Gebrauchs in Anspruch nehmen.

Fünfter Abschnitt.

Pfandrecht des Vermieters an den eingebrachten Sachen des Mieters.[1]

§ 27. 1. Begriff und Umfang.

§ 559. Der Vermieter eines Grundstücks hat für seine Forderungen aus dem Mietverhältnis ein Pfandrecht an den eingebrachten Sachen des Mieters. Für künftige Entschädigungsforderungen und für den Mietzins für eine spätere Zeit als das laufende und das folgende Mietjahr kann das Pfandrecht nicht geltend gemacht werden. Es erstreckt sich nicht auf die der Pfändung nicht unterworfenen Sachen.

§ 1257. Die Vorschriften über das durch Rechtsgeschäft bestellte Pfandrecht finden auf ein kraft Gesetzes entstandenes Pfandrecht entsprechende Anwendung.

---

[1] Früher hatte der Vermieter an den eingebrachten Sachen des Mieters:

a) nach gemeinem Recht l. 4 pr. D. in quib. caus. pign. 20, 2 und nach A.L.R. I 21 § 395 ein gesetzliches Pfandrecht,

b) nach dem S.G.B. § 1228 ein Zurückbehaltungsrecht mit Verkaufsbefugnis,

c) nach dem C. c. art. 2102 No. 1 ein Vorzugsrecht (privilége) mit Rückforderungsrecht (révendication) im Falle der Wegschaffung.

An die Stelle dieser Vorschriften ist zunächst für den Konkurs des Mieters die Vorschrift des § 41 Z. 4 K.O. und das Reichsges. vom 9. Mai 1894 getreten. Danach stehen den Faustpfandgläubigern, welche aus den ihnen verpfändeten Gegenständen wegen ihrer Pfandforderung abgesonderte Befriedigung verlangen können, gleich: „Vermieter in Ansehung der eingebrachten Sachen, sofern die Sachen sich noch auf dem Grundstücke befinden, wegen des laufenden und für das letzte Jahr vor der Eröffnung

Dem Vermieter eines Grundstücks, also auch eines Wohnraumes oder anderen Raumes (580), ist zur Sicherung seiner Forderungen aus dem Mietverhältnis ein Pfandrecht an den eingebrachten Sachen des Mieters gegeben (559 S. 1).

Im einzelnen ist zu bemerken:

1. Das dem Vermieter eines Wohn- oder anderen Raumes hiernach zustehende Recht ist ein gesetzliches Pfandrecht, auf welches jedoch die Vorschriften über das durch Rechtsgeschäft bestellte Pfandrecht entsprechende Anwendung finden (1257).[1] Über das gleichzeitige Pfandrecht des Gastwirts s. unten Anh. I.

2. Gegenstand sind die eingebrachten Sachen des Mieters, wozu auch Geld, Inhaberpapiere und indossable Papiere (Wechsel), nicht aber auf den Namen lautende Hypothekenbriefe und Sparkassenbücher gehören.[2]

---

des Verfahrens rückständigen Zinses, sowie wegen anderer Forderungen aus dem Mietverhältnis, jedoch mit der Einschränkung, daß dem Vermieter, soweit er eine solche Forderung infolge der Kündigung des Verwalters (§ 17 Z. 1) geltend machen kann, wegen dieser Forderung der Anspruch auf abgesonderte Befriedigung nicht zusteht." Diese Vorschrift ist dann durch die Ausführungsgesetze der meisten Einzelstaaten auf das Verhältnis des Vermieters zu anderen Gläubigern des Mieters ausgedehnt worden, so daß die älteren Vorschriften (s. oben unter a bis c) im wesentlichen nur noch für das Verhältnis des Vermieters zum Mieter und zu dritten Personen gelten. S. insbes. § 7 des preuß. Ausf.-Ges. zur K.O. v 6. März 1879 R.G. Bd. 20 S. 356.

Bei der Beratung des B.G.B. wurde von der einen Seite die gänzliche Abschaffung dieses Pfandrechts, dessen Ausübung für die Mieter manche Härten gezeigt hatte, von der anderen Seite dessen Beibehaltung in der seitherigen oder sogar noch zu Gunsten des Vermieters verschärften Gestalt in Vorschlag gebracht. Schließlich gelangte eine vermittelnde Ansicht zur Aufnahme, nach welcher das Pfandrecht an sich beibehalten, aber in seiner Wirksamkeit sowohl bezüglich der ihm unterworfenen Sachen (Ausschluß der unpfändbaren Sachen, der Sachen des Untermieters und der Ehefrau), als bezüglich der dadurch gedeckten Forderungen und bezüglich der Dauer seiner Ausübung beschränkt wurde. Protok. S. 1988. Bericht der Reichstagskommission in den gedruckten Materialien Bd. 2 S. 72.

[1] Es kommen hiernach im wesentlichen diejenigen für das rechtsgeschäftliche Pfandrecht geltenden Vorschriften zur Anwendung, welche keinen Besitz auf seiten des Pfandgläubigers voraussetzen.

[2] Die auf den Namen lautenden Urkunden, die zur Verbriefung der Forderung dienen, sind nicht als selbständige Sachen, sondern regelmäßig nur als Anhängsel der Forderung Gegenstand des Verkehrs (952). Das gleiche gilt auch von sog. Legitimationspapieren (Sparkassenbüchern, Versicherungspolicen), bei welchen ein bestimmter Gläubiger genannt ist, der Schuldner aber an jeden Inhaber der Urkunde zahlen darf (808). R.G. Bd. 10 S. 40; Bd. 20 S. 135; Bd. 29 S. 301. Dagegen sind Inhaberpapiere, zu denen auch Grundschuldbriefe auf den Inhaber, Banknoten, Coupons, Renten- und Dividendenscheine gehören, selbständige Träger der Forderung und in derselben Weise wie bewegliche Sachen verpfändbar (1084, 1293). Ihnen stehen

Das Pfandrecht des Vermieters erstreckt sich nicht auf Sachen eines Dritten,[1] des Untermieters,[2] sowie der Ehefrau[3] und der Kinder des Mieters, auch wenn die letzteren mit dem Mieter in häuslicher Gemeinschaft leben. Doch unterliegen dem Pfandrecht Sachen der Ehefrau und der Kinder dann, wenn dieselben mit dem Ehemann und Vater zusammen den Mietvertrag abgeschlossen haben und Sachen der Ehefrau dann, wenn sie bei allgemeiner Gütergemeinschaft, Errungen=

---

in dieser Beziehung die indossabeln Papiere im wesentlichen gleich 1292, 1295, 1221. S. Rehbein S. 78. A. M. Siber in seiner Monographie über das gesetzliche Pfandrecht des Vermieters, des Verpächters und des Gastwirts S. 14 im 5. Bd. 2. Heft der Abhandlungen zum Privatrecht und Civilprozeß, herausgegeben von Prof. Fischer, Breslau. Über das Pfandrecht des Vermieters an Baulichkeiten des Mieters auf dem Mietgrundstücke s. Rechtsspr.. der O.L.G. I S. 437.

[1] Das Pfandrecht erstreckt sich insbesondere nicht auf diejenigen Sachen, welche der Mieter auf Grund eines Möbelleihkontraktes von einem Dritten erhalten hat. Dasselbe kann auch dann nicht geltend gemacht werden, wenn der Vermieter zur Zeit der Einbringung das Eigentum des Dritten nicht kannte, die betr. Sachen vielmehr für Eigentum des Mieters hielt. Zwar wird nach §§ 1207, 1257 und in Anwendung des Grundsatzes: „Hand wahre Hand" dem gutgläubigen Vermieter auch an den vom Mieter eingebrachten Sachen Dritter ein Pfandrecht zugeschrieben. Scherer in der Deutschen Juristenzeitung Bd. V S. 202 flg. 318 flg. Landgericht Berlin im „Recht" Jahrg. 1901 Nr. 2173; allein nach § 1257 kommen einesteils die für das vertragsmäßige Pfandrecht bestehenden Vorschriften nur für ein bereits entstandenes gesetzliches Pfandrecht zur Geltung, erstrecken sich also nicht auf die Entstehung eines solchen und deren Tragweite, s. Labes in der Deutschen Juristenzeitung Bd. 5 S. 225; anderenteils ist die Anwendung der ersterwähnten Vorschriften beim gesetzlichen Pfandrecht nur eine „entsprechende", die Heranziehung des Grundsatzes: „Hand wahre Hand" (s. § 125, 932, 934) beim Vermieterpfandrecht aber deshalb ausgeschlossen, weil dieser Grundsatz nach §§ 932, 934 einen rechtsgeschäftlichen Akt (Verkauf, Verpfändung) sowie den Besitzübergang vom Veräußerer oder Verpfänder auf den Erwerber, als Grundlage für den guten Glauben des letzteren, erfordert, beide Voraussetzungen aber beim Vermieterpfandrecht fehlen. Demgemäß ist auch die hier vertretene Ansicht die bei weitem überwiegende. S. z. B. Planck, Kommentar II § 559 II Neumann § 559 Anm. 3aγ. Cosack II S. 312. Siber, Das gesetzliche Pfandrecht des Verm. in Fischers Abhandlung V Heft 2, S. 31. Rechtspr. der O.L.G. III S. 28. Bieringer in der Jur. Wochenschr. 1901 S. 879. Ebenso beim Prioritätsstreit zwischen zwei Vermieterpfandrechten s. unten § 29 a. E. — Anders früher C. c. art. 2102 Z. 4 Abs. 3; R.G. Bd. 20 S. 356.

[2] Protok. S. 2017. Übereinstimmend die preuß. Praxis O.Tr. Bd. 1 S. 160; Förster II S. 210; aber abweichend das gem. Recht l. 5 pr. D. in quib. caus. 20, 2. l. 11 § 5 D. de pign. act. 13, 7; das S.G.B. § 1228; der C. c. art. 1753. Vgl. auch R.G. Bd. 13 S. 41. Gegenwärtig hat an den Sachen des Untermieters nur der Mieter, als Untervermieter, ein Pfandrecht.

[3] Anders nach dem früheren Preuß. Recht, insofern nach der Dekl. v. 21. 7. 46 das Pfandrecht sich auch auf solche Sachen Dritter erstreckte, welche der Mieter ohne Einwilligung Dritter zu verpfänden befugt war, dem Ehemann aber die freie Verfügung über die eingebrachten Mobilien der Frau zustand. A.L.R. II 1 § 247.

schafts- oder Fahrnisgemeinschaft in das Gesamtgut fallen (1443, 1459, 1519, 1530, 1549).[1] Auch wird zu Gunsten der Gläubiger des Mannes, worunter also auch der Vermieter, vermutet, daß die im Besitz eines der Ehegatten oder beider befindlichen beweglichen Sachen, mit Ausnahme der ausschließlich zum persönlichen Gebrauch der Frau bestimmten Sachen (insbesondere Kleider, Schmucksachen, Arbeitsgeräte), dem Manne gehören (1362).[2]

Auch von den Sachen des Mieters sind diejenigen dem Pfandrecht entzogen, welche nach der Vorschrift der Civilprozeßordnung (§ 811, früher § 715)[3] der Pfändung im Wege der Zwangsvollstreckung nicht

---

[1] Denn das Gesamtgut haftet auch für die Verbindlichkeiten des Mannes (1459).

[2] Die Frau, welche ihr Eigentumsrecht an den in der Mietwohnung befindlichen Sachen dem Pfandrecht des Vermieters gegenüber geltend macht, muß also dieses Eigentum nachweisen. Übrigens wird auch vielfach die Heranziehung der Sachen der Ehefrau in der Weise erwirkt, daß letzterer der Mitabschluß des Mietvertrags angesonnen wird. So in dem einheitlichen Vertragsformular der deutschen Hausbesitzervereine, s. unten Anhang III. Veräußerungen von Mobilien, welche der Ehemann oder Vater in der Absicht, den Vermieter zu benachteiligen, an die Ehefrau oder die Kinder bewirkt hat, kann der Vermieter in Gemäßheit des Reichsgesetzes vom 21. Juli 1879 als ihm gegenüber unwirksam anfechten.

[3] Der § 811 C.P.O. lautet:

Folgende Sachen sind der Pfändung nicht unterworfen:

1. die Kleidungsstücke, die Betten, die Wäsche, das Haus- und Küchengerät, insbesondere die Heiz- und Kochöfen, soweit diese Gegenstände für den Bedarf des Schuldners oder zur Erhaltung eines angemessenen Hausstandes unentbehrlich sind;
2. die für den Schuldner, seine Familie und sein Gesinde auf vier Wochen erforderlichen Nahrungs-, Feuerungs- und Beleuchtungsmittel oder, soweit solche Vorräte auf zwei Wochen nicht vorhanden und ihre Beschaffung für diesen Zeitraum auf anderem Wege nicht gesichert ist, der zur Beschaffung erforderliche Geldbetrag;
3. eine Milchkuh oder nach der Wahl des Schuldners statt einer solchen zwei Ziegen oder zwei Schafe nebst den zum Unterhalt und zur Streu für dieselben auf vier Wochen erforderlichen Futter- und Streuvorräten oder, soweit solche Vorräte auf zwei Wochen nicht vorhanden, dem zur Beschaffung erforderlichen Geldbetrage, wenn die bezeichneten Tiere für die Ernährung des Schuldners, seiner Familie und seines Gesindes unentbehrlich sind;
4. bei Personen, welche Landwirtschaft betreiben, das zum Wirtschaftsbetrieb erforderliche Gerät und Vieh nebst dem nötigen Dünger, sowie die landwirtschaftlichen Erzeugnisse, soweit sie zur Fortführung der Wirtschaft bis zu der Zeit erforderlich sind, zu welcher gleiche oder ähnliche Erzeugnisse voraussichtlich gewonnen werden;
5. bei Künstlern, Handwerkern, gewerblichen Arbeitern und anderen Personen, welche aus Handarbeit oder sonstigen persönlichen Leistungen ihren Erwerb ziehen, die zur persönlichen Fortsetzung der Erwerbsthätigkeit unentbehrlichen Gegenstände (hierher gehören auch Musiker, Klavierlehrer, Schauspieler, Artisten, Drehorgelspieler);
6. bei den Witwen und den minderjährigen Erben der unter Nr. 5 bezeichneten Personen, wenn sie das Erwerbsgeschäft für ihre Rechnung durch einen Stellvertreter fortführen, die zur persönlichen Fortführung des Geschäfts durch den Stellvertreter unentbehrlichen Gegenstände;

unterworfen sind (559 S. 3).[1] Diese Beschränkung, welche im öffentlichen Interesse geordnet ist, ist zwingender Natur und kann auch nicht durch Vertrag beseitigt werden.

3. Als **Forderungen**, wegen deren das Pfandrecht geltend gemacht werden kann, kommen in Betracht alle Forderungen aus dem Mietverhältnis,[2] also namentlich auf Mietzins und Entschädigung,[3] jedoch mit der Beschränkung,

---

7. bei Offizieren, Deckoffizieren, Beamten, Geistlichen, bei Ärzten, Lehrern an öffentlichen Unterrichtsanstalten, Rechtsanwälten, Notaren sowie Ärzten und Hebammen die zur Verwaltung des Dienstes oder Ausübung des Berufs erforderlichen Gegenstände, sowie anständige Kleidung;
8. bei Offizieren, Militärärzten, Deckoffizieren, Beamten, Geistlichen, bei Ärzten und Lehrern an öffentlichen Anstalten ein Geldbetrag, welcher dem der Pfändung nicht unterworfenen Teil des Diensteinkommens oder der Pension für die Zeit von der Pfändung bis zum nächsten Termine der Gehalts- oder Pensionszahlung gleichkommt;
9. die zum Betriebe einer Apotheke unentbehrlichen Geräte, Gefäße und Waren;
10. die Bücher, welche zum Gebrauche des Schuldners und seiner Familie in der Kirche oder Schule oder einer sonstigen Unterrichtsanstalt oder bei der häuslichen Andacht bestimmt sind;
11. die in Gebrauch genommenen Haushaltungs- und Geschäftsbücher, die Familienpapiere, sowie die Trauringe, Orden und Ehrenzeichen;
12. künstliche Gliedmaßen, Brillen und andere wegen körperlichen Gebrechen notwendige Hilfsmittel, soweit diese Gegenstände zum Gebrauche des Schuldners und seiner Familie bestimmt sind;
13. die zur unmittelbaren Verwendung für die Bestattung bestimmten Gegenstände.

[1] Übereinstimmend S.G.B. § 1228. Abweichend das gem. Recht. Wegen des früheren pr. Rechts vgl. Anh. 302 zu § 60 A.G.O. I 44 u. Ges. v. 12. Juni 1894, sowie wegen des früheren bayrischen Rechts das Gesetz v. 18 Dezember 1887 § 1 Gesetz- und Verordnungsbl. S. 695. R.G. Bd. 18 S. 429. — Da § 559 S. 3 nur die „der Pfändung nicht unterworfenen Sachen" von dem Pfandrecht des Vermieters befreit, so ist mit den § 811 C.P.O. aufgeführten Sachen der Kreis der von dem Pfandrecht ausgenommenen Gegenstände abgeschlossen. Insbesondere findet nach dem Wortlaut des § 559 der § 812 C.P.O.: „Gegenstände, welche zum gewöhnlichen Hausrate dienen und im Haushalte des Schuldners gebraucht werden, sollen nicht gepfändet werden, wenn ohne weiteres ersichtlich ist, daß durch deren Verwertung nur ein Erlös erzielt werden würde, welcher zu dem Werte außer allem Verhältnis steht" — hier keine Anwendung. Dieser § 812 enthält nur eine Anweisung („soll") für den pfändenden Gerichtsvollzieher, der auch zur Beurteilung des Verhältnisses zwischen Wert und Erlös vorzugsweise befähigt ist. Ebenso **Mittelstein** S. 182. **Siber** S. 17. **A. M. Fuld** S. 178. **Örtmann** § 559 Anm. 2c S. 281. **Staudinger** § 559 Bem. V 1b.

[2] So allgemein und ohne weitere Beschränkung nach gemeinem Recht l. 2 D. in quib. caus. 20. 2. A.L.R. I 21 § 395; S.G.B. § 1228 und C. c. art. 2102. Auf den laufenden und auf den für das letzte Jahr vor der Konkurseröffnung rückständigen Zins sowie andere Forderungen aus dem Mietverhältnis beschränkt in § 41 Z. 4 der früheren K.O. und in deren Ausführungsgesetzen.

[3] Jedenfalls müssen es Ansprüche aus dem **Mietverhältnis** sein, wohin z. B.

a) daß es wegen des Mietzinses nicht für eine spätere Zeit, als das zur Zeit der Geltendmachung laufende und das folgende Mietjahr, (nicht Kalenderjahr),[1]

b) nicht für künftige Entschädigungsforderungen geltend gemacht werden kann (559 S. 2), daß es also (positiv ausgedrückt) wegen des rückständigen Mietzinses, des Mietzinses für das zur Zeit der Ausübung laufende und für das auf dieses folgende Mietjahr, sowie wegen der fälligen Entschädigungsansprüche zusteht. Wegen dieser Ansprüche kann das Pfandrecht nicht bloß vom Vermieter, sondern auch von einem Sondernachfolger (Cessionar) desselben, selbst wenn derselbe im übrigen nicht in das Mietverhältnis eingetreten ist,[2] geltend gemacht werden,

---

auch die Ansprüche aus einem dem Mietvertrag beigefügten Strafgedinge gehören, infolgedessen der Mieter für den Fall, daß er seine Verpflichtungen aus dem Vertrage nicht erfüllt und dadurch die Aufhebung des Vertragsverhältnisses veranlaßt, sich verpflichtet, den Mietzins noch eine Zeit lang fortzuzahlen, ohne im Gebrauche der Mieträume zu sein.

Wegen der Ansprüche für sonstige Leistungen, welche der Vermieter aus Anlaß des Mietverhältnisses dem Mieter gewährt, besteht das Pfandrecht nur insoweit, als sie in der Eigenschaft von Nebenleistungen des Vermieters in den Bereich des Mietverhältnisses hinein fallen, wie dies z. B. bei Vermietung eines möblierten Logis bezüglich des Frühkaffees, der Aufwartung und Feuerung der Fall sein kann. Niendorff S. 248. Dagegen besteht das Pfandrecht nicht wegen Forderungen für volle Beköstigung, für gewährte Darlehne, für Lieferung von Dampfkraft in vermieteten Fabrikräumen, sofern derartige Forderungen nach dem Umständen des einzelnen Falles selbständig neben der Forderung aus dem Mietvertrag einher ergehen 2c. R.G. Bd. 37 S. 89. R.G. in Straff. Bd. 20 S. 417. Gruchot Bd. 26 S. 996. Anders beim Pfandrecht des Gastwirts s. unten Anh I.

[1] So auch bei einem unbestimmte Zeit abgeschlossenen Mietvertrag Rechtspr. der O.L.Ger. III S. 236.

[2] Die seitherige Rechtslehre und Rechtsprechung, namentlich die preußische, nahm an, daß, wie beim Faustpfandrecht der Besitz, so bei dem ihm nahestehenden Pfandrecht des Vermieters ein dem Besitz ähnliches Verhältnis, wonach der Vermieter erforderlichenfalles die eingebrachten Sachen zurückhalten kann, zum Fortbestande des Pfandrechts bei dem Cessionar der Mietzinsforderung notwendig sei und daß daher derselbe dieses Pfandrecht nicht schon mit der Forderung, sondern nur dann habe, wenn er entweder an Stelle des Vermieters in das Mietverhältnis eintrete oder der Vermieter an Stelle des Cessionars oder für denselben (durch constitum possessorium etc.) das Pfandrecht ausübe. Förster-Eccius Bd. 2 S. 200 Note 237; Rehbein Entsch. des O.Tr. Bd. 3 S. 870 Anmerk. Petersen und Kleinfeller, Konkursordn. § 41 Erl. II 2 Anm. 5; Wilmowski, Konkursordn. S. 210, R.G. in Straff. Bd. 11 S. 82; Seufferts Arch. Bd. 40 Nr. 104; Niendorff, S. 225. Vgl. auch § 482 des S.G.B.

Anders stellt sich aber die Rechtslage nach dem B.G.B. In Übereinstimmung mit der allgemeinen Anordnung des § 401 bestimmt bei der Regelung des Pfandrechts an beweglichen Sachen der § 1250: „Mit der Übertragung der Forderung geht das Pfandrecht auf den neuen Gläubiger über.“ Aus den Motiven zu dieser Vorschrift ergiebt sich, daß man hier den Fortbestand des Pfandrechts von der Besitz-

sofern nur die eingebrachten Sachen sich noch in den Mieträumen befinden, also wenigstens das Pfandrecht des **Vermieters** noch daran besteht. Über die weiteren Beschränkungen der Geltendmachung gegenüber dem Pfändungspfandgläubiger und der Konkursmasse des Mieters s. unten §§ 31 und 32.

übergabe, die nach § 1205 allerdings zur **Entstehung** erforderlich ist, nicht hat abhängig machen wollen. Denn es heißt dort Bd. 3 S. 836: „Für die Bestimmung des Traditionserfordernisses ließe sich die Unzuträglichkeit, das Pfandrecht von der Inhabung der Sache zu trennen und das im Entwurfe befolgte System anführen, nach welchem die Übertragung der dinglichen Rechte an dieselben Formen geknüpft ist, wie deren Begründung. Man würde aber mit Rücksicht hierauf nur dahin gelangen, daß die Übertragung der durch Pfandrecht gesicherten Forderung nebst dem Pfandrechte gleich wie die Begründung des Pfandrechts von der Übergabe der Sache abhängig gemacht wird. Indessen fehlt es hierfür an einem Vorgang im geltenden Recht und an einem praktischen Bedürfnisse. Auf den Vorgang des Hypothekenrechts darf man sich nicht berufen, da hier die Gründe für die in den angeführten Bestimmungen enthaltene Regelung darin liegen, daß Forderung und Hypothek wegen Erstreckung der Grundbuchführung auch auf die Forderung in betreff der Übertragung denselben für den dinglichen Vertrag geltenden Regeln haben unterworfen werden können. Inhabung und Pfandrecht lassen sich nicht so zusammenhalten, daß das Pfandrecht ohne Inhabung nicht besteht und mit dem Verlust der Inhabung schlechthin erlischt." Übereinstimmend **Örtmann** S. 282 § 559; **Mittelstein** S. 188. A. M. **Fuld** S. 197; **Borcherdt** S. 68. Vgl. auch A.L.R. I 11 § 402; C. c. art. 1692; S.G.B. § 954.

Mit dieser Auffassung steht auch die weitere Vorschrift des § 1251:

> „der neue Pfandgläubiger kann von dem bisherigen Pfandgläubiger die Herausgabe des Pfandes verlangen. Mit der Erlangung des Besitzes tritt der neue Pfandgläubiger an Stelle des bisherigen Pfandgläubigers in die mit dem Pfandrechte verbundenen Verpflichtungen gegen den Verpfänder ein",

im Einklang, insofern danach der neue Gläubiger auch ohne Besitz die Rechte eines Pfandgläubigers hat.

Da nach § 1257 die Vorschriften über das durch Rechtsgeschäft bestellte Pfandrecht auf das kraft Gesetzes entstandene Pfandrecht entsprechende Anwendung finden, so wird auch für den Cessionar des Vermieters von dem einem Besitzverhältnis entsprechenden Eintritt des Cessionars in das Mietverhältnis abzusehen, vielmehr derselbe schon auf Grund der Übertragung der Forderung zur Geltendmachung des mit derselben verbundenen gesetzlichen Pfandrechts, unter Umständen zu gleichem Recht mit dem Vermieter (sofern dessen Pfandrecht gleichfalls von der Einbringung durch denselben Mieter ab datiert, s. unten § 42 S. 149 Anm. 4 a. E.) für befugt zu erachten sein.

Es kommt hierfür schließlich noch in Betracht, daß nach § 571 bei einem Übergang des vermieteten Grundstücks auf einen neuen Eigentümer (Käufer) nach der in der Kommission ausdrücklich erklärten Absicht (Protok. S. 2011—2016; **Planck** § 571 Anm. 3 b β) das Pfandrecht des Vermieters an den Sachen des Mieters wegen derjenigen Forderungen aus dem Mietvertrage, welche nicht auf den neuen Eigentümer übergehen, insbesondere also das Pfandrecht wegen rückständiger Mietzinsen, bestehen bleiben soll und daß ein in der Kommission gestellter Antrag, das Pfandrecht des Vermieters mit der Übertragung des Eigentums erlöschen zu lassen, abgelehnt worden ist. Also auch hier ein gesetzliches Pfandrecht ohne Fortdauer der Vermieterstellung.

§ 28. 2. Entstehung und Endigung.

§ 560. Das Pfandrecht des Vermieters erlischt mit der Entfernung der Sachen von dem Grundstück, es sei denn, daß die Entfernung ohne Wissen oder unter Widerspruch des Vermieters erfolgt. Der Vermieter kann der Entfernung nicht widersprechen, wenn sie im regelmäßigen Betriebe des Geschäfts des Mieters oder den gewöhnlichen Lebensverhältnissen entsprechend erfolgt oder wenn die zurückbleibenden Sachen zur Sicherung des Vermieters offenbar ausreichen.

Was die Dauer dieses Pfandrechts anlangt, so **entsteht** dasselbe mit der Einbringung der Sachen in die gemieteten Räume[1] und nach

[1] Besitzergreifung von seiten des Vermieters ist nicht erforderlich. Es genügt, daß er Besitzer der Räume ist, in welche die Sachen hineingebracht werden und daß dieselben auf diese Weise wenigstens mittelbar seiner Einwirkung unterworfen werden. Andererseits unterliegen die Sachen dem Pfandrecht nur insoweit, als sie in diejenigen Räume, auf welche sich der dem Mietanspruch zu Grunde liegende Mietvertrag bezieht, gebracht werden. Diese Auffassung des Begriffs der eingebrachten Sachen war bereits im früheren (gemeinen und preußischen) Recht die herrschende, namentlich vom Reichsgericht vertretene und ist auch in das B.G.B. mit hinüber genommen worden. Mot. II S. 404: „Die Beibehaltung des in der Wissenschaft und Praxis hergebrachten, auch in den meisten neueren Gesetzgebungen, insbesondere in dem § 41 Nr. 4 K.O. gebrauchten und einen klaren und bestimmten Sinn ergebenden Ausdrucks „eingebrachte Sachen, kann einem Bedenken nicht unterliegen." Abweichend hiervon erklärt jetzt **Siber** in seiner Schrift über „das gesetzliche Pfandrecht des Vermieters, des Verpächters und des Gastwirtes" S. 21 flg. zur Begründung des Vermieterpfandrechts die Einbringung in die gesamten, dem Herrschaftsbereich des Vermieters unterworfenen Räume, also, wenn der Eigentümer einzelne Teile des Hauses vermietet hat, die Einbringung in das Haus überhaupt, wenn auch nicht gerade in die vermieteten Räume und in dem Falle, wenn der Mieter eines Stockwerks z. B. einige Zimmer weiter vermietet, die Einbringung in das Stockwerk des Aftervermieters für genügend. Denn es komme wesentlich darauf an, daß die Sachen als eingebrachte kenntlich gemacht, demgemäß in den Herrschaftsbereich des Vermieters gebracht und der Einwirkung desselben unterworfen werden. Das thatsächliche Verhältnis, dessen Herbeiführung das Pfandrecht begründe, sei kein anderes als dasjenige, dessen Beseitigung das Pfandrecht erlöschen lasse und wenn zweifellos nach § 561 Abs. 2 zum Erlöschen die Wegschaffung vom Grundstück und nicht schon aus den Mieträumen erforderlich sei, so sei auch zur Begründung lediglich die Einbringung in das Grundstück genügend. Dieser Ansicht möchte ich nicht beitreten, vielmehr an der herrschenden Ansicht (**Fränkel** S. 9; **Fuld** S. 181; **Borcherdt** S 69; **Niendorff** S. 246) festhalten. Denn die Einbringung in den Herrschaftsbereich des Vermieters ist nicht das allein Maßgebende. Vor allem ist erforderlich, daß die Sachen, welche dem Vermieter-Pfandrecht unterliegen sollen, erkennbar mit dem Mietverhältnis in Zusammenhang stehen und **auf Grund desselben** vom Mieter eingebracht werden. S. **Siber** S. 39. Das läßt sich aber mit Sicherheit nur bei den in die Mieträume selbst geschafften Sachen annehmen, nicht aber bei Sachen, welche der einziehende Mieter z. B. bei einem anderen Mieter desselben Hauses einstellt. Ferner ist es kein Widerspruch, wenn vom Gesetze zur **Erhaltung** des einmal begründeten und erkennbar gewordenen Pfandrechts geringere Voraussetzungen — Verbleiben im Hause überhaupt — aufgestellt werden, als zur **Begründung** — Einbringen in die Mieträume. Zudem ist es nach dem Wortlaut des § 561 Abs. 2 einiger-

diesem Zeitpunkt ist auch der Rang des Pfandrechts gegenüber anderen,[1] an denselben Sachen etwa bestehenden oder noch entstehenden Pfandrechten zu bestimmen (1209, 1257. Fischer u. Henle § 1257 Anm. 3).[2] Diese Einbringung ist eine Willenshandlung und bedarf bei beschränkter Geschäftsfähigkeit des Mieters der Zustimmung seines gesetzlichen Vertreters.

Es erlischt mit der Entfernung der Sachen von dem Grundstück,[3] ausgenommen, wenn die Entfernung ohne Wissen[4] oder unter Widerspruch des Vermieters geschieht,[5] den in dieser Beziehung die Beweis-

---

maßen zweifelhaft, ob nicht der Ausdruck „Grundstück" als gleichbedeutend mit „Mietlokalität" anzusehen (vgl. §§ 559 und 580) und demgemäß auch zum Erlöschen des Pfandrechts die Wegschaffung aus den gemieteten Räumen zu erfordern ist. Vgl. Mittelstein S. 191. Es ist daher schon der Ausgangspunkt Sibers nicht über jedes Bedenken erhaben.

[1] Vorausgesetzt ist dabei natürlich, daß es sich um verschiedene, durch besondere Einbringungen ꝛc begründete Pfandrechte handelt und nicht etwa um das gleiche, für mehrere Teilforderungen zusammen bestellte Pfandrecht.

[2] Dies gilt namentlich

a) wenn die mit dem Pfandrecht des Vermieters behafteten Sachen wider des Letzteren Willen, also unter Fortdauer des Pfandrechts, in eine andere Mietwohnung gebracht und dadurch auch dem Pfandrecht des zweiten Vermieters unterworfen werden. Hier geht das Pfandrecht des ersten Vermieters, als das ältere, dem des zweiten vor. Nicht anders liegt die Sache

b) wenn die dem gesetzlichen Pfandrecht des Vermieters unterworfenen Sachen, sei es in der Mietwohnung, sei es nach ihrer gegen den Willen des Vermieters erfolgten Fortschaffung außerhalb der Mietwohnung auf Antrag eines Dritten gepfändet werden. S. hierüber unten § 31. Auch hier geht das gesetzliche Pfandrecht vor.

Weder in dem Falle a) noch in dem Falle b) steht der gute Glaube des zweiten Pfandgläubigers (Vermieter oder Pfändungs-Pfandgläubiger) dem vorgehenden Vermieter-Pfandrecht entgegen. § 1208 findet in diesen Fällen, wo der zweite Pfandinhaber sein Recht nicht durch (freiwillige) Besitzübergabe erwirbt, keine Anwendung. Siber S. 42. Wohl aber muß das Vermieter-Pfandrecht nachstehen, wenn die demselben unterworfene Sache einem Dritten zu Faustpfand übergeben wird und dieser von dem Vermieterpfandrecht keine Kenntnis hat. Vgl. auch § 936 und Fischer-Henle § 1208 Anm. 6, 1257 Anm. 2. Siber S. 48 sowie Mittelstein S. 204 flg.

[3] Es genügt also zum Erlöschen nicht die Fortschaffung aus dem gemieteten Teile des Hauses, sofern die Sachen in einem anderen Teile stehen bleiben. Prot. S. 2006. R.G. in Straff. Bd. 10 S. 321. Dagegen erlischt das Pfandrecht, sobald die Sachen auf die Straße oder auf ein anderes Grundstück — wenn auch desselben Vermieters — gebracht sind.

[4] Grob fahrlässige Unkenntnis steht hier dem Wissen nicht gleich. Örtmann § 560.

[5] Nach gemeinem Recht gilt der Grundsatz der l. 15 Cod. de pign. 8, 14: „res oppignorata non aliter transit, quam cum onere" Nach dem Pr. Recht OTr. Bd. 1 S. 24, Bd. 72 S. 207 und dem C. c. art. 2102 No. 1 werden die mit Wissen und Einwilligung des Vermieters fortgeschafften Sachen frei, während nach dem S. G.B. § 1228 und nach der früheren K.O. § 41 Z. 4 die Entfernung schlechthin, also auch die ohne Wissen oder unter Widerspruch des Vermieters erfolgte, den Untergang des Pfandrechts herbeiführte. R.G. Bd. 8 S. 99.

last trifft. Doch kann der Vermieter der Entfernung nicht widersprechen, wenn sie im regelmäßigen Geschäftsbetriebe des Mieters[1] oder den gewöhnlichen Lebensverhältnissen entsprechend[2] erfolgt oder wenn die zurückbleibenden Sachen zur Sicherung des Vermieters offenbar ausreichen (560) — Umstände, welche der Mieter im Streitfalle zu erweisen hat. In diesen Fällen erlischt also das Pfandrecht mit der Entfernung vom Grundstück. Außerdem kann auch der Mieter die Geltendmachung des Pfandrechts durch Sicherheitsleistung abwenden; er kann jede einzelne Sache dadurch von dem Pfandrecht befreien, daß er in Höhe ihres Wertes Sicherheit leistet (562).[3]

Wie das rechtsgeschäftliche Pfandrecht an beweglichen Sachen, erlischt auch das gesetzliche Pfandrecht des Vermieters durch Untergang oder Versteigerung der Pfandsachen (1242 Abs. 2), ferner durch Tilgung der Ansprüche, für die es besteht (1252),[4] durch die Erklärung des Vermieters gegenüber dem Mieter, daß er dasselbe aufgebe (1255), durch Zusammentreffen mit dem Eigentum in derselben Person (1256),[5]

Nach § 561 muß übrigens der Vermieter, auch wenn die Sachen ohne sein Wissen oder unter seinem Widerspruch entfernt worden sind, sein Pfandrecht binnen Monatsfrist nach erlangter Kenntnis von der Entfernung gerichtlich — durch Klage oder durch den Antrag auf Erlaß einer einstweiligen Verfügung — geltend machen, widrigenfalls dasselbe erlischt.

[1] Wie z. B. bei den in einem kaufmännischen Geschäft zum Verkaufe ausgestellten Waren. Nicht, wenn der Mieter verschleudert.

[2] Wie z. B. bei Sachen, die auf eine Reise mitgenommen oder zur Ausbesserung fortgeschafft werden.

[3] Anders nach dem S.G.B. Wengler S. 191 Anm. 15. — Die Sicherheit kann geleistet werden (232):

a) durch Hinterlegung von Geld oder geeigneten Wertpapieren (234),
b) durch Verpfändung von Forderungen, die in das Reichsschuldbuch oder in das Staatsschuldbuch eines Bundesstaates eingetragen sind (236),
c) durch Verpfändung beweglicher Sachen (237),
d) durch Hypothekbestellung an inländischen Grundstücken (238),
e) durch Verpfändung von Forderungen, für die eine Hypothek an einem inländischen Grundstück besteht oder durch Verpfändung von Grundschulden oder Rentenschulden an einem inländischen Grundstück und, wenn die Sicherheit nicht in dieser Weise geleistet werden kann,
f) durch Stellung eines tauglichen Bürgen (239).

[4] Daher kann der Mieter seine eingebrachten Sachen fortschaffen, wenn und insoweit er gegen die Ansprüche des Vermieters mit einer auf die mangelhafte Beschaffenheit der Wohnung gestützten Entschädigungsforderung aufzurechnen vermag. R.G. in Straff. Bd. 34 S. 88.

[5] Also namentlich, wenn der pfandberechtigte Vermieter Erbe des Mieters und damit Eigentümer der Pfandsachen oder wenn der Mieter Erbe des Vermieters und damit Inhaber des Pfandrechts wird.

sowie durch Veräußerung und Übergabe der Sachen an einen gutgläubigen Dritten (936).[1]

§ 29. 3. Inhalt und Wirkung: a) Selbsthilferecht und gerichtliche Klage des Vermieters.

§ 561. Der Vermieter darf die Entfernung der seinem Pfandrecht unterliegenden Sachen, soweit er ihr zu widersprechen berechtigt ist, auch ohne Anrufen des Gerichts verhindern und, wenn der Mieter auszieht, die Sachen in seinen Besitz nehmen.

Sind die Sachen ohne Wissen oder unter Widerspruch des Vermieters entfernt worden, so kann er die Herausgabe zum Zweck der Zurückschaffung in das Grundstück und, wenn der Mieter ausgezogen ist, die Überlassung des Besitzes verlangen. Das Pfandrecht erlischt mit dem Ablauf eines Monats, nachdem der Vermieter von der Entfernung der Sachen Kenntnis erlangt hat, wenn nicht der Vermieter diesen Anspruch vorher gerichtlich geltend gemacht hat.

1. Selbsthilferecht des Vermieters. Hier ist zu unterscheiden:

a) das auf dem Pfandrecht beruhende und diesem eigentümliche Recht (Perklusions- oder Sperrrecht)[2] des Vermieters, die Entfernung der seinem Pfandrecht unterliegenden Sachen, soweit er ihr zu widersprechen befugt ist,[3] auch ohne Anrufen des Gerichts zu verhindern (561 Abs. 1),[4] wobei ihm der die Entfernung Versuchende oder

[1] Durch die bloße Veräußerung mit Belassung der Sachen in den Mieträumen und im Besitze des Mieters geht das Pfandrecht nicht unter. Also namentlich nicht dann, wenn die Übergabe der an einen Dritten veräußerten Sache dadurch ersetzt wird, daß der Mieter mit dem Erwerber ein Rechtsverhältnis vereinbart, wonach er die Sache für denselben, als mittelbaren Besitzer, ferner besitzen will (constitutum possessorium), insbesondere wenn der Mieter verkauft und die verkaufte Sache mietweise im Besitz behält (930, 936). Hier erlischt das Pfandrecht erst dann, wenn der Erwerber auf Grund der Veräußerung den unmittelbaren Besitz der Sache erlangt, immer vorausgesetzt, daß er bezüglich des Pfandrechts des Vermieters in gutem Glauben ist, was nach Lage der Sache meist nicht der Fall sein wird.

[2] Übereinstimmend das Retentionsrecht des Vermieters nach gemeinem und preuß. Recht l. 1 § 5 D. de migr. 43, 32. l. 34 D. de damn. inf. 39, 2; R.G. in Straff. Bd. 15 S 121. Anh. § 302 zur A.G.O. I 44 § 60; R.G. Bd. 18 S. 429. Ähnlich auch das Zurückhaltungsrecht nach § 1228 des S.G.B.

[3] Vgl. den vorhergehenden Paragraphen.

[4] Dieses Recht kann auch wegen erst künftig fällig werdender Forderungen ausgeübt werden. An Stelle der Selbsthilfe kann der Vermieter beim Vorhandensein der gesetzlichen Voraussetzungen auch eine einstweilige Verfügung beantragen. Andererseits steht dem Mieter wegen unbefugter Zurückhaltung seiner Sachen durch den Vermieter auf Grund des Mietvertrages eine Klage gegen letzteren zu. R.G. Bd. 33 S. 224. — Eine einstweilige Regelung der wegen der Zurückhaltung der Mobilien des Mieters entstehenden Streitigkeiten, namentlich die Festsetzung, ob und wie viele Sachen der Vermieter zurückhalten darf, kann nur durch die Gerichte erfolgen; die Polizei kann nur einschreiten, wenn die öffentliche Ordnung und Sicherheit gefährdet ist oder eine strafbare Handlung (Hausfriedensbruch, Sachbeschädigung) vorliegt oder zu besorgen ist.

Übrigens kann auch dieses Zurückhaltungsrecht oder richtiger Sperrrecht nur an den dem Pfandrecht des Vermieters, also an den der Pfändung im Wege der Zwangs-

Bewirkende keinen Widerstand leisten darf.[1] Je nachdem der Mieter nur einzelne Sachen fortschaffen oder mit seiner sämtlichen beweglichen Habe ausziehen (rücken) will, kann der Vermieter (im ersten Falle) deren Entfernung hindern, ohne dem Mieter den Besitz zu entziehen oder (im zweiten Falle) die Sachen des Mieters in seinen Besitz nehmen, in welchem Falle er zu deren Aufbewahrung verpflichtet ist (1215). Dagegen kann er das Zurückbehaltungsrecht nicht ausüben, so lange der Mieter überhaupt noch keine Anstalten zur Entfernung der Sachen macht.

Sind aber die Sachen einmal eigenmächtig fortgeschafft, dann kann diese Art der Selbsthilfe nicht mehr Anwendung finden, sondern nur

b) die gewöhnliche Selbsthilfe nach § 229. Der Vermieter kann also dann die eigenmächtig fortgeschafften Sachen nur in dem Falle ohne Anrufung des Gerichts auf eigene Hand zurückschaffen, wenn obrigkeitliche Hilfe nicht rechtzeitig zu erlangen ist und ohne Anwendung der Selbsthilfe die Gefahr besteht, daß die Verwirklichung des Pfandanspruchs vereitelt oder wesentlich erschwert werde (229);[2] er muß alsdann beim Gericht die nachträgliche Arrestanlage beantragen und macht sich schadenspflichtig, wenn er die Selbsthilfe widerrechtlich ausübt (229—231).

2. Gerichtlicher Schutz. Kann oder will der Vermieter die Zurückschaffung der ohne sein Wissen oder ungeachtet seines Widerspruchs entfernten Sachen nicht selbst bewirken, so kann er auf dem Klagewege — gegen den Mieter oder einen Dritten — die Herausgabe zum Zwecke der Zurückschaffung in das Grundstück und, wenn der Mieter ausgezogen ist, die Überlassung des Besitzes verlangen, muß aber diese Klage bei Verlust seines Pfandrechts binnen einer Ausschlußfrist von einem Monat[3] von dem Zeitpunkte ab, wo er Kenntnis von der Ent-

---

vollstreckung unterworfenen Sachen des Mieters (s. o. § 27 S. 105) ausgeübt, auf die von der Pfändung ausgeschlossenen Sachen aber auch nicht durch Vereinbarung zwischen dem Vermieter und dem Mieter ausgedehnt werden. Denn es ist — ebenso wie die Klage nach § 561 Abs. 2 — ein Ausfluß des Vermieterpfandrechts und gleich diesem der privaten Erstreckung auf andere als die gesetzlich zugelassenen Sachen im öffentlichen Interesse entzogen. Die abweichende Auffassung des R.G. Straff. Bd. 35 S. 150 flg. scheint gerade (vgl. S. 156) diesen Zusammenhang zwischen dem Pfandrecht und dem Sperrrecht des Vermieters (s. Staudinger II S. 338, 339, § 561 Erl. I Abs. 3 u. 1 d) zu verkennen.

[1] Der Mieter oder der Dritte, der die Entfernung rechtswidrig bewirkt, macht sich eines Vergehens wider § 289 R.Str.G.B. schuldig. Über die Ausschließung des Pfandrechts und demgemäß eines Vergehens wider § 289 im Fall einer dem Mieter wegen Mängel der vermieteten Wohnung zustehenden Schadensforderung s. R.G. in Straff. Bd. 34 S. 88.

[2] Beim Vorhandensein gerichtlicher Hilfe wird also behufs Sicherung der Zwangsvollstreckung in die fortgeschafften Sachen die Vollziehung des Arrestes an denselben ins Auge zu fassen sein.

[3] Vgl. C. c. art. 2102.

fernung der Sachen erlangt hat, erheben (561 Abs. 2). Das Pfandrecht wird auch dann gewahrt, wenn er innerhalb dieser Frist eine andere gerichtliche Maßregel, insbesondere eine einstweilige Verfügung, beantragt.[1]

Auch außer diesem Falle hat der Vermieter gegen jeden, der sein Pfandrecht beeinträchtigt, die Klagerechte, welche dem rechtsgeschäftlichen Pfandgläubiger in entsprechender Anwendung der für die Eigentumsansprüche geltenden Vorschriften zugestanden sind (1257, 1227). Er kann also nicht nur, wie in dem soeben erwähnten Falle, gegen den Besitzer auf Herausgabe der Sachen (985), sondern auch gegen denjenigen, der das Pfandrecht in anderer Weise als durch Wegschaffung der Sachen oder durch Vorenthaltung des Besitzes beeinträchtigt,[2] auf Beseitigung der Beeinträchtigung und, wenn weitere Beeinträchtigungen zu besorgen sind, auf Unterlassung klagen (1004).

Hat der Vermieter im Wege der Selbsthilfe oder der Klage oder sonst auf andere Weise den Besitz der Sachen erlangt, so steht er dem auf Rechtsgeschäft sich stützenden Faustpfandgläubiger gleich (1205 flg.).[3]

Wegen der Befugnis des Mieters, die Geltendmachung des Pfandrechts durch Sicherheitsleistung abzuwenden s. oben § 28 S. 111 Anm. 6.

---

[1] Mittelstein S. 194. Auch nach Ablauf der Monatsfrist kann der Vermieter nach § 823 einen Schadensanspruch gegen den Dritten erheben, wenn derselbe sich einer Beihilfe zu dem vom Mieter begangenen Vergehen wider § 289 St.G.B. schuldig gemacht hat. D. Jur.-Zeit. 1901 S. 504.

[2] Z. B. der Mieter einer Restauration, der in dieselbe ein wertvolles Inventar eingebracht oder der Untermieter, dem er den Betrieb der Restauration überlassen hat, gebraucht dieses Inventar — absichtlich oder aus Nachlässigkeit — in so unpfleglicher Weise, daß dessen Verderb und Entwertung zu besorgen ist.

[3] Er darf also die Sachen, wenn sie ihm mittels verbotener Eigenmacht weggenommen werden, dem auf frischer That betroffenen oder verfolgten Thäter auch außerhalb des Mietgrundstückes wieder abnehmen (859). Er hat ferner im Fall der Entziehung oder Störung des Besitzes die Besitzklagen (861, 862). Er kann für die von ihm auf die Sache gemachten Verwendungen nach den Vorschriften über die Geschäftsführung ohne Auftrag Ersatz verlangen (1216). Er kann, wenn durch den drohenden Verderb der Sachen oder durch eine zu besorgende wesentliche Minderung ihres Wertes seine Sicherheit gefährdet wird, dieselben nach vorgängiger Androhung und im Falle der Wertminderung nach Setzung und Ablauf einer angemessenen Frist öffentlich versteigern lassen, worauf der Erlös an die Stelle des Pfandes tritt (1219, 1220). Er ist nicht verpflichtet, die Sachen einem nachstehenden Pfandgläubiger zum Zweck des Verkaufes herauszugeben (1232). — Mit der Übertragung der Mietgeldforderung geht das Pfandrecht auf den neuen Gläubiger über, dem die Pfandsachen herauszugeben sind (1250, 1251). — Andererseits ist der die eingebrachten Sachen des Mieters besitzende Vermieter zu deren Verwahrung verpflichtet (1215) und bei Verletzung dieser Pflicht den in § 1217 flg. aufgeführten Ansprüchen des Pfandeigentümers auf Hinterlegung oder Ablieferung an einen Verwalter oder auf Rückgabe ausgesetzt. Nach dem Erlöschen des Pfandrechts hat er die Sachen dem Mieter zurückzugeben (1223). In jedem Falle erlischt dieses Pfandrecht durch Rückgabe der Sachen an den Mieter (1253).

Dem von dem Vermieter auf Herausgabe belangten dritten Besitzer der Pfandsachen steht außer den auch der Eigentumsklage gegenüber zulässigen Einwendungen, namentlich wegen Verwendungen auf die Sachen und des darauf gestützten Zurückhaltungsrechts (994—996, 999, 1000 flg.), dann eine wirksame Einrede zu, wenn er die Sachen in gutem Glauben, d. h. ohne Kenntnis von dem Rechte des Vermieters gekauft und daraufhin in seinen Besitz bekommen hat (936). Vgl. oben § 28 S. 112 Anm. 2.

Dagegen kann sich, wenn der Mieter die von ihm aus der früheren Mietwohnung ohne Wissen oder gegen den Willen des früheren Vermieters fortgeschafften Sachen in eine neue Mietwohnung gebracht hat, der neue Vermieter gegenüber der Pfandklage des früheren Vermieters nicht darauf berufen, daß er von dem früheren Vermieter-Pfandrecht keine Kenntnis gehabt habe. § 1208 findet aus den oben § 27 S. 104 Anm. 1 angegebenen Gründen hier keine Anwendung. S. Planck § 1257 Bemerk 3a. A. M. Niendorff S. 201.

§ 30. Fortsetzung. **b) Verkaufsrecht des Vermieters.**

§ 1228. Die Befriedigung des Pfandgläubigers aus dem Pfande erfolgt durch Verkauf.

Der Pfandgläubiger ist zum Verkauf berechtigt, sobald die Forderung ganz oder zum Teil fällig ist. Besteht der geschuldete Gegenstand nicht in Geld, so ist der Verkauf erst zulässig, wenn die Forderung in eine Geldforderung übergegangen ist.

§ 1231 Satz 1. Ist der Pfandgläubiger nicht im Alleinbesitz des Pfandes, so kann er nach dem Eintritt der Verkaufsberechtigung die Herausgabe des Pfandes zum Zweck des Verkaufs fordern.

A. Voraussetzungen.

1. Sobald der Vermieter wegen der ihm an den Mieter zustehenden Forderungen (auf Mietgeld, Entschädigung rc.) einen vollstreckbaren Titel erlangt hat, kann er, wie nach früherem Recht, auf Grund desselben die eingebrachten Sachen des Mieters durch einen Gerichtsvollzieher nach §§ 814, 816—821, 825 C.P.O. pfänden, fortschaffen und öffentlich versteigern lassen.

Dasselbe gilt, wenn er für sein Recht zum Pfandverkauf (zu unterscheiden von dem Recht auf Befriedigung wegen seiner persönlichen Geldforderung) einen vollstreckbaren Titel erlangt hat (§ 1233. Fischer-Henle Anm. 2 zu diesem Paragraph).

2. Außerdem aber kann der Vermieter,[1] sobald seine durch das

[1] Übereinstimmend das gemeine Recht Windscheid I § 237 und das S.G.B. § 479, welche weder einen vollstreckbaren Titel, noch eine sonstige gerichtliche Mit-

Pfandrecht gedeckten (Geld-)Forderungen an den Mieter ganz oder teilweise fällig sind und er sich durch Ausübung seines Zurückhaltungsrechts (Sperrecht) oder durch gerichtliche Klage (1231, 1257)[1] in den Besitz der Pfandstücke gesetzt hat, durch den außergerichtlichen Verkauf derselben seine Befriedigung erwirken (1228).[2]

Eine vor dem Eintritt der Verkaufsberechtigung getroffene Vereinbarung, nach welcher dem Vermieter, falls er nicht oder nicht rechtzeitig befriedigt wird, das Eigentum an den Sachen zufallen soll, ist nichtig (1229).

Unter mehreren Pfandstücken kann der Vermieter, soweit nicht ein anderes bestimmt ist, diejenigen auswählen, welche verkauft werden sollen. Er kann nur soviel Sachen zum Verkauf bringen, als zu seiner Befriedigung erforderlich ist (1230).

Beim Verkaufe selbst hat der Vermieter die nachstehenden Vorschriften zu beobachten.

B. Verfahren beim Verkaufe.

1. Er hat dem Mieter den Verkauf vorher anzudrohen und dabei den Geldbetrag zu bestimmen, wegen dessen der Verkauf stattfinden soll. Der Verkauf darf nicht vor dem Ablauf eines Monats nach der Androhung erfolgen (1234).

2. Der Verkauf ist im Wege öffentlicher Versteigerung[3] zu bewirken, kann aber, wenn das Pfand einen Markt- oder Börsenpreis hat, auch aus freier Hand durch einen zu solchen Verkäufen öffentlich ermächtigten Handelsmäkler oder durch eine zur öffentlichen Versteigerung befugte Person zum laufenden Preise bewirkt werden (1235, 1221).

---

wirkung verlangen. Abweichend das A.L.R. I 20 §§ 197—199, wonach der Pfandverkauf einen vollstreckbaren Titel voraussetzte und im Wege der Zwangsvollstreckung erfolgte, sowie der C. c. art. 2078, wonach eine gerichtliche Ermächtigung zum Pfandverkauf erforderlich war.

[1] Diese Klage steht dem Vermieter nicht nur dann zu, wenn die Sachen ohne sein Wissen oder unter seinem Widerspruch entfernt worden sind (561), sondern auch nach dem Eintritt der Verkaufsberechtigung zum Zwecke der Ausübung derselben, die sonst in allen Fällen, wo die Sachen im Mietquartier bleiben, in dieser Weise nicht zu ermöglichen sein würde. Für diese Ansicht, die sich aus dem angef. § 1231 vergl. mit 1257 ergiebt, s. auch Fischer-Henle § 1231 Anm. 3, Siber S. 52, Niendorff S. 266. A. M. Mittelstein S. 204, 206.

[2] Der Vermieter handelt dabei für Rechnung seines Schuldners, des Mieters, verkauft aber nicht in dessen, sondern in eigenem Namen. Mot. III S. 823. Einen Mangel der verkauften Sache hat er dabei nicht zu vertreten.

[3] Also auch durch eine zur Vornahme derartiger Versteigerungen befugte Person.

3. Die Versteigerung hat am Aufbewahrungsorte des Pfandes und nur, wenn hiervon ein angemessener Erfolg nicht zu erwarten ist, an einem geeigneten anderen Orte zu erfolgen (1236).

4. **Zeit und Ort der Versteigerung sind unter allgemeiner Bezeichnung des Pfandes öffentlich bekannt zu machen.** Der Eigentümer und Dritte, denen Rechte an dem Pfande zustehen, sind besonders zu benachrichtigen. Die Benachrichtigung darf unterbleiben, wenn sie unthunlich ist (1237).

5. Das Pfand darf nur mit der Bestimmung verkauft werden, daß der Käufer den Kaufpreis sofort bar zu entrichten hat und seiner Rechte verlustig sein soll, wenn dies nicht geschieht. Erfolgt der Verkauf ohne diese Bestimmung, so ist der Kaufpreis als von dem Pfandgläubiger empfangen anzusehen, unbeschadet der Rechte des Pfandgläubigers gegen den Ersteher (1238).

6. Vermieter und Mieter können bei der Versteigerung mitbieten; erhält der Vermieter den Zuschlag, so ist der Kaufpreis als von ihm empfangen anzusehen. Das Gebot des Mieters kann zurückgewiesen werden, wenn nicht der Betrag bar erlegt wird (1239).

7. **Gold- und Silbersachen dürfen nicht unter dem Gold- oder Silberwerte zugeschlagen werden.** Wird ein genügendes Gebot nicht abgegeben, so kann der Verkauf durch eine zur öffentlichen Versteigerung befugte Person aus freier Hand zu einem den Gold- oder Silberwert erreichenden Preise erfolgen (1240).

8. Der Vermieter hat den Mieter von dem Verkauf des Pfandes und dem Ergebnis unverzüglich zu benachrichtigen, sofern nicht die Benachrichtigung unthunlich ist (1241).

C. Wirkungen des Pfandverkaufs.

Durch die rechtmäßige Veräußerung der verpfändeten Sachen erlangt der Erwerber die gleichen Rechte, wie wenn er sie vom Eigentümer erworben hätte. Er wird also auch dann Eigentümer, wenn der Mieter, dessen Sachen verkauft wurden, nicht Eigentümer derselben und der Erwerber in dieser Beziehung in gutem Glauben war (932).[1] Dies gilt auch dann, wenn dem Vermieter der Zuschlag erteilt wird. — Pfandrechte an den Sachen und zwar sowohl das dem Pfandverkauf zu Grunde liegende, als die ihm im Range etwa vorhergehenden oder nachstehenden erlöschen, auch wenn sie dem Erwerber bekannt waren (1242).[2]

[1] S. Mot. III S. 832.
[2] Abweichung von § 936 Abs. 2.

Diese Wirkungen treten indessen nicht ein, wenn

a) der Verkauf vor Eintritt der Fälligkeit der Forderung des Vermieters bewirkt (1228 Abs. 2),

b) auf mehr Pfandsachen ausgedehnt ist, als zur Befriedigung des Vermieters nötig ist (1230 S. 2),

c) nicht im Wege der öffentlichen Versteigerung oder bei Sachen, die einen Markt- oder Börsenpreis haben, nicht auf dem dafür zugelassenen Wege bewirkt ist (1235),

d) die öffentliche Bekanntmachung der Versteigerung unterblieben ist (1237),

e) die Bestimmungen über den Verkauf von Gold- und Silbersachen (s. oben Z. 7) unbeachtet geblieben sind.

Verletzt der Vermieter eine andere der obigen Verkaufsvorschriften, so wird dadurch die Gültigkeit des Verkaufs Dritten gegenüber nicht in Frage gestellt, sondern nur für den Vermieter, wenn ihm ein Verschulden zur Last fällt, eine Schadensersatzpflicht gegen den Mieter begründet (1243 Abs. 2).

Vermieter und Mieter können eine von obigen Vorschriften (Z. 1—8) abweichende Art des Pfandverkaufs vereinbaren, wozu, wenn an den Pfandsachen einem Dritten ein durch den Verkauf erlöschendes Recht (Pfandrecht) zusteht, auch dessen Zustimmung erforderlich ist (1245)

Auch kann, wenn eine abweichende Art des Pfandverkaufs nach billigem Ermessen den Interessen der Beteiligten entspricht, jeder von ihnen einen derartigen Verkauf verlangen. Kommt eine Einigung nicht zu stande, so entscheidet das Gericht (1246).[1]

§ 31. Fortsetzung. **c) Geltendmachung gegenüber einem Pfändungspfandgläubiger.**

§ 563. Wird eine dem Pfandrecht des Vermieters unterliegende Sache für einen anderen Gläubiger gepfändet, so kann diesem gegenüber das Pfandrecht nicht wegen des Mietzinses für eine frühere Zeit als das letzte Jahr vor der Pfändung geltend gemacht werden.

1. Wird eine dem Pfandrecht des Vermieters unterworfene, aber im Besitz des Mieters befindliche Sache nach der Entstehung dieses Pfandrechts, also nach der Zeit ihrer Einbringung, für einen anderen Gläubiger des Mieters gepfändet, so steht dessen Pfandrecht, als das später entstandene, dem gesetzlichen Pfandrecht des Vermieters nach (§ 804 C.P.O.). Der letztere kann aber auf Grund seines Pfandrechts der Pfändung

[1] Vgl. § 821 (726) C.P.O. Das Gericht ist hier das für den Ort, wo das Pfand aufbewahrt wird und demgemäß der Verkauf stattfinden soll, zuständige Amtsgericht (§ 166 des Ges. über die freiw. Gerichtsbarkeit).

nicht widersprechen;[1] dasselbe geht ihm jedoch durch die Pfändung und Wegschaffung der Sachen, auch wenn er derselben nicht widerspricht und auch wenn die (hier nicht anwendbare) einmonatige Ausschlußfrist[2] des § 561 Abs. 2 abläuft, nicht verloren (vgl. R.G. Bd. 13 S. 257), vielmehr kann er auf Grund desselben seinen Anspruch auf vorzugsweise Befriedigung aus dem Erlöse der Pfandstücke geltend machen, jedoch wegen des Mietzinses nicht für eine frühere Zeit als das letzte Jahr vor der Pfändung (563 B.G.B., § 805 Abs. 1 C.P.O.).[3]

Im Streitfalle hat der Vermieter seinen Anspruch gegen den pfändenden Gläubiger mittels Klage bei dem Vollstreckungsgericht und, wenn der Streitgegenstand zur Zuständigkeit der Amtsgerichte nicht gehört, bei dem Landgerichte zu erheben, in dessen Bezirk das Vollstreckungsgericht seinen Sitz hat. Vermag er seinen Anspruch glaubhaft zu machen (durch Überreichung des Mietvertrags und des Pfändungsprotokolls 2c.), so ist auf Antrag vom Prozeßgericht, in dringenden Fällen aber schon vor Erhebung der Klage vom Vollstreckungsgericht unter Bestimmung einer Frist, innerhalb deren die Entscheidung des Prozeßgerichts beizubringen ist, die Hinterlegung des Erlöses anzuordnen. Dieselbe erfolgt durch den Gerichtsvollzieher bei der landesgesetzlich bestimmten Hinterlegungsstelle. Das Pfandrecht dauert an dem hinterlegten Erlöse fort, indem solcher an die Stelle der Pfandstücke tritt (§ 805 Abs. 4, §§ 769, 770 C.P.O.).

Unter allen Umständen ist die baldige Stellung des Antrags auf Hinterlegung für den Vermieter geboten, um sich den Erfolg seiner Klage gegen den Pfändungsgläubiger zu sichern. Denn er muß diese Klage noch vor Beendigung der Zwangsvollstreckung, d. h. vor Auszahlung des Pfanderlöses an den Pfändungspfandgläubiger erheben;[4]

---

[1] Denn er befindet sich nicht im Besitze der in den Räumen seines Mieters vorhandenen Sachen, § 800 C.P.O.

[2] Siber, a. a. O. S. 83. A. M. Mittelstein S. 202 Anm. 21.

[3] Außerdem kann er das Pfandrecht gegenüber dem Pfändungspfandgläubiger nach § 559 nicht wegen künftiger Entschädigungsforderungen und auch nicht wegen des Mietzinses für eine spätere Zeit, als für das laufende und das folgende Mietjahr geltend machen, mit anderen Worten ist also dieser Anspruch auf vorzugsweise Befriedigung nur zulässig wegen bereits fälliger Entschädigungsforderungen und wegen des Mietzinses für das letzte Jahr vor der Pfändung, sowie für das laufende und das folgende Mietjahr, und zwar auch dann, wenn der Mietvertrag auf unbestimmte Zeit abgeschlossen ist. Rechtspr. der O.L.G. III S. 236. In dem Mietzins für das laufende Mietjahr wird der Mietzins für das letzte Jahr vor der Pfändung oft teilweise mit enthalten sein, R.G. Bd. 34 S. 100.

[4] Es genügt also nicht die außergerichtliche Geltendmachung gegenüber dem Pfändungspfandgläubiger oder dem Gerichtsvollzieher.

andernfalls geht ihm die Möglichkeit, seinen Anspruch im Zusammenhang mit dem Vollstreckungsverfahren bei dem oben erwähnten Gerichtsstand geltend zu machen, verloren[1] und es bleibt ihm nur die bei dem ordentlichen Gerichtsstand des Pfändungspfandgläubigers zu erhebende Klage wegen ungerechtfertigter Bereicherung (816).[2]

---

[1] R.G. Bd. 12 S. 370. Seufferts Arch. Bd. 40 Nr. 186.

[2] Die Frage, ob der Pfandgläubiger, welcher den Anspruch auf vorzugsweise Befriedigung aus dem Erlöse einer gepfändeten beweglichen Sache bis zur Beendigung des Zwangsvollstreckungsverfahrens gegen den minder berechtigten Pfändungspfandgläubiger nicht geltend gemacht hat, nachträglich wenigstens mit einer Klage wegen ungerechtfertigter Bereicherung die Herausgabe des demselben zugegangenen Pfanderlöses verlangen kann, war seither in Rechtslehre und Rechtsprechung ebenso bestritten, wie die damit in nahem Zusammenhang stehende Frage, ob der Eigentümer einer beweglichen Sache, die ein Gläubiger in dem guten Glauben, sie gehöre dem Schuldner, hat pfänden und zu seiner Befriedigung versteigern lassen, von diesem Gläubiger auch nach Beendigung der Zwangsvollstreckung die Herauszahlung des Erlöses begehren kann. Überwiegende Gründe sprechen schon nach dem früheren, jedenfalls aber nach dem jetzigen Recht für die Bejahung.

1. Zunächst ist der besser berechtigte Pfandgläubiger (oder der Eigentümer) durch die Beendigung des Vollstreckungsverfahrens nur des prozessualen Vorteils, eine Klage bei dem Gerichte, in dessen Bezirk die Zwangsvollstreckung erfolgte und mit unmittelbarer Wirkung auf dieses Verfahren nach §§ 771 (690) und 805 (710) C.P.O. zu erheben, verlustig gegangen, nicht aber behindert, einen Bereicherungsanspruch zu erheben, sofern ihm solcher nach den durch jene Prozeßvorschrift nicht betroffenen Vorschriften des bürgerlichen Rechts zusteht. Dieser Grundsatz ist für den ganz ähnlichen Fall, daß der einem Verteilungsplane widersprechende Gläubiger nicht innerhalb der vorgeschriebenen Frist von einem Monat die klageweise Geltendmachung des von ihm behaupteten besseren Rechts nachweist, in § 878 (764) Abs. 2 C.P.O. ausdrücklich ausgesprochen. Er ist aber auch in zutreffender Auffassung der rein prozessualen Bedeutung jener §§ 771 und 805 schon seither von der herrschenden Meinung für die hier in Frage stehende Klage eines besser berechtigten Pfandgläubigers (oder Eigentümers) gegen den Pfändungspfandgläubiger anerkannt worden. R.G.Bd. 12 S. 371, Bd. 13 S. 180, Bd. 40 S. 290. Vgl. auch Bd 42 S. 247. Jur. Wochenschr. 1891 S. 390 Nr. 20. Gruchot Bd. 25 S. 1014. Wilmowski-Levy (früherer) § 710 Anm. 3. Gaupp (früherer) § 710 Erl. II 1. Da die erwähnten Vorschriften der früheren §§ 690 und 710 inzwischen keine Änderung erfahren haben, so ist die prozessuale Zulässigkeit einer späteren Bereicherungsklage nicht zu bezweifeln.

2. Es fragt sich daher nur, ob dem besser berechtigten Pfandgläubiger (oder dem Eigentümer) gegen den Pfändungspfandgläubiger, welcher den Erlös der auf seinen Antrag versteigerten beweglichen Sachen ausgezahlt erhalten hat, nach dem bürgerlichen Recht eine Bereicherungsklage zusteht. In Bezug auf diese Frage hat sich schon die frühere Rechtsprechung des Reichsgerichts (vgl. Entsch. Bd. 43 I S. 178, Bd. 6 S. 313, Bd. 48 S. 288, Gruchot Bd. 25 S. 1014) vielfach in bejahendem Sinne ausgesprochen.

Sollte aber auch hiernach ein Zweifel übrig bleiben, so erscheint doch gegenwärtig eine Bereicherungsklage, wie diejenige des besser berechtigten Pfandgläubigers (Vermieters) gegen den Pfändungspfandgläubiger, zweifellos begründet nach §§ 812, 816 B.G.B. Der Pfandgläubiger hat, ohne berechtigt zu sein, sich aus einer dem vorgehenden Pfandrecht des Vermieters unterworfenen Sache in einer formell

2. Befindet sich dagegen der Vermieter im Besitze der eingebrachten Sachen des Mieters, so ist er zum Widerspruch gegen die Pfändung befugt (808, 809 C.P.O.), auch nicht verpflichtet, dieselben dem ihm nachstehenden Pfändungsgläubiger herauszugeben (1232), und kann, wenn eine Pfändung gleichwohl erfolgt, deren Aufhebung auf dem Beschwerdewege erwirken.

§ 32. Geltendmachung im Konkurse des Mieters.

§ 48 K.O. Gläubiger, welche an einem zur Konkursmasse gehörigen Gegenstand ein durch Rechtsgeschäft bestelltes Pfandrecht haben, können aus den ihnen verpfändeten Gegenständen abgesonderte Befriedigung wegen ihrer Pfandforderung verlangen, zunächst wegen der Kosten, dann wegen der Zinsen, zuletzt wegen des Kapitals.

§ 49 K.O. Den im § 48 bezeichneten Pfandgläubigern stehen gleich:

1. . . .

2. diejenigen, welche an gewissen Gegenständen ein gesetzliches oder ein durch Pfändung erlangtes Pfandrecht haben; das dem Vermieter und dem Verpächter nach den §§ 559, 581, 585 des Bürgerlichen Gesetzbuches zustehende Pfandrecht kann in Ansehung des Miet- oder Pachtzinses für eine frühere Zeit, als das letzte Jahr vor der Eröffnung des Verfahrens, sowie in Ansehung des dem Vermieter oder dem Verpächter infolge der Kündigung des Verwalters entstehenden Entschädigungsanspruchs nicht geltend gemacht werden. . . .

Der Vermieter kann, wie der rechtsgeschäftliche Pfandgläubiger, aus den seinem Pfandrecht unterliegenden eingebrachten Sachen des Mieters abgesonderte Befriedigung wegen seiner Forderungen verlangen und zwar zunächst wegen der Kosten, dann wegen der Zinsen und

---

gegen den letzteren wirksamen Weise Befriedigung verschafft, während materiell deren Erlös nach den über die Rangordnung der Pfandgläubiger geltenden Grundsätzen dem ihm mit seinem gesetzlichen Pfandrecht vorgehenden Vermieter gebührt. Übereinstimmend Fuld S. 193 und, wenn auch in der Hauptsache aus einem anderen Grunde, nämlich unter Bezugnahme auf § 1247 B.G.B., der jedoch einen anderen Sinn hat, Niendorff S. 271. Dem gegenüber machen Mittelstein S. 204. Scherer S. 753, Siber S. 46 geltend, daß in dem angegebenen Falle der Pfändungspfandgläubiger nicht in ungerechtfertigter Weise auf Kosten des Vermieters bereichert sei, da er infolge der Pfändung und der Nichtgeltendmachung des Vermieter-Pfandrechts ein Recht auf die Versteigerung und die Auszahlung des Erlöses habe. Allein dabei dürfte übersehen sein, daß der hier maßgebende § 816: „Trifft ein Nichtberechtigter über einen Gegenstand eine Verfügung, die dem Berechtigten gegenüber wirksam ist, so ist er dem Berechtigten zur Herausgabe des durch die Verfügung Erlangten verpflichtet" gerade den Zweck hat, den Verlust, den das materielle Recht durch das formelle Recht erlitten hat, nachträglich auszugleichen. Das materielle Recht aber steht in dem fraglichen Falle zweifellos dem Vermieter zur Seite. Vgl. auch Fischer-Henle § 816 Anm. 1 a. E. Zur Begründung der erwähnten Bereicherungsklage des Vermieters ist Kenntnis des Pfändungspfandgläubigers von dem besseren Pfandrecht des Vermieters (also Arglist) nicht zu erfordern. Diese Kenntnis begründet vielmehr nur eine strengere Haftung des bösgläubigen Pfändungspfandgläubigers nach § 819 B.G.B.

zuletzt wegen des Hauptanspruchs (§ 48 K.O.).[1] Er kann jedoch dieses Absonderungsrecht in Ansehung des Mietzinses für eine frühere Zeit als das letzte Jahr vor der Eröffnung des Verfahrens[2] sowie in Ansehung des ihm infolge der Kündigung des Verwalters zustehenden Entschädigungsanspruchs überhaupt nicht geltend machen (§§ 48, 49, Z. 2 K.O.).[3]

---

[1] Er muß zu diesem Zweck sein Pfandrecht und seine durch dasselbe zu deckenden Forderungen bei dem Konkursverwalter, welcher den Verkauf der Mobilien des Gemeinschuldners zu betreiben hat (§ 127 K.O.), anmelden und im Fall der Bestreitung gegen ihn im Klagewege zur Anerkennung bringen. Von Amts wegen dieses Absonderungsrecht zu berücksichtigen, ist der Verwalter nicht verpflichtet. R.G. Bd. 14 S. 4. Dieses Pfandrecht wird auch durch die Fortschaffung der Sachen von dem Grundstück des Vermieters nicht aufgehoben. Ebenso ist der Vermieter bei der Geltendmachung seines Absonderungsanspruchs an die Frist in § 561 Abs. 2 B.G.B. nicht gebunden; denn dieser Absonderungsanspruch ist ein anderer als der in § 561 erwähnte Anspruch auf Zurückschaffung oder Überlassung des Besitzes; § 561 Abs. 2 paßt daher nicht auf den vorliegenden Fall. Grünebaum im „Recht" 1902 S. 34.

[2] Der Vermieter kann also das Absonderungsrecht im Konkurse des Mieters geltend machen:

a) wegen des auf das letzte Jahr vor Eröffnung des Konkurses rückständigen Mietzinses,
b) wegen des Mietzinses für das laufende und das folgende Mietjahr (559),
c) wegen seiner fälligen Entschädigungsforderungen mit der in der folgenden Anm. 3 bemerkten Ausnahme.

Wenn z. B. das Mietverhältnis auf die Zeit vom 1. Januar 1900 bis 31. Dezember 1902 mit vierteljährlicher Mietzinszahlung (postnumerando) eingegangen, der Mietzins zuletzt am 1. April 1900 bezahlt, der Konkurs aber am 1. Juli 1901 eröffnet worden ist, so kann der Vermieter sein Absonderungsrecht

a) wegen des Mietzinses vom 1. Juli 1900 bis 1. Juli 1901 (das letzte Jahr vor Eröffnung des Konkurses),
b) wegen des weiteren Mietzinses vom 1. Juli 1901 bis zum 31. Dezember 1902 (auf das laufende und das folgende Mietjahr), sofern der Vermieter oder der Verwalter nicht für einen früheren Zeitpunkt kündigt, geltend machen.

Für die Zeit vom 1. Januar bis 1. Juli 1901 fällt der Zins für das laufende Mietjahr (1901) zusammen mit dem Zins für das letzte Jahr vor Eröffnung des Konkurses (1. Juli 1900/1901). Für die Zeit von der Konkurseröffnung ab hat der Mieter, sofern der Verwalter das Mietverhältnis bestehen läßt, auch die Rechte eines Massegläubigers (§ 59 Z. 2 K.O.). Vgl. R.G. Bd. 34 S. 100.

[3] § 19 K.O. bestimmt: „War dem Gemeinschuldner ein von ihm gepachteter oder gemieteter Gegenstand vor der Eröffnung des Verfahrens überlassen, so kann sowohl der andere Teil, als der Verwalter das Pacht- oder Mietverhältnis kündigen. Die Kündigungsfrist ist, falls nicht eine kürzere Frist bedungen war, die gesetzliche. Kündigt der Verwalter, so ist der andere Teil berechtigt, Ersatz des ihm durch die Aufhebung des Vertrags entstehenden Schadens zu verlangen." Wegen dieses Schadensanspruchs kann also nach § 49 Z. 2 K.O. der Vermieter kein Absonderungsrecht an den eingebrachten Sachen geltend machen, sondern nur seine Befriedigung als Konkursgläubiger suchen.

Sechster Abschnitt.

Beendigung des Mietverhältnisses.

§ 33. Allgemeine Endigungsgründe.

Die Rechte und Pflichten aus dem Mietvertrag gehen an und für sich auf die Erben über. Der Tod hebt für sich allein das Mietverhältnis nicht auf, sofern dasselbe nicht ausdrücklich auf die Lebenszeit einer Vertragspartei abgeschlossen ist. Wohl aber giebt der Tod des Mieters dessen Erben, sowie dem Vermieter ein Kündigungsrecht. S. hierüber unten § 37 Z. 3.[1]

Ebenso geht mit dem nur zeitweiligen Recht (Nießbrauch rc.) des Vermieters nicht auch ohne weiteres das von ihm eingegangene Mietverhältnis zu Ende s. unten § 49. Dagegen kommen als allgemeine, auch bei anderen Vertragsverhältnissen vorkommende Endigungsgründe in Betracht: Vertragsmäßige Aufhebung (Rücktritt) §§ 346 flg., nicht eintretende Bedingung (z. B. wenn die bei einem Mietvertrag über eine Restauration zur Bedingung gemachte Konzessionserteilung zum Betrieb der Schankwirtschaft nicht zu erlangen ist (R.G. Bd. 1 S. 109), ferner Anfechtung wegen Irrtums, arglistiger Täuschung oder Bedrohung (119, 123).

Über die Aufhebung des Vertragsverhältnisses im Falle zufälliger Zerstörung des vermieteten Gebäudes, s. unten § 37.

§ 34. Besondere Endigungsgründe.

1. Zeitablauf. Kündigung: Begriff, Voraussetzungen Wirkung und Form.

§ 564. Das Mietverhältnis endigt mit dem Ablaufe der Zeit, für die es eingegangen ist.

Ist die Mietzeit nicht bestimmt, so kann jeder Teil das Mietverhältnis nach den Vorschriften des § 565 kündigen.

1. Ist das Mietverhältnis auf eine kalendermäßig bestimmte Zeit oder bis zu einem bestimmten Zeitpunkt, z. B. Tod einer Partei, ein-

---

[1] Ähnlich das A.L.R. I 21 §§ 371, 375. Abweichend das gem. Recht und das S.B.G.B. vgl. Wengler S. 120.

gegangen, so endigt es mit dem Ablauf der Zeit oder mit dem Eintritt des Zeitpunktes, ohne daß es noch einer Kündigung bedarf (564 Abs. 1).[1] Eine bestimmte Vertragsdauer kann auch stillschweigend in der Festsetzung des Zwecks oder der Art des Gebrauchs liegen, so z. B. wenn ein Raum nur zur Benutzung bei einer Messe, einem Jahrmarkt oder einer Festlichkeit gemietet ist. Eine gleiche Festsetzung kann auch durch ausdrückliche oder stillschweigende Bezugnahme auf Ortsgebrauch oder ortsstatutarische Vorschriften (z. B. bei der Miete eines Logis in einem Badeorte für die Badesaison) erfolgen.[2]

Über die Kündigung eines für länger als dreißig Jahre abgeschlossenen Vertrags s. unten § 36 Z. 2.

2. Ist die Mietzeit vertragsmäßig nicht bestimmt, so kann, wenn nichts anderes verabredet ist, das Mietverhältnis, und zwar in der Regel von jedem Vertragsteile, durch Kündigung beendigt werden (564 Abs. 2).[3]

Die **Kündigung** ist eine einseitige, der anderen Vertragspartei mitzuteilende (empfangsbedürftige) Willenserklärung, durch welche der durch Vertrag oder Gesetz dazu Berechtigte der anderen Partei gegenüber für einen bestimmten Zeitpunkt dem Mietverhältnis ein Ende setzt.[4] Dieser Zeitpunkt kann nach Ablauf eines bestimmten Zeitraums, der Kündigungsfrist, oder auch alsbald nach Vornahme der Kündigung eintreten.

a) **Die Person des Kündigenden und des Gekündigten**[5]

---

[1] Vertragsmäßig kann aber auch hier die Einhaltung einer Kündigungsfrist, allgemein oder für gewisse Fälle, bedungen sein.

[2] In diesem Sinne kann auch gegenwärtig noch die Vorschrift in § 1 des Preuß. Gesetzes vom 30. Juni 1834 Bedeutung haben: „Wenn künftig der Anfang eines Wohnungsmietvertrags auf Ostern, Johannis, Michaelis oder Weihnachten bestimmt wird, so soll unter diesen Ausdrücken jederzeit der Anfang eines Kalenderquartals, also der 1. April, der 1. Juli, der 1. Oktober oder der 1. Januar verstanden werden, wenn nicht der Vertrag ausdrücklich ein Anderes bestimmt". Ähnlich das Braunschweigsche Ges. v. 21. März 1871 § 1.

[3] Die Kündigung kann auch alsbald nach dem Inkrafttreten des Vertrags erfolgen. Ist z. B. ein Mietvertrag im März für die Zeit vom 1. April ab mit vierteljährlicher Mietzahlung abgeschlossen worden, so kann die Kündigung bereits in der Zeit bis zum 3. April für den 30. Juni erfolgen. Vgl. Planck § 565 Erl. 2a δ). Dagegen kann eine Mietspartei, die im November einen Vertrag für die Zeit vom 1. April des folgenden Jahres abgeschlossen hat, nicht etwa schon am 2. Januar für den erwähnten 1. April kündigen, da dies auf eine einseitige Aufhebung des Vertragsverhältnisses vor dessen Beginn hinauslaufen würde, das Kündigungsrecht aber überhaupt erst mit dem Beginn des Vertragsverhältnisses in Kraft tritt.

[4] Mot. II S. 314, 413. Vgl. auch R.G. Bd. 26 S. 191.

[5] Der Kürze halber wird hier dieser sprachlich nicht ganz richtige Ausdruck gebraucht.

anlangend, muß der erstere zur Erklärung der Kündigung, der letztere zu deren Empfangnahme berechtigt sein.

Sie kann also zunächst von dem Vermieter an den Mieter oder umgekehrt in Person rechtsgültig bewirkt werden. Ist von mehreren Personen oder an mehrere Personen zu kündigen, so kann die Kündigung nur von Allen oder an Alle erfolgen (356).[1]

Wird die Kündigungserklärung nicht von der betr. Vertragspartei in Person bewirkt, so kann sie auch von einem mit Vollmacht versehenen Vertreter[2] erfolgen. Sie ist in diesem Falle unwirksam, wenn der Bevollmächtigte bei der Kündigung nicht eine Vollmachtsurkunde vorlegt und der Gekündigte aus diesem Grunde die Kündigung unverzüglich zurückweist — es sei denn, daß der Vollmachtgeber den Gekündigten vorher von der Bevollmächtigung in Kenntnis gesetzt hatte (174). Ebenso kann die Kündigung, wenn sie nicht an den Gekündigten selbst ergeht, einem Bevollmächtigten oder sonst ermächtigten Vertreter desselben gegenüber erklärt werden.[3]

Kündigungen, die für Ehefrauen in Ansehung der von denselben eingebrachten Mietgrundstücke, für minderjährige Hauskinder, für geschäftsunfähige oder in der Geschäftsfähigkeit beschränkte Personen, für juristische Personen, Gesellschaften, Vermögensmassen oder an solche Personen, Gesellschaften oder Vermögensmassen zu bewirken sind, ergehen von denjenigen oder an diejenigen, welche nach den obigen Ausführungen (§§ 5—8) zum Abschluß von Mietverträgen für derartige Personen 2c. gesetzlich berechtigt sind (Ehemann, Vater, Vormund 2c.).

b) Zur Wirksamkeit der Kündigung ist nach ihrem Begriff und Zweck vor allem erforderlich, daß aus ihr der dem Mietverhältnis

---

[1] Mot. II S. 413. Haidlen I S. 632. Örtmann S. 216. Eine von einem Mieter oder Vermieter allein vorgenommene Kündigung hat daher nicht einmal in Bezug auf diesen rechtliche Wirksamkeit.

[2] Dagegen an sich nicht durch einen Dritten, der, ohne einen Auftrag erhalten zu haben, im Interesse und Namen des Mieters oder Vermieters die Kündigung bewirkt. Doch kann auch eine solche Kündigung wirksam werden, wenn der Gekündigte sie anerkennt und der, für den der Dritte kündigt, sie später genehmigt.

[3] Die Ehefrau, die Kinder und die Dienstboten des Mieters oder Vermieters sind an sich zur Vertretung des letzteren nicht befugt, soweit sie nicht besonderen Auftrag haben; daher ist eine ihnen gegenüber ausgesprochene Kündigung nur wirksam, wenn sie diese Kündigung demjenigen, dem gekündigt werden soll, rechtzeitig mitteilen. Sie erscheinen dann als Mittelspersonen, deren sich der Kündigende bedient. Wengler S. 135 Anm. 30. Anders, wenn die Kündigung durch einen zur Post gegebenen Brief erfolgt; dann ist sie mit dem Augenblicke bewirkt, in welchem der Brief vom Postboten einer zur Empfangnahme von Briefen nach der Postordnung v. 8. März 1879 ermächtigten Person im Hausstande des Gekündigten ausgehändigt ist.

gesetzte Endtermin mit Bestimmtheit zu ersehen ist. Daher wird sie durch Beifügung einer Bedingung unwirksam.[1]

Dagegen ist der Regel nach weder bei der vertragsmäßig vorgesehenen Kündigung, noch bei der vorzeitigen Kündigung mit gesetzlicher Frist, noch bei der Kündigung ohne Einhaltung einer Kündigungsfrist die Angabe eines Kündigungsgrundes erforderlich; doch ist nach Treu und Glauben der Kündigende (bei Meidung von Entschädigungsansprüchen) dem Gekündigten wenigstens auf dessen Anfrage zur Angabe des Grundes verbunden, damit der Gekündigte die Rechtmäßigkeit der Kündigung prüfen kann (Mittelstein S. 222).

Ebensowenig bedarf es an sich zur Wirksamkeit der Kündigung, als einer einseitigen Erklärung, der Annahme von seiten des Gekündigten, so daß auch eine an sich rechtsgültige Kündigung durch Verweigerung der Annahme nicht unwirksam wird. Doch kann eine

[1] Die Frage nach der Wirksamkeit einer bedingten Kündigung (z. B. „wenn ich bis zum 1. April mein Haus verkaufe, soll dem Mieter für den 30. Juni gekündigt sein" oder: „wenn ich vom 1. Oktober 1900 ab nicht 200 Mk. billiger wohnen kann, ziehe ich zu Neujahr 1901 aus") ist nicht zweifellos. Sie wird, in Übereinstimmung mit der früheren Rechtsprechung R.O.H.Ger. Bd. 4 S 341; Bolze Bd. 16 Nr 67; Seuff. Arch. Bd. 25 Nr. 123, in den Mot. II S. 314, 413, von Planck § 564 Note 2; Endemann I § 170 Anm. 6 S. 767; Mittelstein S. 221; Staudinger § 564 Bem. II 2b; Fränkel S. 62; Thiele im Arch. f. d. civ. Prax. Bd. 89 S. 147 (von diesem nur mit Ausnahme der Potestativbedingung); Wengler S. 134 verneint, von Örtmann S. 285; Niendorff S. 219 im wesentlichen (wie wohl unter Beschränkung auf Potestativbedingungen) und von Fuld S. 154 bejaht. Überwiegende Gründe sprechen für die Verneinung. Allerdings enthält hier das B.G.B. keine die Unzulässigkeit der Beifügung einer Bedingung aussprechende Vorschrift, wie sie z. B. in § 388 in Bezug auf die Aufrechnung, in § 925 in Bezug auf die Auflassung, in § 1317 in Bezug auf die Eheschließung, in § 1742 in Bezug auf die Annahme an Kindesstatt, in §§ 1947, 2180 in Bezug auf die Annahme und Ausschlagung einer Erbschaft und eines Vermächtnisses (negotia, quae conditionem non recipiunt) gegeben ist. Allein die Unzulässigkeit bedingter Kündigung ergiebt sich aus der Natur dieser Rechtshandlung. Der Zweck derselben, in bestimmter und sofort erkennbarer Weise die Beendigung des Mietverhältnisses im voraus festzusetzen, würde vereitelt werden, wenn die Wirksamkeit der Kündigung von einer weiteren Thatsache abhängig gemacht wird, die zur Zeit der Kündigung noch nicht feststeht und unter Umständen weitere Erörterung nötig macht. Aus diesem Grunde erscheint auch die von Thiele und Niendorff a. a. O. für zulässig erklärte Beifügung einer Potestativbedingung, deren Erfüllung vom Willen des Gekündigten abhängt (wie z. B.: der Vermieter kündigt dem Mieter für den Fall, daß derselbe wieder so unpünktlich die Miete zahle, wie am letzten Quartal, oder daß derselbe gegen die Hausordnung wieder in der Küche Holz klar mache) bedenklich. Auch die Frage, ob und inwieweit eine solche Bedingung erfüllt ist, kann zweifelhaft sein, so daß auch in solchem Falle der Endtermin des Mietverhältnisses nicht in bestimmter Weise gesetzt ist. Vgl. dagegen für die Zulässigkeit der Potestativbedingung Bolze, Praxis des RG. Bd. 22 Nr. 264 u. Seuff. Arch. Bd. 57 Nr. 60.

an sich unzulässige, z. B. eine verspätete Kündigung durch die ausdrückliche Annahme unwirksam werden, insofern dadurch eine vertragsmäßige Vereinbarung über deren Zulassung zu stande kommt.[1]

Die Wirksamkeit der Kündigung tritt mit dem Zeitpunkte ein, mit welchem sie dem anderen Teile, dem Gekündigten, zugeht,[2] namentlich in dem Falle, wenn derselbe abwesend ist. Auf ihre Wirksamkeit ist es ohne Einfluß, wenn der Kündigende nach Abgabe seiner Erklärung, auch wenn dieselbe dem anderen Teile noch nicht zugegangen ist, stirbt oder geschäftsunfähig wird (130 Abs. 1 u. 2). Sie ist dagegen unwirksam, wenn vorher oder gleichzeitig dem Gekündigten ein Widerruf zugeht. Ist sie aber einmal wirksam, dann kann der Kündigende sie nur unter Zustimmung des anderen Teils widerrufen. Überhaupt kann die Kündigung durch beiderseitige (auch stillschweigende) Vereinbarung rückgängig gemacht werden, so namentlich in dem Falle, wenn der Vermieter, der gekündigt hat, nachträglich vom Mieter das Mietgeld für eine Zeit annimmt, zu welcher nach Inhalt der Kündigung das Mietverhältnis bereits beendigt sein sollte, wenn er z. B. für den Schluß des März gekündigt hat und am 1. April die Vorauszahlung der Miete für den Monat April annimmt.

Das für den Vermieter an sich begründete Kündigungsrecht kann auch dadurch unwirksam werden, daß derselbe noch längere Zeit nach Eintritt des Kündigungsgrundes von diesem Rechte keinen Gebrauch macht und dadurch zur Annahme eines stillschweigenden Verzichts Anlaß giebt, so z. B. in dem Falle, wenn ihm nach dem Vertrage die Kündigung wegen Rückstands des bis zum 3. April zu entrichtenden Mietzinses zusteht, aber erst Anfang Mai dem Mieter von ihm kundgegeben wird. Denn nach dem Grundsatze von Treu und Glauben darf das dem Vermieter zustehende Kündigungsrecht nicht zu einem von dessen Willkür abhängigen Schwebezustand führen; vielmehr hat er dasselbe innerhalb einer zur Fassung seiner Entschließung und zur Übermittelung der Kündigung nach den Umständen des Falles ausreichenden Frist auszuüben. Strieth. Arch. Bd. 62 S. 187, Bd. 91 S. 88, Jur. Wochenschr. 1897 S. 272 u. 1998 S. 111; R.G. III. Civ.-Sen. Urt. v. 6. Dezbr.

---

[1] Bolze Bd 19 Nr. 326. Die Vorschrift des § 349 A.L.R. I 21 hat im B.G.B. keine Aufnahme gefunden.

[2] Also mit dem Zeitpunkte, wo der Anwesende die ihm mündlich, auch durch Fernsprecher mitgeteilte Erklärung vernimmt (was allerdings durch Schlaftrunkenheit, Fieber und sonstige Zustände der Bewußtlosigkeit ausgeschlossen werden kann) und wo bei dem Abwesenden der Kündigungsbrief abgegeben (z. B. in den aufgestellten Briefkasten geworfen) wird, auch wenn der Gekündigte den Brief nicht sofort öffnet und liest (Empfangstheorie).

1901 III 302/01. Ebenso kann die vom Mieter erklärte Kündigung durch späteres Wohnenbleiben wirkungslos werden. Rechtspr. der O.L.G. II S. 480.

Eine verspätete Kündigung ist an sich unwirksam.[1] Inwieweit sie wenigstens für einen späteren Termin, für den sie zulässig ist, Wirksamkeit behält, also z. B. die bei vierteljähriger Kündigung am 1. Mai ausgesprochene und deshalb für den 30. Juni verspätete Kündigung wenigstens für den 30. September wirksam ist, wird von den Umständen des Falles abhängen.[2] Spricht der Kündigende die Kündigung allgemein, ohne Hervorhebung eines bestimmten Endtermins, aus, so gilt sie in der Regel, da sie auch vor Beginn der letzten Mietperiode erfolgen kann, für den nächsten zulässigen Termin, also z. B. bei vierteljähriger Kündigung die am 1. Mai allgemein ausgesprochene Kündigung für den 30. September.

c) Eine bestimmte Form ist für die Kündigung gesetzlich nicht vorgeschrieben; sie kann, wenn nicht von den Parteien eine solche Form (z. B. durch eingeschriebenen Brief) vereinbart ist, mündlich oder schriftlich durch Brief, Telegramm, Beauftragten, Boten (auch einen minderjährigen), durch Zustellung eines Kündigungsschreibens unter Vermittelung des Gerichtsvollziehers (§§ 167 flg.. C.P.O.) oder — bei Unbekanntheit der Person oder des Aufenthalts dessen, dem gekündigt werden soll,[3] auch durch öffentliche Zustellung (§ 132 B.G.B., §§ 204 bis 206 C.P.O.) oder endlich durch Erhebung der Räumungsklage nach § 257 C.P.O. (s. unten § 54 Z. 3) erfolgen.

d) Die Beweislast anlangend ist die Kündigung von derjenigen Partei zu beweisen, welche Rechte daraus herleitet. Außerdem hat diejenige Partei, welche eine von den gesetzlichen Bestimmungen abweichende Vereinbarung, z. B. eine längere oder kürzere Kündigungsfrist,

---

[1] Dies gilt namentlich auch dann, wenn der rechtzeitig abgesendete Kündigungsbrief infolge eines Verschuldens der Post oder des Boten verspätet beim Gekündigten eintrifft. Wird dagegen der Eingang der rechtzeitig bewirkten Kündigung durch Verschulden des Gekündigten, z. B. grundlose Verweigerung der Annahme des Kündigungsbriefes, verhindert, so thut dies der Wirksamkeit der Kündigung keinen Eintrag.

[2] Vgl. einerseits Planck § 565 Anm. 2 letzter Abs.; Fuld S. 151; Thiele a. a. O. S. 144; Niendorff S. 228; Wengler S. 134 (vgl. auch Örtmann S. 286), welche als Regel die Gültigkeit der Kündigung für den nächsten zulässigen Termin annehmen und andererseits Endemann § 170 Anm. 6, welcher die Wirksamkeit einer verspäteten Kündigung unbedingt verneint.

[3] Mot. I S. 161. So in dem Falle, wenn der Mieter, ohne einen Vertreter zu hinterlassen, in unbekannte Ferne geht und ein Abwesenheitspfleger (§ 1911) nicht für ihn bestellt ist.

die Annahme einer formell unzulässigen Kündigung, die Vereinbarung einer jederzeit zulässigen Kündigung behauptet, den Nachweis dafür zu erbringen. Niendorff S. 231, Urt. des O.L.G. Kiel v. 25. Februar 1901 in der D. Jur.-Z. 1902 S. 180.

§ 35. Kündigungstermine und Kündigungsfristen.[1]

§ 565. Bei Grundstücken ist die Kündigung nur für den Schluß eines Kalendervierteljahres zulässig; sie hat spätestens am dritten Werktage des Vierteljahres zu erfolgen. Ist der Mietzins nach Monaten bemessen, so ist die Kündigung nur für den Schluß eines Kalendermonats zulässig; sie hat spätestens am fünfzehnten des Monats zu erfolgen. Ist der Mietzins nach Wochen bemessen, so ist die Kündigung nur für den Schluß einer Kalenderwoche zulässig; sie hat spätestens am ersten Werktage der Woche zu erfolgen....

Ist der Mietzins für ein Grundstück oder für eine bewegliche Sache nach Tagen bemessen, so ist die Kündigung an jedem Tage für den folgenden Tag zulässig.

Die Vorschriften des Abs. 1 ... gelten auch für die Fälle, in denen das Mietverhältnis unter Einhaltung der gesetzlichen Frist vorzeitig gekündigt werden kann.

Hierüber entscheidet zunächst die Vereinbarung der Beteiligten. Dieselben können Beginn und Dauer der Kündigungsfristen abweichend von den nachstehenden gesetzlichen Vorschriften bestimmen, insbesondere — ausdrücklich oder stillschweigend — die ortsüblichen oder ortsstatutarischen Fristen zu Grunde legen.

In Ermangelung einer solchen Vereinbarung kann jeder Teil innerhalb der nachstehenden gesetzlichen Fristen kündigen.[2]

a) Ist der Mietzins nach Tagen bemessen, so ist die Kündigung an jedem Tage für den folgenden Tag mit der Wirkung zulässig, daß mit dem Ablauf dieses letzteren Tages das Mietverhältnis aufhört (565 Abs. 3).[3]

b) Ist der Mietzins nach Wochen bemessen, so ist die Kündigung nur für den Schluß einer Kalenderwoche (Sonnabend) zulässig und hat

---

[1] Nicht zu verwechseln mit den Kündigungsfristen sind die Räumungsfristen (§ 721 C.P.O., Art. 93 des Einf.-Ges. zum B.G.B.), s. oben § 23, welche nach Beendigung des Mitverhältnisses, insbesondere auch bei Vollstreckung eines auf Räumung lautenden Urteils (s. u. § 54 Z. 5) in Betracht kommen, während die Kündigungsfristen vorher den Endtermin bestimmen.

[2] Im A.L.R. I 21 §§ 341, 344 für Miete unbeweglicher Sachen einheitlich geregelt und in der Verordnung vom 9. Januar 1812 für monatweise gemietete Wohnungen speziell festgesetzt; im S. G.B. § 1215 abweichend hiervon nach dem Jahresbetrag abgestuft.

[3] Es ist nicht zweifellos, ob der Tag der Kündigung oder der darauf folgende Tag der letzte Tag des Mietverhältnisses ist. Da jedoch in den vorhergehenden Sätzen des § 565: „für den Schluß eines Kalendermonats", „einer Kalenderwoche" der Termin, für den die Kündigung erfolgt, noch in die Mietzeit hineingezogen wird, so wird auch im Abs. 3 der Ausdruck „für den folgenden Tag" als gleichbedeutend mit „für den Schluß des folgenden Tages" anzusehen und dieser Tag daher als noch in die Mietzeit hineinfallend anzusehen sein. Die entgegengesetzte Auffassung, wonach bereits an

spätestens[1] am ersten Werktage der Woche (Montag, unter Umständen Dienstag) zu erfolgen (565 Abs. 1 S. 2).[2]

c) Ist der Mietzins nach **Monaten** bemessen, so ist die Kündigung nur für den Schluß eines Kalendermonats zulässig und hat spätestens am fünfzehnten des Monats zu erfolgen (565 Abs. 1 S. 2).[3]

d) In allen anderen Fällen ist die Kündigung nur für den Schluß eines Kalendervierteljahrs zulässig und hat spätestens am dritten Werktage des Vierteljahrs zu erfolgen (565 Abs. 1 S. 1).[4] **Diese Vorschrift gilt zugleich für alle diejenigen Fälle, in welchen das Mietverhältnis unter Einhaltung der gesetzlichen Frist vorzeitig gekündigt werden kann** (565 Abs. 4), s. unten § 37.

Im übrigen gilt für die vertragsmäßige, wie für die gesetzliche Kündigungsfrist die Regel, daß, wenn der einzuhaltende letzte Kündigungstag auf einen Sonntag oder auf einen am betr. Orte staatlich anerkannten allgemeinen Feiertag (s. oben § 21) fällt, an die Stelle des Sonntags oder Feiertags der nächste Werktag tritt (193).[5]

---

dem auf den Kündigungstag folgenden Tage geräumt sein müßte, würde auch bei der praktischen Handhabung zu Härten und Unzuträglichkeiten führen, so z. B. wenn die Kündigung am Abend erfolgt und die Räumung alsbald am anderen Morgen vollzogen werden müßte. Vgl. auch § 621 Abs. 1 und § 188 B.G.B. Übereinstimmend Cosack I S. 484, 478. Örtmann S. 287; Borcherdt S. 84 Anm. 3; Staudinger § 565 Bem. III 3. A. M. Planck § 565 Anm. 2a α. Mittelstein S. 227, 228.

[1] Sie kann also in diesem Falle, wie in dem Falle unter c und d, auch vor Beginn der Kündigungsfrist erfolgen.

[2] Mittelstein S. 228. So auch S. G.B. § 1215 a. E. Die Räumung braucht nach § 193 erst am Montag nach dem Schluß der vorausgegangenen Kalenderwoche bewirkt zu werden.

[3] So nach der preußischen Verordnung vom 9. Januar 1812. Teilweise abweichend S. G.B. § 1215 a. E. — Vertragsmäßig kann, wie bereits oben bemerkt wurde, diese Kündigungsfrist abgeändert werden. Ist z. B. eine monatliche Kündigungsfrist vereinbart, so hat die Kündigung am letzten Tage des vorletzten Monats und, wenn dies ein Sonn- oder Feiertag ist, am ersten Werktage des letzten Monats (mit dessen Schluß das Mietverhältnis abläuft) zu erfolgen, wobei im Zweifel die Monate vom ersten Tage der Mietzeit (also nicht nach dem Kalender) zu berechnen sind. A. M. Scherer in der Jur. Wochenschr. 1901 S. 393.

[4] Dieser Zeitpunkt entspricht dem in § 551 Abs. 2 (s. oben § 21) geordneten Mietzahlungstermin und giebt dem Vermieter für den Fall, daß der Mieter am ersten Werktage des Vierteljahres nicht zahlt, die Möglichkeit, demselben unmittelbar darauf das Logis zu kündigen. So A.L.R. I 21 § 344. Anders S. G.B. § 1215. Auch hier kann durch besondere Abrede die vierteljährige Frist so bestimmt werden („ein Vierteljahr vor dem Quartalsschluß"), daß am letzten Tage vor dem Beginn des letzten Vierteljahres event. am ersten Werktage dieses Vierteljahres zu kündigen ist. Vertragsmäßige Verlängerung der Kündigungsfrist auf ein halbes Jahr mit Beibehaltung der ortsüblichen Kündigungstermine s. Rechtspr. der O.L.G. II S. 481.

[5] Planck § 193 Anm. 1. Hiernach kann der Vermieter, der für den 30. Juni

§ 36. Stillschweigende Verlängerung des Mietverhältnisses.

§ 568. Wird nach dem Ablauf der Mietzeit der Gebrauch der Sache von dem Mieter fortgesetzt, so gilt das Mietverhältnis als auf unbestimmte Zeit verlängert, sofern nicht der Vermieter oder der Mieter seinen entgegenstehenden Willen binnen einer Frist von zwei Wochen dem andern Teile gegenüber erklärt. Die Frist beginnt für den Mieter mit der Fortsetzung des Gebrauchs, für den Vermieter mit dem Zeitpunkt, in welchem er von der Fortsetzung Kenntnis erlangt.

Wird nach Ablauf der Mietzeit, mag dieser nun durch Beendigung der im voraus bestimmten Vertragsdauer oder durch Kündigung[1] herbeigeführt sein, der Gebrauch der gemieteten Räume von dem Mieter fortgesetzt, so ist damit allein die Verlängerung des ursprünglichen Vertrags noch nicht gegeben. Vielmehr wird, wenn weiter nichts, als diese Gebrauchsfortsetzung vorliegt, der Mieter wegen Vorenthaltung der erwähnten Räume zur Leistung einer Entschädigung verpflichtet, die im Mindestbetrage dem Mietzins gleichkommt (557. A.L.R. I 21 §§ 332—335. S.G.B. § 1219). Das ursprüngliche Vertragsverhältnis gilt vielmehr erst dann als verlängert,[2] wenn außer der Fortsetzung des Gebrauchs durch den Mieter weder dieser binnen einer Frist von zwei Wochen von der Fortsetzung des Gebrauchs ab, noch der Vermieter binnen einer Frist von ebenfalls zwei Wochen seit erlangter Kenntnis von der Fortsetzung ab, dem anderen Teile seinen entgegenstehenden Willen erklärt hat (568).[3] In diesem Falle wird stillschweigende Zustimmung beider Teile zur Fortsetzung angenommen und der Vertrag als auf unbestimmte Zeit verlängert angesehen.[4] Es finden alsdann die Vorschriften für die von vornherein mit unbestimmter Mietzeit abgeschlossenen Mietverträge auch hier Anwendung. Die Kündigungsfrist ist, wenn darüber bereits der ursprüngliche Vertrag eine Be-

---

kündigen will, dann, wenn der letzte zulässige Kündigungstag, der 3. April, auf einen Sonntag fällt, noch Montag den 4. April kündigen.

[1] Anders A.L.R. I 21 § 324 flg.; Str. Arch. Bd. 78 S. 144; O.Trib. Bd. 34 S. 167, ferner C. c. art. 1738, 1739.

[2] Es findet also keine Erneuerung (wie nach gemeinem Recht, dem S. G.B. § 1218 und dem C. c. art. 1738), sondern eine Fortsetzung des früheren Vertragsverhältnisses unter den seitherigen Bedingungen (insbesondere auch Fortdauer der gesetzlichen oder vertragsmäßig bestellten Pfandrechte) statt. Dasselbe gilt übrigens auch dann, wenn von vornherein vereinbart ist, daß der auf eine bestimmte Zeit abgeschlossene Mietvertrag für den Fall unterbleibender Kündigung auf eine fernere Zeit verlängert sein soll. Rechtsprech. der O.L.G. IV. S. 42.

[3] Ähnlich S. G.B. § 1218. Abweichend A.L.R. § 326.

[4] So S. G.B. § 1218; C. c. art. 1759, teilweise auch das gemeine Recht l. 13 § 11 D. loc. Abweichend A.L.R. I 21 § 328. Vorausgesetzt wird dabei Geschäftsfähigkeit der Vertragsparteien. Staudinger § 568 Bem. VI.

stimmung enthält, die vertragsmäßige, außerdem die gesetzliche des § 565. Der Mieter, der die Verlängerung des Mietverhältnisses für sich geltend macht, muß außer der Fortsetzung des Gebrauchs auch beweisen, daß und wann der Vermieter davon Kenntnis erhalten hat. Dem Vermieter liegt dagegen zur Entkräftung der stillschweigenden Verlängerung der Beweis ob, daß er der Fortsetzung rechtzeitig widersprochen habe. Planck § 568 Anm. 2.

§ 37. 2. Außerordentliche Beendigung des Mietverhältnisses durch Kündigung mit gesetzlicher Frist.

§ 567. Wird ein Mietvertrag für eine längere Zeit als dreißig Jahre geschlossen, so kann nach dreißig Jahren jeder Teil das Mietverhältnis unter Einhaltung der gesetzlichen Frist kündigen. Die Kündigung ist unzulässig, wenn der Vertrag für die Lebenszeit des Vermieters oder des Mieters geschlossen ist.

§ 569. Stirbt der Mieter, so ist sowohl der Erbe als der Vermieter berechtigt, das Mietverhältnis unter Einhaltung der gesetzlichen Frist zu kündigen. Die Kündigung kann nur für den ersten Termin erfolgen, für den sie zulässig ist.

§ 570. Militärpersonen, Beamte, Geistliche und Lehrer an öffentlichen Unterrichtsanstalten können im Falle der Versetzung nach einem anderen Orte das Mietverhältnis in Ansehung der Räume, welche sie für sich oder ihre Familie an dem bisherigen Garnison- oder Wohnorte gemietet haben, unter Einhaltung der gesetzlichen Frist kündigen. Die Kündigung kann nur für den ersten Termin erfolgen, für den sie zulässig ist.

Diese Kündigung ist dann von Bedeutung, wenn die vereinbarte Mietzeit oder die vertragsmäßige Kündigungsfrist länger, als die gesetzliche Kündigungsfrist ist, so daß durch Anwendung der letzteren eine Abkürzung des Mietverhältnisses herbeigeführt wird.

Sie ist zulässig [1]

1. von seiten des Mieters, dem vom Vermieter die Erlaubnis zur Überlassung des Gebrauchs der gemieteten Räume an einen Dritten ohne erheblichen Grund verweigert wird (549 Abs. 1), s. o. § 26.

2. in dem Falle, wenn ein Mietvertrag für eine längere Zeit als dreißig Jahre geschlossen ist. Hier kann nach dreißig Jahren jeder Teil unter Einhaltung der gedachten Frist kündigen.[2] Nur dann ist die Kündigung unzulässig, wenn der Vertrag für die Lebenszeit des Vermieters oder des Mieters abgeschlossen ist (566).

3. beim Tode des Mieters,[3] sofern nicht der Vertrag ausdrücklich

---

[1] Durch den Vertrag kann sie auch für andere Fälle festgesetzt werden.

[2] Es soll der Regel nach keine gänzliche, für beide Teile bindende Unkündbarkeit des Mietverhältnisses stattfinden. Daher gilt die obige Bestimmung auch für Mietverträge, bei welcher für einen Teil oder für beide Teile die Kündigung ausgeschlossen ist. Sie ist eine absolute, durch vertragsmäßige Vereinbarung nicht aufzuhebende.

[3] Auch wenn der Mieter durch Selbstmord endet. — Ähnlich A.L.R. I 21 § 371. Abweichend gemeines Recht, C. c. art. 1742.

auch auf dessen Erben gestellt ist. Hier kann sowohl der Erbe als der Vermieter mit der gedachten Frist die Kündigung bewirken, jedoch nur für den ersten Termin, für den sie zulässig ist (569); sonst läuft das Vertragsverhältnis noch bis zum Ende der bedungenen Zeit. Kündigen in einem solchen Falle die Erben des Mieters, so werden sie dadurch dem Vermieter nicht entschädigungspflichtig. R.G. Bd. 18 S. 269.

Sind mehrere Erben (z. B. Frau und Kinder) des Mieters vorhanden, so kann die Kündigung nur von allen und gegen alle zusammen bewirkt werden. Hatte einer der Erben, insbesondere die Ehefrau, mit dem verstorbenen Mieter gemeinschaftlich gemietet, so bleibt er an den Vertrag gebunden und es kann daher die Kündigung, als eine unteilbare Rechtshandlung, auch nicht von den übrigen Erben oder ihnen gegenüber erfolgen.[1]

Treten an die Stelle des bisherigen alleinigen Mieters mehrere Erben, so haften sie wegen der Unteilbarkeit der Leistung für den vertragsmäßigen Gebrauch, sowie für die Rückgabe als Gesamtschuldner, ebenso auch in der Regel für den Mietzins (§§ 427, 2058 flg., Staudinger § 569 Bem. II 4).

Der Tod des Vermieters ist auf den Bestand des Mietverhältnisses ohne Einfluß, so daß dasselbe mit seinen Erben fortdauert.

4. in dem Falle,[2] wenn Militärpersonen,[3] Beamte,[4] Geist-

---

[1] Örtmann S. 290. Planck § 569 Anm. 3. Niendorff S. 236. Borcherdt, S. 86. Mittelstein S. 239. Die abweichende Ansicht auf S. 108 der ersten Auflage, welche auf § 425 B.G.B. gestützt war, hat der Verfasser aufgegeben.

[2] Ähnlich A.L.R. § 376, das jedoch das Rücktrittsrecht des Mieters noch in anderen Fällen als in dem der Versetzung zuläßt.

[3] Unter Militärpersonen sind nur solche zu verstehen, die zum Deutschen Heere und zur Kaiserlichen Marine gehören. Es sind dahin zu rechnen:

A. Die Personen des Soldatenstandes, nämlich Offiziere, Unteroffiziere mit Einschluß der Gefreiten und Obergefreiten, Gemeine, die Mitglieder des Sanitätskorps (Militärärzte 2c.) und des Maschinen-Ingenieurkorps.

B. Militärbeamte, nämlich alle im Heere und in der Marine für das Bedürfnis des Heeres oder der Marine dauernd oder auf Zeit angestellten, nicht zum Soldatenstande gehörenden, aber unter dem Kriegsministerium oder dem Chef der Admiralität, als Verwaltungschef, stehenden Beamten, welche einen Militärrang haben. Diejenigen, bei denen diese letztere Voraussetzung nicht zutrifft, sind Civilbeamte der Militärverwaltung, also keine Militärpersonen. Militärstrafgesetzbuch für das deutsche Heer vom 20. Juni 1872 § 4 und Anhang R.G.Bl. S. 204 Reichsmilitärgesetz vom 2. Mai 1874 § 38, R.G.Bl. S. 55. Verordnung vom 13. August 1895 betr. die Klasseneinleitung der Militärbeamten R.G.Bl. S. 431.

Dagegen hat die Vorschrift des A.L.R. I 21 § 378 keine Aufnahme gefunden, wonach bei entstehendem Krieg der Mieter, welcher mit ausrücken muß, nur bis zum Ablauf des Quartals, in welchem der Ausmarsch erfolgt, gebunden ist.

[4] Beamte sind alle im Dienste des Reichs oder im unmittelbaren oder mittelbaren

liche[1] und Lehrer[2] an öffentlichen Unterrichtsanstalten nach einem anderen Orte versetzt werden.[3]

Alsdann können dieselben[4] das Mietverhältnis in Ansehung der Räume, welche sie für sich oder ihre Familie[5] an dem bisherigen Garnison- oder Wohnorte gemietet haben, mit der mehrerwähnten Frist kündigen, jedoch ebenfalls nur für den ersten Termin, für den dies zulässig ist (570). Dies gilt auch dann, wenn die Ehefrau mit gemietet hat.[6]

5. von seiten des Erstehers bei einer Zwangsversteigerung, s. unten § 47.

6. im Falle des Konkurses des Mieters, s. unten § 39.

In allen diesen Fällen wird der vorzeitig mit der gesetzlichen Frist Kündigende (ausgenommen den Fall, wenn der Konkursverwalter im Konkurse des Mieters kündigt) dem anderen Vertragsteile nicht entschädigungspflichtig, da er nur von einem ihm gesetzlich zustehenden Rechte Gebrauch macht. R.G. Bd. 18 S. 269.

§ 38. 3. Außerordentliche Beendigung durch Kündigung ohne Einhaltung einer Kündigungsfrist.

Ohne Einhaltung einer Frist, also mit der Wirkung, daß das Mietverhältnis alsbald sein Ende erreicht, kann die Kündigung erfolgen

1. von seiten des Mieters, wenn ihm der vertragsmäßige Gebrauch der gemieteten Räume infolge eines Mangels derselben, eines zufälligen Ereignisses oder einer vom Vermieter zu vertretenden Hand-

---

Dienste eines (deutschen) Bundesstaates auf Lebenszeit, auf Zeit oder nur vorläufig angestellten Personen ohne Unterschied, ob sie einen Diensteid geleistet haben, also auch die Beamten der Gemeinden, Kreise, Provinzialverbände, aber nicht die Beamten von Privatgesellschaften und nicht die Notare. R.Str.G.B. § 359.

[1] Geistliche der staatlich anerkannten Religionsgesellschaften.

[2] Auch akademische Lehrer, Niendorff S. 238, Örtmann S. 290, ebenso Hilfslehrer, nicht aber solche, die nur ihre Probejahre absolvieren.

[3] Auch wenn dies auf Antrag oder auf Wunsch einer dieser Personen geschieht. R.G. Bd. 21 S. 283.

[4] Nicht auch die Vermieter.

[5] Also nicht bloß Wohnungen, sondern auch Ställe, Remisen, Lagerräume. Ausgenommen sind dagegen solche Räume, welche nicht dem Gebrauch des betr. Mieters und seiner Familie dienen, also z. B. ein Raum, den ein Geistlicher oder Lehrer zur Benutzung durch einen gemeinnützigen Verein in eigenem Namen gemietet hat.

[6] Niendorff S. 239.

lung ganz oder zum Teil nicht rechtzeitig gewährt oder wieder entzogen und innerhalb einer von ihm dem Vermieter gesetzten angemessenen Frist nicht Abhilfe geschafft wird (542), s. o. § 16,[1] insbesondere auch, wenn eine Wohnung oder ein anderer, zum Aufenthalte von Menschen bestimmter Raum so beschaffen ist, daß dessen Benutzung mit einer erheblichen Gefährdung der Gesundheit verbunden ist (544).

Die Befugnis des Mieters, nach § 542 die alsbaldige Aufhebung des Vertragsverhältnisses herbeizuführen, kommt auch bei der durch Zufall (Brand, Einsturz) herbeigeführten Zerstörung der vermieteten Räume zur Anwendung. Nach § 323 würde in einem solchen Falle für den Vermieter die Unmöglichkeit zur Gewährung des Gebrauchs der vermieteten Räume oder (bei teilweiser Zerstörung) des zerstörten Teils derselben und dementsprechend für den Mieter von der Aufhebung des Gebrauchs ab die gänzliche oder teilweise Befreiung von der Zahlung des Mietzinses, sowie der Anspruch auf Rückzahlung des im voraus geleisteten Mietzinses, eintreten.[2] Durch § 542 ist aber weiter speziell für den Mietvertrag bestimmt, daß der Mieter in dem angeführten Fall die alsbaldige Aufhebung des Vertrags herbeiführen kann. Dies gilt nicht nur im Fall der Zerstörung sämtlicher Mieträume, sondern auch bei Zerstörung eines Teils derselben, wenn die dem Mieter verbleibenden für ihn wertlos sind, also zu dem ihm vertragsmäßig zugesicherten Gebrauch nicht ausreichen[3] und der Vermieter deren Wiederherstellung innerhalb einer ihm vom Mieter bestimmten angegebenen Frist nicht bewirkt. Ein Schadensersatzanspruch des Mieters an den Vermieter findet bei zufälliger Zerstörung der Mieträume nicht statt.

2. Von seiten des Vermieters kann ohne Einhaltung einer Frist gekündigt werden

a) wenn der Mieter oder derjenige, welchem er den Gebrauch der gemieteten Sache überlassen hat, ungeachtet einer Abmahnung des Vermieters einen vertragswidrigen Gebrauch der Sache fortsetzt, der die Rechte des Vermieters in erheblichem Maße verletzt, insbesondere einem Dritten den ihm unbefugt überlassenen Gebrauch beläßt oder die Räume

---

[1] Durch diese Vorschrift wird auch der nach gem. Recht l. 13 § 7, l. 27 § 1 D. loc. und nach dem S. G.B. § 1221 a. E. bestehende Endigungsgrund, daß dem Mieter bei fernerem Verbleiben in dem gemieteten Räumen oder bei fernerer Benutzung derselben eine erhebliche Gefahr droht, z. B. durch Zerstörung des Hauses, Mißhandlungen von seiten des Vermieters, mit umfaßt.

[2] So auch S. G.B. § 1231 S. 1. § 870.

[3] Ähnlich S. G.B. § 1213 S. 2. C. c. art. 1722.

durch Vernachlässigung der dem Mieter obliegenden Sorgfalt erheblich gefährdet (553), s. oben § 19.

b) wenn der Mieter für zwei aufeinander folgende Termine mit der Entrichtung des Mietzinses oder eines Teiles desselben im Verzuge ist (554), s. oben § 22.

Durch vertragsmäßige Übereinkunft, wie solche namentlich in den Hausordnungen festgestellt sind, kann die Befugnis zur Kündigung ohne Einhaltung einer Frist auch auf weitere Fälle ausgedehnt, insbesondere die Bestimmung getroffen werden, daß der Mieter bei Nichterfüllung der ihm (nach dem Vertrage und der Hausordnung) obliegenden Verpflichtungen seiner Rechte aus dem Mietvertrage verlustig gehen solle. Alsdann kann dieser Nachteil im Falle der Nichterfüllung alsbald geltend gemacht und Räumung gefordert werden; doch werden derartige Vorschriften immer nach Treu und Glauben auszulegen und darauf gestützte Vertragsaufhebungen, wenn sie auf reiner Chikane beruhen, für unwirksam zu erachten sein (157, 226), s. oben § 13.

Dagegen kann der Vermieter den Vertrag nicht einseitig aufheben wegen eigenen unvorhergesehenen Bedürfnisses (wie nach gem. Recht l. 3 Cod. de loc. 4, 65), wegen einer notwendigen, die Fortsetzung des Gebrauchs durch den Mieter nicht zulassenden Reparatur am Hause[1] (wie nach gem. Recht l. 3 Cod. cit., sowie nach dem S.G.B. § 1220) und nicht wegen eines notwendigen Hauptbaues (wie nach A.L.R. I 21 § 363—365), s. Mot. II S. 417—418.

§ 39. 4. Konkurs des Mieters oder Vermieters.

K.O. § 19. War dem Gemeinschuldner ein von ihm gemieteter oder gepachteter Gegenstand vor der Eröffnung des Verfahrens überlassen, so kann sowohl der andere Teil als der Verwalter das Miet- oder Pachtverhältnis kündigen. Die Kündigungsfrist ist, falls nicht eine kürzere Frist bedungen war, die gesetzliche. Kündigt der Verwalter, so ist der andere Teil berechtigt, Ersatz des ihm durch die Aufhebung des Vertrags entstehenden Schadens zu verlangen.

---

[1] Ist ein vermietetes Gebäude infolge irgend eines Umstandes reparaturbedürftig geworden und damit die Notwendigkeit einer alsbaldigen, die Weiterbenutzung durch den Mieter gänzlich oder teilweise ausschließenden Reparatur veranlaßt, so tritt damit je nach Umständen der Fall einer vorübergehenden oder dauernden Nichtgewährung des Gebrauches ein. Je nachdem der dieselbe veranlassende Umstand auf einem zufälligen Ereignis oder auf einem vom Vermieter oder Mieter zu vertretenden Umstand beruht und in mehr oder minder erheblicher Weise die Rechte der anderen Partei verletzt, ist nach §§ 537 Abs. 1, 538, 542, 553 der Mieter von der Zahlung des Mietzinses ganz oder teilweise befreit oder der Vermieter oder der Mieter dem anderen Teile entschädigungspflichtig oder für den Mieter oder den Vermieter ein Grund zur alsbaldigen Aufhebung des Vertrags gegeben, immer vorausgesetzt, daß der Vertrag für den angegebenen Fall keine abweichende Bestimmung enthält. . . .

K.O. § 20. War dem Gemeinschuldner ein von ihm gemieteter oder gepachteter Gegenstand zur Zeit der Eröffnung des Verfahrenes noch nicht überlassen, so kann der andere Teil von dem Vertrage zurücktreten.

Auf Erfordern des Verwalters muß der andere Teil demselben ohne Verzug erklären, ob er von dem Vertrage zurücktreten will. Unterläßt er dies, so kommen die Bestimmungen des § 17 zur Anwendung.

§ 21. Hatte der Gemeinschuldner einen von ihm vermieteten oder verpachteten Gegenstand dem Mieter oder dem Pächter vor der Eröffnung des Verfahrens überlassen, so ist der Miet- oder Pachtvertrag auch der Konkursmasse gegenüber wirksam.

Im Falle der Vermietung oder der Verpachtung eines Grundstücks, sowie im Falle der Vermietung von Wohnräumen oder anderen Räumen ist jedoch eine Verfügung, die der Gemeinschuldner vor der Eröffnung des Verfahrens über den auf die spätere Zeit entfallenden Miet- oder Pachtzins getroffen hat, insbesondere die Einziehung des Miet- oder Pachtzinses, der Konkursmasse gegenüber nur insoweit wirksam, als sich die Verfügung auf den Miet- oder Pachtzins für das zur Zeit der Eröffnung des Verfahrens laufende und das folgende Kalendervierteljahr bezieht. Soweit die Entrichtung des Miet- oder Pachtzinses der Konkursmasse gegenüber wirksam ist, kann der Mieter oder der Pächter gegen die Miet- oder Pachtzinsforderung der Konkursmasse eine ihm gegen den Gemeinschuldner zustehende Forderung aufrechnen.

Eine von dem Konkursverwalter vorgenommene freiwillige Veräußerung des von dem Gemeinschuldner vermieteten oder verpachteten Grundstücks wirkt, sofern das Grundstück dem Mieter oder dem Pächter vor der Eröffnung des Verfahrens überlassen war, auf das Miet- oder Pachtverhältnis wie eine Zwangsversteigerung.

Der Konkurs des Mieters oder Vermieters ist an sich noch kein Grund für die Beendigung des Mietverhältnisses, kann aber Anlaß geben, dasselbe durch einseitige Erklärung oder durch Kündigung einer Partei zu einem vorzeitigen Ende zu führen. Es ist dabei zu unterscheiden, ob die gemieteten Räume dem Mieter vor der Eröffnung des Konkurses bereits überlassen sind[1] oder ob zu dieser Zeit nur ein Vertragsabschluß ohne Übergabe vorliegt.

1. Konkurs des Mieters.

a) Bei bereits erfolgter Übergabe.

Hier kann das Mietverhältnis sowohl von dem Verwalter im Konkurse des Mieters, als von dem Vermieter gekündigt werden, und zwar, wenn keine kürzere Frist bedungen ist, mit der gesetzlichen Kündigungsfrist (§ 19 K.O.).[2]

---

[1] Sind von mehreren, eine Wohnung bildenden Räumen bis zur Konkurseröffnung erst einige übergeben, so kommt es darauf an, ob diese als die hauptsächlichen Räume anzusehen sind. So wird die Übergabe einer Wohnung auch dann als abgeschlossen zu gelten haben, wenn ein dazu gehöriger Kellerraum, Stall oder Schuppen zur fraglichen Zeit dem Mieter noch nicht eingeräumt ist.

[2] S. § 565 Abs. 1 S. 1 und oben § 34; die „ortsübliche Frist" in § 17 Z. 1 der K.O. vom 10. Februar 1877 ist jetzt beseitigt.

Kündigt der **Konkursverwalter** dem Vermieter, so ist dieser berechtigt, Ersatz des ihm durch die vorzeitige Aufhebung des Vertrages erwachsenen Schadens zu verlangen (§ 19 S. 3 K.O.).[1] Er kann jedoch diesen Schaden, ebenso wie die bis zur Konkurseröffnung entstandenen Ansprüche aus dem Mietverhältnis, insbesondere den Anspruch auf Mietzins, nur als Konkursforderung geltend machen,[2] während der von der Konkurseröffnung ab fällig werdende Mietzins als **Masseschuld** zu decken ist (§ 59 Z. 2 K.O.).

Kündigt der **Vermieter**, so ist er wegen der vorzeitigen Aufhebung des Vertrags zu einer Entschädigung weder berechtigt, noch verpflichtet.[3]

Kündigt **weder der Verwalter, noch der Vermieter**, so bleibt das Mietverhältnis bis zu dessen vertragsmäßiger oder gesetzlicher Beendigung bestehen. Auch hier ist der von der Eröffnung bis zur Beendigung des Konkurses fällig werdende Mietzins als Masseschuld anzusehen.

In allen diesen Fällen kann der Vermieter wegen seiner Ansprüche aus dem Mietvertrag auf Grund des ihm nach § 559 B.G.B. zustehenden Pfandrechts an den eingebrachten Sachen des Mieters abgesonderte Befriedigung aus deren Erlös beanspruchen, jedoch nicht in Ansehung des Mietzinses für eine frühere Zeit als das letzte Jahr vor der Konkurseröffnung und nicht in Ansehung des dem Vermieter infolge der **Kündigung des Verwalters** zustehenden Entschädigungsanspruchs (§ 49 Z. 2 K.O.).[4]

---

[1] Diese Entschädigungspflicht wurde nach allgemeinen Grundsätzen, da infolge eines von dem Mieter zu vertretenden Umstandes eine vorzeitige Aufhebung des Mietverhältnisses erfolgt sei, schon während der Geltung der K.O. vom 20. Februar 1877 angenommen, obgleich sie damals nicht ausdrücklich festgesetzt war; **Petersen und Kleinfeller**, K.O. Erl. II Z. 2. Abs. 3 zu den §§ 17, 18 K.O., R.G. Bd. 7 S. 20, **Gruchot** Bd. 28 S. 1175, andererseits aber wurde sie bestritten, weil der Verwalter mit der Kündigung nur ein ihm zustehendes Recht ausübe. Sie ist deshalb jetzt in § 19 ausdrücklich festgesetzt Mot. zu § 17 des Entw. der K.O. Protok. z. B.G.B. S. 2036.

[2] Der Vermieter welchem vom Verwalter vorzeitig gekündigt wird, ist nicht etwa Massegläubiger nach § 59 Z. 1 K.O. („Ansprüche, welche aus Geschäften oder Handlungen des Konkursverwalters entstehen"), sondern Konkursgläubiger, da sich der ihm bereits zur Zeit der Konkurseröffnung dem Gemeinschuldner gegenüber zustehende Anspruch auf Vertragserfüllung während der vereinbarten Zeit infolge der dem Verwalter gesetzlich zustehenden Kündigung in den Anspruch auf Entschädigung umwandelt. So auch **Petersen und Kleinfeller** a. a. O. und R.G. Bd. 7 S. 20.

[3] Er ist nicht berechtigt, da er selbst die vorzeitige Aufhebung herbeiführt und nicht verpflichtet, da er dies auf Grund einer ihm gesetzlich zustehenden Befugnis und infolge eines von ihm nicht zu vertretenden Umstandes, der Konkurseröffnung, thut.

[4] So im wesentlichen auch schon früher nach § 41 Z. 4 der K.O. vom 10. Febr. 1877

b) Bei noch nicht erfolgter Übergabe.

Hier kann vor allem der Vermieter vom Vertrage zurücktreten, ohne auch in diesem Falle zur Entschädigung berechtigt oder verpflichtet zu sein. Er muß jedoch auf Erfordern des Verwalters sich ohne Verzug über die Ausübung seiner Rücktrittsbefugnis erklären (§ 20 K.O.). Unterläßt er dies oder erklärt er sich für die Aushaltung des Vertrags, so kommt die Vorschrift des § 17 K.O. zur Anwendung, wonach es von dem Konkursverwalter abhängt, ob er den Vertrag erfüllen oder aufgeben will, worüber er sich übrigens auf Erfordern des Mieters ebenfalls ohne Verzug zu erklären hat, widrigenfalls er auf der Erfüllung nicht bestehen kann. Entschließt sich der Verwalter für die Erfüllung, so ist der während der Dauer des Konkurses auflaufende Mietzins Masseschuld (§ 59 Z. 2 K.O.). Verweigert er dem Vermieter die von diesem begehrte Erfüllung, so kann dieser deshalb einen Entschädigungsanspruch als Konkursgläubiger erheben (§§ 17, 26 K.O.).

2. Konkurs des Vermieters.

a) Bei erfolgter Übergabe.

Hier bleibt das Vertragsverhältnis auch der Konkursmasse gegenüber bestehen, an welche der von der Konkurseröffnung ab anfällig werdende Mietzins zu zahlen ist (§ 21 Abs. 1 K.O.).[1]

Hat der Vermieter vor der Eröffnung des Konkurses über den auf die Zeit nach der Konkurseröffnung entfallenden Mietzins verfügt, sich denselben insbesondere im voraus bezahlen lassen, so ist eine solche Verfügung der Konkursmasse gegenüber nur in Ansehung des Mietzinses für das zur Zeit der Eröffnung des Verfahrens laufende und für das folgende Kalendervierteljahr wirksam (§ 21 Abs. 2 K.O.);[2] der

---

in der Fassung des Ges. vom 9. Mai 1894 bei richtiger Auslegung desselben, obwohl die frühere Bestimmung in Bezug auf die zeitliche Begrenzung des bevorrechteten Mietzinses etwas abweichend (wegen des laufenden und des für das letzte Jahr vor der Eröffnung des Verfahrens rückständigen Zinses) lautete, s. R.G. Bd. 34 S. 100.

[1] So auch nach § 17 Z. 2 der K.O. vom 10. Februar 1877.

[2] In der K.O. vom 10. Februar 1877 war diese Vorschrift nicht enthalten und daher eine Vorausverfügung schon über den von der Zeit der Konkurseröffnung ab laufenden Mietzins der Konkursmasse gegenüber unwirksam, da lediglich die letztere von der gedachten Zeit ab für Rechnung der Konkursgläubiger dem Mieter den Gebrauch der vermieteten Räume gewährte und daher auf diese ihr dadurch erwachsende Forderung Zahlung oder Vorausverfügungen (Cessionen) des Mieters oder Gegenforderungen des Mieters an den Vermieter nicht anzuerkennen brauchte. R.G. Bd. 1 S. 347, Bd. 6 S. 112, Bd. 33 S. 40. Gegenwärtig ist die Wirksamkeit von Vorausverfügungen des Vermieters übereinstimmend mit der in §§ 1124, 1125 in Bezug auf die Rechte der Hypothekengläubiger getroffenen Vorschrift in erweitertem Umfange anerkannt.

für eine spätere Zeit fällig werdende Mietzins dagegen, sofern der Konkurs alsdann noch fortdauert, an die Konkursmasse zu bezahlen. Soweit die Entrichtung des Miet- und Pachtzinses der Konkursmasse gegenüber wirksam ist, also gegenüber dem Mietzinse für das zur Zeit der Konkurseröffnung laufende und das folgende Kalendervierteljahr, kann der Mieter gegen die Mietzinsforderung der Konkursmasse eine ihm gegen den Gemeinschuldner (Vermieter) zustehende Forderung aufrechnen.[1]

In Bezug auf die Beendigung des Mietverhältnisses ist der Konkurs des Vermieters nur insofern von Einfluß, als eine von dem Verwalter vorgenommene freiwillige Veräußerung des von dem Gemeinschuldner vermieteten Grundstücks wie eine Zwangsversteigerung wirkt, d. h. der Ersteher, der im übrigen in das Mietverhältnis an Stelle des Vermieters eintritt, ist berechtigt, dasselbe unter Einhaltung der gesetzlichen Frist (§ 565) für den ersten Termin, für den dies zulässig ist, zu kündigen (§ 57 S. 2 des Zwangsversteigerungsgesetzes). Dem Mieter steht alsdann, wenn infolge der Kündigung des Erstehers das Mietverhältnis vorzeitig aufgehoben wird, nur ein Entschädigungsanspruch zu, der während der Dauer des Konkurses als Konkursforderung (nicht als Masseschuld), nach Beendigung des Konkursverfahrens aber dem Vermieter gegenüber zu erheben ist.

b) Bei noch nicht erfolgter Übergabe.

Hier kommt lediglich die bereits erwähnte Vorschrift des § 17 K.O. zur Anwendung und es kommt auf die Entschließung des Konkursverwalters an, bis zu deren Ausübung der Mieter an den Vertrag gebunden ist. Entscheidet sich der Verwalter für die Aufgabe des Mietverhältnisses, so kann der Mieter nur einen Entschädigungsanspruch als nicht bevorrechtigte Konkursforderung geltend machen. Entscheidet sich der Verwalter für die Aushaltung des Vertrags, dann ist derselbe zwischen dem Mieter und der Konkursmasse in Gemäßheit der zwischen Vermieter und Mieter getroffenen Vereinbarung zu erfüllen. In jedem Falle aber muß auch hier der Verwalter seine Entschließung auf Anfordern des Mieters alsbald erklären, widrigenfalls er auf Erfüllung nicht bestehen kann (§ 17 Abs. 2 K.O.).

Ein nachträglich vom Verwalter vorgenommener Verkauf hat hier die Wirkung eines Zwangsverkaufes nicht.[2]

---

[1] Anders früher infolge der in der vorhergehenden Anmerkung erwähnten Vorschrift der K.O. vom 10. Februar 1877.

[2] Rehbein, Entsch. III S. 905 Anmerk.

§ 40. Enteignung (Expropriation).

1. Wirkungen der Enteignung. Entziehung der ganzen Mieträume.

Für die Wirkungen der Enteignung, d. i. der im öffentlichen Interesse zwangsweise erfolgenden Entziehung oder Beschränkung von Grundeigentum oder von Rechten an solchem, sind fast in allen deutschen Staaten die nach Art. 109 des Einf.-Ges. z. B.G.B. in Kraft bleibenden Vorschriften der einschlagenden Landesgesetze[1] maßgebend.

---

[1] In Reichsgesetzen, namentlich im Rayongesetz vom 21. Dezember 1871, ist über den Einfluß der Eigentumsbeschränkung gegenüber etwaigen Mietverhältnissen nichts enthalten, vielmehr nur in § 37 bezüglich der Rechte „anderer Realberechtigter" an der Entschädigung auf die Landesgesetze verwiesen.

Als Landesgesetze, die anfänglich behufs Regelung der Enteignung für die Zwecke des Landstraßenbaues, später aber für öffentliche Zwecke der verschiedensten Art, namentlich für den Bau von Eisenbahnen, sowie für die Herstellung von Straßen und Plätzen, Friedhöfen, Wasserleitungen 2c. in Städten und Dörfern erlassen wurden, kommen die folgenden in Betracht.

1. Das Königl. Preußische Enteignungsgesetz vom 11. Juni 1874.
2. Das Königl. Bayerische Gesetz vom 17. November 1837, die Zwangsabtretung von Grundeigentum für öffentliche Zwecke betr.
3. Das Königl. Württembergische Gesetz vom 20. Dezember 1888 betr. die Zwangsenteignung von Grundstücken und von Rechten an Grundstücken (zu Artt. 14 und 36 abgeändert durch Art. 209 des Ausf.-Ges. zum B.G.B. vom 28. Juli 1899).
4. Das Königl. Sächsische Ges. vom 7. März 1835 wegen Abtretung des zur Erbauung der Leipzig-Dresdener Eisenbahn erforderlichen Grundeigentums nebst Ges. v. 21. Juli 1855 die Expropriation von Grundeigentum für Erweiterung bestehender Eisenbahnen betr. Ges. u. Ver.-Bl. S. 120. (Ein neues Enteignungsgesetz ist in Beratung.)
5. Das Großh. Badische Enteignungsgesetz vom 26. Juni 1899.
6. Das Großherz. Hessische Gesetz vom 26. Juli 1884, Enteignung von Grundeigentum betr. mit den in Art. 279 des Gesetzes v. 17. Juli 1899, die Ausführung des Bürgerlichen Gesetzbuchs betreffend, enthaltenen Abänderungen.
7. Die Großh. Mecklenburg-Schwerinsche Verordnung vom 3. Januar 1873 in betreff der erforderlichen Abtretungen zu Kunst- und Wasserstraßenbauten und der dafür zu leistenden Entschädigung,

   sowie

   die Verordnung vom 29. März 1845 in betreff der Veräußerungsverpflichtung behufs Eisenbahnanlagen,

   ingleichen

   die Verordnung vom 21. Juli 1886 betr. die Enteignung von Grundeigentum in den Landstädten

   und namentlich

   die Ausf.-Verordnung zum B.G.B. vom 9. April 1899 §§ 87—102.
8. Das Großh. S.-Weimarische Gesetz vom 26. November 1855 über die bei Anlegung der Werra-Eisenbahn erforderliche zwangsweise Eigentumsabtretung

Nach diesen ergeben sich im einzelnen folgende Grundsätze.

1. Wenn die Enteignung sich auf das ganze vermietete Haus-

---

sowie

das Gesetz vom 10. Dezember 1884 die Feststellung der Entschädigung in Enteignungsfällen betr. und das Gesetz vom 17. April 1889 betr. die Ausdehnung des Gesetzes vom 26. November 1855.

9. Die Großh. Mecklenburg-Strelitzer Verordnung vom 30. Januar 1872, wodurch die Schwerinsche Verordnung vom 29. März 1845 eingeführt wurde, sowie § 85 flg. der Ausf.-Verordn. v. B.G.B. v. 9. April 1899.

10. Das Großh. Oldenburgische Enteignungsgesetz vom 21. April 1897.

11. Das Herzogl. Braunschweigische Gesetz vom 13. September 1867, die Ausmittelung der Entschädigungen bei Expropriationen betr.

und

die neue Wegeordnung vom 5. Juni 1871 §§ 48 flg., sowie die Bauordnung vom 15. Juni 1876, s. auch § 45 des Ausf.-Ges. vom 12 Juni 1899 zum B.G.B. und Hampe, Das partikulare Braunschweigische Privatrecht S. 188 flg.

12. Das Herzogl. S.-Meiningensche Expropriationsgesetz vom 28. Juni 1845 nebst Nachtrag vom 9. April 1868 und die Eisenbahn-Enteignungsgesetze vom 28. März 1855 und vom 18. Juni 1867 (s. auch Art. 28 flg. des Ges. vom 17. August 1899 zur Ausführung des Reichsges. über die Zwangsversteigerung).

13. Das Herzogl. S.-Altenburgische Wegebaugesetz vom 26. März 1837,

sowie

das Mandat vom 13. Juli 1863, die Abtretung des zur Erbauung der Eisenbahn Gößnitz-Gera erforderlichen Grundeigentums betr., welches Gesetz auch bei allen späteren Eisenbahnbauten für maßgebend erklärt worden ist.

14. Das Herzogl. S.-Gothaische Gesetz vom 31. Mai 1884 über die Enteignung von Grundeigentum und das (gleichlautende) Herzogl. S.-Coburgische Gesetz vom 20. Mai 1888 über die Enteignung von Grundeigentum.

15. Das Herzogl. Anhaltische Gesetz Nr. 381 vom 12. April 1875 betr. die Enteignung von Grundeigentum.

16. Das Fürstl. Schwarzburg-Rudolstädtische Gesetz vom 5. Februar 1840 über die Entschädigung des zum Straßenbau abzugebenden Grundeigentums nebst den Zusatzgesetzen vom 24. Februar 1860 und 9. August 1861, außerdem für Eisenbahn-Unternehmungen das Gesetz vom 7. Dezember 1868 über die bei Anlegung von Eisenbahnen erforderlichen zwangsweisen Enteignungen nebst Nachtrag vom 21. Juni 1872 und 28. März 1885, sowie das Ges. v. 21. Februar 1873 über die bei Anlegung von Eisenbahnen erforderlichen zwangsweisen Enteignungen.

17. Das Fürstl. Schwarzburg-Sondershausensche Enteignungsgesetz vom 29. Juli 1899.

18. Das Fürstl. Waldecksche Gesetz vom 11. März 1870 über die Eisenbahnunternehmungen in den Fürstentümern Waldeck und Pyrmont.

19. Das Fürstl. Reuß. ä. L. Gesetz vom 15. März 1856 wegen Expropriation von Grundeigentum behufs Herstellung von öffentlichen Wegen nebst Zusatz vom 26. Juni 1856 und Gesetz vom 18. Mai 1870 über die bei Anlegung von Eisenbahnen erforderliche zwangsweise Eigentumsabtretung. Ferner: § 71—74 des Ausf.-Ges. vom 26. Oktober 1899 z. B.G.B.

20. Das Fürstl. Reuß. j. L. Gesetz vom 15. März 1856 wegen der bei Anlage von Eisenbahnen erforderlichen zwangsweisen Eigentumsabtretung, sowie das Gesetz v. 26. Juni 1856, die Enteignung für baupolizeil. Zwecke betr. nebst Nachtr. vom

grundstück erstreckt, so geht mit der Durchführung derselben[1] das Eigentum auf den Unternehmer über und sowohl das Eigentum des seitherigen Inhabers als auch das von ihm einem Dritten eingeräumte Mietrecht zu Ende (s. insbes. § 45 des Preuß. Enteignungsges., Art. 19 des Großh. Hess. Enteignungsges., nebst Art. 279 des Ausführungsges. zum B.G.B. vom 17. Juli 1899, Art. 38 des Württemb. Zwangsenteignungsges., § 9 des Schwarzb.-Sondersh. Ges. über Zwangsabtretung).

Wie dem Eigentümer, ist auch dem Mieter Entschädigung zu gewähren, dem letzteren also der ihm durch die vorzeitige Aufhebung seines Mietrechts erwachsende Nachteil (Umzugskosten, höherer Mietzins in der neuen Wohnung, Wirtschaftserschwernisse, gewerbliche Nachteile u. dergl.) zu ersetzen.[2] Verpflichtet hierzu ist nach der Mehrzahl der neueren Enteignungsgesetze nicht der Eigentümer und Vermieter, für welchen die Enteignung vielmehr nach allgemeinen Grundsätzen einen seine Haftpflicht ausschließenden Zufall (vis major) bildet[3] und bei vorzeitiger Auflösung des Vertrags infolge der Enteignung nur die Verpflichtung zur Rückgewähr des vom Mieter auf die Zeit nach dem Eigentumsübergang im voraus entrichteten Mietzinses erwächst, sondern

5. November 1879 die Ausdehnung dieses Gesetzes auf die Anlegung von Gottesäckern betr. und Abänderungsges. v. 24. März 1893.

21. Das Fürstl. Schaumburg-Lippische Gesetz vom 23. März 1896 betr. die Enteignung von Grundeigentum nebst Nachtrag in Art. II des Abänderungsgesetzes v. 27. Juni 1899 Landesverordn. S. 86.

22. Das Fürstl. Lippische Gesetz vom 3. Februar 1869 die Anlage von Eisenbahnen betr. nebst Nachtrag von 17. Januar 1894.

23. Das Gesetz der Freien und Hansestadt Lübeck vom 21. Mai 1870 über die Entziehung und Beschränkung des Grundeigentums (16. April 1882).

24. Das Gesetz der Freien und Hansestadt Bremen vom 18. Juli 1899 über die Enteignung von Grundeigentum.

25. Das Expropriationsgesetz der Freien und Hansestadt Hamburg vom 5. Mai 1886 mit Abänderungsgesetz Nr. 54 v. 27. September 1899.

26. Das Enteignungsgesetz für das Reichsland Elsaß-Lothringen (loi sur l'expropriation pour cause d'utilité publique) vom 3. Mai 1841 mit Nachtragsgesetz vom 20. Juni 1887, die Feststellung der Entschädigung betr.

[1] Nach § 44 des Preußischen Enteignungsgesetzes mit der Zustellung des (von der Regierung nach Zahlung oder Hinterlegung der Entschädigungssumme zu erlassenden) Enteignungsbeschlusses. Ebenso nach Art. 39 des Württembergischen, sowie nach § 50 des Badischen Enteignungsgesetzes. Nach anderen Gesetzen mit der Zahlung der Entschädigungssumme oder (z. B. Art. 42 des Fürstl. Reuß j. L. Enteignungsgesetzes) mit der nach Zahlung der Entschädigungssumme für den Unternehmer auszufertigenden Erwerbsurkunde.

[2] Selbstverständlich kann sich der Schadensersatz nur auf diejenige Zeit erstrecken, für welche der Mietvertrag fest abgeschlossen ist oder nicht durch Geltendmachung der vereinbarten Kündigung gelöst werden kann.

[3] Bolze Bd. 20 Nr. 432.

der Unternehmer. Dieser Schadensersatz kann in zweifacher Weise geleistet werden:

a) Es kann die Entschädigung des Mieters von diesem, der zu diesem Zwecke als Nebenberechtigter am Enteignungsverfahren teilnimmt, neben dem Schadensersatzanspruch des Eigentümers und Vermieters berechnet, von der Enteignungsbehörde festgestellt und vom Unternehmer unmittelbar an den Mieter gewährt werden. In dieser Weise ist die Ersatzleistung für den Fall vollständiger Entziehung der gemieteten Räume geordnet

in § 11 des Preuß. Enteignungsgesetzes

Artt. V, VI des Bayer. Ges. über die Zwangsabtr. (s. Seydel, Bayer. Staatsr. III S. 640 Anm. 1 und Roth-Becher, Bayer. Civilr. 2. Aufl. II. Teil 1. Abt. § 152 Note 90 S. 270).

Artt. 14, 28, 36 des Württembergischen Enteignungsgesetzes und Art. 209 des dortigen Ausf.-Ges. z. B.G.B. s. auch Pfizer, Das Württemberg. Ausführungsges. zum B.G.B. S. 118flg.

§§ 14, 44 des Badischen Enteignungsgesetzes.

Artt. 12, 13 des Großh. Hess. Gesetzes.

§ 8 Abs. 3 der Mecklenburg-Schwerinschen Verordnung vom 3. Januar 1837 und

§ 12 Abs. 3 der Mecklenburg-Schwerinschen Verordnung vom 29. März 1845, welche auch in Mecklenburg-Strelitz gilt, sowie namentlich in

§ 90 Abs. 4 § 96 der Mecklenburg-Schwerinschen Verordnung vom 9. April 1899 zur Ausführung des B.G.B. und in § 88 Abs. 4 der Mecklenburg-Strelitzer Verordnung zur Ausf. des B.G.B.

Art. 17 des Weimarischen Expropriationsgesetzes.

Artt. 14, 24 des Oldenburger Enteignungsgesetzes.

Artt. 16, 17 des Meininger Expropriationsgesetzes s. auch Unger, Handbuch des im Herzogt. S.-Meiningen geltenden partikularen Privatrechts Bd. II S. 117flg., 308flg.

§ 11 des Gothaischen und des Coburgischen Enteignungsges.

§ 10 des Anhaltischen Gesetzes.

§ 4 des Schwarzb.-Rudolstädter Gesetzes vom 9. Februar 1861 („wenn sich der Pachter nicht mit der ihm vom Eigentümer zu gewährenden vierprozentigen Verzinsung der Entschädigungssumme für die Dauer der Pachtzeit begnügen will").

Artt. 17 des Reuß ä. L. Enteignungsgesetzes.

Artt. 18 des Reuß j. L. Enteignungsgesetzes.

§ 5 Abs. 4, § 7 Abs. 2 des Fürstl. Lippischen Gesetzes.

§§ 10, 22, 25 des Schaumb.-Lippischen Enteignungsgesetzes.

§§ 12, 24, 36, 40 des Bremischen Enteignungsgesetzes.

§§ 6, 7, 19, 23 des Lübeckischen Enteignungsgesetzes.

Insbesondere ist nach §§ 11 und 29 des Preußischen, sowie des gleichlautenden Coburgischen und Gothaischen Enteignungsgesetzes der Betrag des Schadens, welchen die Mieter durch Enteignung erleiden, besonders festzustellen und zu ersetzen, soweit derselbe nicht in der für das enteignete Grundstück bestimmten (vollen) Entschädigung oder in der an derselben zu gewährenden Nutzung begriffen ist.[1] Unter den „Mietern" sind hier nicht bloß die dinglich berechtigten Mieter nach A.L.R., sondern auch die bloß obligatorisch berechtigten Mieter der gemeinrechtlichen Gebiete und demgemäß auch die Mieter nach dem B.G.B. zu verstehen,[2] welchen ebenfalls kein dingliches Recht zukommt.[3] — Der Fall dieser besonderen Entschädigung des Mieters wird namentlich nach den letzterwähnten Vorschriften der gewöhnliche sein, da in der Regel sein Interesse (Differenz zwischen dem Mietzins für die noch laufende Mietzeit und dem Nutzungswert der Mieträume) ein anderes, als das des Eigentümers ist, der Wert des Mietrechts neben dem des Gebäudes eine selbständige, die besonderen Verhältnisse des Mieters berücksichtigende Schätzung (R.G. Bd. 5 S. 250, Bd. 32 S. 298) zuläßt,[4] die namentlich mit dem Rechte auf Nutzung (Zinsabwurf) der für das Grundstück ausgeworfenen Entschädigung nicht gleichwertig ist.

b) Es kann aber auch die Entschädigung des Mieters in der für das enteignete Grundstück ausgeworfenen Gesamtentschädigung des Eigentümers enthalten und dem letzteren die Abfindung des Mieters überlassen sein.

So kann nach dem Preuß. Enteignungsgesetz §§ 11, 29, sowie nach den gleichlautenden §§ 11, 29 der Coburgischen und Gothaischen Enteignungsgesetze die Entschädigung des Mieters in dem Grundwert

---

[1] Auch bei den auf Grund des Preuß. Fluchtliniengesetzes vom 2. Juli 1875 vorkommenden Enteignungen anwendbar s. § 14 dieses Gesetzes.

[2] Während Eger, Das Gesetz über die Enteignung von Grundeigentum vom 11. Juni 1874 Bd. I S. 93, 294, 328, mit Rücksicht auf die in § 11 des Preußischen Enteignungsgesetzes enthaltene Zusammenstellung der Mieter mit „Nutzungs-, Gebrauchs- uud Servitutberechtigten" und auf die Stellung dieses § 11 im Gesetze, nur dem dinglich berechtigten Mieter, wie er sich nach A.L.R. darstellt, einen unmittelbaren Anspruch an den Unternehmer giebt, den bloß obligatorisch berechtigten Mieter aber an den Vermieter verweist, wird von anderer Seite, namentlich von Löbell, Das Preußische Enteignungsgesetz vom 11. Juni 1874 S. 78 Anm. 10, auch dem letztgenannten Mieter, wenn er im Besitz ist, ein unmittelbarer Anspruch an den Unternehmer zugestanden. Dieser Ansicht hat sich auch das R.G., Entsch. Bd. 29 S. 273, angeschlossen.

[3] Planck, Vorbemerk. 2 vor § 535. Anm. 1 zu § 571.

[4] Eger a. a. O. S. 281 flg., 332. Löbell S. 79 Anm. 10. A. M. Bähr u. Langerhans, Enteignungsgesetz vom 11. Juni 1874 S. 52, 53.

mit enthalten sein.[1] Alsdann hat der Eigentümer die Gesamtentschädigung zu berechnen und sich mit dem Mieter wegen des demselben daran gebührenden Anteils, nötigenfalls auf dem Rechtswege, auseinander zu setzen.[2] Ähnlich verweisen das Altenburger Wegebaugesetz § 20, sowie die späteren Altenburger Eisenbahn-Expropriationsgesetze, insbesondere § 10 Abs. 2 des Mandats vom 13. Juli 1863, den Pachter (dem der Mieter gleichsteht) beim Mangel anderweiter Vereinbarung mit seinen Entschädigungsansprüchen auf die noch rückständige Dauer der Pachtzeit an den Eigentümer oder die Entschädigungssumme. Dabei kann nach § 29 Abs. 2 Satz 2 des Preuß. Enteignungsgesetzes auf Antrag des Eigentümers oder des Mieters von der Enteignungsbehörde das Anteilsverhältnis festgestellt werden, nach welchem dem Mieter innerhalb seiner vom Eigentümer anerkannten Berechtigung aus der für das Eigentum festgestellten Entschädigungssumme oder deren Nutzungen Entschädigung gebührt. Ähnlich nach § 23 des Hamburgischen Enteignungsgesetzes und nach § 25 des Enteignungsgesetzes von Schaumburg-Lippe. Nach Art. 46 des Großh. Hessischen Gesetzes ist die Entscheidung über das Anteilsverhältnis zwischen Eigentümer und Nebenberechtigten auf dem Rechtsweg zu geben. — Auch im Herzogl. Braunschweigschen Gesetz vom 13. September 1867 (s. Hampe a. a. O. S. 196 Anm. 65) und im Fürstl. Waldeckschen Gesetz vom 11. März 1870 §§ 4 und 5 ist von einem Anspruch des Mieters gegenüber dem Unternehmer nicht die Rede, der Mieter also an den Eigentümer gewiesen.

§ 41. 2. Entziehung eines Teils der Mieträume. — Frühere vertragsmäßige Festsetzung der Entschädigung des Mieters. — Klage auf den von der Enteignungsbehörde abgelehnten Mehrbetrag.

2. Wird infolge der Enteignung dem Mieter nur ein Teil der von ihm gemieteten Räume, z. B. ein Stall oder ein Lagerraum, entzogen, so erwächst ihm hierdurch der Anspruch auf entsprechende Entschädigung, und zwar entweder gegen den Unternehmer (so nach § 11 des Preuß. Enteignungsges., Artt. 28, 36 des Württembergischen, Artt. 16, 17 des Meiningenschen, Art. 17 des Reuß. j. L., Art. 18 des Reuß ä. L.

[1] Z. B. das enteignete Hausgrundstück bietet allen seinen Bewohnern besondere Vorteile durch seine Lage an einem Kanal, Vorteile, welche in anderen Grundstücken der betr. Stadt nicht wieder zu erlangen sind. Diese Vorteile werden bereits in der für den Eigentümer berechneten Entschädigungssumme Berücksichtigung finden und daher vom Unternehmer den Mietern nicht nochmals zu gewähren, sondern diesen nur vom Eigentümer Abfindungen wegen der Entziehung des zeitweisen Mitgenusses dieser Vorteile zuzubilligen sein.

[2] R.G. Bd. 35 S. 258.

Enteignungsges.) oder gegen den **Vermieter** (so nach § 9 des Hamburgischen Gesetzes, § 12 Abs. 3 des Mecklenburg-Schwerinschen Enteignungsgesetzes vom 29. März 1845) oder gegen **beide** (so nach Art. 14b des Oldenburgischen Enteignungsgesetzes: Verpflichtung des Vermieters zur Gewährung von 4 % des Entschädigungskapitals auf die Zeit des dem Mieter entgehenden Gebrauchs und Verpflichtung des Unternehmers zum Ersatze eines etwaigen Mehrbetrags des Schadens). Mindestens hat er Anspruch auf entsprechende Minderung des Mietpreises für den Rest der Mietzeit (§§ 537, 541 B.G.B. **Eger** a. a. O. S. 340).

Wird dem Mieter infolge der Entziehung eines Teils der gemieteten Räume die Benutzung der ihm verbleibenden unmöglich oder wertlos, so hat er das Recht, nach § 542 B.G.B. dem Vermieter, der ihm den Gebrauch der gemieteten Räume nicht mehr gewähren kann, ebenso wie im Falle der Zerstörung des Hauses, ohne Einhaltung einer Kündigungsfrist zu kündigen.[1] Erwächst dem Mieter außerdem noch ein Schaden, so ist ihm dieser je nach den oben erwähnten landesgesetzlichen Vorschriften vom Unternehmer oder vom Vermieter zu vergüten.

3. Ist in dem Mietvertrag für den Fall der Enteignung die Entschädigung des Mieters nur in beschränktem Maße zugelassen oder ganz aufgehoben, so muß der Mieter dies nicht nur seinem Vermieter, sondern auch dem Unternehmer gegenüber gelten lassen, da er auch diesem gegenüber einen Schaden nur insoweit verfolgen kann, als er ihm nach Maßgabe der Bestimmungen seines Mietvertrags überhaupt erwachsen ist. **Löbell** a. a. O. S. 80, Str.-Arch. Bd. 100 S. 315, **Niendorff** S. 240. A. M. **Eger** I S. 342.

4. Ist der Mieter mit der ihm von der **Enteignungsbehörde** zugebilligten Entschädigung[2] nicht zufrieden, so kann er nach § 30 des Preußischen und Art. 41 des Württembergischen Enteignungsges. binnen sechs Monaten von Zustellung des Beschlusses der Enteignungsbehörde ab einen Mehranspruch auf dem Rechtswege ausführen; dies selbst dann, wenn er am Enteignungsverfahren keinen Anteil genommen hatte. So auch nach § 24 des Lübeckischen Gesetzes.

---

[1] Für das preuß. Recht streitig. Für obige Ansicht von den Kommentatoren des Gesetzes vom 11. Juni 1874: **Grünhut** S. 144; **Dalcke** S. 71; **Thiel** S. 51, 52. Dagegen: **Eger** I S. 340; **Löbell** S. 81. In anderen Staaten geben bereits die Enteignungsgesetze (so das Badische § 35, das Sachsen-Weimarische § 14 Abs. 3, § 6. das Reuß ältere und jüngere Linie §§ 17 und 18) dem Mieter im Falle der Unmöglichkeit oder erheblichen Erschwerung der Benutzung der ihm verbleibenden Mieträume das Recht zur Aufhebung des Vertragsverhältnisses.

[2] Anders, wenn er vom Vermieter ohne Mitwirkung der Enteignungsbehörde entschädigt wird.

Siebenter Abschnitt.

Einfluß der Rechte Dritter, insbesondere der Rechtsnachfolger und Hypothekengläubiger des Vermieters auf das Mietverhältnis.

I. Freiwillige Veräußerung und Belastung des vermieteten Grundstücks.

1. Nach Überlassung der Mieträume an den Mieter.

§ 42. Veräußerung. Eintritt des Erwerbers in das Vertragsverhältnis.[1]

§ 571. Wird das vermietete Grundstück nach der Überlassung an den Mieter von dem Vermieter an einen Dritten veräußert, so tritt der Erwerber an Stelle des Vermieters in die sich während der Dauer seines Eigentums aus dem Mietverhältnis ergebenden Rechte und Verpflichtungen ein.

Erfüllt der Erwerber die Verpflichtungen nicht, so haftet der Vermieter für den von dem Erwerber zu ersetzenden Schaden wie ein Bürge, der auf die Einrede der Vorausklage verzichtet hat. Erlangt der Mieter von dem Übergange des Eigentums durch Mitteilung des Vermieters Kenntnis, so wird der Vermieter von der Haftung befreit, wenn nicht der Mieter das Mietverhältnis für den ersten Termin kündigt, für den die Kündigung zulässig ist.

Wird das vermietete Grundstück nach der Überlassung an den Mieter[2], von dem Vermieter an einen Dritten veräußert,[3] so tritt der Erwerber mit dem Eigentumsübergang und infolge desselben an Stelle des Vermieters in die sich während der Dauer seines Eigentums aus

---

[1] Über den seitherigen Rechtszustand nach gemeinem Recht, A.L.R., dem C. c. und dem S.G.B. siehe oben in der Einleitung S. 2 flg. Über den jetzigen Rechtszustand s. auch Zimmermann, Die Rechtswirkungen der Veräußerung und Belastung des vermieteten Grundstücks auf das Mietverhältnis 1901.

[2] Hiernach wird Übergabe des Besitzes von seiten des Vermieters an den Mieter, wodurch regelmäßig das Mietverhältnis vollzogen und eines besonderen Schutzes bedürftig, auch für den Erwerber erkennbar wird, nicht aber Fortdauer des Besitzes zur Zeit der Eigentumsveränderung vorausgesetzt. Mittelstein S. 269; Örtmann zu § 571 Anm. 1; Zimmermann S. 7 flg.

[3] Nicht bloß durch Verkauf, sondern auch durch Tausch, Schenkung, Vermächtnis; immer vorausgesetzt, daß der Eigentümer vermietet hat.

dem Mietverhältnis ergebenden Rechte und Verpflichtungen, also in das gesamte Mietverhältnis[1] ein (571 Abs. 1).[2]

1. Zunächst in die Rechte. Er erlangt also namentlich (kraft eigenen Rechts) den Anspruch auf den von der Zeit seiner Eintragung ab anfällig werdenden Mietzins, nicht aber auf den von der Zeit seines Vorbesitzers her rückständigen, sofern ihm derselbe nicht abgetreten ist.[3]

Er erlangt auch von dem Beginn seines Eigentums an das gesetzliche Pfandrecht an den eingebrachten Sachen des Mieters; doch bleibt daneben das Pfandrecht des Vorbesitzers (Vermieters) wegen des aus dessen Zeit rückständigen Mietzinses bestehen.[4]

Der Erwerber erlangt ferner das Recht zur Gestattung einer Untermietung, zur vertragsmäßigen oder gesetzlichen Kündigung wie auch eine Kündigung des Mieters lediglich an ihn zu ergehen hat,[5] sowie den Anspruch auf Rückgabe des Mietgrundstücks nach Beendigung des Verhältnisses.

Er tritt endlich in die Rechte ein, welche dem Vermieter aus einer von dem Mieter für Erfüllung seiner Verpflichtungen geleisteten Sicherheit zustehen. Er ist indessen zur Rückgewährung einer derartigen Sicherheit (an den Mieter bei Beendigung des Mietverhältnisses) nur dann verpflichtet, wenn sie ihm ausgehändigt oder von ihm dem Vermieter gegenüber die Verpflichtung zur Rückgewähr übernommen worden ist (572).

---

[1] A. M. Rönnberg im Arch. f. bürgerl. Recht. Bd. 17 S. 78. Über die Einheitlichkeit und Unteilbarkeit des Verhältnisses beim Vorhandensein mehrerer Erwerber oder Mieter ohne reale Teilung des Mietgrundstücks s. Zimmermann a. a. O. S. 20 flg.

[2] Eine abweichende Vereinbarung (daß Kauf Miete brechen solle) ist zulässig, Örtmann S. 292, ebenso eine vertragsmäßige Gestaltung des Verhältnisses zwischen Mieter und Erwerber.

[3] Ist also der Mietzins in vierteljährlichen Nachzahlungen zu berichtigen und das Grundstück dem Käufer am 1. Mai übereignet, so kann derselbe am Zahlungstage, dem 1. Juli, zwar den alsdann fälligen Mietzins (für das Vierteljahr vom 1. April bis 30. Juni) vom Mieter vereinnahmen, hiervon aber nur den Zins für die beiden Monate Mai und Juni für sich behalten, während er den Zins für April an den Vermieter herauszugeben hat. Planck § 571 Anm. 3bα; Niendorff S. 202; Mittelstein S. 279.

[4] Ein in der II. Kommission gestellter Antrag, das Pfandrecht des Vermieters mit der Übertragung des Eigentums erlöschen zu lassen, wurde abgelehnt. Prot. S. 2011—2016. Das Pfandrecht des früheren Besitzers tritt also nach § 1209 mit demjenigen des Nachbesitzers wegen des in dessen Zeit fallenden Mietzinses in Konkurrenz und zwar zu gleichen Rechten, da nach dem angeführten Paragraphen auch das Pfandrecht des Erwerbers von der Einbringung der Sachen an datiert, mithin mit dem Pfandrecht des Vorbesitzers gleichen Rang hat. Siber S. 74. A. M. Zimmermann S. 54. Vgl. auch oben § 27 S. 108 Anm. 2.

[5] A. M. Rönnberg, Arch. für bürgerl. Recht. Bd. 17 S. 78 flg.

2. Der Erwerber tritt andererseits auch in die von der Zeit seines Eigentumserwerbs ab aus dem Mietverhältnis entstehenden Verpflichtungen ein, insbesondere zur Gewährung des Gebrauchs und zur Haftung für Fehler und Mängel des Grundstücks[1] und hat dafür nicht nur mit dem Grundstück, sondern auch mit seinem ganzen Vermögen zu haften. Dagegen haftet er nicht für die zur Zeit seines Vorbesitzers bereits begründeten Verpflichtungen des Vermieters.

Mehrere Erwerber haften für die durch das Mietverhältnis auf der Vermieterseite begründeten Verpflichtungen wegen Unteilbarkeit derselben regelmäßig als Gesamtschuldner.

3. Der Vermieter steht nach dem Eigentumsübergang dem Mieter nicht mehr als Vertragspartei gegenüber, weshalb auch der Mieter, selbst bei Unkenntnis vom Eigentumsübergang, nach dieser Zeit eine Kündigung ihm gegenüber oder eine Vertragsänderung mit ihm rechtsgültig nicht mehr bewirken kann. Erfüllt aber der Erwerber die ihm nach den Ausführungen unter Z. 2 obliegenden Verpflichtungen nicht, so haftet für den von ihm deshalb dem Mieter zu ersetzenden Schaden neben ihm auch der Vermieter wie ein Bürge, der auf die Einrede der Vorausklage verzichtet hat.[2] Doch kann der Vermieter seine Befreiung von dieser Verpflichtung dadurch herbeiführen, daß er (nicht der Erwerber) dem Mieter von dem Übergang des Eigentums Mitteilung macht. Kündigt dann der Mieter nicht das Mietverhältnis für den ersten Termin, für welchen die Kündigung zulässig ist, so hört von diesem Termin ab die Haftung des Vermieters auf, so daß derselbe nur für die bis dahin begründeten Schadensersatzverbindlichkeiten des Käufers einzustehen hat (571 Abs. 2).[3]

---

[1] Auch für die besonderen Zusicherungen des Vermieters hat er einzustehen, selbst wenn er diese Zusicherungen beim Eigentumsübergang nicht kennt. Protok. S. 1878.

[2] Anders nach der früheren preuß. Rechtspr. O.Tr. Bd. 39 S. 137, Bd. 57 S. 112.

[3] In dem Unterlassen der Kündigung ist das Einverständnis des Mieters damit zu erblicken, daß der Erwerber von dem bezeichneten Termin ab allein in das Mietverhältnis eintrete. Immer aber gilt die Befreiung des Vermieters von seiner Mithaft nur für die von diesem Termin ab erwachsenden Verpflichtungen des Erwerbers, wie auch bei der Beratung dieser Vorschrift in der II. Kommission zum Ausdruck gekommen ist. Protok. S. 1886. Planck, Erl. 4c zu § 571. Zimmermann S. 61 A. M. Örtmann S. 295; Niendorff S. 207. — Wenn also zwischen A. und B. ein Mietverhältnis mit vierteljährlicher, an den Quartalterminen zulässiger Kündigung besteht und das vermietete Haus mit dem 1. März in das Eigentum des C. übergeht, so wird der Vermieter A., der dem Mieter B. hiervon Mitteilung gemacht hat, vom 1. Juli ab von der ferneren Mithaftung für Schadensersatzverpflichtungen des C. frei, wenn der Mieter nicht bis zum 3. April für den 30. Juni gekündigt hat. Dagegen bleibt die Mithaftung des A. für die vom 1. März bis 30. Juni entstandenen Verpflichtungen des C. bestehen.

Der Vermieter wird aber schon vor dem erwähnten Termine frei, sobald der Erwerber — was möglich — mit dem Mieter vorher ausdrücklich oder stillschweigend ein neues Vertragsverhältnis vereinbart hat.

§ 43. Wirksamkeit von Verfügungen des Vermieters und von Rechtsgeschäften zwischen Vermieter und Mieter über den Mietzins gegenüber dem Erwerber.

§ 573. Eine Verfügung, die der Vermieter vor dem Übergang des Eigentums über den auf die Zeit der Berechtigung des Erwerbers entfallenden Mietzins getroffen hat, ist insoweit wirksam, als sie sich auf den Mietzins für das zur Zeit des Übergangs des Eigentums laufende und das folgende Kalendervierteljahr bezieht. Eine Verfügung über den Mietzins für eine spätere Zeit muß der Erwerber gegen sich gelten lassen, wenn er sie zur Zeit des Übergangs kennt.

§ 574. Ein Rechtsgeschäft, das zwischen dem Mieter und dem Vermieter in Ansehung der Mietzinsforderung vorgenommen wird, insbesondere die Entrichtung des Mietzinses, ist dem Erwerber gegenüber wirksam, soweit es sich nicht auf den Mietzins für eine spätere Zeit, als das Kalendervierteljahr, in welchem der Mieter von dem Übergang des Eigentums Kenntnis erlangt und das folgende Vierteljahr bezieht. Ein Rechtsgeschäft, das nach dem Übergang des Eigentums vorgenommen wird, ist jedoch unwirksam, wenn der Mieter bei der Vornahme des Rechtsgeschäfts von dem Übergang des Eigentums Kenntnis hat.

§ 575. Soweit die Entrichtung des Mietzinses an den Vermieter nach § 574 dem Erwerber gegenüber wirksam ist, kann der Mieter gegen die Mietzinsforderung des Erwerbers eine ihm gegen den Vermieter zustehende Forderung aufrechnen. Die Aufrechnung ist ausgeschlossen, wenn der Mieter die Gegenforderung erworben hat, nachdem er von dem Übergang des Eigentums Kenntnis erlangt hat oder wenn die Gegenforderung erst nach Erlangung der Kenntnis und später als der Mietzins fällig geworden ist.

Nach der bereits erwähnten Regel steht dem Erwerber der Anspruch auf den Mietzins für die Zeit nach dem Eigentumsübergang kraft eigenen Rechts zu. Der Vermieter muß sogar die dem Mieter von ihm angezeigte Übertragung des Eigentums an einen Dritten in Ansehung der Mietzinsforderung dem Mieter gegenüber auch dann gegen sich gelten lassen, wenn die Übertragung nicht erfolgt oder nicht wirksam ist. Er kann diese Anzeige nur mit Zustimmung dessen zurücknehmen, den er dem Mieter als neuen Eigentümer bezeichnet hat (576).[1]

Von der angeführten Regel bezüglich des Übergangs des Mietzinses auf den Erwerber bestehen indessen zwei Ausnahmen.

---

[1] Es kommt hier der gleiche Grundsatz zur Anwendung, der in § 409 für den Fall einer vom Gläubiger dem Schuldner gemachten Anzeige von der Übertragung einer Forderung aufgestellt ist. — Im übrigen wird sich bei einer Eigentumsübertragung die Anzeige davon an den Mieter, welche ohne besondere Form, nicht nur durch den Vermieter, sondern auch durch den Erwerber geschehen kann, zur Klarstellung des Sachverhältnisses unter allen Umständen empfehlen.

1. Eine Verfügung des Vermieters, welche derselbe vor dem Eigentumsübergange über den in die Zeit der Berechtigung des Erwerbers fallenden Mietzins trifft, ist (zu Gunsten des Vermieters) insofern wirksam, als sie sich auf den Mietzins für das zur Zeit des Übergangs laufende und das folgende Kalendervierteljahr bezieht.[1] Dies gilt grundsätzlich und vorbehaltlich der Sondervorschrift unter Z. 2 auch für Vorausverfügungen durch Rechtsgeschäft mit dem Mieter. Auch eine Verfügung über den Mietzins für eine spätere Zeit muß der Erwerber gegen sich gelten lassen, wenn er sie zur Zeit des Übergangs kennt (573). Der Mieter kann sich daher durch Mitteilung der Vorausverfügung an den Erwerber vor doppelter Zahlung schützen.[2] Diese Bestimmungen gelten jedoch nicht für Pfändungen, die ein Gläubiger des Vermieters auf dessen Mietzinsforderungen erwirkt hat. Denn die Vorschrift des § 573, welche sich nur auf Verfügungen des Vermieters bezieht, enthält eine Ausnahme von der Regel des § 571 uud ist lediglich mit Rücksicht auf die wirtschaftlichen Verhältnisse des Vermieters gegeben, kann also auf die von einem Dritten ausgehende Pfändung der Mietzinsforderung nicht ausgedehnt werden, so sehr dieselbe auch in anderer Beziehung den gleichen Bestimmungen wie die Abtretung unterliegt. S. § 400 B.G.B. § 851 Abs. 1 C.P.O. Auch § 1124 Abs. 2 B.G.B., der sich auf ein wesentlich anderes Rechtsverhältnis (vgl. § 1123 Abs. 1) bezieht, steht nicht entgegen. Übereinstimmend Zimmermann a. a. O. S. 32. Bendix in der Jur. Wochenschr. 1902 S. 59.

2. Weiter geht zu Gunsten des Mieters die Ausnahme, die bei Rechtsgeschäften zwischen Mieter und Vermieter (oder dessen Cessionar) in Ansehung der Mietsforderung, insbesondere auch bei Zahlung des Mietzinses, gilt. Hier kommt nicht die Zeit des Eigentumsübergangs, sondern die Zeit, wo der Mieter hiervon Kenntnis erlangt, in Betracht.[3] Ein solches Rechtsgeschäft ist also dem Erwerber gegenüber

[1] Hierdurch wird indessen das dem Erwerber, dem von seinem Verkäufer von der Vorausverfügung über den Mietzins beim Kaufabschluß keine Mitteilung gemacht wurde, zustehende Recht, vom Verkäufer wegen des ihm infolge der Gültigkeit der Vorausverfügung entgehenden Mietzinses Schadloshaltung zu verlangen, nicht berührt. Planck § 573 Anm. 2 Abs. 2. Unrichtig Fränkel S. 75. III a.

[2] Wenn also der Vermieter vom 1. Januar 1900 ab auf drei Jahre mit vierteljährlicher Mietzahlung vermietet hat, am 1. April 1900 den Mietzins für die ganze noch laufende Mietzeit einem Gläubiger überträgt, am 1. Mai 1900 aber das Mietgrundstück einem Dritten übereignet, so ist die Abtretung der Mietzinsforderung nur in Ansehung des Zinses für das Vierteljahr vom 1. April bis 1. Juli und weiter vom 1. Juli bis 1. Oktober 1900 wirksam, und bloß in dem Falle, wenn der Dritte bei dem Eigentumsübergange die Vorausverfügung kennt, in Ansehung des Mietzinses für die ganze Zeit bis zum Ende der Vertragszeit gültig. Vgl. auch § 1124.

[3] Die Zeit der Erlangung dieser Kenntnis hat im Streit zwischen Erwerber und

wirksam, insoweit es sich auf den Mietzins für das zur gedachten Zeit laufende und das folgende Kalendervierteljahr bezieht.[1] Es können dabei Rechtsgeschäfte vor und nach dem Eigentumsübergang in Frage kommen, doch ist ein Rechtsgeschäft unwirksam, wenn es

a) nach dem Übergang des Eigentums vorgenommen wird, und

b) der Mieter schon bei der Vornahme vom Übergange des Eigentums Kenntnis hat (574).[2]

Soweit der Mieter nach vorstehenden Grundsätzen die Mietzinsforderung mit Wirksamkeit gegen den neuen Eigentümer des Grundstücks noch an den Vermieter bezahlen kann, kann er auch Gegenforderungen (auch solche, die nicht aus dem Mietverhältnis herrühren), die ihm an den Vermieter zustehen, aufrechnen. Er kann also diese Aufrechnung solchen Mietzinsforderungen gegenüber wirksam vornehmen, welche auf das zur Zeit erlangter Kenntnis von dem Eigentumsübergang laufende und auf das folgende Vierteljahr entfallen (s. das Beispiel in Anm. 2). Dagegen ist, entsprechend dem in §§ 392, 406 für die Übertragung von Forderungen aufgestellten Grundsatze, die Aufrechnung ausgeschlossen, wenn der Mieter die Gegenforderung entweder erst nach erlangter Kenntnis vom Eigentumsübergang erworben hat oder wenn sie erst nach Erlangung dieser Kenntnis und später als die Mietzinsforderung fällig geworden ist (575).[3]

Vermieter, der den für die Zeit nach dem Eigentumsübergange fälligen Mietzins für sich in Anspruch nimmt, ebenso wie beim Streit zwischen Mieter und Erwerber der letztere zu beweisen. Neumann § 574 Anm. 2.

[1] Dies gilt jedoch nicht dann, wenn bereits im Mietvertrage die Vorauszahlung des Mietzinses für die ganze Vertragszeit, z. B. fünf Jahre, vereinbart war, da sich dies nicht als Vorausverfügung über den auf die Zeit des Erwerbers entfallenden Mietzins darstellt, s. Zimmermann S. 35.

[2] Vgl. auch 407 Abs. 1. Ein Beispiel: A. hat am 1. Januar 1900 eine Wohnung auf drei Jahre für jährlich 600 Mk., mit vierteljährlicher Mietzahlung von 150 Mk. an B. vermietet und dabei verabredet, daß B. einen von ihm für Instandsetzung der Wohnung aufgewendeten Betrag von 1150 Mk. gegen die Mietforderung solle aufrechnen dürfen. Am 1. Februar 1900 überträgt A. das Eigentum am vermieteten Hause auf C. Der Mieter B., der verreist ist, erfährt dies erst am 10. Juli 1900. Er kann alsdann die für die Zeit vom 1. Juli bis 31. Juli Dezember 1900 fällig werdende Miete durch Aufrechnung tilgen. Dagegen würde das Abkommen zwischen Vermieter und Mieter unwirksam sein, wenn es erst am 2. Februar 1900 erfolgt wäre und der Mieter damals schon vom Eigentumsübergang Kenntnis gehabt hätte. — Auch hier hat der Erwerber die Kenntnis des Mieters zu beweisen.

[3] Vgl. Planck Anm. 1 und 2 zu § 392. Ein Beispiel zu dem letzten Fall: „Der Mieter A. hat an seinen Vermieter B. vierteljährlich 200 Mk. Mietzins zu zahlen. Am 1. März verkauft A. an B. ein Pianino für 100 Mk., welche vereinbarungsgemäß am 1. November zu zahlen sind. Am 2. April überträgt der Vermieter B. das Eigentum am Hause an C., wovon A. am 3. April Kenntnis erhält. Hier kann A. mit seiner

§ 44. Belastung des vermieteten Grundstücks mit dem Rechte eines Dritten.

§ 577. Wird das vermietete Grundstück nach der Überlassung an den Mieter von dem Vermieter mit dem Rechte eines Dritten belastet, so finden die Vorschriften der §§ 571—576 entsprechende Anwendung, wenn durch die Ausübung des Rechts dem Mieter der vertragsmäßige Gebrauch entzogen wird. Hat die Ausübung des Rechts nur eine Beschränkung des Mieters in dem vertragsmäßigen Gebrauche zur Folge, so ist der Dritte dem Mieter gegenüber verpflichtet, die Ausübung zu unterlassen, soweit sie den vertragsmäßigen Gebrauch beeinträchtigen würde.

Wird das vermietete Grundstück nach der Überlassung an den Mieter von dem Vermieter mit dem Rechte eines Dritten (Erbbaurecht, Nießbrauch, Grundgerechtigkeit) belastet, so ist zu unterscheiden, ob durch die Ausübung des Rechts dem Mieter der vertragsmäßige Gebrauch entzogen oder nur beschränkt wird.

Im ersteren Falle[1] tritt der Erwerber des Rechts in den zwischen dem Vermieter und dem Mieter bestehenden Vertrag ein, hat also die Ausübung seines Rechts dem Mieter gegenüber zu unterlassen, wobei dem letzteren für dessen etwaige Schadensansprüche gegenüber dem Erwerber neben diesem auch der Vermieter wie ein selbstschuldnerischer Bürge (wie im Falle der Veräußerung des Grundstücks) haftet. Dagegen erlangt der Erwerber des Rechts auch den Anspruch auf den Mietzins gegen den Mieter und es gelten in betreff der Gültigkeit von Vorausverfügungen des Vermieters, sowie von Rechtsgeschäften zwischen dem Mieter und dem Vermieter in Ansehung des Mietzinses dieselben Bestimmungen wie bei dem Verkaufe des vermieteten Grundstücks, s. oben §§ 42, 43 (577 S. 1, 571—576).[2] Hat dagegen die Ausübung

---

Gegenforderung von 100 Mk. gegen die am 1. Juli fällige Mietzinsforderung des C. von 200 Mk., obwohl sie auf das Vierteljahr entfällt, wo er vom Eigentumsübergang Kenntnis erhielt, nicht aufrechnen, da die Gegenforderung erst nach dem 1. Juli fällig wird.

[1] Dieser Fall wird namentlich vorliegen, wenn der Vermieter einem Dritten ein Erbbaurecht, ein Nießbrauchsrecht oder ein Wohnungsrecht an dem vermieteten Hause bestellt. Alsdann kann der Nießbraucher 2c. die von dem Mieter bewohnten Räume nicht in seine Benutzung nehmen, sondern muß sie dem Mieter gegen Entrichtung des vertragsmäßigen Mietzinses bis zur Beendigung des Mietverhältnisses zum Gebrauche überlassen.

[2] Örtmann (577 Note 1), dem sich auch Borcherdt S. 114 und Mittelstein S. 29 sowie Zimmermann S. 81 anschließen, spricht dem Dritten die Mietzinsen nur dann zu, wenn sie ihm nach der Eigenart seines Rechts als Früchte gebühren, was für das Erbbaurecht und den Nießbrauch, nicht aber für das Wohnungsrecht (§ 1093) zutrifft. Er beruft sich namentlich darauf, daß § 577 nur eine entsprechende Anwendung der §§ 571 flg. vorschreibe. Dieser Auffassung möchte ich nicht beitreten. Der Abs. 1 des § 577 legt, im Gegensatz zum Abs. 2, dem Dritten nicht bloß Verpflichtungen auf,

des dem Dritten eingeräumten Rechts nur eine **Beschränkung** des Mieters in dem vertragsmäßigen Gebrauche zur Folge,[1] so ist der Dritte dem Mieter gegenüber nur verpflichtet, die Ausübung zu unterlassen, soweit sie den vertragsmäßigen Gebrauch beeinträchtigen würde. Im übrigen tritt er in das Vertragsverhältnis zwischen Vermieter und Mieter nicht ein und erlangt auch keinen Anspruch auf den Mietzins (577, S. 2).

In dem einen wie in dem anderen Falle verbleiben dem Dritten, wenn er sein Recht dem Mieter gegenüber nicht oder nicht vollständig ausüben kann, seine etwaigen Schadensansprüche gegen den Vermieter.

2. Vor Überlassung der Mieträume an den Vermieter.

§ 45. Veräußerung oder Belastung.

§ 578. Hat vor der Überlassung des vermieteten Grundstücks an den Mieter der Vermieter das Grundstück an einen Dritten veräußert oder mit einem Rechte belastet, durch dessen Ausübung der vertragsmäßige Gebrauch dem Mieter entzogen oder beschränkt wird, so gilt das Gleiche wie in den Fällen des § 571 Abs. 1 und des § 577, wenn der Erwerber dem Vermieter gegenüber die Erfüllung der sich aus dem Mietverhältnis ergebenden Verpflichtungen übernommen hat.

Wenn **vor** der Überlassung des vermieteten Grundstücks an den Mieter der Vermieter das Grundstück an einen Dritten veräußert oder mit einem Rechte belastet, durch dessen Ausübung der vertragsmäßige Gebrauch dem Mieter entzogen oder beschränkt wird, so ist der Dritte an den Mietvertrag, in den er nicht eintritt, nicht gebunden, sondern kann ohne Rücksicht auf denselben sein Eigentum oder sonstiges Recht

---

sondern läßt ihn, wie die Verweisung auf den Fundamentalsatz in § 571 Abs. 1 ergiebt, an **Stelle des Vermieters** in die sich während der Dauer seines Rechts aus dem Mietverhältnis ergebenden **Rechte** und Verpflichtungen eintreten. Zu den Rechten aber gehört in erster Linie auch das Recht auf den Mietzins. Zudem könnte, wenn man den Mietzins ausnehmen wollte, von einer entsprechenden Anwendung der §§ 573—575, die **nur** vom Mietzins handeln, keine Rede sein, während doch § 577 ausdrücklich diese Paragraphen für entsprechend anwendbar erklärt. Deshalb wird auch dem Inhaber eines Wohnungsrechts, als Entschädigung für die dem Mieter zu Gute kommende Nichtausübung dieses Rechtes, der Anspruch auf den Mietzins zuzusprechen sein. Übereinstimmend **Planck** § 577 Anm. 1 a. E.; **Endemann** § 169 S 761, 762 Anm. 14; **Greiff** § 577 Note 1; **Cosack** II S. 293, 3; **Crome** S. 47; **Staudinger** § 577 Bem. II 1a).

[1] Dieser Fall wird vorliegen, wenn der Vermieter dem Dritten eine **Grundgerechtigkeit** oder eine beschränkte persönliche Dienstbarkeit an dem vermieteten Hause bestellt, also z. B. zu Lasten des Hauses die Verpflichtung eingeht, nach dem Hofe des Nachbars nur sog. Lichtfenster zu haben; alsdann kann der Dritte die Verwandlung der bis dahin bestehenden vollständigen, zum Öffnen eingerichteten Fenster dem Mieter gegenüber insoweit nicht verlangen, als es sich um Fenster in dessen Mieträumen handelt.

am Hause dem Mieter gegenüber ausüben;[1] dieser letztere hat alsdann nur einen Entschädigungsanspruch gegen seinen Vermieter. Der Mieter kann sich gegenüber dem Rechte des Dritten auch nicht durch Eintragung seines Mietrechts im Grundbuche oder durch den Antrag auf Vormerkung desselben nach § 883 sichern, da die Eintragung der Miete, als eines nicht dinglichen Rechts, nicht zulässig und auch der erwähnte § 883 nur zur Sicherung des Anspruchs auf Einräumung des Rechts an einem Grundstück anwendbar ist.

Eine Ausnahme tritt nur dann ein, wenn der Erwerber dem Vermieter gegenüber die Erfüllung der sich aus dem Mietvertrage ergebenden Verpflichtungen übernommen hat. Alsdann tritt der Erwerber des Hauses oder der Erwerber eines Rechts am Hause, durch dessen Ausübung dem Mieter der vertragsmäßige Gebrauch entzogen wird, auch ohne besondere Zustimmung des Mieters an Stelle des Vermieters in die sich aus dem Mietverhältnis ergebenden Rechte und Verpflichtungen ein,[2] wie im Falle der Veräußerung, ohne daß jedoch hier eine bürgschaftliche Mithaftung des Vermieters für etwaige, aus der Nichterfüllung der Verpflichtungen entstehende Schadensansprüche des Mieters stattfindet. Der Erwerber eines Rechts aber, dessen Ausübung nur eine Beschränkung des Mieters in dem vertragsmäßigen Gebrauch zur Folge hat, ist bei solcher Erfüllungsübernahme verpflichtet, die Ausübung zu unterlassen, soweit sie den vertragsmäßigen Gebrauch beeinträchtigt (578, 571 S. 1, 577).

§ 46. 3. Weiterveräußerung oder Weiterbelastung von seiten des Erwerbers.

§ 579. Wird das vermietete Grundstück von dem Erwerber weiter veräußert oder belastet, so finden die Vorschriften des § 571 Abs. 1 und der §§ 572—578 entsprechende Anwendung. Erfüllt der neue Erwerber die sich aus dem Mietverhältnis ergebenden Verpflichtungen nicht, so haftet der Vermieter dem Mieter nach § 571 Abs. 2.

Wenn der Erwerber des vermieteten Grundstücks dasselbe weiter veräußert oder belastet, so kommen die in den vorstehenden Paragraphen enthaltenen Grundsätze zur entsprechenden Anwendung. Es tritt also

---

[1] Er kann dies selbst dann, wenn er nur als Miteigentümer eingetragen ist. Seuff. Arch. Bd. 56 Nr. 147.

[2] Anders nach preuß. A.L.R. I 21 §§ 359, 361, I 19 § 5, nach welchem der Käufer eines Grundstücks schon dann, wenn er beim Erwerbe von dem für einen späteren Termin abgeschlossenen Mietvertrag Kenntnis hatte, an diesen Vertrag gebunden war, der Mieter aber in einem solchen Verkaufsfall vom Vertrage zurücktreten konnte. R.G. Bd. 35 S. 156, 160.

1. in dem Falle, wenn die Veräußerung oder Belastung nach der Überlassung an den Mieter erfolgt,

a) der neue Erwerber des Grundstücks oder eines solchen dinglichen Rechts, durch dessen Ausübung der vertragsmäßige Gebrauch dem Mieter entzogen wird, an Stelle des ersten Erwerbers in die aus dem Mietverhältnis sich ergebenden Rechte und Verpflichtungen ein (579 S. 1 § 571 Abs. 1, 577 S. 1). Erfüllt er die ihm danach obliegenden Verpflichtungen nicht, so haftet für den daraus hervorgehenden Schadensanspruch des Mieters nicht der erste Erwerber, sondern der ursprüngliche Vermieter als selbstschuldnerischer Bürge,[1] sofern er nicht von dieser Haftpflicht dadurch freigeworden ist, daß er den Mieter von der ersten Veräußerung benachrichtigt, und dieser es unterlassen hat, das Mietverhältnis für den ersten zulässigen Termin zu kündigen (579 S. 2, 571 Abs. 2) oder daß der erste Erwerber auf Grund besonderer Abrede mit dem Mieter an Stelle des ersten Vermieters in das Mietverhältnis eingetreten ist. Auch die Bestimmungen der §§ 573 ff. finden in Bezug auf Vorausverfügungen des ersten Erwerbers und die Zulässigkeit der Aufrechnung gegenüber dem neuen Erwerber Anwendung.

b) Der Erwerber eines Rechts dagegen, durch dessen Ausübung der vertragsmäßige Gebrauch nur beschränkt wird, ohne daß er an die Stelle des ersten Erwerbers tritt, hat die Ausübung zu unterlassen, insoweit der vertragsmäßige Gebrauch dadurch beeinträchtigt wird (579, 577 S. 2).

2. Wenn die Weiterveräußerung oder die Belastung durch den Erwerber erfolgt, ehe noch das Grundstück dem Mieter überlassen ist, so ist der neue (zweite) Erwerber in keiner Weise an das Mietverhältnis gebunden, sofern er nicht dem ersten Erwerber gegenüber die Erfüllung der sich aus dem Mietverhältnis ergebenden Verpflichtungen ausdrücklich übernommen hat. In letzterem Falle gelten die vorstehenden, unter 1. aufgeführten Grundsätze mit Ausnahme derjenigen über die Mithaftung des Vermieters (579 S. 1, 578, 571 Abs. 1).

---

[1] In entsprechender Anwendung des § 571 wäre auch die Annahme denkbar, daß die bürgschaftliche Mithaftung nunmehr den (ersten) Erwerber an Stelle des Vermieters träfe, mindestens dann, wenn letzterer nach § 571 Abs. 2 von seiner Haftpflicht frei geworden ist. So auch Meisner S. 165, ebenso Fischer und Henle, B.G.B. für das D. R. § 579 Anm. 1. Dieser Annahme steht jedoch die ausdrückliche Vorschrift des § 579 S. 2 entgegen: „Erfüllt der neue Erwerber die sich aus dem Mietverhältnis ergebenden Verpflichtungen nicht, so haftet der Vermieter dem Mieter nach § 571 Abs. 2.“ Demgemäß nehmen auch Schollmeyer S. 53 und Planck Anm. zu § 579, Zimmermann S. 68 beim Mangel besonderer Abrede zwischen dem ersten Erwerber und dem Mieter lediglich die Mithaftung des Vermieters an. Vgl. auch Protok. S. 1036.

II. Zwangsversteigerung oder Zwangsverwaltung des vermieteten Grundstücks.

§ 47. 1. Zwangsversteigerung.[1]

Zwangsverst.=Ges. § 9.

In dem Verfahren gelten als Beteiligte, außer dem Gläubiger und dem Schuldner:

1. . . .

2. Diejenigen, welche ein Miet= oder Pachtrecht, auf Grund dessen ihnen das Grundstück überlassen ist, bei dem Vollstreckungsgericht anmelden und auf Verlangen des Gerichts oder eines Beteiligten glaubhaft machen.

§ 21 das. . . . die Beschlagnahme umfaßt nicht die Miet= und Pachtzinsforderungen. . . .

§ 24. Die Verwaltung und Benutzung des Grundstücks verbleibt dem Schuldner nur innerhalb der Grenzen einer ordnungsmäßigen Wirtschaft.

§ 57 das. Ist das Grundstück einem Mieter oder Pächter überlassen, so finden die Vorschriften der §§ 571, 572, des § 573 Satz I und der §§ 574, 575 des Bürgerlichen Gesetzbuchs entsprechende Anwendung. Der Ersteher ist jedoch berechtigt, das Miet= oder Pachtverhältnis unter Einhaltung der gesetzlichen Frist zu kündigen. Die Kündigung ist ausgeschlossen, wenn sie nicht für den ersten Termin erfolgt, für den sie zulässig ist.

§ 59 das. Jeder Beteiligte kann eine von den gesetzlichen Vorschriften abweichende Feststellung des geringsten Gebots und der Versteigerungsbedingungen verlangen. Wird durch die Abweichung das Recht eines anderen Beteiligten beeinträchtigt, so ist dessen Zustimmung erforderlich.

Sofern nicht feststeht, ob das Recht durch die Abweichung beeinträchtigt wird, ist das Grundstück mit der verlangten Abweisung und ohne sie auszubieten.

Nach dem Reichsgesetz über die Zwangsversteigerung und die Zwangsverwaltung v. 24. März 1897, welches übrigens nach § 1 des Einf.=Ges. zu demselben in jedem Grundbuchbezirk **erst dann in Kraft tritt, wenn das Grundbuch als angelegt anzusehen ist, gilt** in dem Zwangsversteigerungsverfahren der Mieter, **dem das Grundstück bereits zum Gebrauch überlassen ist,**[2] als Beteiligter, wenn er sein Mietrecht bei dem Vollstreckungsgericht anmeldet und auf Verlangen des Gerichts oder eines anderen Beteiligten glaubhaft macht (§ 9 Z. 2 des Zwangsversteigerungsges.). Er erlangt dadurch die Möglichkeit, auf Erhaltung seines Rechts hinzuwirken, insbesondere, abweichend von der gesetzlichen Vorschrift die Ausschließung des gesetz=

---

[1] Auch für diesen Fall der Veräußerung gilt zu Gunsten des Mieters der sich im Besitz der Mieträume befindet, der Grundsatz: „Kauf bricht nicht Miete", jedoch, damit der Ersteher nicht an einen von dem Subhastaten auf Jahre hinaus abgeschlossenen Vertrag gebunden und dadurch der Zwangsverkauf erschwert werde, mit der Zulassung der Kündigung innerhalb gesetzlicher Frist für den ersten Termin, für den sie statthaft ist.

[2] Nicht der Untermieter, da derselbe zu dem Subhastaten (Vermieter) in keinem Rechtsverhältnis steht.

lichen Kündigungsrechts des Erstehers als Versteigerungsbedingung zu beantragen. Widerspricht ein anderer Beteiligter, insbesondere ein Hypothekengläubiger, der Einfügung dieser Bedingung, weil dadurch sein Recht beeinträchtigt werde, so ist das Grundstück mit der verlangten Bedingung und ohne sie auszubieten, um dadurch festzustellen, ob die behauptete Beeinträchtigung bei Einfügung der Bedingung vorliegen würde.[1]

Die Mietzinsforderung des Schuldners (Vermieters) wird durch die Beschagnahme des Grundstücks an sich nicht berührt (§ 21 Abs. 2 des Zwangsversteigerungsges.);[2] er kann auch nach derselben über diese Forderung verfügen, soweit nicht der Gläubiger deren Pfändung nach den für die Zwangsvollstreckung in Forderungen geltenden Vorschriften der Civilprozeßordnung §§ 828 flg. beantragt.

Zu einer mietweisen Überlassung des Grundstücks (an einen neuen Mieter) ist dagegen der Schuldner nach der Beschlagnahme nur soweit befugt, als solche auf Grund der ihm verbleibenden Verwaltung und Benutzung innerhalb der Grenzen einer ordnungsmäßigen Wirtschaft erfolgt (§§ 23, 24 des Zwangsversteigerungsges.).[3]

Ist aber die Überlassung (Besitzeinräumung) an den Mieter in zulässiger Weise, also entweder vor der Beschlagnahme oder nach derselben innerhalb der Grenzen des § 24 des Zwangsversteigerungsges., erfolgt,[4] so tritt der Ersteher wie bei einer freiwilligen Veräußerung an Stelle des Vermieters in den Mietvertrag ein, § 57 Zwangsversteigerungsges.[5] Er ist daher berechtigt, den Mietzins für die Zeit

---

[1] § 59 des Zwangsversteigerungsges. Reinhard, Gesetz über die Zwangsverst. 2. Aufl. § 9 Anm. 3 e S. 40 § 57 Anm. 3.

[2] An sich umfaßt die Beschlagnahme nach § 20 Z.V.G. auch diejenigen Gegenstände, auf welche sich bei einem Grundstücke die Hypothek erstreckt und diese erstreckt sich nach § 1123 Abs. 1 B.G.B. auch auf die Mietzinsforderung. Allein abweichend von dieser Regel unterliegt bei der Zwangsversteigerung, welche sich wesentlich nur gegen das Grundstück richtet, die Mietzinsforderung der Beschlagnahme nicht, s. Reinhard a. a. O § 20 Anm. 4 S. 50. Anders dagegen bei der Zwangsverwaltung, s. unten § 48.

[3] In der Regel wird es sich hierbei nur um eine Vermietung einzelner Teile des Grundstücks auf kürzere Zeit handeln, so z. B. wenn einzelne Zimmer eines der Zwangsversteigerung unterliegenden Landguts mit Vorteil an Sommergäste vermietet werden können. Vgl. R.G. Bd. 37 S. 355. Vgl. auch § 16 Abs. 2 des preuß. Ges. v. 13. Juli 1883. Jäckel, Zwangsverst.=Ordn. § 16 Anm. 4.

[4] S. Wolff S. 118 Z. 4 a. E.

[5] Ebenso nach dem früheren preuß. Recht, R.G. Bd. 17 S. 287, Bd. 21 S. 251, Bd. 39 S. 215. S. dagegen O.Tr. Bd. 40 S. 152. R.G. Bd. 4 S. 287. — Nach französischem Recht C. c. art. 1743 war dagegen im Fall der Zwangsversteigerung der Erwerber an den in authentischer Form abgeschlossenen Mietvertrag des Vorbesitzers gebunden.

nach dem Zuschlag in Anspruch zu nehmen, andererseits liegen ihm von dieser Zeit ab auch die Verpflichtungen des Vermieters ob (571 Abs. 1). Über die bürgschaftliche Mithaftung des Vermieters und die Befreiung desselben hiervon (571 Abs. 2), über den Eintritt des Erstehers in die vom Mieter für die Erfüllung seiner Verpflichtungen geleistete Sicherheit und über die Verpflichtung zur Rückgabe einer solchen Sicherheit (572), über die Wirksamkeit von Vorausverfügungen des Vermieters in Ansehung des Mietzinses für das zur Zeit des Zuschlags laufende und das darauffolgende Kalendervierteljahr (573 S. 1), nicht aber für eine spätere Zeit,[1] über die Wirksamkeit von Rechtsgeschäften zwischen dem Mieter und dem Vermieter in Ansehung des Mietzinses (574), die Zulässigkeit der Aufrechnung der dem Mieter an den Vermieter zustehenden Gegenforderungen gegenüber dem Ersteher (575) gelangen ebenfalls die für den Fall einer freiwilligen Veräußerung geltenden Vorschriften zur entsprechenden Anwendung, immer vorausgesetzt, daß die Überlassung des Grundstücks oder Grundstückteils an den Mieter in zulässiger Weise stattgefunden hatte (§ 57 Zwangsversteigerungsges. Reinhard a. a. O. § 57 Anm. 2 S. 82.

Hatte z. Zt. des Zuschlags der Subhastat einen Mietvertrag mit einem Dritten **ohne Überlassung des Grundstücks an denselben** abgeschlossen, so ist der Ersteher nicht daran gebunden und nicht daraus berechtigt. Der Mieter, der auch seinerseits gegenüber dem Ersteher nicht verpflichtet ist, hat nur einen Entschädigungsanspruch gegen seinen Vermieter, § 578 B.G.B. ist durch § 57 Zwangsversteigerungsges. nicht für entsprechend anwendbar erklärt. So auch Reinhard § 57 Anm. 4, Mittelstein S. 307. A. M. Wolff S. 118 Z. 3; Zimmermann S. 92.

Abweichend von den beim freiwilligen Verkaufe geltenden Vorschriften ist jedoch im Falle des Zwangsverkaufs der Ersteher[2] berechtigt, **das Mietverhältnis unter Einhaltung der gesetzlichen Frist zu kündigen.** Die Kündigung ist ausgeschlossen, wenn sie nicht für den ersten Termin erfolgt, für den sie zulässig ist, § 57 S. 2 Zwangsversteigerungsges.[3] Dem Mieter steht, wenn er die gemieteten Räume infolge dieser Kündigung verlassen muß, deshalb nur ein Entschädigungs-

---

[1] Die Bestimmung des § 573 S. 2: „Eine Verfügung über den Mietzins für eine spätere Zeit muß der Erwerber gegen sich gelten lassen, wenn er sie zur Zeit des Übergangs des Eigentums kennt" — findet gegenüber dem Ersteher bei einer Zwangsversteigerung keine Anwendung.

[2] Nicht die Hypothekengläubiger wie nach A.L.R.

[3] Ist z. B. das bis Ende 1903 vermietete Haus am 1. Juni 1900 dem Ersteher zugeschlagen, so muß dieser bis zum 3. Juli für den 30. September 1900 kündigen.

anspruch an den Vermieter zu, den er im Subhastationsverfahren nicht geltend machen kann.[1] Auch ist dem Mieter ein gesetzliches Kündigungsrecht nicht gegeben.

Über die Anwendbarkeit dieser Vorschriften in dem Falle, wenn die Zwangsversteigerung nach den bisherigen Gesetzen erfolgte oder wenn das Grundstück dem Mieter vor dem Inkrafttreten des B.G.B. überlassen war, nach verschiedenen Landesrechten, s. unten § 52.

Die obigen Vorschriften (§§ 571, 572, 573 Abs. 1, 574, 575 B.G.B.) kommen auch dann zur Anwendung, wenn im Falle des Konkurses der Verwalter die Zwangsversteigerung eines dem Gemeinschuldner gehörigen Grundstücks betreibt (§ 172 Zwangsversteigerungsges.) Überdies wirkt eine von ihm vorgenommene freiwillige Veräußerung des vom Gemeinschuldner vermieteten Grundstücks, sofern dasselbe dem Mieter vor Eröffnung des Verfahrens überlassen war, auf das Mietverhältnis wie eine Zwangsversteigerung, so daß also der Käufer auch in diesem Falle das gesetzliche Kündigungsrecht hat (§ 21 Abs. 3 K.O.).

Dagegen fällt dieses Kündigungsrecht dann weg, wenn die Zwangsversteigerung zum Zweck der Aufhebung einer Gemeinschaft erfolgt (§ 183 Zwangsversteigerungsges.).[2]

§ 48. 2. Zwangsverwaltung.

§ 148 Zw.Verst.Ges. Die Beschlagnahme des Grundstücks umfaßt auch die in § 21 Abs. 2 bezeichneten Gegenstände. ...

Durch die Beschlagnahme wird dem Schuldner die Verwaltung und Benutzung des Grundstücks entzogen.

Im Falle einer Zwangsverwaltung kann der Schuldner von Zeit der Beschlagnahme ab nicht mehr gültig vermieten, da sein Verfügungsrecht auf den Verwalter übergeht (§ 148 Abs. 2 des Zwangsversteigerungsgesetzes). Reinhard Anm. 2 S. 189.

Hatte er bereits vorher vermietet und das Grundstück dem Mieter übergeben, so bleibt dieses Vertragsverhältnis bestehen und das Mietrecht wie auch die Verpflichtung des Mieters durch die Zwangsverwaltung unberührt. § 152 Abs. 2 des Zwangsversteigerungsges. Die Beschlagnahme umfaßt dann auch, abweichend von der Zwangsversteigerung, den vom Mieter zu entrichtenden Mietzins und zwar auch den bei der Beschlagnahme bereits für die Vergangenheit fällig ge-

[1] S. Wolff S. 120 Anm. 10 a. E. Reinhard S. 83 Anm. 5. Vgl. auch Niendorff S. 217.

[2] Es tritt also hier der Ersteher in derselben Weise, wie ein Käufer nach § 571 B.G.B. in den Vertrag ein; denn die Natur der Zwangsversteigerung zum Zwecke der Teilung ist thatsächlich die einer freiwilligen Versteigerung. Wolff S. 332. Reinhard S. 229 zu § 183 Zw.Verst.Ges.

wordenen, aber noch nicht entrichteten, wenn die Fälligkeit innerhalb des der Beschlagnahme folgenden Jahres eingetreten ist (1123 Abs. 2).[1]

War dagegen die Überlassung an den Mieter zur Zeit der Beschlagnahme noch nicht erfolgt, so ist weder der Verwalter dem Mieter, noch dieser dem Verwalter gegenüber gebunden, vielmehr nur dem Mieter, wenn der Verwalter die Erfüllung verweigert, ein Entschädigungsanspruch gegen den Vermieter gegeben.[2]

III. Eintritt des Eigentümers an Stelle eines nur auf Zeit berechtigten Vermieters, insbesondere

§ 49. bei mietweiser Überlassung eines Grundstücks von seiten eines Nießbrauchers oder in ähnlicher Weise Berechtigten über die Dauer seines Rechts hinaus.

§ 1056. Hat der Nießbraucher ein Grundstück über die Dauer des Nießbrauchs hinaus vermietet oder verpachtet, so finden nach der Beendigung des Nießbrauchs die für den Fall der Veräußerung geltenden Vorschriften der §§ 571, 572, des § 573 Satz 1 und der §§ 574—576, 579 entsprechende Anwendung.

Der Eigentümer ist berechtigt, das Miet- oder Pachtverhältnis unter Einhaltung der gesetzlichen Kündigungsfrist zu kündigen. Verzichtet der Nießbraucher auf den Nießbrauch, so ist die Kündigung erst von der Zeit an zulässig, zu welcher der Nießbrauch ohne den Verzicht erlöschen würde.

Der Mieter oder der Pächter ist berechtigt, den Eigentümer unter Bestimmung einer angemessenen Frist zur Erklärung darüber aufzufordern, ob er von dem Kündigungsrecht Gebrauch mache. Die Kündigung kann nur bis zum Ablaufe der Frist erfolgen.

1. Von seiten des Nießbrauchers.

Die für den Fall der Veräußerung eines vermieteten Grundstücks geltenden Vorschriften finden — mit den nachstehenden Ausnahmen und Beschränkungen — Anwendung in dem Falle, wenn der Nießbraucher das seinem Recht unterworfene Grundstück über die Dauer dieses Rechts hinaus vermietet, letzteres also noch während der Mietzeit (durch Tod [1061], Rechtsgeschäft [1062] oder auf andere Weise) endigt und nunmehr der Eigentümer die uneingeschränkte Verfügung über das Grundstück erlangt.

Auch hier ist grundsätzlich der Eigentümer an den Mietvertrag gebunden, kann jedoch denselben, abweichend von den im Fall der Ver-

[1] Der Mieter hat die beschlagnahmten Mietgelder so lange an den Verwalter fortzuzahlen, bis er von der Aufhebung der Beschlagnahme gehörig in Kenntnis gesetzt ist. Rechtspr. der O.L.G. II S. 479.

[2] S. Wolff a. a. O. S. 285 Anm. 12. Reinhard S. 194 Anm. 1[a]. E.

äußerung geltenden Vorschriften, unter Einhaltung der gesetzlichen Kündigungsfrist kündigen (1056 Abs. 1).[1]

Für die Zeit, während welcher er hiernach gebunden ist, gelten die oben erwähnten Vorschriften über den Eintritt in die Rechte und Verbindlichkeiten aus dem Mietverhältnis, über die bürgschaftliche Mithaftung des Vermieters und die Befreiung hiervon infolge unterbliebener Kündigung von seiten des Mieters (571), über den Eintritt in die Rechte aus einer vom Mieter geleisteten Sicherheit (572), über die Wirksamkeit von Vorausverfügungen des Vermieters (573 S. 1) und über Rechtsgeschäfte zwischen ihm und dem Mieter in betreff des Mietzinses (574), über die Aufrechnungsbefugnis des Mieters (575), über die Wirksamkeit einer Anzeige des Vermieters von dem Eigentumsübergang (576), sowie über das Rechtsverhältnis im Falle einer Weiterveräußerung oder Belastung von seiten des Erwerbers (579). Nur tritt allenthalben an die Stelle des „Erwerbers" der dem Nießbraucher folgende Eigentümer und an die Stelle des „Eigentumsübergangs" die Beendigung des Nießbrauchs. Keine entsprechende Anwendung finden dagegen, wie sich schon aus ihrem Inhalt ergiebt:

a) die Vorschrift des § 573 S. 2, wonach der Erwerber eine Verfügung des Vermieters über den Mietzins für eine spätere Zeit, als für das zur Zeit des Eigentumsübergangs laufende und das folgende Kalendervierteljahr gelten lassen muß, wenn er sie zur Zeit des Eigentumsübergangs kennt;

b) die Vorschriften des § 577 in betreff der Belastung des vermieteten Grundstücks mit dinglichen Rechten, sowie des § 578 in betreff der vor der Überlassung des Mietgrundstücks an den Mieter erfolgten Veräußerung oder Belastung dieses Grundstücks (1056 Abs. 1).

Die dem an Stelle des Mieters eintretenden Eigentümer zustehende Kündigung braucht nicht, wie in anderen Fällen, für den ersten Termin nach dem Eintritt des Eigentümers zu erfolgen, für welchen sie zulässig ist. Doch ist, um dem Zustand der Ungewißheit ein Ende zu machen, der Mieter befugt, den Eigentümer unter Bestimmung einer angemessenen Frist zu einer Erklärung darüber aufzufordern, ob er von dem Kündigungsrecht Gebrauch mache. Erfolgt dann die Kündigung nicht innerhalb der vom Mieter bestimmten Frist, so geht dem Eigentümer das Kündigungsrecht verloren (573 Abs. 2 u. 3).[2] Verzichtet

[1] Im praktischen Ergebnis teilweise übereinstimmend das A.L.R. I 21 §§ 388, 389, indem hier die grundsätzlich ausgesprochene Ungebundenheit des Nachfolgers des Vermieters durch die ihm auferlegte Verpflichtung zur Aufkündigung mit gesetzlicher Frist eingeschränkt wird. R.G. Bd. 17 S. 158.

[2] Dem Mieter steht ein Kündigungsrecht überhaupt nicht zu.

der Nießbraucher auf den Nießbrauch, so entsteht damit noch nicht ohne weiteres für den Eigentümer die Kündigungsbefugnis,[1] dieselbe beginnt vielmehr erst von dem Zeitpunkt an, wo das Nießbrauchsrecht auch ohne Verzicht erlöschen würde (573 Abs. 2). Bis dahin bleibt der Eigentümer gebunden, sofern er nicht durch Anwendung der ihm nach dem Vertrag zustehenden Kündigung eine frühere Aufhebung des Mietverhältnisses herbeiführen kann.

Wenn infolge der Kündigung des Eigentümers der Mieter vor Ablauf der mit dem Nießbraucher vereinbarten Vertragszeit die gemieteten Räume verlassen muß, so kann er wegen des ihm infolge des Mangels im Rechte seines Vermieters erwachsenen Schadens einen Ersatzanspruch gegen seinen Vermieter, den Nießbraucher oder dessen Erben, nach §§ 538, 541 erheben, dies jedoch nicht in dem Falle, wenn er das beschränkte Recht des Vermieters beim Vertragsabschluß kannte (539), dieser z. B. ausdrücklich nur als Nießbraucher vermietete.[2]

2. Die soeben unter Z. 1 vorgetragenen Bestimmungen gelten auch dann, wenn

a) der Ehemann im Güterstande der Verwaltung und Nutznießung oder der Errungenschaftsgemeinschaft oder der Fahrnisgemeinschaft ein zum eingebrachten Gute der Ehefrau gehöriges Grundstück (1423, 1546 Abs. 3, 1550),

b) wenn der Vater (oder in den Fällen der §§ 1684, 1685 Abs. 2 die Mutter) kraft seiner Nutznießung ein zu dem Vermögen des Kindes gehöriges Grundstück (1663 Abs. 1),

c) wenn der Vorerbe ein zur Erbschaft gehörendes Grundstück (2135)

vermietet und das Mietverhältnis bei Beendigung des Nutznießungsrechts des Ehemanns oder des Vaters oder des Rechts des Vorerben noch besteht.

3. Die obigen Vorschriften des § 1056 B.G.B. finden im Königreich Bayern nach Art. 5 des Gesetzes, Übergangsvorschriften zum B.G.B. betr., vom 9. Juni 1899 auch dann Anwendung, wenn ein Nießbraucher (Ehemann, Vorerbe 2c.) für dessen Recht die seitherigen Gesetze maßgebend sind, ein diesem Recht unterworfenes Grundstück vermietet hat und sein Nießbrauch nach dem Inkrafttreten des B.G.B. endigt, s. auch Henle und Schneider, Die Bayerischen Ausführungsgesetze zum Bürgerlichen Gesetzbuche v. 9. Juni 1899 S. 391 flg.

---

[1] Ähnlich im gem. Recht. R.G. Bd. 16 S. 112 und im pr. Recht, O.Trib. Bd. 52 S. 148.

[2] So auch nach seitherigem gem. Recht l. 9 § 1 D. loc. 19, 2, und nach dem S. B.G.B. § 1223, vgl. auch R.G. Bd. 12 S. 326.

IV. Wirksamkeit einer am vermieteten Grundstück bestehenden Hypothek auf das Mietverhältnis.

§ 50. Beschränkung des Verfügungsrechts des Vermieters über den Mietzins.

§ 1123. Ist das Grundstück vermietet oder verpachtet, so erstreckt sich die Hypothek auf die Miet- oder Pachtzinsforderung.

Soweit die Forderung fällig ist, wird sie mit dem Ablauf eines Jahres nach dem Eintritte der Fälligkeit von der Haftung frei, wenn nicht vorher die Beschlagnahme zu Gunsten des Hypothekengläubigers erfolgt. Ist der Miet- oder Pachtzins im voraus zu entrichten, so erstreckt sich die Befreiung nicht auf den Miet- oder Pachtzins für eine spätere Zeit als das zur Zeit der Beschlagnahme laufende und das folgende Kalendervierteljahr.

§ 1124. Wird der Miet- oder Pachtzins eingezogen, bevor er zu Gunsten des Hypothekengläubigers in Beschlag genommen worden ist, oder wird vorher Beschlagnahme in anderer Weise über ihn verfügt, so ist die Verfügung dem Hypothekengläubiger gegenüber wirksam. Besteht die Verfügung in der Übertragung der Forderung auf einen Dritten, so erlischt die Haftung der Forderung; erlangt ein Dritter ein Recht an der Forderung, so geht es der Hypothek im Range vor.

Die Verfügung ist dem Hypothekengläubiger gegenüber unwirksam, soweit sie sich auf den Miet- oder Pachtzins für eine spätere Zeit als das zur Zeit der Beschlagnahme laufende und das folgende Kalendervierteljahr bezieht.

Der Übertragung der Forderung auf einen Dritten steht es gleich, wenn das Grundstück ohne die Forderung veräußert wird.

§ 1125. Soweit die Einziehung des Miet- oder Pachtzinses dem Hypothekengläubiger gegenüber unwirksam ist, kann der Mieter oder der Pächter nicht eine ihm gegen den Vermieter oder den Verpächter zustehende Forderung gegen den Hypothekengläubiger aufrechnen.

In weit geringerem Maße als der Eintritt eines Rechtsnachfolgers des ursprünglichen Vermieters wirkt das Recht eines Hypothekengläubigers des Vermieters auf das Mietverhältnis ein. Der Hypothekengläubiger kann das Gebrauchsrecht des Mieters erst mittelbar durch die Zwangsversteigerung beeinträchtigen, insofern danach der Ersteher von der Kündigung mit der gesetzlichen Frist Gebrauch macht (s. oben § 47). Dagegen haften dem Hypothekengläubiger (entsprechend den aus einem verpfändeten Pachtgrundstück erwachsenden natürlichen Früchten § 1120) die Mietzinsen und zwar sowohl die zur Zeit der Geltendmachung der Hypothek (der Beschlagnahme) fälligen, als die künftig fällig werdenden (1123 Abs. 1).[1] Die Mietzinsen werden jedoch frei, wenn seit

[1] Übereinstimmend das preuß. Grunderwerbsgesetz vom 5. Mai 1872 § 30 und die ihm folgenden Grunderwerbsgesetze für Oldenburg, Coburg-Gotha, Braunschweig. Abweichend (Beschränkung der Haftung auf die nach der Sequestration fällig werdenden bürgerlichen Früchte) das S. G.B. § 415 S. 2.

ihrer Fälligkeit ein Jahr verstrichen und nicht inzwischen die Beschlagnahme erfolgt ist (1123 Abs. 2 S. 1).[1] Bei im voraus zu entrichtendem Mietzins erstreckt sich die Befreiung nicht auf den Mietzins für eine spätere Zeit, als das zur Zeit der Beschlagnahme laufende und das folgende Kalendervierteljahr (1123 Abs. 2 S. 2).[2]

Bis zur Beschlagnahme der Mietzinsforderung zu Gunsten des Hypothekengläubigers kann der Eigentümer des Mietgrundstücks — ebensowie der Eigentümer eines Pachtgrundstücks über die natürlichen Früchte (1121, 1122) — über die Mietzinsen frei verfügen, sie insbesondere für sich einziehen, einem Dritten übertragen,[3] mit dem Rechte eines Dritten belasten. Der Hypothekengläubiger hat derartige Verfügungen, auch wenn sie ohne seine Zustimmung erfolgt sind, als ihm gegenüber wirksam anzuerkennen (1124 Abs. 1).[4]

Zur Verhütung übermäßiger Vorausverfügungen von seiten des Vermieters ist jedoch als Ausnahme von dem erwähnten Grundsatz bestimmt, daß derartige Verfügungen (entsprechend dem zwischen dem Verkäufer und Käufer eines vermieteten Grundstücks stattfindenden Verhältnis [573]) dem Hypothekengläubiger gegenüber unwirksam sind, soweit sie sich auf den Miet- und Pachtzins für eine spätere Zeit, als das zur Zeit der Beschlagnahme laufende und das folgende Kalendervierteljahr beziehen (1124 Abs. 2).[5] Soweit hiernach die Zahlung des

---

[1] Z. B. ein Grundstück, auf welches der vierteljährlich postnumerando zahlbare Mietzins seit dem 1. April 1900 rückständig ist, wird am 30. Juni 1901 beschlagnahmt. Alsdann werden die vom 1. Juli 1900 (einschließlich) ab fällig gewordenen Zinsraten von der Beschlagnahme ergriffen, während die vom 1. April bis 1. Juni 1900 fällig gewesenen Raten frei bleiben.

[2] Z. B. der Mietzins ist am 1. Januar 1900 für die ganze Mietzeit bis zum 1. Juli 1901 im voraus zu bezahlen. Am 1. Juli 1900 erfolgt die Beschlagnahme. Alsdann ist der Mietzins nur für die Zeit bis zum 31. Dezember 1900 frei, während er für die Zeit vom 1. Januar bis zum 1. Juli 1901 der Beschlagnahme unterliegt.

[3] Dieser Übertragung steht die Veräußerung des Grundstücks ohne die Forderung gleich (1124 Abs. 3), da auch in diesem Fall die Verbindung zwischen dem, dem Hypothekengläubiger haftenden Grundstück und der Mietzinsforderung aufhört.

[4] So auch nach A.L.R. I 20 § 476; §§ 30, 31 des Eigentumserwerbsgesetzes vom 5. Mai 1872; R.G. Bd. 23 S. 54, Bd. 31 S. 317.

[5] Nach dem preuß. Eigentumserwerbsgesetze § 31 war die Vorausverfügung schon dann unwirksam, wenn sie auf mehr als ein Vierteljahr erfolgte, s. auch R.G. Bd. 31 S. 318. Das B.G.B. geht zu Gunsten des Vermieters weiter. Wenn z. B. der Mieter am 2. Januar 1900 den Mietzins für das ganze Jahr 1900 im voraus bezahlt hat, am 15. Januar aber die Beschlagnahme für den Hypothekengläubiger erfolgte, so muß letzterer die Vorauszahlung für die Zeit bis zum 1. Juli 1900 anerkennen, so daß der Mieter erst für die Zeit vom 1. Juli bis 31. Dezember 1900 den Mietzins (nochmals) an den Hypothekengläubiger bezahlen muß.

Mietzinses dem Hypothekengläubiger gegenüber unwirksam ist, kann der Mieter nicht eine ihm gegen den Vermieter zustehende Forderung dem Hypothekengläubiger gegenüber aufrechnen (1125 vgl. auch 575).[1]

Achter Abschnitt.

Übergangsbestimmungen für die beim Inkrafttreten des Bürgerlichen Gesetzbuchs bereits bestehenden Mietverhältnisse.[2]

§ 51. Umfang der Anwendbarkeit des B.G.B. auf die bei seinem Eintritt bestehenden Mietverhältnisse.

Art. 170 des Einf.-Ges. z. B.G.B. Für ein Schuldverhältnis, das vor dem Inkrafttreten des Bürgerlichen Gesetzbuchs entstanden ist, bleiben die bisherigen Gesetze maßgebend.

Art. 171 ebendas. Ein zur Zeit des Inkrafttretens des Bürgerlichen Gesetzbuchs bestehendes Miet-, Pacht- oder Dienstverhältnis bestimmt sich, wenn nicht die Kündigung nach dem Inkrafttreten des Bürgerlichen Gesetzbuchs für den ersten Termin erfolgt, für den sie nach den biserigen Gesetzen zulässig ist, von diesem Termin an nach den Vorschriften des Bürgerlichen Gesetzbuchs.

1. Der Regel nach bleiben für die vor dem Inkrafttreten des B.G.B. (1. Januar 1900) entstandenen Schuldverhältnisse die bisherigen Gesetze maßgebend (Art. 170 Einf.-Ges.). Liegt also bei einem Vertragsverhältnis der Vertragsabschluß vor dem 1. Januar 1900, so sind die bisherigen Gesetze[3] auch auf die Zeit nach dem

[1] Wenn also der Mieter dem Vermieter beim Beginn der Miete am 1. Juli 1900 ein Darlehn von 2000 Mk. giebt und verabredet, daß dasselbe auf die vierteljährlichen Mietzahlungen von je 250 Mk. angerechnet werden solle, und wenn am 15. Oktober 1900 die Beschlagnahme der Mietgelder erfolgt, so kann der Mieter sich nur gegenüber den Mietgeldraten für die Vierteljahre vom 1. Oktober bis 31. Dezember 1900 und vom 1. Januar bis 31. März 1901, nicht aber gegenüber den später fällig werdenden, auf den Kompensationsvertrag berufen. R.G. Bd. 36 S. 307.

[2] S. hierüber Habicht, Die Einwirkung des B.G.B. auf zuvor entstandene Rechtsverhältnisse 2. Aufl. S. 251 flg. Riedner, Das Einführungsgesetz vom 18. August 1896 S. 263 flg. Fuld S. 11. Niendorff S. 1 flg. Mittelstein S. 322 flg. Brückner in der Zeitschrift: „Das Recht" 1899 S. 113 flg.

[3] Auch die Grundsätze des früheren internationalen Privatrechts. Jur. Wochenschr. 1901 S. 238.

1. Januar 1900 wirksam[1] nicht nur für die Gültigkeit des zu Grunde liegenden Rechtsgeschäfts, sondern ebenso für den Inhalt und Umfang der darauf gestützten Verpflichtungen, insbesondere für den Gegenstand, die Zeit und den Ort der Erfüllung.

2. Diese Regel erleidet jedoch eine Ausnahme in Bezug auf die am 1. Januar 1900 bereits bestandenen Mietverhältnisse. Um derartige an sich auf eine gewisse Dauer berechnete Rechtsverhältnisse der Einwirkung des neuen Rechts nicht allzulange zu entziehen, bestimmt der angeführte Art. 171 Einf.-Ges., daß dieselben dem bisherigen Recht nur bis zu dem ersten Termin nach dem Inkrafttreten des B.G.B. unterliegen sollen, für welchen sie nach den bisherigen Gesetzen gekündigt werden können. Werden sie nicht gekündigt, so soll angenommen werden, daß die Parteien für die Folgezeit mit der Anwendung des neuen Rechts einverstanden seien. Dabei bestimmen sich

a) die Kündigungstermine und Kündigungsfristen „nach den bisherigen Gesetzen", d. h. nach dem seitherigen Rechtszustande, vor allem also nach dem bestehenden Vertrag und erst wenn dieser keine Festsetzung enthält, nach den früheren gesetzlichen Vorschriften.[2]

Es ist ferner

b) unter „Kündigung" nur die ordentliche, beiden Parteien nach dem Vertrag oder den seitherigen Gesetzen zustehende Kündigung zu verstehen, nicht aber die außerordentliche, welche wegen besonderer Umstände nur Einer Partei, also z. B. dem Vermieter wegen Nichtentrichtung zweier Mietzinsraten oder wegen Verletzung der Hausordnung,

[1] Dies auch dann, wenn das vor dem 1. Januar 1900 begründete Vertragsverhältnis erst nach dieser Zeit wirksam werden soll. Planck VI S. 249. Doch gilt dies nur für das obligatorische Verhältnis; ein dingliches Recht des Mieters wird (im Gebiete des A.L.R.) auch durch einen vor dem 1. Januar 1900 abgeschlossenen Mietvertrag nach Art. 181, 184 Einf.-Ges. dann nicht begründet, wenn das Mietverhältnis erst nach dieser Zeit beginnen soll. Rechtspr. der O.L.G. III S. 26.

[2] Ist also der Vertrag am 1. Januar 1899 für drei Jahre fest abgeschlossen, so besteht er nach dem seitherigen Rechtszustand unverändert fort bis zum 31. Dezember 1901 und die Anwendung des neuen Rechts ist, da von einer Kündigung nicht die Rede sein kann, bis dahin ausgeschlossen. — Setzt der Vertrag halbjährige, nur für die Quartalstermine zulässige Kündigung fest, so kann das Mietverhältnis spätestens am 31. März 1900 für den 1. Oktober 1900 gekündigt werden; von letzterem Zeitpunkt ab findet also das neue Recht Anwendung. — Das gleiche gilt für ein im Königreich Sachsen während des Jahres 1898 mit einem Jahresmietzins von 1000 Mk. auf unbestimmte Zeit, ohne Festsetzung einer Kündigung, eingegangenes Mietverhältnis, da solches nach § 1215 des S.G.B. zunächst für ein Jahr besteht, nach dieser Zeit aber einer halbjährigen, spätestens am 31. März oder 30. September für den 30. September oder 31. März zulässigen Kündigung unterliegt.

dem Mieter wegen Unbrauchbarkeit der Mieträume gegeben war. Habicht S. 265. Mittelstein S. 326.

3. Bis zu dem, nach vorstehender Ausführung unter Z. 2 zu bestimmenden Termin findet nach der Regel des Art. 170 das bisherige Recht Anwendung. Bis dahin sind also, wenn der zunächst maßgebende Vertrag nichts Abweichendes festsetzt, alle diejenigen Thatsachen, welche mit dem Mietverhältnis unmittelbar zusammenhängen, welche namentlich die Rechte und Pflichten beider Teile zu einander und zum Untermieter, die Kündigungstermine und die Kündigungsfristen, das Pfand- und Zurückbehaltungsrecht des Vermieters[1] betreffen, nach den seitherigen gesetzlichen oder auch ortsstatutarischen Vorschriften zu beurteilen, welche insoweit ergänzend zur Anwendung gelangen. Motive zu Art. 103 des Entw. zum Einf.-Ges. S. 256 a. E.

Aber auch für diese Periode der fortdauernden Gültigkeit des alten Rechts gelangt in den folgenden Fällen das neue Recht zur Anwendung.

a) Nach dem letzteren bestimmen sich zunächst — wie bereits angedeutet — die mit dem Mietverhältnis nicht unmittelbar zusammenhängenden, sondern nach dem 1. Januar 1900 von außen an dasselbe

---

[1] So ist insbesondere

a) bei einem am 1. Januar 1900 schon bestehenden Mietverhältnis die Vorschrift des § 559, wonach die der Pfändung nicht unterworfenen eingebrachten Sachen des Mieters auch dem Vermieterpfandrecht nicht unterliegen, ungeachtet ihres sozialpolitischen und zwingenden Charakters nicht anwendbar, s. Rechtsprech. der Oberlandsger. I S. 4.

b) Auch die nach dem 1. Januar 1900 in die Mietwohnung eingebrachten Sachen des Mieters fallen in das bereits bestehende Mietverhältnis und sind daher nach dem seitherigen Recht zu beurteilen. Dagegen sind die von Dritten nach dem angegebenen Zeitpunkt eingebrachten Sachen nach dem neuen Recht zu beurteilen, da auf Dritte das Vertragsverhältnis keine Anwendung findet. Hiernach bleiben z. B. im Gebiete des A.L.R. die nach dem 1. Juni 1900 eingebrachten Sachen der Ehefrau des Mieters vom Pfandrecht des Vermieters frei, obwohl sie demselben bis zum gedachten Zeitpunkt nach der Deklar. v. 21. Juli 1846 unterworfen waren. Übereinstimmend Habicht S. 257. Niendorff S. 250. Abweichend Planck VI S. 282. S. jedoch daselbst S. 275 Z. 6 und S. 297 Z. 1 sowie Art. 179 Einf.-Ges.

c) Ferner ist die Frage nach dem Erlöschen des Vermieterpfandrechts nach altem Recht zu beurteilen, wenn das Mietverhältnis überhaupt noch diesem Recht unterliegt. So R.G. Bd. 49 S. 56. Rechtsprech. des O.L.G. 1901 S. 43. A. M. unter (nicht zutreffender) Bezugnahme auf Art. 184 Einf.-Ges. Habicht § 31 S. 270 Note 3.

d) In Übereinstimmung hiermit bleibt der in §§ 1220 flg. geordnete außergerichtliche Pfandverkauf auf eingebrachte Sachen des Mieters aus Mietverträgen, die nach dem alten Recht zu beurteilen sind, auch nach dem 1. Januar 1900 außer Anwendung. A. M. Niendorff S. 265.

herantretenden Ereignisse, Rechtshandlungen und Rechtsgeschäfte, wie namentlich die Unmöglichkeit der Erfüllung und deren Wirkungen, die Übertragung oder die Tilgung der Mietzinsforderung durch Zahlung, Hingabe an Zahlungsstatt, Erlaß oder Aufrechnung. Mot. zum Einf.-Ges. S. 256.[1] Wegen der Anwendung des neuen Rechts im Falle der Veräußerung s. den nachstehenden § 52.

b) Außerdem ist auch während der angegebenen Periode die alsbaldige Anwendung von sog. zwingenden Vorschriften des B.G.B. möglich, d. h. von solchen Vorschriften, welche im öffentlichen, rechts- oder sozialpolitischen Interesse erlassen, durch die Vereinbarung der Parteien nicht abgeändert werden können. Diese Anwendbarkeit ist jedoch eine sehr beschränkte.[2]

Denn die zwingende Natur derartiger Rechtssätze reicht — was vielfach verkannt wird, s. z. B. Fuld S. 11 — für sich allein noch nicht aus, um ihnen auch die früher begründeten Schuldverhältnisse ohne weiteres zu unterwerfen. Diese Eigenschaft ist vielmehr nur eine der Voraussetzungen für die Anwendung des neuen Rechts auf früher geschlossene Verträge; fehlt sie, so kann von einer Rückwirkung auf solche Verträge überhaupt nicht die Rede sein, liegt sie aber auch vor, so genügt das noch nicht, sondern es muß der erkennbare Wille des Gesetzgebers hinzukommen, nicht bloß der Vertragsfreiheit für die Zukunft Schrecken zu setzen, sondern auch (aus der Vergangenheit herrührende) wohl erworbene Rechte zu verletzen. R.G. Bd. 42 S. 102. Bd. 43 S. 23. Jur. Wochenschr. 1891 S. 394 Nr. 26. S. 512 Nr. 15. Brückner a. a. O. S. 114 flg.

Bei der Ermittelung dieses Willens im Wege der Auslegung wird aber mit großer Vorsicht zu verfahren, namentlich zu berücksichtigen sein,

aa) daß die neuen Rechtssätze des B.G.B. im Zweifel keine rückwirkende Kraft haben und der Regel nach nur diejenigen Schuldverhältnisse ergreifen sollen, welche unter ihrer Herrschaft begründet werden. Protok. zu Art. 103 Einf.-Ges. S. 9007,

bb) daß bereits durch Art. 171 Einf.-Ges. in Abweichung von der ursprünglichen Absicht des Gesetzgebers (vgl. Art. 103, 104 des Entwurfs eines Einf.-Ges.) und von der in Art. 170 ausgesprochenen Regel eine frühere Einführung der neuen Rechtssätze überhaupt und

[1] Nicht auch der Verzug des Gläubigers oder Schuldners, da dieser nur eine Erweiterung des Inhalts des Schuldverhältnisses infolge Nichterfüllung einer dem Gläubiger oder Schuldner obliegenden Verpflichtung herbeiführt. Planck VI S. 277.

[2] S. Brückner im Recht S. 114 flg. Vgl. dagegen Fuld S. 11 flg., Habicht S. 232 flg.

damit auch der zwingenden geordnet und schon dadurch die Fortdauer des alten Rechts erheblich eingeschränkt,

cc) daß in Art. 172 Einf.-Ges. für einen Fall (Verkauf des vermieteten Grundstücks), wo im Interesse des materiellen Rechts die alsbaldige Einführung der neuen Bestimmungen besonders dringend erschien, diese Rückwirkung ausdrücklich angeordnet,

dd) daß in den hier in Betracht kommenden Fällen bereits durch die seitherige Gesetzgebung wenigstens dem dringendsten sozialpolitischen Bedürfnis mehrfach Rechnung getragen worden ist.

Als zwingende, für das Mietverhältnis anwendbare Vorschriften des B.G.B. kommen in Betracht die §§ 138 Abs. 1 u. 2, 343 Abs. 1, 540, 541, 544, 559 S. 3, 567.

Prüft man diese Vorschriften unter Berücksichtigung der oben a—d aufgeführten Gesichtspunkte, so wird man nur dem § 138 Abs. 2 und höchstens noch dem § 567, nicht aber den übrigen, sofortige Anwendbarkeit und rückwirkende Kraft zugestehen können.[1]

---

[1] § 138 Abs. 2 bedroht die wucherlichen Rechtsgeschäfte auch insoweit mit Nichtigkeit, als dies nicht schon durch das Reichsges. vom 19. Juni Art. I und II geschehen war, wo der Sachwucher nur im Fall der Gewerbs- oder Gewohnheitsmäßigkeit für nichtig erklärt wurde. Diese Vorschrift war alsbald vom 1. Januar 1900 ab zu beachten, da ein wucherliches Geschäft in den vom B.G.B angegebenen Umfang unter dem Herrschaftsbereich des letzteren überhaupt keinen Anspruch auf rechtliche Anerkennung haben kann und soll.

Übereinstimmend Habicht und Riedner a. a. O., ebenso Urt. des R.G. III Civ.-Sen. vom 30. November 1900 i. S. Schütte contra Kruse, Rep. III 252/1900. Wenn also z. B. ein Vermieter i. J. 1899 einen Mieter, der aus besonderen Gründen in der ganzen Stadt keine Wohnung finden konnte, unter Ausnutzung dieser Notlage gegen ein ganz übermäßig hohes, den Mietwert der Wohnung weit übersteigendes Mietgeld bei sich aufgenommen hat, so kann sich der Mieter nach dem 1. Januar 1900 auf die Nichtigkeit dieser Abrede berufen, sobald der Vermieter den Mietzins einklagt.

§ 567 verfolgt den Zweck, die seither möglichen, mit Ausschluß der Kündigung auf lange Jahre oder auf immer abgeschlossenen Mitverträge zu beseitigen. Dieser Zweck würde ohne Rückwirkung dieser Gesetzesvorschrift nicht oder nur sehr unvollkommen erreicht werden können, da Art. 171 und die darin vorgesehene Kündigung hier nicht anwendbar ist. Es greifen hier dieselben Erwägungen Platz wie bei den auf demselben Grundgedanken beruhenden §§ 624 und 723 Abs. 3 B.G.B. Daher wird man, obwohl die Frage keineswegs zweifellos erscheint, mit Mittelstein S. 331 als Willen des Gesetzgebers annehmen können, daß die Kündigung derartiger Verträge (mit gesetzlicher Frist) wenigstens dreißig Jahre nach dem Inkrafttreten des B.G.B. erfolgen kann. So auch Örtmann S. 288. Unentschieden Habicht S. 255.

Dagegen dürften der alsbaldigen Anwendbarkeit entgegenstehen:

aa) bei §§ 138 Abs. 1 und 540, 541 der Umstand, daß schon im seitherigen Recht der Verstoß gegen die guten Sitten der rechtlichen Anerkennung entbehrte (R.G. Bd. 3 S. 186, Bd. 18 S. 219, Bd. 37 S. 189, Bd. 38 S. 199; Rehbein, Kommentar I S. 181) und arglistiges Vorgehen anfechtbar war,

4. Nach dem ersten Termin, für welchen die Kündigung zulässig ist, bestimmt sich, wenn sie nicht erfolgt,[1] das Mietverhältnis in allen seinen Beziehungen, insbesondere auch in Ansehung des Pfandrechts des Vermieters nach den Vorschriften des B.G.B. Doch bleiben, und zwar mit Geltung vor den gesetzlichen Vorschriften, die Bestimmungen des vor dem 1. Januar 1900 abgeschlossenen Mietvertrags[2] auch ferner in Kraft, soweit sie nicht etwa zwingenden Normen des neuen Rechts (s. o. unter Z. 3) widerstreiten.

---

bb) bei § 343 die in den R.G.Entsch. Bd. 42 S. 102 flg. Bd. 43 S. 28 flg. aufgestellten Grundsätze (a. M. Habicht S. 238),

c) bei § 544 der Umstand, daß auch nach dem B.G.B. die Vermietung gesundheitsgefährlicher Wohnungen nicht verboten oder mit Nichtigkeit bedroht, sondern nur der Rücktritt des Mieters vom Vertrage für zulässig erklärt ist, dieser aber dem Mieter bei erheblicher Gesundheitsgefährlichkeit der Wohnung schon nach früherem Rechte (wenn auch in beschränkterem Umfange) zustand (l. 27 § 1 D. locati 19,2; l. 28 D. de damn. inf. 39, 2; S. G.B. § 1221; O.Trib. Bd. 39 S. 160. Striethorst Bd. 24 S. 259, Bd. 28 S. 341. Vgl. R.G. Bd. 43 S 25). A. M. Habicht S. 254; Planck VI S. 283.

d) bei § 559 S. 3 der Umstand, daß eine ähnliche Bestimmung bereits durch das Preuß. Ges. v. 12. Juni 1899 sowie durch § 1228 des S. G.B. getroffen war, auch das Pfandrecht des Vermieters mit dem Mietverhältnis selbst untrennbar zusammenhängt und regelmäßig den gleichen Vorschriften, wie dieses unterliegt. Beschl. des O.L.G. Hamburg vom 16. März 1900 in der „Rechtsprechung der Oberlandesgerichte“ I Nr. 1 S. 5.

[1] Erfolgt sie, so erreicht das Mietverhältnis sein Ende und von der Anwendung des B.G.B. kann daher nicht mehr die Rede sein.

[2] Dasselbe gilt von Ortsgewohnheiten und Statuten, welche die Vertragsparteien ausdrücklich oder stillschweigend als Bestandteile ihres Vertrags angezogen oder aufgenommen haben.

Nach dem oben Gesagten muß also z. B. die in dem Streit des Leipziger Mietervereins und dem Verband der Hausbesitzer-Vereine Leipzigs im August 1900 (s. die Zeitschrift für den Leipziger Grundbesitz 1900 S. 136 flg.) vom Anwalt des Mietervereins vertretene Ansicht,

> daß für die vor dem 1. Juni 1900 eingegangenen Mietverhältnisse von unbestimmter Dauer nach dem ersten Termin, für den nach den seitherigen Vertrags- oder Gesetzesvorschriften die Kündigung zulässig ist, nur noch die Vorschriften des Bürgerlichen Gesetzbuches, nicht aber die davon abweichenden Vorschriften des alten Vertrags (z. B. Vorauszahlung des Mietzinses, halbjährige Kündigung, Übernahme aller Reparaturen) gültig seien,

für unrichtig erklärt, dagegen die von dem Verband der Hausbesitzer-Vereine vertretene Auffassung,

> daß die früheren Vertragsbestimmungen auch nach dem gedachten Termine in Kraft bleiben und vor den — nur beim Mangel solcher Vertragsbestimmungen Platz greifenden — gesetzlichen Vorschriften des neuen Rechts zur Anwendung kommen,

für zutreffend erachtet werden.

§ 52. Anwendbarkeit des B.G.B. auf die nach dem 1. Januar 1900 stattfindende Veräußerung eines vorher vermieteten Grundstücks.

Art. 172 Einf.=Ges. Wird eine Sache, die zur Zeit des Inkrafttretens des B.G.B. vermietet oder verpachtet war, nach dieser Zeit veräußert oder mit einem Rechte belastet, so hat der Mieter oder Pächter dem Erwerber der Sache oder des Rechts gegenüber die im B.G.B. bestimmte Rechte. Weitergehende Rechte des Mieters oder Pächters, die sich aus den bisherigen Gesetzen ergeben, bleiben unberührt, unbeschadet der Vorschrift des Art. 171.

1. Eine weiter gehende Ausnahme von der Regel des Art. 171 enthält der oben angeführte Art. 172 E.G. Wird ein Grundstück, das zur Zeit des Inkrafttretens des B.G.B. vermietet war, nach dieser Zeit veräußert oder mit einem Rechte belastet,[1] so kommt dem Mieter der Grundsatz: „Kauf bricht nicht Miete" gegenüber dem Erwerber des Grundstücks oder Rechts alsbald in dem §§ 571, 573—579 bestimmten Umfange zu gute.[2]

Dies gilt insbesondere auch dann, wenn im übrigen das Mietverhältnis nach den oben § 51 ersichtlichen Ausführungen sich noch eine Zeitlang nach den Vorschriften des seitherigen Rechts bestimmt.

Der Käufer des Gebäudes tritt also, wie oben §§ 42 flg. näher ausgeführt ist, in die von der Zeit seines Eigentumserwerbs ab aus dem bestehenden Mietverhältnis sich ergebenden Verpflichtungen des Vermieters ein und das gleiche gilt von dem Erwerber eines Rechts, durch dessen Ausübung dem Mieter der vertragsmäßige Gebrauch entzogen wird. In beiden Fällen tritt der Erwerber nach Maßgabe der

---

[1] Es kommt hier nicht auf die Zeit des Vertragsabschlusses, sondern auf die Zeit des Eigentumsüberganges oder auf die Entstehung des das Grundstück belastenden Rechts an. Habicht S. 270.

[2] Denn das B.G.B. hat in seiner schließlichen Gestalt den früheren Grundsatz: „Kauf bricht Miete" wesentlich aus sozialpolitischen Gründen beseitigt, um dem materiellen Unrecht nicht weiter Vorschub zu leisten, welches darin zu finden ist, daß der Eigentümer eines vermieteten Grundstücks dasselbe, ohne für den Mieter den vertragsmäßigen Weitergebrauch zu sichern, auf Grund des ihm formell zustehenden Rechts während der Dauer des Mietverhältnisses an einen Dritten veräußert, welcher den Mieter ohne Rücksicht auf den Mievertrag austreiben kann. Es ist daher der Grundsatz: „Kauf bricht nicht Miete" auch in Bezug auf die Vertragsverhältnisse, welche unter der Herrschaft des früheren Rechts begründet sind, zur alsbaldigen Geltung gebracht worden. Komm. Prot. S. 9013—9019. Der ursprüngliche Entwurf Art. 104, von dem damals im Entwurf zum B.G.B. aufgenommenen Grundsatz: „Kauf bricht Miete" ausgehend, ließ für das Rechtsverhältnis zwischen Mieter und Erwerber im Fall des Verkaufes das bisherige Recht entscheiden Diese Vorschrift ist geändert worden. Es kommt hiernach in derartigen Veräußerungsfällen für das Gebiet des gemeinen Rechts die Befugnis zur sofortigen Austreibung des Mieters, für das Gebiet des Sächs. Gesetzbuches und des Bayer. Rechts die Befugnis zur sofortigen Kündigung (S. G.B. § 1225 Bayer. Ges. v. 18. Febr. 1871 § 21) in Wegfall.

angeführten §§ 571 flg. auch in die dem Vermieter nach dem Mietvertrag oder nach den früheren Gesetzen zustehenden Rechte, insbesondere auf den Bezug des Mietzinses ein,[1] da dieselben nach dem angeführten Paragraphen mit denen des Mieters ein untrennbares Rechtsverhältnis bilden, übrigens auch schon nach § 571 Abs. 1, Art. 181 Einf.-Ges. mit dem Erwerbe des Eigentums auf den Erwerber übergehen. Der Erwerber eines Rechts dagegen, durch dessen Ausübung der Mieter in dem vertragsmäßigen Gebrauche nur beschränkt wird, hat die Ausübung seines Rechts dem Mieter gegenüber, soweit dadurch dessen vertragsmäßiger Gebrauch beeinträchtigt würde, zu unterlassen.

Stehen dem Mieter nach den bisherigen Gesetzen aus einem vor dem 1. Januar 1900 eingegangenen Mietverhältnis dem Erwerber gegenüber noch weitergehende Rechte zu, so bleiben dieselben in Kraft.[2] Sie können aber dadurch ihr Ende erreichen, daß das Mietverhältnis nicht für den ersten zulässigen Termin gekündigt und damit in seinem ganzen Umfange den Vorschriften des B.G.B. unterworfen wird „unbeschadet der Vorschrift des Art. 171“). Nur ein im Grundbuch eingetragenes Mietverhältnis bleibt nach Art. 179 Einf.-Ges. auch weiter bestehen. S. auch Art. 30 des Hess. Ges. v. 16. März 1899, die Anlegung des Grundbuchs betreffend.

2. Dagegen findet, wie bereits in der ersten Auflage dieses Buches S. 141, 142 angedeutet wurde, im Falle einer Zwangsversteigerung und zwar:

A. in einem nach dem Reichsgesetze vom 24. März 1897 eingeleiteten Zwangsversteigerungsverfahren der auf den § 571 flg. B.G.B. beruhende Grundsatz: „Kauf bricht nicht Miete“ in der durch § 57 des Zwangsversteigerungsgesetzes erfolgten Gestaltung (Kündigungsrecht des Erstehers mit gesetzlicher Frist) auf die vor dem 1. Januar 1900 begründeten und durch Überlassung der Mieträume zur Ausführung gebrachten Mietverhältnisse keine Anwendung. (Vgl. das Urteil des R.G. III. Civ.-Sen. v. 26./2. 1901 i. S. Kirchberg contra Aktienbrauerei Borna Rep. III 25/1901 Jur. Wochenschr. 1901 S. 238). Zwar

---

[1] Riedner S. 271. Habicht S. 275. Mittelstein S. 336 flg. Neumann S. 1464. A. M. Planck VI S. 286.

[2] So z. B. die Vorschrift des Preußischen Rechts, daß der Mieter schon durch den Vertragsabschluß ein Recht zur Sache gewinnt, welches der damit bekannte Erwerber gegen sich gelten lassen muß, oder die Vorschrift des französischen Rechts, wonach der Grundsatz: „Heuer geht vor Kauf“ dem Mieter schon vor Überlassung der Mieträume zu statten kommt, ingleichen die Vorschrift des hessischen Gesetzes v. 16. März 1899 (für die Provinz Starkenburg und Oberhessen) das Grundbuch betr., wonach der eingetragene Mietvertrag auch gegenüber dem Erwerber bei einem freiwilligen wie bei einem Zwangsverkauf, wirksam bleibt.

sucht Habicht S. 280, dem Niedner Art. 172 des Einf.-Ges. Anm. 4 und Mittelstein S. 340 folgen, die Anwendbarkeit des § 57 auf derartige Verhältnisse aus § 2 Abs. 1 des Einf.-Ges. zum Zwangsversteigerungsgesetz in Verbindung mit Art. 172 S. 2 des Einf.-Ges. zum BGB. herzuleiten. Allein die Bestimmungen des Art. 172 treffen, wie die Begründung zu Art. 7 des Entwurfs des Preußischen Ausführungsgesetzes zum Zwangsversteigerungsgesetz (Bd. 4 S. 2322 der Anl. zu den Verhandlungen des Preuß. Abgeordnetenhauses von 1899) mit Recht ausführt, nicht den Fall der Zwangsversteigerung und ebensowenig wird eine Erstreckung des Art. 172 auf diesen Fall durch § 2 Abs. 1 S. 1 des Einf.-Ges. zum Zwangsversteigerungsgesetz: „Soweit in dem Einführungsgesetze zum Bürgerlichen Gesetzbuche zu Gunsten der Landesgesetze Vorbehalte gemacht sind, gelten sie auch für die Vorschriften der Landesgesetze über die Zwangsversteigerung und die Zwangsverwaltung“ ausgesprochen. Letztere Vorschrift hat vielmehr den Sinn, daß in denjenigen Rechtsverhältnissen, in welchen nach dem Einf.-Ges. zum B.G.B. III. Abschnitt die Landesgesetze für das bürgerliche Recht in Kraft bleiben (wie z. B. im Bergrecht Art. 67 Einf.-Ges.) auch die Vorschriften der Landesgesetze über die Zwangsversteigerung (also z. B. bei der Zwangsversteigerung von Bergwerks-Eigentum) weiter gelten sollen. Dagegen ist ein Zusammenhang des fraglichen § 2 mit dem angeführten Art. 172 und den am Schlusse desselben erwähnten civilrechtlichen Bestimmungen der Landesgesetze nicht ersichtlich.

In Anerkennung dieser Rechtslage haben eine Reihe von Ausführungsgesetzen zum Zwangsversteigerungsges. den § 57 desselben für den Fall, daß die Mietgrundstücke dem Mieter vor dem Inkrafttreten des B.G.B. überlassen worden sind, auf die früheren Mietverhältnisse in einem nach dem neuen Zwangsversteigerungsgesetz anhängigen Verfahren ausdrücklich für anwendbar erklärt. Dies gilt insbesondere:

a) für Preußen nach Art. 7 des Ausf.-Ges. (zum Zw.-Verst.-Ges.) vom 23. September 1899, Ges.-Samml. S. 292,

b) für Bayern nach Art. 28 das Ausf.-Ges. v. 9. Juni 1899 zur Grundbuchordnung und zu dem Gesetz über die Zwangsversteigerung (vgl. aber dazu auch Art. 6 des Ges. v. 9. Juni 1899, Übergangsvorschriften zum Bürgerlichen Gesetzbuche betreffend Ges. u. Ver.-Bl. S. 84),

c) für Sachsen nach Art. 8 der Verordnung vom 5. Dezember 1899 die Zwangsvollstreckung in das unbewegliche Vermögen betr., Ges. u. Ver.-Bl. S. 590,

d) für Hessen nach Art. 11 u. 18 des Gesetzes vom 23. Juli 1899, die Ausführung des Gesetzes über die Zwangsversteigerung und die Zwangsverwaltung betr.,

e) für Oldenburg nach Art. 19 des Ausf.-Ges. vom 15. Mai 1899, Ges.-Bl. S. 439,

f) für Sachsen-Meiningen nach Art. 9 des Ausf.-Ges. vom 17. August 1899, Samml. der L.-Ver. S. 443,

g) für Sachsen-Altenburg nach § 27 des Ausf.-Ges. vom 4. Mai 1899 Ges.-Samml. S. 79,

h) für Anhalt nach Art. 6 des Ausf.-Ges. vom 20. April 1899. Ges.-Samml. S. 125.

i) für Reuß ä. L. nach § 9 des Ausf.-Ges. vom 30. Oktober 1899,

k) für Reuß j. L. nach § 30 des Ausf.-Ges. vom 10. August 1899,

l) für Lippe nach § 9 des Ausf.-Ges. vom 17. November 1899, wobei jedoch allenthalben weitergehende, dem Mieter günstigere Bestimmungen des seitherigen Rechts vorbehalten werden, insbesondere die Vorschrift des französischen Rechts, daß im Fall der Zwangsversteigerung dem Ersteher das Recht vorzeitiger Kündigung nicht zusteht.

B. In einem nach den früheren Gesetzen eingeleiteten Zwangsversteigerungsverfahren (§ 15 des Einf.-Ges. zum Zwangsverst.-Gesetz vom 24./3. 1897)[1] findet die Vorschrift des Art. 172 an und für sich auf die am 1. Januar 1900 bestandenen Mietverhältnisse noch weniger Anwendung als in einem nach dem 1. Januar 1900 in Gemäßheit des Gesetzes vom 24./3. 1897 eingeleiteten Verfahren. Es greift vielmehr alsdann Art. 170 des Einf.-Ges. zum B.G.B. Platz, s. das Urteil des O.L.G. Dresden vom 22./11. 1900 in Seuff. Arch. Bd. 56 S. 251 und das oben erwähnte Urteil des R.G. III. C.-Sen. vom 26./2. 1901. Landesgesetzlich sind aber auch hiervon Ausnahmen bestimmt. Insbesondere kommt:

a) für Bremen nach § 4 des Ausf.-Ges. vom 18. Juli 1899 und

b) für Lübeck nach § 10 des Ausf.-Ges. vom 18. Dezember 1899, sofern das Mietgrundstück dem Mieter überlassen ist, der mehrerwähnte § 57 des Zwangsverst.-Gesetzes auch dann zur Anwendung, wenn die Zwangsversteigerung nach den bisherigen Gesetzen beantragt und eingeleitet war.

Endlich bestimmt sich c) in Schwarzburg-Rudolstadt nach dem Gesetz über die Zwangsvollstreckung in das unbewegliche Vermögen vom 11. Dezember 1899 § 198 auch in einem vor dem Inkrafttreten dieses Gesetzes beantragten Zwangsversteigerungs- oder Zwangsverwaltungs-Verfahren der Einfluß der Zwangsversteigerung oder der

[1] Dieser Fall, der von jetzt ab in der Praxis nicht häufig mehr in Frage kommen wird, ist hier nur der Vollständigkeit wegen mit berücksichtigt.

Zwangsverwaltung auf ein zur Zeit des Inkrafttretens dieses Gesetzes bestehendes Mietverhältnis nach den Vorschriften dieses Gesetzes, soweit nicht der Zuschlag vorher erteilt war.

§ 53. Anwendbarkeit des B.G.B. auf die Verjährung von Ansprüchen aus einem am 1. Januar 1900 bestehenden Mietverhältnis.

Art. 169 des Einf.=Ges. Die Vorschriften des Bürgerlichen Gesetzbuchs über die Verjährung finden auf die vor dem Inkrafttreten des Bürgerlichen Gesetzbuchs entstandenen, noch nicht verjährten Ansprüche Anwendung. Der Beginn, sowie die Hemmung und Unterbrechung der Verjährung bestimmen sich jedoch für die Zeit vor dem Inkrafttreten des Bürgerlichen Gesetzbuchs nach den bisherigen Gesetzen.

Ist die Verjährungsfrist nach dem Bürgerlichen Gesetzbuche kürzer als nach den bisherigen Gesetzen, so wird die kürzere Frist von dem Inkrafttreten des Bürgerlichen Gesetzbuchs an berechnet. Läuft jedoch die in den bisherigen Gesetzen bestimmte längere Frist früher als die im Bürgerlichen Gesetzbuche bestimmte kürzere Frist ab, so ist die Verjährung mit dem Ablaufe der längeren Frist vollendet.

Einer besonderen Betrachtung bedarf noch die Verjährung der aus dem Mietverhältnis herrührenden Ansprüche, insbesondere auch die durch das B.G.B. neu geordnete Verjährung der Ansprüche des Vermieters auf den rückständigen Mietzins (197), auf Schadensersatz für Veränderungeu und Verschlechterungen der vermieteten Räume (558), sowie der Anspruch des Mieters auf Ersatz von Verwendungen oder auf Gestattung der Wegnahme einer Einrichtung (558). In dieser Beziehung steht zunächst soviel außer Zweifel, daß eine unter der Herrschaft des früheren Rechts bereits vollendete Verjährung lediglich nach diesem Rechte, eine unter der Herrschaft des B.G.B. beginnende Verjährung aber, auch bezüglich eines dem früheren Rechte unterstehenden Anspruchs, nach dem neuen Rechte zu beurteilen ist.

Die weitere Frage aber, nach welchem Rechte die Verjährung der vor dem Inkrafttreten des B.G.B. entstandenen, zu diesem Zeitpunkt noch nicht verjährten Ansprüche zu beurteilen ist, wird in Art. 169 des Einf.=Ges. dahin geregelt, daß hier die Verjährungsvorschriften des B.G.B. Anwendung finden,[1] mit der alleinigen Beschränkung, daß der Beginn, sowie die Unterbrechung und Hemmung der Verjährung sich für die Zeit vor dem B.G.B. nach den seitherigen Gesetzen bestimmen. Denn der unter der Herrschaft des bisherigen Rechts abgelaufene Teil der Verjährung kann überhaupt nur so Berücksichtigung finden, wie er sich unter dem bisherigen Recht gestaltet hat, s. Motive S. 251.

Die neuen Vorschriften sind dagegen nicht nur für die neuerdings

---

[1] Hätte also eine Verjährung, die nach früherem Landesrecht in zehn, nach dem B.G.B aber in dreißig Jahren sich vollzieht, am 1. April 1891 begonnen, so würde sie am 31. März 1921 zu Ende gehen.

seit dem 1. Januar 1900 eintretenden Unterbrechungen und Hemmungen, sondern namentlich auch für die Wirkungen (§ 222 B.G.B.) einer unter der Herrschaft des früheren Gesetzes begonnen und unter der des neuen Rechts vollendeten Verjährung maßgebend.

Eine besondere Vorschrift gilt für den Fall, daß das B.G.B. die noch nicht beendigte Verjährungsfrist gegenüber dem seitherigen Recht verkürzt. Hier wird die neu eingeführte kürzere Frist erst von dem Inkrafttreten des B.G.B. an berechnet. Läuft jedoch die im früheren Recht begründete längere Frist früher ab, so ist die Verjährung mit dem (früheren) Ablauf dieser längeren Frist beendigt.[1]

Neunter Abschnitt.

Prozeßverfahren in Mietstreitigkeiten.

§ 54. Zuständigkeit. Verfahren. Wert des Streitgegenstandes.

Als besondere, den Mietstreitigkeiten eigentümliche oder bei ihnen regelmäßig anwendbare Vorschriften sind hier folgende anzuführen:

1. Für gewisse Mietsachen ist ohne Rücksicht auf den Wert des Streitgegenstandes die Zuständigkeit der Amtsgerichte begründet.

Es sind dies Streitigkeiten zwischen dem Vermieter und dem Mieter oder Untermieter[2] von Wohnräumen oder anderen Räumen oder zwischen dem Mieter und dem Untermieter solcher Räume wegen Überlassung, Benutzung oder Räumung, sowie wegen Zurückhaltung der von dem Mieter oder dem Untermieter in die Mieträume eingebrachten Sachen. G.V.Ges. § 23 Z. 2.[3]

---

[1] Wenn also die Verjährung eines Anspruchs des Mieters auf Ersatz von Verwendungen, die nach dem früheren Landesrecht zehn Jahre erforderte, nach jenem Recht mit der Beendigung des Mietverhältnisses am 1. April 1898 begonnen hatte, so läuft dieselbe, da das B.G.B. § 558 die Verjährungsfrist für diesen Anspruch auf sechs Monate kürzt, bereits mit dem 30. Juni 1900 ab. — Hatte dagegen jene Frist bereits am 1. April 1890 begonnen, so geht sie (unter fortdauernder Anwendung des alten Rechts) mit dem 30. März 1900 zu Ende.

[2] Abweichend von dem früheren § 23 Z. 2 G.V.Ges. sind durch die Novelle vom 17. Mai 1898 auch Streitigkeit zwischen Vermieter und Untermieter aufgeführt, weil der Vermieter nach § 556 Abs. 3 B.G.B. nach Beendigung des Mietverhältnisses die Mieträume auch vom Untermieter seines Mieters zurückfordern kann.

[3] Hierher gehören auch Klagen auf Feststellung dahin, daß der Vermieter zu einer bestimmten Zeit die Wohnung zu überlassen oder daß der Mieter solche zu einem

Für die Verhandlung anderer Ansprüche aus dem Mietverhältnis, deren rasche Erledigung nicht in gleichem Maße geboten erscheint, also insbesondere von Ansprüchen des Vermieters oder Mieters auf Feststellung des Bestehens eines Mietverhältnisses, von Ansprüchen des Vermieters auf Mietgeld[1] oder auf Entschädigung wegen unpfleglicher Behandlung der Mieträume, von Schadensansprüchen des Mieters wegen vorzeitiger Aufhebung des Mietverhältnisses oder wegen Nichtgewährung der gemieteten Räume, ebenso auch von Klagen eines Eigentümers als solchen auf Räumung, weil der Beklagte kein Recht zum Wohnen habe (Jur. Wochenschr. 1891 S. 245), gilt die gewöhnliche Zuständigkeitsregel des § 23 Z. 1 G.V.Ges., d. h. sie gehören nur dann vor die Amtsgerichte, wenn ihr Gegenstand an Geld oder Geldeswert die Summe von 300 Mk. nicht übersteigt, bei einem höheren Streitwert aber vor die Landgerichte.[2]

2. Die ersterwähnten Mietstreitigkeiten (wegen Überlassung, Benutzung oder Räumung der Mieträume 2c.) werden als Feriensachen in erster wie in zweiter Instanz auch während der Gerichtsferien verhandelt und entschieden (§ 202 Z. 4 G.V.Ges.).

3. Ist die Geltendmachung des Anspruchs auf Räumung eines Wohnraumes oder eines anderen Raumes an den Eintritt eines Kalendertages geknüpft,[3] so kann schon vor diesem Tage Klage auf künftige Räumung erhoben werden (§ 257 C.P.O.). Diese Klage ist durch die Nov. zu C.P.O. vom 17. Mai 1898 im Anschluß an die Kündigungsklage der preuß. A.G.O. I 28 §§ 4, 16 eingeführt, um namentlich bei Streit darüber, ob Kündigung überhaupt oder rechtzeitig erfolgt sei, dem Kläger mit Rücksicht auf die drohende Gefahr die Möglichkeit zur Erwirkung eines Urteils zu geben, das mit dem Eintritt des betreffenden Kalendertages die Zwangsvollstreckung gestattet. Begr. zu § 231 a C.P.O. S. 103.

bestimmten Zeitpunkt zu räumen habe, immer vorausgesetzt, daß der Klageanspruch sich auf ein Mietverhältnis stützt. Die Vereinbarung der Zuständigkeit des Landgerichts für derartige Sachen ist zulässig.

[1] Wird in einer Klage des Vermieters beim Amtsgericht gleichzeitig Räumung und Mietzins gefordert, so ist, wenn letzterer über 300 Mk. beträgt, der Rechtsstreit vom Amtsgericht nach § 506 C.P.O. insoweit an das Landgericht zu verweisen, über den Räumungsanspruch aber vom Amtsgericht zu verhandeln und zu entscheiden.

[2] Doch kann auch hier durch Vereinbarung für alle Streitigkeiten aus einem Mietvertrag das Amtsgericht für zuständig erklärt werden und eine derartige Vereinbarung ist als stillschweigend erfolgt anzusehen, wenn bei der amtsgerichtlichen Verhandlung einer vor das Landgericht gehörigen Sache gegen die Zuständigkeit des Amtsgerichts vom Beklagten kein Einwand erhoben wird.

[3] Mag nun dieser Tag von vornherein durch den Mietvertrag oder durch eine spätere Kündigung als Endtermin des Mietverhältnisses bestimmt sein.

Erkennt der verklagte Mieter den Anspruch sofort an und hat er nicht (durch Bestreiten der Kündigung 2c.) Anlaß zur Klage gegeben, so hat nach § 93 C.P.O. der Kläger die Kosten zu tragen.

4. Insoweit die Sache bei den Amtsgerichten verhandelt wird, sind die auch für andere amtsgerichtliche Streitsachen geltenden Vorschriften der C.P.O. hervorzuheben,

a) daß die Klage bei dem Gerichte schriftlich[1] eingereicht oder zum Protokolle des Gerichtsschreibers angebracht werden kann (§ 496);

b) daß nach erfolgter Bestimmung des Termins zur mündlichen Verhandlung (durch den Amtsrichter) der Gerichtsschreiber für die Zustellung der Klage Sorge zu tragen hat, sofern nicht der Kläger in der Klageschrift oder dem Protokoll des Gerichtsschreibers erklärt hat, dies selbst thun zu wollen (§ 497);

c) daß die Einlassungsfrist, d. h. die Frist zwischen der Zustellung der Klage und dem Termine zur mündlichen Verhandlung (§ 262), mindestens drei Tage beträgt, wenn die Zustellung im Bezirke des mit der Klage befaßten Amtsgerichts, mindestens eine Woche, wenn sie außerhalb desselben, jedoch im deutschen Reiche, erfolgt und daß das Gericht bei Festsetzung des Termins die Einlassungsfrist zu bestimmen hat, wenn die Zustellung im Auslande vorzunehmen ist (§ 498);

d) daß die Klage regelmäßig durch Zustellung der Klageschrift oder des die Klage enthaltenden Protokolls erhoben wird (§ 499), daß sie aber auch durch mündlichen Vortrag erhoben werden kann, wenn die Parteien freiwillig zur Verhandlung des Rechtsstreits an einem ordentlichen Gerichtstage vor Gericht erschienen sind (§ 500) oder in einem auf Anlaß einer Partei anberaumten Gütertermin der Sühneversuch erfolglos geblieben ist (§ 510);

e) daß während des Prozesses jede Partei der anderen Anträge und Erklärungen, auf welche dieselbe ohne vorgängige Mitteilung voraussichtlich eine Erklärung zu einer mündlichen Verhandlung nicht abzugeben vermag, durch Zustellung eines dieselben enthaltenden Protokolls des Gerichtsschreibers oder auch — sofern die andere Partei nicht zu laden ist — unmittelbar und ohne besondere Form, z. B. durch die Post, mitteilen kann (§ 502).

5. Wird vom Gericht auf Räumung einer Wohnung erkannt, so kann dasselbe dem Schuldner (Mieter) auf dessen Antrag eine den Umständen nach angemessene Frist zur Räumung gewähren.[2] Dieser

[1] Abfassung und Unterzeichnung durch einen Rechtsanwalt ist nicht erforderlich, § 78 C.P.O.

[2] Die Fristgewähr ist abzulehnen, wenn sie unverhältnismäßige Nachteile für den

Antrag ist vom Beklagten vor dem Schlusse der letzten mündlichen Verhandlung, auf welche das Urteil ergeht, zu stellen. Die Entscheidung darüber ist unter denselben Voraussetzungen und mit denselben Rechtsmitteln angreifbar, wie das Urteil überhaupt (§ 721. Begr. S. 147).

6. Urteile in den oben, Z. 1 im Eingang erwähnten, ohne Rücksicht auf den Streitwert zur Zuständigkeit der Amtsgerichte gehörigen Streitigkeiten (wegen Überlassung, Benutzung oder Räumung der Mieträume 2c.) sind auf Antrag der obsiegenden Partei für vorläufig vollstreckbar zu erklären, so daß auf Grund derselben schon vor Eintritt der Rechtskraft die Zwangsvollstreckung erfolgen kann (§ 709 Z. 1). Wegen des Enschädigungsanspruchs des unterliegenden Teils für den Fall späterer Aufhebung des für vorläufig vollstreckbar erklärten und vollzogenen Urteils s. § 717 Abs. 2 C.P.O. (Verschulden nicht vorausgesetzt).

7. Bei der Vollstreckung eines auf Räumung gerichteten Urteils hat der Gerichtsvollzieher den Schuldner aus dem Besitze zu setzen und den Gläubiger in den Besitz einzuweisen.

Die beweglichen Sachen des Mieters, welche nicht Gegenstand der Zwangsvollstreckung sind und an welchen auch der Vermieter nicht das ihm zustehende Pfand- und Zurückbehaltungsrecht ausübt, werden von dem Gerichtsvollzieher aus den Mieträumen geschafft und dem Schuldner oder, wenn dieser abwesend ist, einem Bevollmächtigten desselben oder einer zur Familie des Schuldners gehörigen oder in dieser Familie dienenden erwachsenen Person übergeben oder zur Verfügung gestellt.

Ist weder der Schuldner noch eine der bezeichneten Personen anwesend, so hat der Gerichtsvollzieher die Sachen auf Kosten des Schuldners in das Pfandlokal zu schaffen oder anderweit in Verwahrung zu bringen.

Verzögert der Schuldner die Abforderung, so kann das Vollstreckungsgericht (das Amtsgericht, in dessen Bezirk die Vollstreckung erfolgt ist) den Verkauf der Sachen und die Hinterlegung des Erlöses anordnen (§ 885). Vgl. auch Jur. Wochenschr. 1894 S. 200.

8. Der Wert des Streitgegenstandes ist bei Ansprüchen aus dem Mietverhältnis, welche nicht, wie die oben unter Z. 1 im Eingang erwähnten, ohne Rücksicht auf den Streitwert den Amtsgerichten überwiesen sind, für die Zuständigkeit des Gerichts (ob Amtsgericht oder

---

Vermieter zur Folge haben würde, z. B. wenn die Räume bereits anderweit vermietet sind (Resolution der Reichstagskommission zur Beratung des Entwurfs des B.G.B., Kommissionsbericht S. 176). Es erledigen sich hierdurch die von Fränkel S. 63 angeregten Bedenken gegen die obligatorische Gewährung der Räumungsfrist.

Landgericht § 23 Z. 1 G.V.Ges.), sowie auch für die Zulässigkeit der Revision (§ 546), außerdem aber auch in allen Mietstreitigkeiten für die Berechnung der Gerichtskosten und Anwaltsgebühren maßgebend.

Derselbe wird bei Ansprüchen auf einzelne Leistungen aus dem Mietverhältnis, also insbesondere auf Mietzins, Entschädigung, sowie auf Räumung oder Rückgewähr der Mieträume nach Ablauf der vertragsmäßigen Mietzeit[1] in Anwendung des § 3 C.P.O. vom Gericht nach freiem richterlichen Ermessen festgesetzt.

Eine besondere Vorschrift gilt dagegen für den Fall, wenn das Bestehen oder die Dauer eines Pacht- oder Mietverhältnisses streitig ist. Dann ist der Betrag des auf die gesamte streitige Zeit fallenden Zinses[2] und, wenn der fünfundzwanzigfache Betrag des einjährigen Zinses geringer ist, dieser Betrag für die Wertberechnung entscheidend (§ 8).

Dies gilt nicht nur für die Feststellungsklage,[3] sondern auch für die Räumungsklage,[4] wenn nach der Klagebegründung die Fortdauer des mit bestimmter Zeitdauer eingegangenen Vertragsverhältnisses über den geltend gemachten Räumungszeitpunkt hinaus verneint, also entweder dessen Entstehung bestritten oder dessen vorzeitige Aufhebung behauptet wird. R.G. Bd. 17 S. 378, Bd. 33 S. 3, Gruchot Bd. 35 S. 117, s. auch Gaupp-Stein 4. Aufl. I Erl. I—III zu § 8 C.P.O.[5] S. 40. Dagegen ist nicht § 8, sondern § 3 zur Anwendung zu bringen, wenn sich der Streit nur auf die Gründe und Folgen der an sich unstreitigen Auflösung des Mietverhältnisses bezieht. R.G. Bd. 30 S. 373, Jur. Wochenschr. 1895 S. 322. Ebensowenig gilt § 8, wenn ein nicht auf

---

[1] R.G. Bd. 33 S. 3.

[2] Der Vermieter klagt Anfang Oktober 1900 gegen den Mieter eines Hauses, welcher dasselbe noch bis zum 30. Juni 1902 für ein jährliches Mietgeld von 2000 Mk. fest gemietet zu haben behauptet, auf Räumung zu Ende 1900, weil der Vertrag von einem nicht gehörig legitimierten Vertreter des Vermieters abgeschlossen und daher für ihn nicht bindend sei. Hier bildet der (an sich feststehende) Mietzins auf die $1\frac{1}{2}$ Jahre vom 1. Januar 1901 bis 30. Juni, mithin 3000 Mk., den Streitwert.

[3] Z. B. dahin gehend, daß ein Mietverhältnis nicht, wie der Vermieter behaupte, bis zum 30. Juni 1900, sondern bis zum 30. Juni 1901, wie der Mieter geltend mache, bestehe.

[4] S. das Beispiel in Anm. 2. Vorausgesetzt wird, daß die Räumungsklage auf den Mietvertrag und nicht lediglich auf das Eigentumsrecht des Vermieters gestützt wird.

[5] Denn es wird, obgleich der Klageantrag zunächst auf Räumung gerichtet ist, doch nach der Klagebegründung auch eine rechtskräftige Entscheidung über das Bestehen und die Dauer des Mietverhältnisses verlangt. Ähnlich wird ja bei der auf Grund des Eigentums gegen den Besitzer erhobenen Räumungsklage zugleich mit über den Bestand des Eigentums entschieden. Petersen-Anger, C.P.O. 4. Aufl. I § 8 Anm. 7 S. 31.

bestimmte Dauer geschlossener Mietvertrag behauptet und dessen Auflösung auf Grund erfolgter Kündigung gefordert wird. R.G. Bd. 17 S. 376, Jur. Wochenschr. 1895 S. 537 Nr. 3.[1] Hier wird der Streitgegenstand durch das auf die Kündigungsfrist entfallende Mietgeld bestimmt. Seuff. Arch. 42 Nr. 323.

Übrigens gilt der erwähnte § 8 innerhalb der angegebenen Grenzen nur für die Wertberechnung behufs Feststellung der Gerichtszuständigkeit (und der Zulässigkeit der Revision), insoweit der Streitwert hierbei in Betracht kommt. Für die Berechnung der Gerichtskosten und Anwaltsgebühren ist dagegen die durch die Novelle vom 17. Mai 1898 eingefügte Vorschrift in § 9a des Gerichtskostengesetzes maßgebend, wonach, wenn das Bestehen oder die Dauer eines Mietverhältnisses für einen längeren, als einjährigen Zeitraum streitig ist, der Wert nur auf den Betrag des einjährigen Zinses berechnet wird.[2]

9. Vor einem Mietprozeß oder auch im Laufe eines solchen können Arreste und einstweilige Verfügungen nötig werden.

Die ersteren finden zur Sicherung der Zwangsvollstreckung in das bewegliche oder unbewegliche Vermögen wegen einer Geldforderung oder wegen eines Anspruchs statt, der in eine Geldforderung übergehen kann (§ 916 C.P.O.).[3]

Die einstweiligen Verfügungen dagegen dienen einesteils zur Sicherung der Vollstreckung wegen eines Anspruchs auf eine Individualleistung. So sind also zulässig, wenn zu besorgen ist, daß durch eine Veränderung des bestehenden Zustandes die Verwirklichung des Rechts einer Partei vereitelt oder wesentlich erschwert werden könnte (§ 935 C.P.O.).[4]

---

[1] Beide Teile sind darüber einverstanden, daß ihr Vertrag auf unbestimmte Zeit mit 1000 Mk. jährlichem Mietzins und einer jedem Teile zustehenden Kündigungsfrist von einem halben Jahre bestehe. Der Vermieter klagt auf Räumung zum 1. Januar 1901, da er am 1. Juli 1900 gekündigt habe, der Mieter bestreitet diese Kündigung.

[2] Vgl. die zum Preußischen Gerichtskostengesetze vom 10. Mai 1851 erlassene Novelle vom 9. Mai 1854 Art. 3 Nr. 3, R.G. Bd. 33 S. 6 unten. Anders bei Ansprüchen auf Einzelleistungen, wie sie oben S. 182 bei Anm. 1 erwähnt sind. Hier ist, wie für die Bestimmung der Gerichtszuständigkeit, so auch für die Berechnung der Gebühren lediglich der nach dem Betrag der Forderung oder nach richterlichem Ermessen zu ermittelnde Wert der Leistung zu Grunde zu legen.

[3] Z. B. der im übrigen vermögenslose Mieter, der mit 200 Mk. Mietzins im Rückstand ist, hat den wertvollsten Teil seines Mobiliars aus der Mietwohnung geschafft und in einem Nachbarhause eingestellt. Zur Sicherung der gefährdeten Zwangsvollstreckung wegen des Mietzinses kann der Vermieter Arrest an den fraglichen Mobilien beantragen.

[4] Z. B. nach Abschluß des Mietvertrags, aber vor dem Einzug des Mieters nimmt der Vermieter ohne zwingenden Grund eine bauliche Veränderung am Hause

Anderenteils finden sie statt, wenn die Regelung eines einstweiligen Zustandes in Bezug auf ein streitiges Rechtsverhältnis zur Abwendung wesentlicher Nachteile oder zur Verhinderung drohender Gewalt oder aus anderen Gründen nötig erscheint (940 C.P.O.).[1]

Das Arrestgesuch kann sowohl bei dem Gericht der Hauptsache, als bei dem Amtsgericht angebracht werden, in dessen Bezirke der mit Arrest zu belegende Gegenstand sich befindet (§ 919 C.P.O.).

Für die Erlassung einer einstweiligen Verfügung ist regelmäßig das Gericht der Hauptsache (938 C.P.O.), in dringenden Fällen aber das Amtsgericht, in dessen Bezirke sich der Streitgegenstand befindet, zuständig. Dasselbe hat aber eine Frist zu bestimmen, innerhalb welcher der Gegner zur mündlichen Verhandlung über die Rechtmäßigkeit der einstweiligen Verfügung vor das Gericht der Hauptsache zu laden ist (942 C.P.O.).

In dem Arrestgesuch sowohl als in der einstweiligen Verfügung ist der zu sichernde Anspruch und dessen Gefährdung anzugeben und glaubhaft zu machen. Doch kann die Glaubhaftmachung durch die Leistung einer nach freiem Ermessen zu bestimmenden Sicherheit ersetzt werden (§§ 920, 936 C.P.O.).

Die Entscheidung über ein Arrestgesuch kann nach mündlicher Verhandlung durch Endurteil oder ohne solche durch Beschluß stattfinden. Bei einstweiligen Verfügungen ist die Entscheidung ohne mündliche Verhandlung nur in dringenden Fällen zulässig. Gegen den Beschluß, durch welchen das Arrestgesuch oder der Antrag auf einstweilige Verfügung abgelehnt wird, steht dem Antragsteller die Beschwerde, gegen die Anordnung des Arrestes oder der einstweiligen Verfügung steht dem Gegner des Antragstellers bei Anordnung durch Beschluß der Widerspruch mit nachfolgender mündlicher Verhandlung und Entscheidung durch Endurteil, bei Anordnung durch Urteil das gewöhnliche Rechtsmittel zu.

Erweist sich die Anordnung eines Arrestes oder einer einstweiligen Verfügung als von Anfang an ungerechtfertigt, so ist die Partei, welche die Anordnung erwirkt hat, verpflichtet, dem Gegner den Schaden zu ersetzen, der ihm aus der Vollziehung der angeordneten Maßregel oder dadurch entsteht, daß er Sicherheit leistet, um die Vollziehung abzu-

---

vor, durch welche die Bewohnbarkeit des vom Mieter demnächst zu beziehenden Logis erheblich beeinträchtigt ist, insbesondere der Aufenthalt darin gesundheitsgefährlich wird.

[1] Z. B. der Vermieter hat dasselbe Logis für dieselbe Zeit an zwei Mietparteien vermietet; beide wollen einziehen. — Oder: der Vermieter hält dem Mieter beim Auszug dessen Sachen ohne gesetzlichen Grund zurück, s. o. § 29 S. 112 Anm. 4.

wenden oder die Aufhebung der Maßregel zu erwirken (§ 945 C.P.O.). Abweichend von dem seitherigen Recht (R.G. Bd. 45 S. 381) ist aber diese Schadensersatzpflicht von einem Verschulden der gedachten Partei nicht abhängig, vielmehr lediglich dadurch begründet, daß sie von einem außerordentlichen Rechtsbehelfe Gebrauch gemacht hat (s. Begr. zu der Civilprozeßordn. v. 17. Mai 1898 S. 192).

Der Streitwert fällt bei einstweiligen Verfügungen mit dem Streitwert der Hauptsache nicht zusammen, sondern bestimmt sich nach dem Interesse des Antragstellers an dem sofortigen Erlaß der Verfügung. Jur. Wochenschr. 1896 S. 74[26].

Anhang I.

Das Rechtsverhältnis zwischen dem Gastwirt und dem Gast, sowie zwischen den Schlafwagen-Unternehmern und ihren Passagieren.

A. Rechtsverhältnis zwischen Gastwirt und Gast.

§ 701. Ein Gastwirt, der gewerbsmäßig Fremde zur Beherbergung aufnimmt, hat einem im Betriebe dieses Gewerbes aufgenommenen Gaste den Schaden zu ersetzen, den der Gast durch den Verlust oder die Beschädigung eingebrachter Sachen erleidet. Die Ersatzpflicht tritt nicht ein, wenn der Schaden von dem Gaste, einem Begleiter des Gastes oder einer Person, die er bei sich aufgenommen hat, verursacht wird oder durch die Beschaffenheit der Sachen oder durch höhere Gewalt entsteht.

Als eingebracht gelten die Sachen, welcher der Gast dem Gastwirt oder Leuten des Gastwirts, die zur Entgegennahme der Sachen bestellt oder nach den Umständen als dazu bestellt anzusehen waren, übergeben oder an einen ihm von diesen angewiesenen Ort oder in Ermangelung einer Anweisung an den hierzu bestimmten Ort gebracht hat.

Ein Anschlag, durch den der Gastwirt die Haftung ablehnt, ist ohne Wirkung.

§ 704. Der Gastwirt hat für seine Forderungen für Wohnung und andere dem Gaste zur Befriedigung seiner Bedürfnisse gewährte Leistungen, mit Einschluß der Auslagen, ein Pfandrecht an den eingebrachten Sachen des Gastes. Die für das Pfandrecht des Vermieters geltenden Vorschriften des § 559 Satz 3 und der §§ 560 bis 563 finden entsprechende Anwendung.

Der Wohnungsmiete läßt sich das Rechtsverhältnis zwischen Gastwirt und Gast anreihen. Allerdings hat der erstere dem letzteren gegen die von demselben zu zahlende Vergütung neben der Wohnung auch andere Leistungen mannigfachen Inhalts: Beköstigung, Beleuchtung, Heizung, Dienstleistungen der verschiedensten Art, zu gewähren.[1] Immerhin bildet aber die Gewährung der Wohnung oder, wie § 701 sich ausdrückt, die Aufnahme des Gastes zur Beherbergung[2] das unterscheidende

---

[1] Windscheid II § 384 Anm. 7. Mit Rücksicht auf dieses gemischte Vertragsverhältnis werden daher je nach Umständen die Grundsätze über Wohnungsmiete, Dienstmiete, Werkverdingung, Kauf zur Anwendung gelangen. — Über den (nicht ohne weiteres begründeten) Entschädigungsanspruch des Gastwirts gegen die Erben eines in seinem Gasthof gestorbenen Gastes s. Seuff. Arch, Bd. 39 Nr. 298.

[2] So auch A.L.R. II 8 § 444 und C. c. art. 1952 (aubergistes ou hôteliers). Abweichend das gemeine Recht l. 1 pr. D. 4, 9. Windscheid II § 384, welches allgemein caupones und stabularii für haftbar erklärte, sowie das S. G.B. § 1290, wonach

Merkmal des Gastwirts von anderen ähnlichen Gewerbebetreibenden, wie Restaurateuren, Schank- und Stallwirten und zugleich die erste Vorbedingung für eine besondere Haftpflicht und andererseits für ein besonderes Recht des Gastwirts dem Gaste gegenüber.

I. Haftpflicht für die eingebrachten Sachen des Gastes.

Der Gastwirt, der gewerbemäßig Fremde zur Beherbergung aufnimmt, hat dem im Betriebe dieses Gewerbes aufgenommenen Gaste den Schaden zu ersetzen, den derselbe durch den Verlust oder die Beschädigung eingebrachter Sachen erleidet (701 Abs. 1 S. 1).[1] Im einzelnen ist hierzu zu bemerken.

1. Als eingebracht gelten die Sachen, welche der Gast[2] dem Gastwirt oder dessen Leuten, die zur Entgegennahme der Sachen bestellt oder nach den Umständen als dazu bestellt anzusehen waren, übergeben oder an einen ihm von diesen angewiesenen Ort oder in Ermangelung einer Anweisung an den hierzu bestimmten Ort gebracht hat (701 Abs. 2).[3]

---

die Vorschriften über die Haftung der Gastwirte auch bei Stallwirten rücksichtlich der bei ihnen eingestellten Tiere und des dazu gehörigen Geschirres gelten sollen. Ist auch diese Vorschrift aufgehoben, so besteht doch auch gegenwärtig die Haftung des Gastwirts für das Geschirr und die Tiere der bei ihm wohnenden Gäste.

Die Haftung der Eisenbahnen und Schiffer für den Verlust und die Beschädigung von Reisegepäck ist durch §§ 465, 606 bis 610, 673 H.G.B. und durch § 77 des Gesetzes betr. die privatrechtlichen Verhältnisse der Binnenschiffahrt vom 15. Juni 1895 geregelt.

[1] Diese Verpflichtung, welche unmittelbar aus dem ausdrücklich oder stillschweigend abgeschlossenen Aufnahmevertrag entspringt (Protok. II S. 2393) und mit der Einbringung beginnt, geht über die Haftpflicht des Verwahrers (Depositars), der regelmäßig nur für eigenes Verschulden einzustehen hat, erheblich hinaus und ist in Übereinstimmung mit dem seitherigen Rechte festgestellt, um dem Gaste den ihm nach allgemeinen Grundsätzen obliegenden, höchst schwierigen oder unmöglichen Beweis des Verschuldens des Wirts zu ersparen. Mot. II S. 584.

[2] Nicht ein Dritter, z. B. ein vom Gaste zum Mittagessen eingeladener Freund desselben.

[3] Eingebracht sind hiernach auch die Sachen (Reisegepäck, Waren, Musterkoffer), welche der Reisende am Bahnhof dem Kutscher eines Gasthofswagens zum Transport nach dem Gasthause mit dem Bemerken abgiebt, daß er demnächst in diesem Gasthause abzusteigen gedenke; R.O.H.G. Bd. 17 S. 12, Bd. 25 S. 336; R.G. Bd. 1 S. 83. — Eingebracht sind ferner die vom Gaste nachträglich während seines Aufenthaltes in den Gasthof geschafften Sachen (vgl. S. G.B. § 1282), dagegen nicht die zurückgelassenen Sachen, bezüglich welcher nur ein einfaches Verwahrungsverhältnis vorliegt. R.O.H.G. Bd 11 S. 314. Nach obigem § 701 Abs. 2 ist hier und bei dem Pfandrecht des Gastwirts (s unten Z. II) der Begriff „eingebrachte Sachen" in weiterem Umfang zu nehmen, als beim gewöhnlichen Vermieterpfandrecht, wo darunter nur die in die Mieträume eingebrachten Sachen zu verstehen sind. S. Siber S. 28.

2. Für den Verlust oder die Beschädigung dieser Sachen haftet der Gastwirt schlechthin, mag solches durch ihn, durch seine Leute, andere Gäste oder dritte Personen herbeigeführt sein.[1]

3. Ausgeschlossen ist seine Haftpflicht nur, wenn der Verlust oder Schaden

a) von dem Gaste selbst, einem Begleiter desselben oder einer Person, die er bei sich aufgenommen hat, verursacht wird,[2]

b) durch die Beschaffenheit der eingebrachten Sachen, also der beschädigten oder anderer, vom Gaste eingebrachter Sachen oder

c) durch höhere Gewalt[3] entsteht. Er kann auch

d) die Haftpflicht durch Vereinbarung mit dem Gaste, nicht aber durch einseitigen Anschlag ablehnen (701 Abs. 3).[4]

Die Beweislast für das Vorhandensein eines derartigen Ausnahmefalles trifft den Gastwirt.

4. Eine beschränktere Haftpflicht des Gastwirts findet statt für Geld, Wertpapiere und Kostbarkeiten des Gastes.[5] Hierfür hat der Gastwirt in der vorstehend unter Z. 2 angegebenen Weise nur bis zum Betrag von 1000 Mark einzustehen, zu einem höheren Betrag aber nur dann, wenn er

a) diese Gegenstände mit Kenntnis ihrer Eigenschaft als Wertsachen zur Aufbewahrung übernimmt oder

b) die Aufbewahrung ablehnt oder

---

[1] Mot. II S. 586. Zur Begründung seines Anspruches auf Rückgabe oder Werterſatz hat daher der Gast nur die Einbringung, den beim Gastwirt eingetretenen Verlust oder Schaden und eventuell die Höhe dieses Schadens darzuthun.

[2] Abweichend vom A.L.R. II 8 §§ 447, 451, S.G.B. § 1285 wird hier ein Verschulden des Gastes oder seiner Begleiter nicht vorausgesetzt. Hat dagegen bei Entstehung des Schadens ein Verschulden des Gastes oder seiner Begleiter mitgewirkt (durch nicht gehörigen Verschluß, Offenliegenlassen von Wertstücken (R.G. Bd. 1 S. 83), so kommt es nach § 254 darauf an, welches Verschulden das überwiegende ist.

[3] D. h. unabwendbaren äußeren Zufall; R.G. Bd. 21 S. 13. Planck Anm. 1 zu § 203.

[4] Die Zulassung einer Vereinbarung über den Umfang und das Maß der Haftpflicht war auch nach seitherigem Recht unbestritten; Windscheid II § 384 bei Note 8; vielfach bestritten aber war die Wirksamkeit eines einseitigen Anschlags (vgl. S. G.B. § 1288), welche durch § 701 Abs. 3 schlechthin ausgeschlossen ist.

[5] Nach gemeinem und französischem Recht haftet der Gastwirt für die eingebrachten Wertsachen des Gastes in gleicher Weise und unter denselben Voraussetzungen, wie für andere Sachen. Das S.G.B. § 1288 läßt nur unter gewissen Voraussetzungen die Befreiung des Gastwirts durch Anschlag zu. Die Vorschrift des B.G.B. ist im Interesse des Gastwirts aufgestellt, der bei den hier in Betracht kommenden, unter Umständen bedeutenden Wertsachen durch eine unbedingte Haftung erheblich gefährdet werden würde. Mot. II S. 588.

c) der Schaden von ihm oder seinen Leuten verschuldet ist (702), wobei sich der Gastwirt nicht darauf berufen kann, daß er bei der Auswahl oder Beaufsichtigung seiner Leute die erforderliche Vorsicht angewendet habe (vgl. § 831).

Das Vorhandensein einer derartigen Voraussetzung für die ausgedehntere Haftpflicht des Gastwirts hat der Gast nachzuweisen.

5. Der dem Gaste zustehende Anspruch erlischt, wenn der Gast nicht unverzüglich nach erlangter Kenntnis von dem Verluste oder der Beschädigung dem Gastwirt Anzeige macht (Mot. II, S. 589). Der Anspruch erlischt nicht, wenn die Sachen dem Gastwirt zur Aufbewahrung übergeben waren (703). Der Gastwirt hat hiernach zu seiner Entlastung nachzuweisen, daß und wann der Gast Kenntnis von dem Schaden erhalten habe. Dem Gaste dagegen liegt der Beweis ob, daß er rechtzeitig Anzeige gemacht habe. Planck, Anm. zu § 703.

II. Pfandrecht des Gastwirts.

Der Gastwirt, der gewerbemäßig Fremde zur Beherbergung aufnimmt,[1] hat wegen seiner Forderung für Wohnung und andere, dem Gaste zur Befriedigung seiner Bedürfnisse gewährte Leistungen[2] mit Einschluß der Auslagen[3] ein Pfandrecht an den eingebrachten Sachen des Gastes.[4] Auf dieses Pfandrecht finden die oben §§ 27 bis 29, 31 aufgestellten Vorschriften über den Ausschluß der der Pfändung nicht unterliegenden Sachen, über das Erlöschen des Pfandrechts durch die mit Wissen und Willen des Vermieters erfolgte Entfernung aus dem Grundstücke, über die Widerspruchsbefugnis des Vermieters und deren Beschränkung, das Selbsthilfe- und Klagerecht des Vermieters, das Verhältnis des Vermieters zum Pfändungspfandgläubiger, über die Befugnis des Mieters zur Abwendung des Pfandrechts durch Sicherheitsleistung und über die Geltendmachung dieses gesetzlichen Pfandrechts gegenüber dem Pfändungspfandrecht entsprechende Anwendung (704, 559 S. 3, 560 bis 563).

---

[1] Dem Restaurateur und Stallwirt steht dieses Pfandrecht nicht zu.

[2] Beköstigung, Heizung, Beleuchtung 2c. Insoweit reicht das Pfandrecht des Gastwirts weiter, als dasjenige des Vermieters, welches sich auf derartige Forderungen nur dann erstreckt, wenn sie nebensächlicher Natur sind. S. oben § 27 S. 107 Anm. 3.

[3] Diese Forderung verjährt nach § 196 Z. 4 § 201 in zwei Jahren vom Schlusse des Jahres ab, in welchem sie entstanden ist.

[4] So auch A.L.R. II 8 § 455.

B. Das Rechtsverhältnis zwischen den Schlafwagen-Unternehmern und den in ihre Wagen aufgenommenen Reisenden,[1]

insbesondere die Haftpflicht dieser Unternehmer für die in ihre Wagen eingebrachten Sachen der Reisenden wird vielfach dem Rechtsverhältnis zwischen Gastwirt und Gast, namentlich in Ansehung der Haftpflicht des ersteren, gleichgestellt.[2]

Allein hiergegen kann schon der Umstand Bedenken erregen, daß von den Schlafwagen-Unternehmern, vor allem von der Internationalen Schlafwagen-Gesellschaft (Compagnie internationale des Waggons-lits), soviel bekannt eine Erlaubnis zum Betrieb der Gastwirtschaft, wie sie nach § 33 der Gewerbeordnung (vom 26. Juli 1900) erforderlich ist, nicht erbeten und ihnen nicht erteilt ist. Hiervon abgesehen sprechen aber auch die thatsächlich bestehenden Verhältnisse gegen die Annahme, daß der Betrieb der Schlafwagen-Unternehmer wesentlich in der „gewerbsmäßigen Aufnahme Fremder zur Beherbergung" im Sinne von § 701 B.G.B. bestehe.

Die Aufgabe und Thätigkeit der Schlafwagen-Gesellschaft, vor allem der genannten internationalen Schlafwagen-Gesellschaft (Centraldirektion in Brüssel) ist je nach den von ihr mit einer Reihe von Eisenbahnverwaltungen geschlossenen verschiedenen Verträgen in verschiedenem Umfang geregelt. Die erwähnte Gesellschaft hat nach einigen dieser Verträge

1. das für den regelmäßigen Dienst der sog. Luxuszüge (Schweizer Expreßzüge, Nord-Süd-Expreßzug) erforderliche Material an Schlaf-, Salon-, Speise- und Gepäck-Wagen in genügender Anzahl auf ihre Kosten zu stellen, auch, soweit nötig, für die Reinigung, Heizung und Beleuchtung dieser Wagen, sowie für die Bedienung der darin befindlichen Passagiere zu sorgen, während die Fortbewegung durch Lokomotiven und der sonstige fahrplanmäßige Betrieb von den betr. Eisenbahnverwaltungen ausgeführt wird.

Jeder diese Züge benutzende Reisende hat dafür ein Schnellzugsbillet I. Klasse bei den betr. Eisenbahnverwaltungen, sowie ein Zuschlagsbillet, dessen Preis nach der von ihm zurückzulegenden Strecke (s. die Zuschlagstarife für die Luxuszüge in dem Guide officiel der

---

[1] Das Nachstehende ist im wesentlichen der Abhandlung des Verf. im „Recht" 1902 S. 305 flg. entnommen.

[2] So von Jakubezky in seinen Bemerkungen zum Entwurf des B.G.B. S. 144, sowie von Fuld in der deutschen Juristen-Zeitung 1900 S. 227, denen sich Planck, Kommentar zum B.G.B. § 701 Anm. III anschließt.

Gesellschaft), berechnet wird, bei der Gesellschaft zu lösen. Für letzteres hat er (ohne weitere Zahlung) zur Nachtzeit Anspruch auf ein Bett und kann in dem Speisewagen (gegen Zahlung des tarifmäßigen Preises) Mahlzeiten und Erfrischungen einnehmen.

Außerdem ist diese Gesellschaft auch verpflichtet, die Benutzung der Expreßzüge zur Beförderung von Postsendungen zu gestatten und ist unter Umständen auch zur Beförderung kleinerer Frachtstücke berechtigt. Die Bahnpolizei wird in den Expreßzügen von den betr. Eisenbahnverwaltungen ausgeübt.

Sein Gepäck giebt der in den Expreßzügen Reisende in der gewöhnlichen Weise zur Beförderung bei den betr. Eisenbahnverwaltungen auf, welche dafür nach § 465 H.G.B. haften. Sie haften aber nicht für das Handgepäck, welches die Reisenden in den einzelnen Abteilen (Coupés) in eigener Verwahrung mit sich führen. Lediglich in Bezug auf dieses kann daher die Frage nach der Haftpflicht der Schlafwagen-Gesellschaft entstehen.

2. Nach anderen Verträgen hat die Gesellschaft (so namentlich auf der Strecke München-Wien via Salzburg) lediglich Schlafwagen, die außerdem auch eine gewisse Anzahl von Sitzen I. und II. Klasse enthalten, in bestimmten fahrplanmäßigen Nachtschnellzügen einzustellen und zu unterhalten. Die Reisenden haben alsdann — außer den an die Eisenbahnverwaltung zu zahlenden Schnellzugsbillets I. oder II. Klasse ein Zuschlagsbillet an die Gesellschaft zu bezahlen, welche letztere für die Gewährung der Betten nichts weiter zu beanspruchen und im übrigen als Vergütung für die ihr auf diese Weise zukommenden Vorteile einen bestimmten Prozentanteil von der jährlichen Brutto-Einnahme an die beteiligten Eisenbahnverwaltungen zu gewähren hat. — In Notfällen kann die Schlafabteilung auch von anderen Reisenden, die kein Bett beanspruchen, benutzt werden.

Mit dem Gepäck der Reisenden steht es in diesem Falle wie in demjenigen unter Z. 1.

3. Endlich ist die Gesellschaft durch einige Verträge verpflichtet, in gewissen Tagesschnellzügen (wie namentlich den D-Zügen Berlin-München) je einen Speisewagen einzustellen und darin gegen ein an die Eisenbahnverwaltung zu zahlendes Pachtgeld die Speisewirtschaft zu betreiben. — Ausnahmsweise können die Speisewagen auch zur Beförderung von Reisenden, die nichts darin verzehren, verwendet werden.

In diesem Fall unter Z. 3, wo höchstens nur ein Restaurationsbetrieb, offensichtlich aber keine Aufnahme Fremder zur Beherbergung in Frage stehen würde, kann von einer Haftpflicht nach § 701 überhaupt nicht die Rede sein. Aber auch nicht in den ersterwähnten Fällen unter Z. 1 und 2, wo die Gesellschaft namentlich Schlafwagen zu stellen hat. Denn nach dem oben unter Z. 1 und 2 mitgeteilten Sachverhalt, der auch für das Rechtsverhältnis der Gesellschaft zu den in ihre Wagen aufgenommenen Reisenden bestimmend und den Aufnahmebedingungen in dem Guide officiel de la Compagnie internationale des Waggons-lits zu Grunde gelegt ist, beschafft hier die Gesellschaft einen Teil des zur Beförderung der Reisenden erforderlichen Materiales und sorgt in Gemeinschaft mit den Eisenbahnverwaltungen dafür, daß die Reisenden ihre Eisenbahnfahrt mit besonderer Bequemlichkeit und Annehmlichkeit zurücklegen, m. a. W. ihre Aufgabe und Thätigkeit besteht wesentlich in der Mitwirkung beim Transport der Reisenden und ihres Gepäcks, nicht aber in deren Aufnahme zur Beherbergung. Hotels sind demnach die Schlaf-, Salon- und Speisewagen so wenig wie die Passagierdampfer des Norddeutschen Lloyd oder der Hamburg-Amerikanischen Paketfahrt-Gesellschaft, in welchen die Passagiere u. a. auch einen Schlafraum erhalten.

Hiernach haften die Schlafwagen-Unternehmer keineswegs in dem weiten und ausnahmsweisen Umfange, wie die Gastwirte, namentlich nicht für die von Dritten an den Sachen der Schlafwagen-Passagiere verübten Diebstähle; vielmehr tritt ihre Haftpflicht nur dann ein, wenn von ihren Bediensteten Handgepäck speziell zur Aufbewahrung übernommen ist oder ihnen oder ihren Angestellten ein Verschulden zur Last fällt. Vgl. § 465 Abs. 3 H.G.B. § 34 Abs. 5 der Verkehrsordnung für die Eisenbahnen Deutschlands. Eger, Eisenbahnrecht II S. 677 bei Anm. 57.

In ähnlicher Weise haben auch französische Gerichte, so insbesondere

a) das Tribunal de la Seine am 14. Mai 1892 (bei Sirey, Recueil général 1892 II 156) und

b) der Pariser Kassationshof am 3. Februar 1896 (bei Sirey 1896 I 165)

ausgesprochen, daß der Betrieb der Schlafwagen dem Betrieb einer auberge ou hôtellerie (vgl. Code civ. Art. 1952, 1953) nicht gleichstehe.

Anhang II.

Die Stempelpflichtigkeit schriftlicher Mietverträge über Wohnungen ꝛc.

ist in den nachgenannten deutschen Staaten durch die nachbemerkten Gesetze und Verordnungen geregelt.

I. Im Königreich Preußen (mit Ausschluß der Hohenzollernschen Lande und der Insel Helgoland)[1]

unterliegt nach dem Stempelsteuergesetz vom 31. Juli 1895, insbesondere Tarifstelle Nr. 48 (neben welchem noch die Bekanntmachung des Finanzministers vom 13. Febr. 1896, betr. die Ausführung des Stempelsteuergesetzes, in Betracht kommt), ein schriftlicher Wohnungsmietvertrag (oder Untermietvertrag), sofern der verabredete, nach der Dauer eines Jahres zu berechnende Mietzins mehr als 300 Mark beträgt, einer Abgabe in Höhe von einem Zehntel Prozent des Mietzinses.

Dabei gilt namentlich noch folgendes:

1. Der Mindestbetrag der Stempelsteuer ist 50 Pf. Sie steigt in Abstufungen von je 50 Pf., wobei überschießende Steuerbeträge auf je 50 Pf. abgerundet werden, § 11 des Gesetzes. Der Stempel beträgt daher

bei einem Mietzins von mehr als	300	bis	500 Mark	0,50 Mk.	
„ „ „ „ „ „	500	„	1000 „	1,— „	
„ „ „ „ „ „	1000	„	1500 „	1,50 „	ꝛc.

2. Die Stempelabgabe wird nur von dem in barem Gelde bestehenden Mietzins entrichtet, während andere Leistungen des Mieters, Dienstleistungen, übernommene Reparaturen ꝛc. dieser Abgabe nicht unterliegen.

3. Beträgt der bare Mietzins, nach der Dauer eines Jahres berechnet, mehr als 300 Mark, so sind die Verträge auch alsdann steuerpflichtig, wenn der auf die vereinbarte Geltungsdauer des Vertrags während des betr. Kalenderjahrs entfallende Zinsbetrag

[1] S. Niendorff S. 63.

300 Mark oder weniger ausmacht, so daß z. B. ein auf die Dauer von zehn Jahren geschlossener Vertrag bei einer Jahresmiete von 300 Mark stempelfrei, dagegen ein für einen Monat geschlossener Mietvertrag stempelpflichtig ist, sofern der für den Monat verabredete Zins mehr als 25 Mark beträgt, der Jahreszins also 300 Mark übersteigen würde.

4. Stempelpflichtig sind nur schriftliche Vertragsurkunden, welche von den Ausstellern oder von Dritten in deren Auftrag mit ihren Namen oder ihrer Firma unterzeichnet sind. § 1 Abs. 2 des Gesetzes.

Mittels Briefwechsels errichtete Mietverträge sind dann stempelpflichtig, wenn sie sich nach Form und Inhalt nicht bloß auf die Verständigung der Vertragsparteien über die hauptsächlichen Geschäftsbedingungen beschränken, sondern wenn aus ihnen die Absicht der Beteiligten hervorgeht, ein die Beurkundung eines förmlichen schriftlichen Vertrags ersetzendes Dokument über ein bereits verabredetes Vertragsverhältnis herzustellen. § 1 Abs. 3 des Gesetzes. Urteile des R.G. vom 14. Januar, 17. Februar, 3. Oktober 1881, Centralblatt 1881 S. 104, 114, 445.

5. Stempelpflichtig sind auch die schriftlich (durch Briefwechsel) abgeschlossenen Gastaufnahmeverträge der Hotelbesitzer und die Mietverträge über möblierte Zimmer oder Wohnungen, falls der Jahresmietzins über 300 Mark beträgt oder betragen würde, dagegen nicht die Verträge, durch welche sich jemand bei einem Gastwirt oder einer Familie in Pension begiebt. Heinitz, Komm. S. 328 Abs. 8.

6. Wenn in einem stempelpflichtigen Mietvertrag bestimmt ist, daß das Rechtsverhältnis unter gewissen Voraussetzungen als verlängert gelten solle, so sind die hiernach eintretenden Verlängerungen nach Maßgabe der obigen Bestimmungen ebenfalls stempelpflichtig. Tarif Nr. 48.

7. Wenn Mietverträge vor Ablauf der vertragsmäßig festgesetzten Zeit — sei es durch beiderseitige Vereinbarung oder berechtigten Rücktritt des einen Teils — ihr Ende erreichen, so ist der Stempel nur für die Zeit bis zur Beendigung des Vertragsverhältnisses zu entrichten, so daß beispielsweise ein für die Zeit vom 1. Januar bis Ende Dezember 1900 zu einem Jahresmietzins von 6000 Mark verabredeter Mietvertrag, welcher zum 1. Juli 1900 durch beiderseitige Einwilligung aufgelöst wurde, nur auf den Betrag von 3000 Mark (also mit 3 Mark) zu versteuern ist. Tarifst. 48 Abs. 4. Ausführungsverordnung vom 13. Februar 1896.

8. Hiervon abgesehen wird der entrichtete Stempel auch erstattet, wenn ein beurkundetes Geschäft nichtig ist oder durch rechtskräftiges gerichtliches Urteil für ungültig oder nichtig erklärt und die Erstattung

innerhalb zweier Jahre nach der Beurkundung des nichtigen Geschäfts oder binnen Jahresfrist nach Eintritt der Rechtskraft des gerichtlichen Erkenntnisses nachgesucht wird.

Außerdem kann der Finanzminister die Erstattung bereits verwendeter Stempel aus Billigkeitsrücksichten anordnen, wenn die Ausführung eines Geschäfts unterblieben und die Erstattung innerhalb zweier Jahre nach der Beurkundung des Geschäfts beantragt worden ist. § 25 Abs. 3 und 4 des Gesetzes.

9. Von der Entrichtung des Stempels sind die in § 5 Abs. 1 des Gesetzes aufgeführten Personen, Behörden, Anstalten, Vereine und Gesellschaften befreit.

Haben Privatpersonen mit den von der Stempelsteuer befreiten Personen 2c. Mietverträge abgeschlossen, so ist dafür die Hälfte des Mietstempels und für die Nebenausfertigung der Duplikatstempel zu entrichten.

10. Die Stempelpflicht ist vom Vermieter (Untervermieter) dadurch zu erfüllen, daß er die während der Dauer des Kalenderjahres in Geltung gewesenen (schriftlichen) Verträge und Vertragsverlängerungen bis Ende Januar des darauf folgenden Jahres in ein Verzeichnis (Mietverzeichnis), welches die Bezeichnung des Grundstücks, den Namen des Mieters oder Untermieters, die Dauer des Vertragsverhältnisses während des betr. Kalenderjahres, den Mietzins, den erforderlichen Stempelbetrag und die Namensunterschrift des Vermieters enthalten muß, einzeln einträgt, dieses Verzeichnis mit der Versicherung, daß er andere stempelsteuerpflichtige Verträge nicht abgeschlossen, versieht und unter Vorlegung dieses Verzeichnisses die Versteuerung bis Ende Januar bei einer Steuerstelle (Hauptamt, Steueramt oder Stempelverteiler) bewirkt, welche das erforderliche Stempelmaterial auf dem Verzeichnisse verwendet. Tarif Nr. 48 Abs. 2. Dabei ruht jedoch die Stempelsteuer nicht auf dem erwähnten Verzeichnis, sondern auf dem schriftlichen Mietvertrag und ist, wenn etwa der Vermieter für seine Person vom Stempel befreit ist, wenigstens zu der den Mieter treffenden Hälfte zu entrichten. R.G. Bd. 46 S. 293.

11. Der Vermieter (Untervermieter), welcher den Vorschriften bezüglich der Verpflichtung zur Entrichtung der Stempelsteuer für Mietverträge zuwider handelt, hat eine Geldstrafe verwirkt, welche dem zehnfachen Betrage des hinterzogenen Stempels gleichkommt, mindestens aber 30 Mark beträgt. Er wird von dieser Strafe auch dann nicht frei, wenn er einen Hausverwalter bestellt und dieser die Zuwiderhandlung verschuldet hat. — Neben der Strafe ist der hinterzogene Stempel nachzuzahlen.

Ergiebt sich aus den Umständen, daß eine Steuerhinterziehung nicht hat verübt werden können, oder nicht beabsichtigt worden ist, so tritt eine Ordnungsstrafe bis zu 300 Mark ein.

Die Umwandlung einer Geldstrafe in eine Freiheitsstrafe findet im Falle des Unvermögens des Verpflichteten nicht statt, § 22 des Ges.

Vgl. im übrigen die Kommentare von

Hoyer, Die Preuß. Stempelgesetzgebung für die alten und neuen Landesteile, neu bearbeitet von Gaupp, 5. Aufl. Berlin, 1895,

Heinitz, Berlin 1896 und von

Hummel und Specht, Berlin 1897.

II. Im Königreich Sachsen

1. unterliegen nach dem Gesetz über den Urkundenstempel vom 13. November 1876, insbesondere § 1 Tarifpos. 34 (in der Fassung des Gesetzes vom 10. Juni 1898), schriftliche Mietverträge einer Stempelabgabe von einem Zehntel Prozent der Vertragssumme, mindestens aber von 20 Pf., jedoch nur dann, wenn

a) sie von einer öffentlichen Behörde oder von einem Notare aufgenommen oder ausgefertigt worden sind oder bei einer öffentlichen Behörde oder bei einem Notare vorgelegt oder eingereicht werden,

b) der zu versteuernde Betrag die Summe von 150 Mark übersteigt. Art. 2 Nr. 4.

2. Duplikate und Abschriften sind stempelfrei, wenn das Hauptexemplar mit dem erforderlichen Stempel versehen ist.

3. Privatpersonen, welche solche Mietverträge mit einem Mietzinsbetrag von mehr als 150 Mark unter sich ausfertigen, haben keinen Stempel zu entrichten und können auch dann, wenn dieselben später bei einer öffentlichen Behörde oder bei einem Notare eingereicht oder vorgelegt werden, der Behörde oder dem Notare die Verwendung des Stempels überlassen.

4. Bei Feststellung der Vertragssumme ist der Betrag des Mietzinses einschließlich des Geldwertes vereinbarter Naturalleistungen innerhalb der gesetzlichen Vertragsdauer zu Grunde zu legen. Anm. c zur Tarifnummer 34 A.

5. Schriftliche Verlängerungen von Verträgen sind in Bezug auf die Stempelpflicht als neue Verträge zu behandeln. Art. 9 § 2.

6. Die Wiederaufhebung abgeschlossener Verträge ändert nichts an der rücksichtlich derselben bereits begründeten Stempelpflicht. Doch findet Rückerstattung des entrichteten Stempels in dem Falle statt, wenn auf Grund eines in dem Vertrage enthaltenen Vorbehalts der Widerruf

des Vertrags mit der Wirkung der völligen Wiederauflösung innerhalb der vorbehaltenen Frist erfolgt (Art. 9 § 3).

7. Ist bei einem Vertrage, für den der Stempel von den Vertragschließenden anteilig zu entrichten ist, der eine Teil von der Stempelsteuer befreit (Art. 2 Z. 1—3 des Ges.), so wird der Stempel von der Hälfte der Vertragssumme berechnet. Hat der Befreite den Stempel zur alleinigen Berichtigung übernommen, so ist der Stempel nicht zu erheben (Art. 9 § 4).

8. Für die Entrichtung des Stempels sind alle Teilnehmer, also nicht bloß die Vertragsparteien, sondern auch die Beamten und Notare haftbar (Art. 12). Die letzteren unterliegen im Fall der Zuwiderhandlung einer Ordnungsstrafe bis zu 200 Mark (Art. 13).

Vgl. im übrigen den Kommentar von

Wahl, Königl. Sächs. Gesetze über die Erbschaftssteuer und den Urkundenstempel vom 13. November 1876. 3. Aufl.

Die Stempelpflichtigkeit von schriftlichen Mietverträgen und Untermietverträgen besteht ferner

III. im Großherzogtum Mecklenburg-Schwerin

nach der Verordnung betr. die Stempelsteuer vom 13. Oktober 1873, sowie nach Nr. 68 des beigefügten Tarifs;

IV. im Großherzogtum Oldenburg

nach dem Gesetz betr. die Stempelabgabe vom 9. Oktober 1868;

V. im Herzogtum Braunschweig

nach der Verordnung die Stempelsteuer betr. vom 29. Oktober 1821;

VI. im Herzogtum Anhalt

nach dem Gesetz Nr. 668 vom 29. März 1884 über die Urkundenstempelsteuer, dem Gesetz Nr. 868 vom 29. März 1892 betr. die Abänderung des vorgenannten Gesetzes und nach dem Gesetz Nr. 984 vom 22. Mai 1897 betr. die anderweite Abänderung des Gesetzes Nr. 668;

VII. im Fürstentum Schaumburg-Lippe

nach dem Gesetz vom 26. April 1880 den Urkundenstempel betr.;

VIII. in der Freien und Hansestadt Lübeck

nach der Stempelordnung vom 17. Dezember 1879 und nach der Bekanntmachung des Senats vom 10. Juli 1889;

IX. in der Freien und Hansestadt Hamburg

nach dem Gesetz vom 5. Mai 1876.

Anhang III.

Der einheitliche Mietvertrag des Centralverbandes der Haus- und Grundbesitzervereine Deutschlands.

Der Centralverband der Deutschen Hausbesitzervereine hat auf seinem Verbandstage zu Elberfeld am 10. August 1899 ein Formular zu einem einheitlichen Mietvertrage aufgestellt, welches den von den einzelnen Hausbesitzervereinen unter Berücksichtigung der örtlichen Gewohnheiten und Bedürfnisse auszuarbeitenden Mietvertragsformularen als Grundlage und Muster dienen soll.[1] Man ist dabei von der Ansicht ausgegangen, daß durch die Vorschriften des Bürgerlichen Gesetzbuches das Interesse der Vermieter zu wenig, dasjenige der Mieter zu sehr berücksichtigt werde und daß, zum Schutze der Vermieter gegen die gesetzlichen Vorschriften, eine abweichende Gestaltung der beiderseitigen Rechte und Pflichten im Wege der vertragsmäßigen Vereinbarung herbeizuführen sei.

Was zunächst diesen, gegen das Gesetzbuch und damit gegen die gesetzgebenden Organe des Reichs erhobenen Vorwurf anlangt, so dürfte derselbe nicht begründet sein.

Das B.G.B. hat in §§ 535 flg. die Verpflichtungen und Rechte des Vermieters wie des Mieters in eingehender Weise geregelt. Danach hat

der Vermieter

dem Mieter

1. den Gebrauch der vermieteten Sache, bei der Wohnungsmiete also der Mieträume, während der Mietzeit zu gewähren, diese Räume

---

[1] In Anlehnung an dieses Formular, aber auch an das früher in Leipzig gebräuchliche Formular und die damit gemachten Erfahrungen hat z. B. der Verband der 13 Hausbesitzervereine Leipzigs seit dem 15. Dezember 1899 ein neues Mietvertragsformular (15 Paragraphen und eine Hausordnung enthaltend) herausgegeben, von welchem einzelne Bestimmungen nachstehend Erwähnung finden werden. Andererseits hat aber auch der Leipziger Mieterverein seit dem Sommer 1900 ein solches Formular (in 9 Paragraphen mit einer Hausordnung) veröffentlicht und zur Benutzung empfohlen.

insbesondere in einem zum Gebrauche geeigneten Zustande zu übergeben und während der Mietzeit darin zu erhalten (Reparaturpflicht), widrigenfalls der Mieter Beseitigung der den Gebrauch hindernden Mängel, außerdem auch gänzliche oder teilweise Befreiung vom Mietzins oder statt dessen, wenn der Mangel bereits beim Abschluß des Vertrags vorhanden war oder infolge eines vom Vermieter zu vertretenden Umstandes entstanden ist, Schadensersatz wegen Nichterfüllung verlangen und bei Nichtgewährung oder nicht rechtzeitiger Gewährung des Gebrauches, erfolgloser Aufforderung zur Abhilfe und bei Erheblichkeit der Vorenthaltung des Gebrauches ohne Einhaltung einer Kündigungsfrist kündigen kann.

Der Vermieter hat nach dem B.G.B. ferner

2. die auf dem vermieteten Grundstück ruhenden Lasten (Grund- und Gebäudesteuern, Kanalisationsabgaben u. dgl.) zu tragen und

3. dem Mieter die notwendigen, d. h. die von demselben zur Erhaltung der Mieträume gemachten Verwendungen, unbeschränkt, die nützlichen nach den Grundsätzen der Geschäftsführung ohne Auftrag, d. h. insoweit sie dem Interesse des Vermieters entsprechen oder von ihm genehmigt sind, sonstige Verwendungen aber nur, soweit der Vermieter dadurch bereichert ist, zu ersetzen und dem Mieter die Wegnahme der von ihm beschafften Einrichtungen gegen die Verpflichtung zur Wiederinstandsetzung der Räume und Ersatz etwaigen Schadens zu gestatten.

Andererseits hat

der Mieter

1. die gemieteten Räume vertragsgemäß und mit der durch deren Beschaffenheit und Zweckbestimmung gebotenen Sorgfalt zu gebrauchen, widrigenfalls der Vermieter auf Unterlassung klagen, ferner in dem Falle, wenn der Mieter oder dessen Untermieter ungeachtet einer Abmahnung des Vermieters die Rechte des Vermieters in erheblichem Maße verletzt, ohne Einhaltung einer Kündigungsfrist kündigen, außerdem auch Schadensersatz fordern kann.

Der Mieter haftet beim Gebrauch der Mieträume nicht bloß für den durch eigenes Verschulden, sondern auch durch dasjenige seiner gesetzlichen Vertreter, der von ihm zur Erfüllung seiner Obliegenheiten bestellten Dienstleute und Familienangehörigen, sowie seiner Untermieter angerichteten Schaden; weiter auch für den Schaden, den seine Dienstleute, Gehilfen und Angestellten in Ausführung einer Dienstverrichtung, sowie die seiner Aufsicht unterstellten Mitglieder seines Hausstandes während dieses Aufsichtsverhältnisses anrichten, sofern er nicht den Nachweis führen kann, daß ihm bei der Auswahl der Dienstleute und bei der Beaufsichtigung der aufsichtsbedürftigen Mitglieder seines Hausstandes kein Verschulden zur Last falle.

Der Mieter hat nach dem B.G.B.

2. das Mietgeld rechtzeitig (postnumerando) zu bezahlen, widrigenfalls der Vermieter, wenn der Mieter mit der Entrichtung zweier aufeinander folgender Zahlungstermine ganz oder teilweise im Verzuge ist, ohne Einhaltung einer Kündigungsfrist kündigen kann.

Er hat ferner

3. nach Beendigung des Mietverhältnisses die Mieträume rechtzeitig und in ordnungsgemäßigem Zustande zurückzugeben und darf endlich

4. den Gebrauch der gemieteten Räume ohne Erlaubnis des Vermieters keinem Dritten überlassen, kann aber, wenn der Vermieter die Überlassung ohne wichtigen Grund verweigert, mit der gesetzlichen Frist kündigen.

Zur Sicherung der ihm hiernach zustehenden Ansprüche hat der Vermieter ein gesetzliches Zurückhaltungs- und Pfandrecht an den eingebrachten Sachen des Mieters, soweit sie demselben eigentümlich gehören und nicht nach den Vorschriften der Civilprozeßordnung der Pfändung entzogen sind.

Das sind im wesentlichen die Vorschriften des B.G.B. über die beiderseitigen Rechte und Verpflichtungen. Bei unbefangener Prüfung derselben wird man (wie schon oben in der Einleitung bemerkt wurde) dem Gesetzgeber das Zeugnis nicht versagen können, daß er bemüht gewesen ist, das Vertragsverhältnis in einer dem Wesen des Mietvertrags und der Billigkeit entsprechenden, die Interessen beider Teile gleichmäßig berücksichtigenden Weise zu gestalten.

Wird man dasselbe Zeugnis auch dem von dem Centralverbande der deutschen Hausbesitzervereine aufgestellten Vertragsformulare erteilen können?

Dasselbe hat folgenden Wortlaut:

Herr . . . vermietet an Herrn . . . und dessen Gattin unter deren samtverbindlicher Haftung in seinem Haus Nr. . . . an de . . . die Räume . . . als Geschäftslokal zum Betriebe . . . auf . . . Jahre . . . Monate . . . zu folgenden Bedingungen.

§ 1. Die Miete beginnt am . . . und endet am . . . Falls der Vertrag nicht . . . Monate . . . Tage vor seinem Ablauf gekündigt wird, gilt er jedesmal als um . . . Jahr . . . Monat verlängert.

Bei nicht rechtzeitiger, das ist binnen drei Tagen nach Fälligkeit geleisteter Zahlung des Mietzinses ist der Vermieter zur Kündigung des Vertrags mit dreitägiger Kündigungsfrist berechtigt.

§ 2. Die Miete beträgt auf das Jahr . . Mark . . Pfg. und ist Zug um Zug bei Beginn der Mietzeit und sodann viereljährlich — monatlich — wöchentlich mit Mark . . . an den Kalendervierteljahrs-Monatsersten zu zahlen.

§ 3. Die dem Vermieter obliegenden Reparaturen, Verbesserungen oder sonst von diesem zu treffenden Einrichtungen in dem Mietobjekt hat derselbe innerhalb der ersten (2) Wochen nach Beginn der Mietzeit ausführen zu lassen. Das Unterlassen der vorherigen Vornahme berechtigt den Mieter nicht zu einer Auflösung des Vertrags oder zu einem Entschädigungsanspruch.

§ 4. Der Mieter übernimmt die Mieträume in gebrauchsfähigem Zustande, hat selbige in solchem Zustande während der Mietsdauer zu erhalten und nach Auflösung des Vertrags zu übergeben.

§ 5. Der Mieter verzichtet auf Ersatz von Auslagen für notwendige Reparaturen, wenn er solche vorgenommen hat, ohne dem Vermieter vorher Anzeige gemacht oder Abhilfe in angemessener Frist abgewartet zu haben. Ebenso verzichtet er auf Wegnahme etwaiger von ihm getroffener Ein- und Vorrichtungen, wenn die Entfernung derselben das Mietobjekt schädigen würde.

§ 6. Mieter verzichtet auf Aufrechnung von Gegenforderungen auf den fälligen Mietzins.

§ 7. Aftermiete ist nur bei schriftlicher Genehmigung des Vermieters gestattet. Mieter hat bei Ablehnung eines etwa in Vorschlag gebrachten Aftermieters durch den Vermieter weder einen Entschädigungsanspruch noch ein außerordentliches Kündigungsrecht.

§ 8. Mieter darf in die Mieträume dauernd nur seine Familienangehörigen — Frau, Kinder und Bedienstete — aufnehmen.

§ 9. Die Schadensersatz- und Gewährleistungspflicht des Vermieters für etwaige ihm unbekannte, aber bei Vertragsabschluß vorhandene Mängel wird ausgeschlossen, sofern der Vermieter in angemessener Frist die mögliche Abhilfe trifft. Der Mieter haftet für allen Schaden, welcher durch etwa gestattete Aftermieter, Hausgenossen, Bedienstete oder Beauftragte an dem Grundstück, Haus und Zubehör, angerichtet wird.

§ 10. Vermieter ist berechtigt, selbst oder durch Beauftragte die Mieträume zum Zwecke der Prüfung, ob bauliche Anordnungen zu treffen sind, mit Sachverständigen zu gelegener Zeit zu besichtigen.

§ 11. Der Mieter ist verpflichtet, nach erfolgter Kündigung die Mieträume durch Mietlustige in Begleitung des Vermieters oder dessen Beauftragten in der Zeit von . . . bis . . . besichtigen zu lassen.

§ 12. Mieter haftet dafür, daß die eingebrachten Mobilien und Moventien sein freies Eigentum und mit keinem Pfand belastet sind. Sollte dieses sein Mobiliar nicht sein freies Eigentum sein oder der Mieter dasselbe nicht pfandfrei in die Mieträume einbringen, ist der Vermieter jederzeit berechtigt, vom Vertrage zurückzutreten.

Zum Zwecke der Ausübung seines gesetzlichen Pfandrechts steht dem Vermieter zu, die Mieträume im Beisein eines Zeugen zu betreten. Dieses Recht kann er auch durch einen Beauftragten ausüben lassen.

§ 13. Zieht Mieter vor Ablauf der Mietzeit aus, oder ist er längere Zeit abwesend, so hat er entweder dem Vermieter die Schlüssel zur Wohnung zu behändigen, damit dieser jederzeit dieselbe vorzeigen oder untersuchen kann, oder er hat Vorkehrung zu treffen, daß zu den oben angegebenen Vorzeigungszeiten jemand sich in den Mieträumen aufhält, widrigenfalls Vermieter berechtigt ist, die Mieträume öffnen zu lassen.

§ 14. Mieter haftet für alle Beschädigungen, Verstopfung an der Wasserleitung, Klosett, Gas oder elektrischen Beleuchtung, hat für die Beleuchtungskosten selbst aufzukommen und bei elektrischer Beleuchtung die Beleuchtungsapparate selbst zu beschaffen. Die Leitung geht nur bis zu seiner Wohnung. Für Nichtfunktionieren der Wasser-, Gas- oder elektrischen Leitung haftet Vermieter nicht, und steht dem Mieter kein Entschädigungsanspruch zu.

§ 15. Für den Fall der Versetzung oder des Todes des Mieters kann die Kündigung des Mietverhältnisses seitens des Mieters oder seiner Erben, soweit sie überhaupt nach dem Gesetze gestattet ist, erst zum Ablauf des dem Tode oder der Versetzung folgenden Mietehalbjahrs erfolgen, unbeschadet des Rechts der Kündigung des Vermieters zu einem früheren Termine gemäß den gesetzlichen Bestimmungen.

§ 16. Die beigedruckte Hausordnung gilt als Bestandteil des Vertrags. Die Nichtbeachtung derselben berechtigt den Vermieter nach dreimaliger Mahnung zur Kündigung des Vertrags mit dreitägiger Kündigungsfrist.

§ 17. Wenn der Vermieter wegen Verstoßes des Mieters gegen die Vertragspflicht gemäß den Bestimmungen des Gesetzes oder dieses Vertrags von seinem Kündigungsrecht Gebrauch macht, haftet der Mieter dem Vermieter für den Ausfall an Miete für die ganze Vertragsdauer.

§ 18. Die Erklärung eines Mietteiles ist für den anderen Mietteil rechtsverbindlich.

§ 19. Etwa später getroffene Vereinbarungen zu gegenwärtigem Vertrage haben nur dann Wirkung, wenn solche schriftlich getroffen werden.

Dies der Wortlaut des Formulars.

Zunächst ist es fraglich, ob ein solcher einheitlicher Mietvertrag für ganz Deutschland bei der unendlichen Verschiedenheit der örtlichen Gewohnheiten und Bedürfnisse, sowie der im einzelnen Falle zu regelnden Vertragsverhältnisse überhaupt möglich und rätlich und ob er namentlich in einfachen Verhältnissen und in kleineren Städten notwendig ist. Hier wird eine Aufzeichnung der vermieteten Räume, des Mietzinses, der Zahlungs- und Kündigungsfristen genügen und im übrigen das Gesetz, sowie das beiderseitige Festhalten an Treu und Glauben eine bessere Garantie bieten, als ein umfänglicher, wohl verklausulierter Mietvertrag.

Immerhin ist soviel anzuerkennen, daß in den verwickelteren Verhältnissen der Großstädte, bei der Vermietung umfangreicher Miethäuser an eine große Zahl von Mietparteien, sowie unpünktlichen und nachlässigen oder gar böswilligen Mietern gegenüber die Aufstellung einer Reihe vertragsmäßiger Normen neben den gesetzlichen nicht zu umgehen ist. Das vorliegende Formular geht aber über diesen an sich gerechtfertigten Zweck insofern hinaus, als es eine allgemeine Regelung für alle Wohnungsverträge, sowie allen Mietern gegenüber trifft und dabei in ganz übermäßiger Weise die Interessen der Vermieter betont. Eine Durchgehung der einzelnen Paragraphen desselben, sowie eine Vergleichung mit den oben angeführten Gesetzesvorschriften ergiebt, daß dasselbe für den Vermieter nur Rechte, für den Mieter nur Pflichten kennt und den Schutz und die Rechte, welche dem letzteren durch das Gesetz gewährleistet sind, thunlichst zu beseitigen, die Rechte des Vermieters aber thunlichst zn vermehren strebt.

Einige dieser Bestimmungen mögen, wenn auch teilweise hart und dem gesetzlich geordneten Charakter des Mietverhältnisses nicht entsprechend, doch in großstädtischen Verhältnissen und aus praktischen Rücksichten nicht zu entbehren sein. Dahin gehört

a) die Bestimmung in § 1 Abs. 2, insoweit darin dem Vermieter schon bei nicht rechtzeitiger Entrichtung einer Mietzinsrate das Kündigungsrecht gegeben ist.

Dagegen erscheint es unbillig, wenn dieses Recht schon bei dreitägigem Rückstand eintreten soll; diese Frist dürfte auf mindestens eine Woche zu erhöhen sein.

Unbillig erscheint es ferner, wenn die Kündigung bei nicht rechtzeitiger Zahlung schlechthin, ohne Rücksicht auf ein etwaiges Verschulden oder Nichtverschulden des Mieters eintreten soll. Nach dem B.G.B. ist die Kündigung erst zulässig, wenn der Mieter mit der Entrichtung zweier aufeinander folgender Mietraten im Verzuge ist, also infolge eines von ihm zu vertretenden Umstandes nicht rechtzeitig zahlt (§ 285 B.G.B.) Der Mieter kann also durch den Nachweis des Mangels eines Verschuldens die an sich wegen der verzögerten Zahlung eintretenden Nachteile abwenden. Dieser Vorschrift entsprechend wäre auch in dem § 1 Abs. 2 des Formulars die Kündigung davon, daß der Mieter mit einer Zinsrate über eine Woche nach dem Zahlungstermine im Verzuge ist, abhängig zu machen oder dem Mieter zu seiner Entlastung der Nachweis nachzulassen, daß die Zahlung infolge eines von ihm nicht zu vertretenden Umstandes unterblieben sei, wohin natürlich der Mangel an Zahlungsmitteln allein nicht gehören würde.

Nicht zu beanstanden dürfte ferner

b) die in § 2 bestimmte Vorauszahlung des Mietzinses (vierteljährlich oder monatlich) sein. Dieselbe war schon seither in einer beträchtlichen Zahl größerer Städte üblich und hat dort zu Übelständen nicht geführt; sie erleichtert die Auseinandersetzung bei Beendigung des Mietverhältnisses und bietet dem Vermieter unbekannten oder unsicheren Mietern gegenüber die erwünschte Sicherung sowie einen Ersatz für die gesetzliche Beschränkung des Pfandrechts auf die der Pfändung nicht unterworfenen Sachen.

Dagegen dürfte die Vorschrift, welche sich z. B. in § 3 des Formulars des Verbandes der Leipziger Hausbesitzervereine findet, „daß die erste Mietezahlung vor Einzug in die Mieträume zu leisten ist" als Regel keinenfalls zu empfehlen sein, vielmehr ein arges Mißtrauensvotum gegen alle anständigen Mieter enthalten.

c) Eine übermäßige und unerträgliche Härte dürfte ferner nicht enthalten sein

in § 5, wonach der Mieter auf Ersatz von Auslagen für notwendige Reparaturen verzichtet, wenn er solche vorgenommen hat, ohne dem Vermieter vorher Anzeige gemacht oder Abhilfe in angemessener Frist abgewartet zu haben (Abweichung von § 547 Abs. 1 B.G.B.);

in § 7, wonach der Mieter bei Ablehnung eines etwa in Vorschlag gebrachten Aftermieters kein außerordentliches Kündigungsrecht haben soll (Abweichung von § 549 Abs. 1 B.G.B.);

in § 8, wonach der Mieter in die Mieträume dauernd nur seine Familienangehörigen aufnehmen darf (wobei aber der Frau, den Kindern und Bediensteten noch die Eltern hinzuzufügen sein dürften);

in § 9, wonach die Schadensersatzpflicht des Vermieters für etwaige ihm unbekannte, aber beim Vertragsschluß vorhandene Mängel ausgeschlossen wird, sofern der Vermieter in angemessener Frist die mögliche Abhilfe trifft (welche Ausschließung aber auf die sonstige Gewährleistungspflicht des Vermieters namentlich auf das Recht des Mieters wegen entsprechender Minderung des Mietgelds bei zeitweiser, gänzlicher oder teilweiser Unmöglichkeit des Gebrauchs ohne Unbilligkeit nicht erstreckt werden kann);

in §§ 10, 11, 12 Abs. 2 wegen Betretung der Mieträume behufs Prüfung ihres Zustandes, behufs Besichtigung durch Mietlustige nach erfolgter Kündigung und behufs Ausübung des gesetzlichen Pfandrechts, wobei jedoch der Zutritt in den ersten beiden Fällen nur zu gelegener oder im voraus bestimmter, keineswegs aber — wie in § 8 des Leipziger Hausbesitzerformulars — zu jeder Tageszeit für den Mieter annehmbar erscheint;

in § 13, wonach bei vorzeitigem Auszug oder bei längerer Abwesenheit des Mieters derselbe dem Vermieter die Schlüssel auszuhändigen oder für seine Vertretung in den Mieträumen Sorge zu tragen hat.

Weit bedenklicher und teilweise für den Mieter geradezu unannehmbar sind aber die folgenden Bestimmungen, welche von den gesetzlichen Vorschriften gleichfalls abweichen, aber nach dem Grundsatze der Vertragsfreiheit immerhin rechtsgültig vereinbart werden können.

a) § 4, wonach der Mieter die Mieträume in gebrauchsfähigem Zustande übernimmt und selbige in solchem Zustand während der Mietsdauer zu erhalten hat. Nach dem Wortlaut dieses Satzes ist, wenn er auch vielleicht anders gemeint ist, damit dem Mieter die Unterhaltungs- und Reparaturpflicht auferlegt. Das verstößt gegen einen aus der rechtlichen Natur des Mietvertrags folgenden Fundamentalsatz, wonach der Vermieter während der Mietzeit den vertragsmäßigen Gebrauch der Mietsache gewähren, also dieselbe auch in dem hierzu geeigneten Zustande erhalten muß. Nur hierfür zahlt der Mieter das Mietgeld, nicht aber für die Überlassung einer

Wohnung, die er wegen ihrer Mangelhaftigkeit nicht gebrauchen kann und erst gebrauchsfähig machen muß. Ist der Mangel vom Mieter oder einer durch ihn zu vertretenden Person verschuldet, dann hat derselbe schon nach dem Gesetz für die Reparatur und für Schadensersatz aufzukommen; ihm aber die gleiche Pflicht auch für den Fall eines ohne sein Verschulden eingetretenen Schadens aufzuerlegen, widerspricht ebenso dem Recht wie der Billigkeit. Die angeführte Bestimmung würde z. B. dazu führen, daß der Mieter, wenn seine Parterrewohnung infolge zufälligen Eindringens von Wasser durchnäßt und auf vier Wochen teilweise unbewohnbar geworden ist, auf seine Kosten für die Wiederherstellung sorgen und auch noch für die Zeit der Unbenutzbarkeit den vollen Mietzins zahlen müßte. Es mag unter Umständen zulässig sein, dem Mieter, namentlich einer größeren Wohnung, kleinere Reparaturen (wie Streichen der Decken und Fußböden, oder Reparaturen bis zu einem gewissen mäßigen Geldbetrag — vgl. die sog. réparations locatives nach Art. 1754 des Code civil) zur Last zu legen. Eine Vertragsbestimmung aber, nach welcher der Vermieter die ihm obliegende Reparaturpflicht in ihrer Gesamtheit auf den Mieter abwälzt und auch für die Überlassung einer gebrauchsunfähig gewordenen Sache sich gleichwohl den Mietzins ausbedingt, verstößt gegen die Grundlagen des Mietvertrags und unter Umständen geradezu gegen die guten Sitten (138). Aus gleichem Grunde kann es auch nicht gebilligt werden, wenn das Leipziger Formular in § 5 Abs. 1 und 3 sowie auch das bei Berliner Hausbesitzern gebräuchliche Formular § 3 Abs. 2 dem Mieter nicht nur die Erhaltung der Mieträume in gebrauchsfähigem Zustand, sondern auch noch besonders „alle während der Mietzeit nötig werdenden Reparaturen an Kochmaschinen, Öfen, Thüren, Fenstern, Schlössern, Jalousien, Klosetts, Wasser-, Gas- oder elektrischer Leitung sowie die Instandhaltung der Fußböden, Decken und Wände, m. a. W. also die Erhaltung der ganzen inneren Mieträume auferlegt.

Nicht unbedenklich ist

b) § 6, wonach der Mieter auf Aufrechnung von Gegenforderungen auf den fälligen Mietzins zu verzichten hat. Hiernach darf der Mieter, der z. B. für Rechnung und mit Bewilligung des Vermieters eine notwendige Reparatur aus seinen Mitteln bezahlt hat, den entsprechenden Betrag nicht, wie ihm sonst nach dem Gesetz zustehen würde, bei der nächsten Mietzinszahlung in Aufrechnung bringen. Gewiß ein unbilliges Ergebnis! Der in Frage stehende § 6 wird damit zu rechtfertigen gesucht, es solle der Vermieter dadurch davor bewahrt werden, daß ein chikanöser Mieter die Einziehung der zweifellos begründeten Mietzinsforderung durch Aufstellung einer unbegründeten Gegenforderung vereitele oder hinhalte. Allein hiergegen ist, wenn die Gegenforderung mit der Mietgeldforderung nicht in rechtlichem Zusammenhange steht, der Vermieter schon dadurch geschützt, daß das Gericht nach § 145 Abs. 3, § 302 Abs. 1 C.P.O. über die Klage und die Gegenforderung getrennt verhandeln und, wenn die Klageforderung vor der Gegenforderung zur Entscheidung reif ist, über erstere alsbald unter Vorbehalt der Entscheidung über die Gegenforderung erkennen kann. Steht aber die Gegenforderung mit der Mietzinsforderung in rechtlichem Zusammenhang, stützt sie sich insbesondere ebenfalls auf das Mietverhältnis, so kann das Gericht nach § 146 C.P.O. wenigstens die Verhandlung zunächst auf die Klageforderung beschränken.

c) Recht schwerwiegend und verhängnisvoll für den Mieter ist ferner die in § 9 Satz 2 ihm auferlegte Haftpflicht „für allen Schaden, welcher durch etwa gestattete Aftermieter, Hausgenossen, Bedienstete oder Beauftragte an dem Grundstück, Haus und Zubehör angerichtet wird." Rücksichtlich des Aftermieters entspricht diese Haftpflicht wenigstens teilweise (Haftung für Verschulden des Aftermieters beim Gebrauche der Mietsache) der gesetzlichen Vorschrift in § 549 Abs. 2 B.G.B. Die Haftpflicht für die unerlaubten Handlungen (außerkontraktliches Verschulden) der Bediensteten und Familienangehörigen sollte aber, in Anlehnung an §§ 831, 832 B.G.B. durch den dem Mieter obliegenden Nachweis ausgeschlossen werden können, daß er bei der Auswahl und Beaufsichtigung der Dienstboten und Beauftragten sowie bei der Beaufsichtigung der seiner Obhut untergebenen Familienangehörigen und sonstigen Hausgenossen die erforderliche Sorgfalt angewendet habe. (Vgl. auch oben die Ausführungen in § 13 Z. 4).

d) Wenig praktisch und zweckentsprechend ist die in § 12 dem Mieter auferlegte Haftpflicht dafür, daß die eingebrachten Mobilien sein freies Eigentum und mit keinem Pfandrecht belastet sind. Einem unredlichen Mieter wird es vielfach nicht schwer sein, den Vermieter in diesem Punkte zu täuschen und die in solchem Falle dem letzteren zugestandene Kündigungsbefugnis ist kein Ersatz für den ihn bei Zahlungsunfähigkeit eines derartigen Mieters treffenden Verlust des Mietzinses.

e) Die in § 14 Satz 1 dem Mieter auferlegte Haftpflicht für alle Beschädigungen (also auch für die ohne sein Verschulden entstandenen) an der Wasserleitung, Klosett-, Gas- oder elektrischen Leitung erscheint aus dem gleichen Grunde, wie die oben unter a) bekämpfte allgemeine und unbeschränkte Erhaltungspflicht des Mieters zu weitgehend und unbillig.

f) Entschieden hart ist die in § 15 enthaltene Einführung einer halbjährlichen Kündigungsfrist bei Versetzung oder Tod des Mieters (anstatt der gesetzlichen vierteljährlichen, wodurch die namentlich im Todesfalle an die Familie des Mieters nicht selten herantretenden Opfer und Bedrängnisse noch verschärft und die aus dem Todesfall hervorgehenden Nachteile abermals allein der Mieterseite auferlegt werden. Vgl. Mot. II S. 416.

g) Zu weit geht auch die Vorschrift in § 16 Satz 2, wonach die Nichtbeachtung der Hausordnung dem Vermieter nach dreimaliger Mahnung zur Kündigung des Vertrags mit dreitägiger Kündigungsfrist berechtigen soll. Schützt auch das Erfordernis der dreimaligen Mahnung den Mieter vor dem ärgsten Mißbrauch, so bleibt doch immer der Übelstand bestehen, daß auch die Nichtbeachtung der Hausordnung in einem ganz unerheblichen Punkte (wenn z. B. die Ehefrau des Mieters zu drei verschiedenen Malen gegen die Hausordnung und gegen die Abmahnung des Vermieters ein Kinderkleid in der Küche gewaschen hat) den Vermieter zur Kündigung berechtigt. Nächst der dreimaligen Mahnung dürfte daher auch die Erheblichkeit des Verstoßes zu erfordern sein (s. oben § 20).

h) Zu weit geht § 17, wenn er bei Aufhebung des Vertrags wegen eines Verstoßes des Mieters den letzteren für den Ausfall an Miete für die ganze Vertragsdauer haften läßt. Das ist unter Umständen eine ganz übermäßige Strafe, die wegen des nach § 343 zulässigen richterlichen Ermäßigungsrechtes ohnehin vielfach nicht durchführbar ist (s. oben § 11 unter Z. I). Jedenfalls wird die Beschränkung auf den Betrag, der für den Rest der Mietzeit nicht durch anderweite Vermietung zu erreichen ist, billig und angemessen sein (vgl. auch § 12 S. 2 des Leipziger Mietvertr.).

i) Nach § 18 soll die Erklärung eines Mietteiles, d. h. eines von mehreren Mietern für den anderen Mietteil, d. h. für den oder die anderen Mieter, rechtsverbindlich sein. Diese — überdies wenig klare — Bestimmung kann unter Umständen eine Mietpartei in ganz empfindlicher Weise schädigen, namentlich bei der Kündigung. Es haben z. B. Mann und Frau, wie im Eingang des Formulars verlangt wird, gemeinsam gemietet; die Frau, eine unverträgliche und leidenschaftliche Persönlichkeit, kündigt während eines Streites mit dem Vermieter demselben das Mietverhältnis. Der Mann der von alledem nichts weiß, muß infolge davon, ungeachtet nach § 1354 B.G.B. ihm eigentlich die Leitung des Hausstandes zusteht, wider seinen Willen die ihm vollständig zusagende

Wohnung nach Ablauf der Kündigungsfrist räumen. Weit gerechter ist hier die gesetzliche Vorschrift in § 356 B.G.B., wonach beim Vorhandensein mehrerer Beteiligter auf der Vermieter- oder der Mieterseite eine Kündigung, um wirksam zu sein, von allen und an alle zu geschehen hat.

So ergeben sich, ganz abgesehen von sozialpolischen Gesichtspunkten, schon vom Standpunkte des Rechts und der Billigkeit gegen die Anwendung einer Mehrzahl von Bestimmungen in dem einheitlichen Mietvertragsformular sehr ernste Bedenken, denen sich bei unbefangener Prüfung auch billig denkende Vermieter nicht entziehen werden.

Jedenfalls sind derartige Vertragsbestimmungen, gegen welche sich auch namhafte Rechtslehrer mit Entschiedenheit ausgesprochen haben, nicht geeignet, ein friedliches Einvernehmen zwischen Vermietern und Mietern zu fördern. Ein solches wird aber, mit Recht, von beiden Seiten als erstrebenswert bezeichnet. Der geeignetste Weg hierzu wäre es, wenn Vermieter und Mieter unter beiderseitigem Entgegenkommen sich schließlich über ein einheitliches Mietvertragsformular verständigen wollten, welches den Wünschen beider Teile entspricht, soweit diese Wünsche billig und gerecht sind. Durch ein derartiges Vorgehen, das bei beiderseitigem guten Willen möglich ist, würde manchem Hader und Streit vorgebeugt und auf dem für die Großstädte so wichtigen Gebiete der Mietverhältnisse endlich ein befriedigender Zustand geschaffen werden.

Jedenfalls ist dieser Ausweg dem anderen vorzuziehen, der mehrfach schon im Interesse der Mieter vorgeschlagen (s. z. B. Stier-Somlo, Die Wohnungsfrage und das Reich 1901) und bei Fortdauer der jetzigen Zustände keineswegs undenkbar ist, daß die hauptsächlichsten der zum Schutze der Mieter, als der wirtschaftlich Schwachen, erlassenen Bestimmungen z. B. § 536 vom Gesetzgeber in gewissem Umfange der Abänderung durch vertragsmäßige Vereinbarung der Parteien entzogen, also außer den §§ 540, 544, 559 Abs. 3, § 560 B.G.B. im sozialpolitischen Interesse noch weitere Vorschriften in Buch II Abschn. 7 Tit. 3 des B.G.B. als zwingendes Recht formuliert werden.

Sachregister.

(Die beigefügten Ziffern bezeichnen die Seitenzahlen.)

FSC
www.fsc.org
MIX
Papier | Fördert gute Waldnutzung
FSC® C083411

Kolibri 360 GmbH
Ferdinand-Jühlke-Straße 7
99095 Erfurt, Deutschland
produktsicherheit@kolibri360.de